# El español de los Estados Unidos

¿Desde cuándo se habla español en los Estados Unidos y cuántas personas lo hablan hoy en día? ¿Se está transmitiendo el español de generación en generación? ¿Qué papel juega el español en la identidad latina en los Estados Unidos? A partir del análisis y síntesis de datos que provienen de una amplia gama de recursos, Escobar y Potowski exploran estas preguntas y otras en este texto con información actualizada, dirigido a estudiantes de la lengua española, lingüística, bilingüismo, sociolingüística, cultura e historia.

Las características esenciales del texto incluyen:

- Más de 150 ejercicios que posibilitan que el estudiante se familiarice con los rasgos del español, en el contacto dialectal que ocurre entre variedades de español, en el bilingüismo y en las comunidades hispanohablantes de los Estados Unidos.
- Los ejercicios y los ejemplos con recursos externos y en línea permiten que los estudiantes sean expuestos al español de diferentes medios, como la música, entrevistas, videos y noticias.
- Los conceptos se definen claramente y con ejemplos detallados pensando en el lector que quizá no tenga conocimiento de lingüística.
- Aborda ideas erróneas que existen sobre las variedades de español y sobre las comunidades latinas, asegurándose de que el lector emerja con un entendimiento claro de cómo varían lingüística y socioculturalmente las comunidades latinas en los Estados Unidos.

ANNA MARÍA ESCOBAR es Associate Professor de Español y Lingüística en la University of Illinois at Urbana-Champaign.

KIM POTOWSKI es Associate Professor de Lingüística Hispánica en la University of Illinois at Chicago.

# El español de los Estados Unidos

ANNA MARÍA ESCOBAR Y KIM POTOWSKI

CAMBRIDGE
UNIVERSITY PRESS

# CAMBRIDGE
## UNIVERSITY PRESS

University Printing House, Cambridge CB2 8BS, United Kingdom

Cambridge University Press is part of the University of Cambridge.

It furthers the University's mission by disseminating knowledge in the pursuit of
education, learning and research at the highest international levels of excellence.

www.cambridge.org
Information on this title: www.cambridge.org/9781107451179

© Anna María Escobar and Kim Potowski 2015

First published 2015

*A catalogue record for this publication is available from the British Library*

*Library of Congress Cataloguing in Publication data*
Escobar, Anna María.
El español de los Estados Unidos / Anna Maria Escobar, Kim Potowski.
     pages   cm
Includes bibliographical references and index.
ISBN 978-1-107-08634-0 (Hardback) – ISBN 978-1-107-45117-9 (Paperback)
1. Spanish language–United States.   I. Potowski, Kim.   II. Title.
PC4826.E73 2015
467′.973–dc23
2015022906

ISBN 978-1-107-45117-9 Paperback

Este libro está dedicado
a todos los hispanohablantes de los Estados Unidos,
incluidos nuestros hijos,
Nicolás, Samuel, Gabriella y Natalia.

# TABLA DE CONTENIDO

# FIGURAS

# MAPAS

# CUADROS

# AGRADECIMIENTOS

El esfuerzo que significa escribir un libro de este tipo no es posible sin la ayuda de las muchas personas que participaron en diferentes etapas del proyecto o fueron constantes fuentes de apoyo.

Muchos colegas aceptaron o se ofrecieron a "probar" nuestros materiales en sus clases, en diferentes momentos del proceso, entre el verano del 2012 y la primavera del 2014. A ellos les estamos agradecidas por su generosidad y especialmente por el tiempo que tomaron en enviarnos comentarios y sugerencias para las nuevas versiones. Agradecemos también a los estudiantes de español que tomaron sus clases y cuya participación fue esencial en mejorar el libro. Otros colegas nos ayudaron con la lectura de varias versiones y/o dándonos comentarios muy útiles. A continuación aparecen estos colegas en orden alfabético.

Maggie Broner, St. Olaf College, Minnesota
Ana Carvalho, University of Arizona at Tucson
Nicholas Henriksen, University of Michigan
Irene S. Jacobsen, Eastern Illinois University
Rafael Orozco, Louisiana State University, Baton Rouge
Rebecca Ronquest, North Carolina State University, Raleigh

También agradecemos a los tres evaluadores anónimos de la propuesta original del libro, quienes ofrecieron observaciones perspicaces y puntuales.

Agradecemos a todos nuestros estudiantes que llevaron alguno de nuestros cursos (bajo diferentes números) sobre el español de los Estados Unidos. Nuestro agradecimiento especial va a aquellos estudiantes de SPAN 308, LLS 308 y SPAN 490-D en la University of Illinois at Urbana-Champaign, de SPAN 366 en la University of Illinois at Chicago y de SPAN 3436 en el programa "Middlebury at Mills" (verano de 2012), por todos sus comentarios y sugerencias en diferentes etapas del libro.

Extendemos un agradecimiento muy especial a MaryAnn Parada, de la University of Illinois at Chicago, por haber probado nuestros materiales en clase, haber comentado nuestros capítulos y, además, por habernos ayudado con la inmensa y tediosa tarea de armar la bibliografía.

Todo este esfuerzo no habría sido posible tampoco sin la ayuda de nuestras familias, quienes nos animaron durante el largo camino, especialmente en los últimos meses del proyecto. A nuestros esposos, Cliff Meece y Bill Pagliuca, les agradecemos públicamente por su continuo apoyo.

# PRÓLOGO

En los volúmenes dialectales sobre el español en el mundo hay inconsistencia con respecto a la inserción de una sección sobre el español de los Estados Unidos. Generalmente, no aparece como una región con variedades de español propias, si bien existen numerosos estudiosos que se han dedicado al tema. Esta variación en sí es desconcertante, especialmente porque el número de hablantes de español en el país sitúa a los EE.UU. como la segunda nación con más hispanohablantes en el mundo (véase el Capítulo 1). La única explicación de esta variación es que refleja una ideología contraria al reconocimiento de la pluricentralidad moderna del español en el mundo.

La motivación para embarcarnos en este proyecto fueron los jóvenes hispanohablantes del país, sobre todo en nuestras ciudades y pueblos, así como en nuestras clases y nuestros hogares. Queremos contribuir con un espacio académico en el que sus variedades lingüísticas son presentadas y analizadas dentro de un contexto de diversos estudios empíricos. El objetivo final es resaltar su sistematicidad y sus características lingüísticas y sociales que claramente lo ubican dentro del estudio del español en el mundo, a la vez que también lo distinguen de las demás variedades.

En el 2014, los latinos constituyen la minoría étnica y la minoría lingüística más grande en el país. Uno de cuatro niños menores de 18 años en los Estados Unidos es latino. Dentro de la población latina, los nacidos en los Estados Unidos constituyen el grupo mayoritario y el 52 por ciento de este grupo pertenece a la segunda generación. Los datos demográficos muestran además que la edad promedio del grupo nacido en los EE.UU. es de 18 años, mientras que la edad promedio de la población latina inmigrante es de 38 años y la de la población blanca no-latina es de 42 años de edad (Motel y Patten 2013a). Esto es, podemos decir que está en manos de los jóvenes latinos el futuro del español de los Estados Unidos.

A ellos se suman también unos 2.8 millones de no-latinos que hablan el español en casa (González Barrera y López 2013).[1] Estos no-latinos han incorporado en sus vidas no solo la lengua, sino también aspectos de la cultura a través de sus redes sociales. Los jóvenes hispanohablantes no-latinos comparten con sus homólogos latinos la experiencia de estar

---

[1] En lo que respeta al estilo de números, utilizamos el sistema mexicano: punto decimal y coma para separar a los millares. Hacemos esto porque: (1) México es el país hispanohablante más grande del mundo; (2) la mayoría de los hispanohablantes de los EE.UU. son de origen mexicano; y (3) México es el país hispanohablante más cerca de los EE.UU.

creciendo en una ecología social moderna que se nutre, en un espacio social más amplio, de redes sociales (posibilitados en parte por la tecnología) en el que se valoriza la proficiencia en más de una lengua.

Nuestro tratamiento del tema, entonces, además de resaltar la posición de que sí existen variedades del español *de* los Estados Unidos, es sobre todo una propuesta de cómo interpretar los datos sociodemográficos y los resultados de los diferentes estudios lingüísticos que se han hecho sobre el español estadounidense, a través de los años, especialmente en las últimas décadas, y desde diferentes perspectivas.

Empezamos el primer capítulo con el concepto de regiones sociolingüísticas, que deriva de nuestro análisis de los datos demográficos actuales, además de la sociohistoria del español en el territorio estadounidense. Estas regiones sirven de fondo para los análisis de los estudios en los capítulos que siguen. Mediante una investigación de una amplia gama de estudios lingüísticos y de las ciencias sociales, clásicos y recientes, tratamos de cubrir la riqueza del español que se habla en los Estados Unidos y, también, las diversas poblaciones latinas en el país. Usamos los datos demográficos más actuales del censo, del Pew Hispanic Center y los resultados de estudios lingüísticos y de las ciencias sociales para sugerir hipótesis sobre las comunidades hispanohablantes y latinas en los Estados Unidos, así como sobre la vitalidad lingüística del español en el siglo XXI.

Desde mediados del 2012, todos los capítulos del libro fueron "probados" en diferentes salones de clases universitarias dentro del país. Hemos tenido la oportunidad de contar con la ayuda de diferentes colegas (véanse los agradecimientos) de universidades de diferente tamaño estudiantil y en diferentes regiones del país quienes generosamente nos ayudaron durante las revisiones de los capítulos, especialmente en las etapas iniciales. Estas oportunidades, junto con el haber usado los textos en nuestras propias clases, durante varios semestres, han mejorado nuestra presentación y contenido, si bien cualquier error u omisión sigue siendo nuestra responsabilidad.

A través de una selección de estudios, presentamos un libro de texto que contiene suficientes recursos para que los instructores y los estudiantes puedan entablar conversaciones más profundas sobre la lengua y las poblaciones latinas en los Estados Unidos. Los datos cuantitativos, los análisis cualitativos y los ejercicios tienen todos el propósito de ayudar a los lectores a reflexionar sobre las características y relevancia del español, sobre el bilingüismo español–inglés, sobre el contacto dialectal y sobre las diversas comunidades hispanohablantes en los Estados Unidos.

El público para el que está escrito este libro son los estudiantes avanzados de pregrado y los estudiantes de programas graduados, ya sea en programas de español o de estudios culturales. El libro se puede usar con poblaciones que leen y hablan el español o que solo leen el español. Si bien este curso suele tener como prerrequisito otro sobre la introducción a la lingüística hispánica, como muchas instituciones no ofrecen este curso introductorio, hemos incluido pequeñas revisiones de ciertos conceptos lingüísticos para ayudar con la lectura de algunos pasajes del libro. Por lo tanto, este libro también puede ser empleado como libro complementario en cursos en otros programas.

Finalmente, nuestro propósito ha sido contribuir a la discusión del español en y de los Estados Unidos, dentro y fuera del país, así como dentro y fuera de la academia. Esperamos haber logrado nuestro cometido.

Anna María Escobar,
*University of Illinois at Urbana-Champaign*
Kim Potowski,
*University of Illinois at Chicago*

# 1 Contexto sociohistórico y regiones sociolingüísticas

El español, con 400 millones de hablantes en el mundo, es el segundo idioma con más hablantes nativos después de variedades del chino y antes del inglés (*Ethnologue*: Lewis 2009). Se habla extendidamente en los países latinoamericanos y en España, así como en los Estados Unidos (se usarán las siglas "EE.UU." para referirse al país). De hecho, los EE.UU. es una de las naciones con mayor número de hispanohablantes en el mundo. En el 2011 había unos 52 millones de personas de ascendencia hispana en los EE.UU., de los cuales el 74 por ciento de los mayores de cinco años (unos 34.8 millones) habla español.[1] Esto pondría a los EE.UU. en el quinto lugar en el mundo (véase el Cuadro 1.1).

Este cálculo de 34.8 millones no incluye a los aproximadamente 11 millones de latinoamericanos que residen en los EE.UU. sin documentos (Pew Hispanic Center 2013a), lo que pondría al país en el cuarto puesto. Tampoco incluye a los 2.8 millones de no-latinos que también hablan español en la casa según datos del Pew Hispanic tomados del censo (González-Barrera y López 2013). Sumando estos 13.8 millones de hispanohablantes que no están reportados en el censo, llegamos a un total aproximado de 48.6 millones de hispanohablantes en los EE.UU., colocando al país en el segundo lugar en el mundo, solo después de México (Cuadro 1.2).

La historia del español en el territorio estadounidense comienza como parte de la historia colonial de los países latinoamericanos. Se va diferenciando, sin embargo, a partir del siglo XIX, cuando surgen las nuevas naciones independientes. Cuando el joven país estadounidense incorpora territorios hispanohablantes a su dominio en el siglo XIX, el español pasa a competir con el inglés y pierde su dominancia política. Es decir, mientras en Latinoamérica el español se convierte en la lengua oficial de las nuevas naciones del exterritorio de la corona española, en los EE.UU. el español se convierte en una lengua minoritaria, al lado

---

[1] Los datos son tomados del American Community Survey de la Oficina del Censo de los EE.UU. para el 2011 (Ryan 2013). De un total de 46,782,479 de hispanos mayores de cinco años, 34,745,940 hablan español en la casa; un porcentaje de 74%.

Aunque el censo de los EE.UU. emplea el término *hispano*, muchos miembros de esta población prefieren el término *latino*. Usaremos el término *latino* para incluir a todas las personas de origen y ascendencia hispana, hablen o no el español. En el Capítulo 9 sobre la identidad exploraremos las significaciones dadas a estas y otras etiquetas. El término *hispanohablante* será empleado para referirse a aquellos que hablan español.

**CUADRO 1.1.** Población contada por los censos en los diez países con mayor población de hispanohablantes

En estos países existen poblaciones monolingües en otras lenguas (lenguas indígenas, catalán, etc.), si bien los datos no son siempre accesibles. Es decir, las poblaciones hispanohablantes son menores a las poblaciones totales que se reportan aquí. Sin embargo, empleamos los números demográficos de la población total como una aproximación a las poblaciones hispanohablantes en el mundo.

| País | Población (millones) | Censo, fuente | Censo de los EE.UU. | |
|---|---|---|---|---|
| | | | Hispanos | Habla español en el hogar ($\geq$ 5 años) |
| 1. México | 112.3 | 2010, www.inegi.org.mx | | |
| 2. Colombia | 47.5 | 2014, www.dane.gov.co | | |
| 3. España | 46.7 | 2011, www.ine.es | | |
| 4. Argentina | 42.4 | proyección 2015, www.indec.gov.ar | | |
| **5. EE.UU.** | **311.6** | 2011, www.census.gov | **51.9** | **34.8** |
| 6. Perú | 31.1 | proyección 2015, www.inei.gob.pe | | |
| 7. Venezuela | 30.6 | proyección 2015, www.ine.gov.ve | | |
| 8. Chile | 18.0 | proyección 2015, www.ine.cl | | |
| 9. Ecuador | 16.2 | proyección 2015, www.inec.gob.ec | | |
| 10. Bolivia | 11.4 | proyección 2015, www.ine.gob.bo | | |

**CUADRO 1.2.** Población total de hispanohablantes en los cinco países con mayor población

| País | Población (en millones) |
|---|---|
| 1. México | 112.3 |
| **2. EE.UU.** | **48.6** |
| 3. Colombia | 47.5 |
| 4. España | 46.7 |
| 5. Argentina | 41.6 |

del inglés, que emerge como la lengua mayoritaria y políticamente dominante.[2] Otro punto que diferencia a los EE.UU. es que encontramos una gran diversidad de variedades

---

[2] Los EE.UU. es uno de los pocos países en el mundo que no reconoce una lengua oficial para todo el país. Sin embargo, el inglés "funciona" como la lengua oficial del país porque es la lengua del gobierno, de la educación y de los medios de comunicación. Más adelante, veremos cómo algunos estados han oficializado el inglés (e incluso el español en un caso) dentro de su estado.

de español en el territorio. Los efectos de estos dos factores se estudiarán a lo largo de este libro.

Comenzamos con una introducción a la historia social del español en el territorio estadounidense y después pasamos a la presentación de las regiones sociolingüísticas que actualmente diferencian la historia y el uso del español en los EE.UU.

## 1.1 Contexto sociohistórico

El español llegó al suroeste de lo que es hoy el territorio estadounidense con la conquista española y la expansión del virreinato de Nueva España (con sede en la Ciudad de México) en los siglos XVI y XVII. El dominio español se expandió en todas las direcciones desde la Ciudad de México. El virreinato de Nueva España incluyó lo que hoy es Centroamérica por el sur y gran parte de lo que hoy pertenece a los EE.UU. por el norte.[3] Pasamos a presentar sucintamente los eventos históricos más importantes que tiñen la historia del español y de las poblaciones latinas en el territorio estadounidense.

### 1.1.1 Hasta el siglo XIX

La llegada de los europeos al presente territorio estadounidense se remonta al siglo XVI. Ya en la segunda década de ese siglo, los españoles exploraban las costas del Golfo de México y las costas atlánticas de los EE.UU., pero sin éxito de asentamiento. Por ejemplo, la conquista de Yucatán no fue posible por la fuerte defensa de los mayas. Finalmente en 1519 los españoles pudieron desembarcar cerca del sur de lo que hoy es Veracruz y explorar el continente, gracias a la ayuda que recibieron de otras poblaciones indígenas. Sin embargo, mientras Hernán Cortés y sus hombres buscaban oro y plata, los indígenas que los ayudaban tenían como objetivo derrotar al imperio azteca que los oprimía. Luego de la captura y asesinato de Moctezuma, el jefe del imperio azteca, Hernán Cortés fundó la Ciudad de México en 1521, sobre la ciudad azteca de Tenochtitlán. Este fue el comienzo de lo que sería el Virreinato de Nueva España y que llegó a cubrir un amplio territorio, desde lo que hoy es frontera con Canadá en el norte hasta gran parte de lo que hoy es Centroamérica (excepto Panamá).

### Florida

Antes de que Cortés pudiera empezar su expedición en el continente, Juan Ponce de León y sus hombres ya exploraban las costas atlánticas, empezando por el actual Florida. Hubo muchas exploraciones en la costa atlántica hacia el norte, pero no tuvieron éxito. Los españoles incluso llegaron hasta Chesapeake Bay (en Virginia) en 1556, pero no pudieron quedarse por la resistencia de las poblaciones nativas (Lummis 1920:86). Finalmente, en 1565, al noreste de Florida, los españoles pudieron fundar San Agustín, que se considera la primera ciudad española en lo que hoy es el territorio estadounidense.

---

[3] Por un periodo corto alrededor de 1800, el dominio de la corona española abarcó por el norte hasta la actual frontera con Canadá y hasta el río Mississippi por el este, incluyendo el actual estado de Luisiana.

**EJERCICIO 1.1:**

¿En qué año se fundó el primer asentamiento inglés de Jamestown, VA, y hacía cuánto tiempo antes habían estado los españoles por esa zona?

## Nuevo México, Arizona, Colorado y Utah

Luego de la fundación del Virreinato de Nueva España en la Ciudad de México, varias expediciones españolas partieron hacia el norte con el objetivo de conquistar más tierras para el rey de España. Poco antes de mediados del siglo XVI, varias expediciones llegaron a la región del actual estado de Nuevo México, usando un camino que se llamaría *El Camino Real de Tierra Adentro*. Entre ellos se destaca la expedición del Fray Marcos de Niza, quien en la búsqueda de las Siete Ciudades de Cibola empezó la exploración del moderno Nuevo México en 1539. En 1540, acompañó al entonces gobernador, Francisco Vázquez de Coronado, con quien llegó hasta el noreste de Kansas en 1541 (Lummis 1920:79–82). Fue Juan de Oñate, sin embargo, a quien se le considera como el conquistador de Nuevo México. Fundó la ciudad de San Juan de Los Caballeros en 1598, al norte de Santa Fe, y declaró la región como territorio español. En 1610, Santa Fe pasó a ser nombrada la capital de la nueva región conquistada. Esta región del norte-centro del virreinato incluía lo que hoy es Arizona, Nuevo México y el sur de Colorado y Utah. La primera misión en Arizona no fue fundada sino hasta muchos años después a finales del siglo XVII.

## California

Hernán Cortés llegó al Océano Pacífico en 1522, pero por falta de barcos y tripulación los españoles no pudieron explorar las costas hasta 1538 con una expedición dirigida por Diego Hurtado de Mendoza (Chapman 1923/1991:49). Debido a enfrentamientos con las poblaciones nativas, solo pudieron llegar hasta las Islas Marías al norte de Puerto Vallarta. Fue en 1542 (20 años después de que Cortés llegara al Océano Pacífico), con la expedición de Juan Rodríguez Cabrillo, que los españoles llegaron hasta lo que hoy es San Diego y luego hasta el norte de San Francisco (Chapman 1923/1991:77ss). Al año siguiente, llegaron incluso hasta Oregón.

Entre 100 y 200 españoles fueron los primeros europeos que llegaron en 1542 a California, una región poblada por alrededor de 70,000 indígenas (Chapman 1923/1991:12). La conquista de California no se logró sino hasta más de 200 años después, con la creación de 19 misiones que cubrían territorio desde San Diego hasta la bahía de San Francisco. La primera, San Diego, fue fundada en 1769. Las misiones tenían como objetivo, por un lado, catequizar a los pobladores locales y, por el otro, reservar el territorio para la corona española (Winterburn 1903:129). Cada misión incluía 30–40 millas cuadradas de las tierras más fértiles de la región y se unían por uno de los famosos caminos del virreinato conocido con el nombre de *El Camino Real de California*. La conquista de esta región se fortaleció con la fundación de San Francisco en 1776, gracias a la expedición de Juan Bautista de Anza. Con el tiempo los pobladores se identificaron como californios y no como españoles, ni como mexicanos (después de la independencia de México).[4] Incluso no participaron en la guerra de la independencia mexicana.

## Texas

La expansión del virreinato a lo que hoy es Texas no fue fácil; empezó con la fundación de Paso del Norte (hoy Ciudad de Juárez) en 1682 por religiosos que se asentaron en la región. A finales del siglo XVII, Alonso de León lideró una expedición por el este de Texas con el fin de expulsar a los franceses, que se estaban asentando en la región. A principios del siglo XVIII se fundó la primera misión en la región, Álamo San Antonio de Valero, conocida como El Álamo, hoy en la ciudad de San Antonio. La conquista del este de Texas creó una serie de caminos entrelazados que se conocen como *El Camino Real de los Tejas*; este empezaba en lo que hoy es territorio mexicano, entraba al actual país de los EE.UU. por lo que hoy se conoce como Eagle Pass, pasaba por San Antonio e iba hasta lo que hoy es Luisiana.

### EJERCICIO 1.2:

Busca por Internet los mapas de los tres Caminos Reales mencionados aquí. ¿Qué diferencias notas entre ellos?

Luego que México se independizó de España en 1810,[5] el gobierno mexicano invitó a inmigrantes del joven país estadounidense a que poblaran la región mexicana que hoy es Texas. La población inmigrante se convirtió en la mayoría de la región. Por el aislamiento y el uso de otra lengua (el inglés), la población se sentía desconectada del gobierno mexicano. En 1836, Texas se independizó de México y, más tarde, en 1845, se anexó a los EE.UU.

## Luisiana

A mediados del siglo XVIII (1764), Francia cedió la región de Luisiana a España por la ayuda que había recibido en sus enfrentamientos con el joven país de los Estados Unidos. Esta región consistía de una franja al oeste del Mississippi que cubría territorio del sur al norte del actual territorio estadounidense. Sin embargo, la región de Luisiana solo estuvo en posesión española hasta principios del siglo XIX, cuando fue cedida otra vez a Francia.

En el siglo XXI, se encuentra evidencia de la presencia antigua del español en el territorio estadounidense en la existencia de topónimos hispanos en el suroeste y sureste de los EE.UU. Las ciudades más importantes y antiguas aparecen en el Mapa 1.1.

### EJERCICIO 1.3:

Busca otros topónimos (nombres de ciudades, ríos, montañas, etc.) del español en un mapa detallado de un estado del suroeste e intercambien información en clase. ¿De qué tipo de topónimos se tratan? ¿En qué regiones del estado se ven más nombres en español?

---

[4] Para más información véanse Moyna y Decker (2005) y Zentella (2009).
[5] Si bien la independencia se consagró en 1821.

**Mapa 1.1.** Ciudades más importantes fundadas por los españoles

## EJERCICIO 1.4:

Ve al siguiente enlace de la Biblioteca Perry-Castañeda de la University of Texas at Austin: www.lib.utexas.edu/maps/histus.html. Revisa dos mapas históricos de los EE.UU. y analiza la expansión de la presencia española en cada mapa.

## El territorio actual de los EE.UU.

La extensión del territorio moderno estadounidense se formó entonces a partir de una serie de compras, anexaciones o concesiones de territorios que pertenecían a Holanda, Francia, España y México, así como a la corona británica. Debemos recordar que en la segunda mitad del siglo XVIII, el territorio anglohablante estaba rodeado todavía por territorios controlados por los franceses (norte y oeste) y los españoles (sur).

El territorio holandés (Nueva York y sus alrededores) ya se había anexado al territorio de las colonias inglesas en 1664. El territorio francés entre el río Mississippi y las colonias inglesas se anexó al emergente territorio estadounidense en 1763. Luego de la independencia de los EE.UU. en 1776, Luisiana, que incluía territorios hasta la frontera con Canadá, se anexó al territorio estadounidense en 1803. Más tarde, en 1821, los EE.UU. compró de la corona española lo que hoy es Florida, el sur de Mississippi y Alabama y parte del sur de Luisiana. Ya mencionamos que Texas se independizó de México en 1836, pero fue anexado al joven país estadounidense en 1845. El resto de las regiones continentales con población hispanohablante pasaron a formar parte del territorio estadounidense moderno cuando estos ya formaban parte de la nueva nación llamada México.

Los EE.UU. y México entraron en guerra en 1846, la cual culminó con el Tratado de Guadalupe Hidalgo en 1848. Como parte de este tratado, el 55 por ciento del territorio mexicano pasó a ser parte de los EE.UU. (véase el Mapa 1.2). El tratado garantizaba los derechos de los antes ciudadanos mexicanos en el nuevo territorio estadounidense, pero no

**Mapa 1.2.** Territorio mexicano cedido a los Estados Unidos en el Tratado de Guadalupe Hidalgo (1848) y en la Compra de Gadsden (1853)

incluyó una provisión que garantizara el uso del español (Macías 2000).[6] Debido a la historia del suroeste, la frontera entre México y los EE.UU. se ha caracterizado por una fluidez poblacional, incluyendo el movimiento de los migrantes laborales.

**EJERCICIO 1.5:**

Una frase común entre los descendientes de la población que vivía en esta región dice, "Nosotros no cruzamos la frontera, sino que la frontera nos cruzó a nosotros." ¿Qué significa esta frase y por qué sienten estas personas que es importante enfatizar este hecho?

El último territorio español con población hispanohablante que pasó a ser parte de los EE.UU. es Puerto Rico, que la corona española perdió en 1898. Los puertorriqueños han sido ciudadanos estadounidenses desde 1917 con lo cual, como veremos en otros capítulos más adelante, muchos han vivido una migración cíclica entre la isla y el continente.

## 1.1.2 El siglo xx

En el siglo xx, la población latina en los EE.UU. creció con la llegada de inmigrantes de países hispanohablantes a lo largo del siglo. Las poblaciones mayoritarias siguieron siendo de origen mexicano, puertorriqueño y cubano.

### Mexicanos

Durante el siglo xx hubo varias olas de inmigración mexicana (cf. Valdés 2000:101), que estuvieron conectadas a diversos sucesos sociopolíticos en México. La **primera ola**

---

[6] En 1853, un pequeño territorio en el sur de Arizona y suroeste de Nuevo México fue comprado por los EE.UU. de México (la Compra de Gadsden).

ocurrió a principios del siglo XX y fue conectada a tres eventos. El primero se debía a las represiones de Porfirio Díaz en sus últimas décadas como presidente de México (desde 1876 hasta 1911). Así también, la revolución mexicana, entre 1910 y 1917, trajo consigo la muerte y fuga de muchos ciudadanos. Finalmente, una economía mundial inestable durante la época de la depresión en la década de los años 30, también afectó a México y motivó migraciones hacia el norte.

La **segunda gran ola** de inmigración mexicana se dio como consecuencia de la segunda guerra mundial, que limitó la mano de obra dentro de los EE.UU. Los gobiernos de los EE.UU. y México crearon el "Programa Bracero" (1942–1964) para cubrir la falta de mano de obra dentro del país debida a la guerra. El objetivo principal del Programa Bracero era incentivar la economía agrícola de los EE.UU. con mano de obra mexicana. Así vinieron trabajadores mexicanos a diversas zonas del país durante un periodo específico. Sin embargo, durante los 22 años que existió, el programa trajo también discriminación y abuso a los más de cuatro millones de individuos mexicanos que vinieron a trabajar, especialmente en los campos agrícolas de Texas y California y en la industria ferroviaria, por lo cual fue muy criticado (cf. Valdés 2000:101). Si bien terminó legalmente en 1964, se considera que el programa todavía existe de manera no oficial.

La **tercera ola** de inmigración mexicana ocurrió después de la Ley de Inmigración de 1965. La nueva ley dejó de favorecer visas para los países de Norteamérica y Europa (Macías 2000:17) y expandió la cuota a 20,000 visas por país (con excepción en casos de miembros de familia).

## Puertorriqueños

La migración puertorriqueña de la isla al continente estadounidense empezó antes de que Puerto Rico pasara a formar parte de los EE.UU. (en 1898). Puerto Rico se rebeló contra España y obtuvo su autonomía en 1897, pero en 1898 fue invadido por los EE.UU. Si bien los ciudadanos puertorriqueños adquirieron ciudadanía estadounidense en 1917 (pero no podían votar en las elecciones presidenciales), Puerto Rico permaneció como colonia de los EE.UU. hasta 1952, cuando pasó a tener estatus de "*commonwealth*" (*Estado Libre Asociado*). En 1910, había solo unos mil puertorriqueños en el continente (Zentella 2000:138). Una **primera ola** migratoria ocurrió durante la era de la Gran Depresión (1929–1939) que afectó a los EE.UU. y a otras regiones en el mundo, como Europa, Latinoamérica y Puerto Rico. Este evento socioeconómico motivó la emigración de puertorriqueños de la isla debido a la inestabilidad económica de la región. El destino principal de los migrantes fue el noreste, especialmente la ciudad de Nueva York.

Una **segunda ola** de inmigración puertorriqueña ocurrió después de la segunda guerra mundial, con el objetivo de buscar mejores oportunidades de trabajo en el exterior; fue incentivada por el servicio aéreo que empezó entre San Juan y Nueva York en 1946. Se considera que la inestabilidad económica interna en esta época se debía al cambio de la economía puertorriqueña de una economía básicamente agrícola (de caña de azúcar) a una economía de industria para la exportación. Este cambio también llevó a una migración interna de las zonas rurales a las ciudades (Zentella 2004). Se creó la "Operación Manos a la Obra" (*Operation Bootstrap*; Silvestrini y Luque de Sánchez 1988) para facilitar el cambio de la economía agraria a la industrial. El proyecto consistió en la producción de bienes de alimentación, tabaco, textiles, electrodomésticos y farmacéuticos, bajo la dirección de empresas estadounidenses. Aunque al inicio la Operación parecía tener éxito, en los años 60 la economía de Puerto Rico se debilitó por el desempleo que surgió como consecuencia del aumento de los costos laborales y la competencia con el exterior. Mientras en 1940, el 96 por ciento de los puertorriqueños vivían en la isla, este porcentaje bajó radicalmente en cuanto se inició la destrucción de puestos de trabajo en el sector primario (de materia prima). En 1960, la proporción de puertorriqueños que vivía en la isla vs. el continente había caído al 72 por ciento y en 1980 al 61 por ciento. A partir de 2004, la mayoría de los puertorriqueños ya vivía fuera de la isla, principalmente en el continente estadounidense.

## EJERCICIO 1.6:

Busca por Internet los datos más recientes sobre el número de habitantes en Puerto Rico y el número de puertorriqueños que vive en el continente estadounidense.

La población que emigró de la isla tuvo todavía como destino principal el noreste, pero también se expandió a Chicago y a otras ciudades del mediooeste. En el censo del 1980, la población puertorriqueña más numerosa después del noreste se encontraba en Illinois, California y Florida. En el 2010, los puertorriqueños eran el segundo grupo más importante en el suroeste y en Illinois, aunque también en otros lugares del país como Orlando, Florida. Muchos puertorriqueños practican la migración circular; es decir, viven periodos en la isla y periodos en el continente. Como veremos, se han establecido ciertas conexiones entre pueblos de la isla y pueblos del continente, como por ejemplo entre San Sebastián y Chicago (Pérez 2004).

## Cubanos

La tercera población latina más grande en los EE.UU. es la de origen cubano. La historia de la inmigración cubana es diferente a la mexicana y la puertorriqueña. Desde antes de 1900 hubo un movimiento poblacional de Cuba hacia la región de Nueva York, especialmente de escritores y músicos, pero también a Tampa, por individuos conectados a la industria tabaquera (Otheguy et al. 2000:167). Los eventos políticos de finales del siglo XIX, conectados a la guerra entre los EE.UU. y España y a los intentos por los EE.UU. de ocupar Cuba, motivaron la inmigración de una **primera ola** de inmigrantes cubanos entre 1896 y 1910 (Otheguy et al. 2000:168). Una **segunda ola** tuvo lugar durante los años 50 como consecuencia de la política del presidente Fulgencio Batista. Sin embargo, la ola más grande de inmigración cubana a los Estados Unidos tuvo lugar en los primeros años después del triunfo de la revolución cubana dirigida por Fidel Castro en 1959. Salieron de Cuba, especialmente, los miembros más solventes, educados y blancos de la población del país (Otheguy et al. 2000:167). Se calcula que alrededor de un cuarto de millón de cubanos inmigraron a los Estados Unidos durante este periodo.

A mediados de los años 60, se promulgó un acuerdo entre el gobierno estadounidense y el cubano que permitía la inmigración de los parientes de los cubanos residentes en territorio estadounidense. Se calcula que en esta **tercera ola** entraron a los EE.UU. más de un cuarto de millón de cubanos, que incluía a personas que tenían diferentes niveles de educación y pertenecían a diferentes grupos raciales y sociales (Otheguy et al. 2000:168). El estatus político de los cubanos de estas olas y las subsiguientes es la de refugiados políticos en los EE.UU. Este estatus los diferencia de otros inmigrantes latinoamericanos.

**EJERCICIO 1.7:**

¿De qué manera(s) podría ser diferente la experiencia de los refugiados políticos comparada a la de los inmigrantes tradicionales?

La **cuarta ola** ocurrió en 1980 a raíz de la toma de la embajada peruana en La Habana por un grupo de cubanos. Para aliviar el incidente internacional, Castro autorizó la salida del país a aquellos cubanos que querían dejar la isla. Salieron individuos de todos los grupos sociales, con predominancia de las clases trabajadoras y algunos presos que el gobierno cubano quería desalojar de las cárceles. Se calcula que aproximadamente 125,000 personas salieron del puerto de Mariel (Otheguy et al. 2000). Muchos países latinoamericanos y los Estados Unidos ofrecieron asilo político a estos emigrantes, que se les conocía como los "marielitos."

En 1980, los EE.UU. revisó su política de asilo político para refugiados cubanos y exigió pruebas de persecución política, con el fin de promover un mayor control de la inmigración cubana. Estas limitaciones y otros problemas sociales en la isla llevaron a otra ola de inmigraciones a mediados de los años 90. Numerosas embarcaciones clandestinas salieron de Cuba con destino a Florida. Este grupo incluía especialmente a hombres en un 84 por ciento y a negros o mulatos en un 31 por ciento (Otheguy et al. 2000:169). Sin embargo, no se les permitió desembarcar oficialmente en territorio estadounidense y, como consecuencia, esto motivó otra vez la revisión de la política de inmigración con Cuba. Sin embargo, las inmigraciones posteriores diversificaron la población de ascendencia cubana, tanto social como racialmente.

## 1.1.3  El siglo XXI

Hasta el censo del 2000, los destinos migratorios de las poblaciones caribeñas fueron principalmente el noreste para los puertorriqueños (Nueva York y Nueva Jersey) y el sureste (Florida) para los cubanos. Sin embargo, en el censo del 2010 (Lopez y Dockterman 2011: Cuadro 1 y Figura 1) emerge un perfil diferente. Hay una población puertorriqueña también importante en Florida (Orlando, Tampa), Chicago y Atlanta, así como en el suroeste. La población cubana continúa viviendo en su mayoría en Florida. Pero también hay poblaciones cubanas importantes en Las Vegas, Filadelfia, Atlanta y Nueva York/Nueva Jersey. La población dominicana, también caribeña y más reciente, se ha establecido principalmente en Boston, Nueva York y en el estado de Nueva Jersey, así como hay poblaciones importantes de dominicanos en Florida (Fort Lauderdale, Orlando, Miami, Tampa), Filadelfia y Atlanta.

A través del siglo XX, no solo cambió la población latina en los EE.UU., sino el perfil general del inmigrante también. Al comparar los censos desde 1900 y centrándonos en la población nacida fuera de los EE.UU., vemos que la inmigración europea representaba el

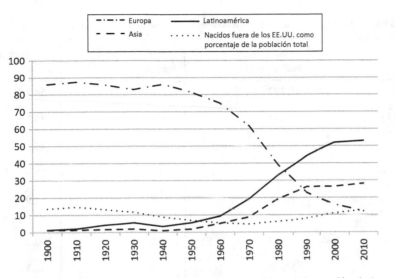

**Figura 1.1.** Inmigrantes nacidos en Europa, Latinoamérica y Asia por década (porcentajes) (U.S. Census, censos entre 1990 y 2010)

86 por ciento de la población inmigrante en 1900 y la población latinoamericana solo el 1.3 por ciento. En 2010, sin embargo, la población latinoamericana representa más de la mitad de la población inmigrante (53.1 por ciento) (véase la Figura 1.1).[7] Los datos sugieren que el gran cambio se dio entre 1970 y 1980.

En el 2014, las poblaciones latinas incluyen a los descendientes de las primeras poblaciones de origen hispano en el suroeste, así como a los latinos de origen o ascendencia de los países hispanohablantes. Según el censo del 2010, los grupos de origen o ascendencia mexicanos, puertorriqueños y cubanos siguen siendo los grupos mayoritarios. México se singulariza porque representa el origen o ascendencia del 63 por ciento de los latinos en los EE.UU. Sin embargo, en el censo del 2010 también se perfilan nuevos grupos latinos con población creciente. Se trata de grupos de origen o ascendencia centroamericanos, especialmente de El Salvador, Guatemala y Honduras. Siguen poblaciones con ascendencia de la región andina, especialmente de Ecuador y Perú, y una creciente población de ascendencia española reciente. Otros grupos latinos con ascendencia de otros países hispanohablantes también están representados en el censo y aparecen en el Cuadro 1.3.

## EJERCICIO 1.8:

¿Cuáles son los grupos que más aumento han experimentado? Basándote en estas tendencias, ¿qué predicciones harías para esta lista en el año 2020?

---

[7] Omitimos los inmigrantes nacidos en África, puesto que son relativamente pocos. Su porcentaje ha aumentado del 0.4 por ciento en el 1960 al 4.0 por ciento en el 2010.

**CUADRO 1.3.** Población latina por ascendencia regional según el censo del 2010 (Ennis et al. 2011)

| Origen | Población (miles) | Porcentaje | Aumento desde el 2000 (porcentaje) |
|---|---|---|---|
| México | 31,797 | 63.0 | 54.1 |
| Puerto Rico | 4,624 | 9.2 | 35.7 |
| Cuba | 1,786 | 3.5 | 43.8 |
| El Salvador | 1,649 | 3.3 | 151.7 |
| República Dominicana | 1,415 | 2.8 | 84.9 |
| Guatemala | 1,044 | 2.1 | 180.3 |
| Colombia | 909 | 1.8 | 93.1 |
| España | 635 | 1.3 | 534.4 |
| Honduras | 633 | 1.3 | 191.1 |
| Ecuador | 565 | 1.1 | 116.7 |
| Perú | 531 | 1.1 | 127.1 |
| Nicaragua | 348 | 0.7 | 96.0 |
| Argentina | 225 | 0.4 | 123.0 |
| Venezuela | 215 | 0.4 | 135.0 |
| Chile | 127 | 0.3 | 84.2 |
| Costa Rica | 126 | 0.3 | 84.3 |
| Panamá | 165 | 0.3 | 80.4 |
| Bolivia | 99 | 0.2 | 135.8 |
| Uruguay | 57 | 0.1 | 202.5 |
| Paraguay | 20 | < 0.1 | 128.3 |

Una mirada a las poblaciones latinas según la región lingüística que representa el país de ascendencia nos muestra que las variedades mexicana y caribeñas son las más representadas en la población hispanohablante de los EE.UU. Sin embargo, el censo también muestra que todas las otras regiones lingüísticas han aumentado desde el censo del 2000, especialmente la centroamericana (Cuadro 1.4). El aumento de la inmigración centroamericana se debe principalmente a las guerras civiles que tuvieron lugar en Guatemala (1960–1996) y El Salvador (1980–1992), así como a desastres naturales, especialmente el huracán Mitch en 1998 (Brick et al. 2011:4).

**CUADRO 1.4.** Población latina por origen y dialecto

(Adaptado de Ennis et al. 2011:Cuadro 1)

| Región lingüística | Origen | Población 2010 (porcentaje) | Aumento desde el 2000 (porcentaje) |
|---|---|---|---|
| Mexicano | México | 63.0 | 54.1 |
| Caribeño | PR, Cu, RepDom, Ven, Pan | 16.3 | 46.6 |
| Centroamericano | Gua, Sal, Hon, Nic, CR | 7.5 | **154.7** |
| Andino | Col, Ec, Pe, Bol | 4.2 | 108.7 |
| Cono Sur | Arg, Ch, Ur, Par | 0.9 | 116.7 |
| Peninsular | España | 1.3 | 534.4 |

La historia de las distintas poblaciones latinas en los EE.UU. nos lleva a repensar el mapa del país según las etapas históricas y las áreas de asentamiento. Proponemos, entonces, emplear un análisis a partir de lo que llamamos las **regiones sociolingüísticas** para describir y analizar el español de los EE.UU.

## 1.2 Regiones sociolingüísticas

A principios del siglo XXI, la situación del español y de los latinos en los EE.UU. es más compleja que hace 100 años. Como vimos en la Sección 1.1, desde el siglo XVI, el territorio estadounidense se convierte en una región con una población de origen hispano e hispanohablante importante, si bien también diversa.

Dada la importancia de la población hispanohablante en los EE.UU., es imprescindible estudiar todas estas comunidades de manera que reconozca su sociohistoria. Sin embargo, las regiones oficiales del país que distingue la Oficina del Censo de los EE.UU. (véase el Mapa 1.3) no coinciden con la sociohistoria de las poblaciones latinas. Es decir, la división de regiones según la Oficina del Censo no coincide con las regiones históricas y sociolingüísticas del español y la población de origen hispano en el país. Por ejemplo, los estados históricos del suroeste aparecen incluidos en dos agrupaciones más grandes llamadas "sur" y "oeste." Por lo tanto, proponemos una división de las regiones del país desde la perspectiva sociolingüística que resulta más útil para hablar sobre el español y las poblaciones de origen hispano en los EE.UU. y que seguiremos en este libro. La división de lo que llamamos las **regiones sociolingüísticas** para el estudio del español y la población latina en los EE.UU. se encuentra en el Mapa 1.4 (compárese con el Mapa 1.3 del censo).

El Mapa 1.5 muestra las regiones del país que antes no tenían mucha población latina y que ahora muestran un incremento porcentual.

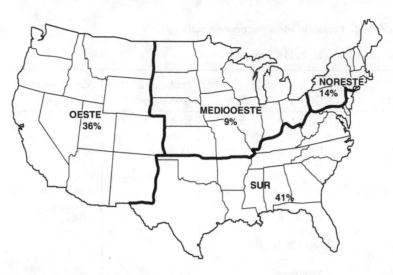

**Mapa 1.3.** Regiones geográficas definidas por el censo de los EE.UU. (Las cifras demuestran los porcentajes de latinos en cada región, según los datos del censo del 2010.)

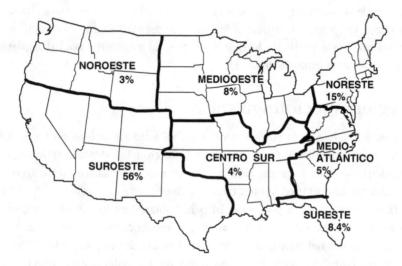

**Mapa 1.4.** Regiones sociolingüísticas que proponemos para el estudio del español de los EE.UU. (Las cifras demuestran los porcentajes de latinos en cada región, según los datos del censo del 2010.)

## EJERCICIO 1.9:

El Cuadro 1.5 incluye los diez estados con el porcentaje y crecimiento más altos de población latina. ¿Qué regiones sociolingüísticas representan?

Cuando analizamos los condados que muestran los números más altos de población latina, encontramos que ya se trata no de condados con una metrópolis o ciudad grande, sino de regiones más rurales. Veremos en el Capítulo 2 cómo la población latina en el noroeste también aumentó en el censo del 2010, si bien en porcentajes más bajos.

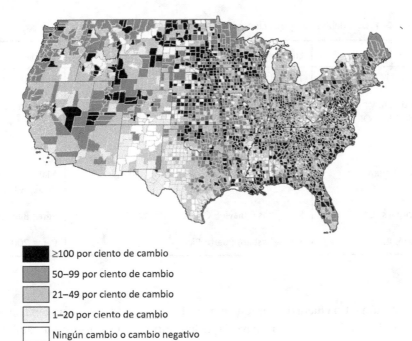

≥100 por ciento de cambio

50–99 por ciento de cambio

21–49 por ciento de cambio

1–20 por ciento de cambio

Ningún cambio o cambio negativo

**Mapa 1.5.** Cambio porcentual en la población hispana entre 2000 y 2010 (Adaptado del censo)

**CUADRO 1.5.** Los diez estados con mayor porcentaje y los de mayor crecimiento latino

(Basado en Passel et al. 2011:Cuadro 6)

| Estado | % de latinos | Región | Estado | % de crecimiento | Región |
|---|---|---|---|---|---|
| Nuevo México | 46.3 | | Carolina del Sur | 148 | |
| Texas | 37.6 | | Alabama | 145 | |
| California | 37.6 | | Tennessee | 134 | |
| Arizona | 29.6 | | Kentucky | 122 | |
| Nevada | 26.5 | | Arkansas | 114 | |
| Florida | 22.5 | | Carolina del Norte | 111 | |
| Colorado | 20.7 | | Maryland | 106 | |
| Nueva Jersey | 17.7 | | Mississippi | 106 | |
| Nueva York | 17.6 | | Dakota del Sur | 103 | |
| Illinois | 15.8 | | Georgia | 96 | |

**CUADRO 1.6.** Pueblos con poblaciones transnacionales

| Lugar en los EE.UU. | Lugar en Latinoamérica | Estudio |
|---|---|---|
| Queens, NY | Ticuani, Puebla (México) | R. Smith 2006 |
| Oxnard, CA, y Woodbridge, OR | Teotitlán del Valle y de San Agustín Atenango, Oaxaca (México) | Stephen 2006 |
| Chicago, IL | Michoacán (México) | Farr 2005 |
| Kennett Square, PA | Moroleón, Guanajuato (México) | Matus-Mendoza 2002, 2004 |
| Los Ángeles, CA | San Lucas Quiaviní, Oaxaca (México) | Pérez Báez 2009 |
| Chicago, IL | San Sebastián, Puerto Rico | Pérez 2004 |

La población latina fuera del suroeste es más diversa con respecto a origen o ascendencia regionales. Sin embargo, la gran mayoría de los latinos fuera del suroeste también tienen origen o ascendencia mexicanos (cf. Ennis et al. 2011; Jenkins 2009a habla de una "expansión del suroeste" hacia el norte). Los datos censales muestran que se continúan creando nuevas rutas migratorias para los inmigrantes mexicanos y otros con destinos fuera del suroeste. Incluso se llegan a crear lazos transnacionales entre pares de poblaciones, algunos de los cuales se presentan en el Cuadro 1.6.

**EJERCICIO 1.10:**

Estudia el mapa en www.ime.gob.mx/mapas/circuitos/circuitos_2010.swf. Al colocar el ratón sobre cualquier estado mexicano, se ven los primeros tres destinos más comunes en los Estados Unidos de los emigrantes mexicanos. Compara las regiones con tus compañeros y busca las regiones de México desde las cuales migran los emigrantes a tu estado especialmente.

## 1.3 Conclusión

En este capítulo hemos presentado la manera como entendemos la diversidad de la población latina en los EE.UU. La diversidad incluye la historia de las diferentes poblaciones latinas relacionadas a su llegada al actual territorio de los EE.UU., los orígenes distintos y las regiones de asentamiento. Estas particularidades y las diferencias entre las varias poblaciones latinas nos llevan a proponer el uso del concepto de **región sociolingüística** para el estudio del español y de los latinos en los EE.UU. en los capítulos siguientes. Los latinos también se diferencian según su historia y dónde viven en el país, ya sea zona metropolitana, semiurbana o rural. En el siguiente capítulo pasamos a mirar los patrones de uso lingüístico en cada región sociolingüística.

## Conceptos claves

Busca en el texto las definiciones de estos conceptos y compara con tus compañeros.

Inmigrante, migrante

Lengua minoritaria

Migración cíclica

Ola migratoria

Región sociolingüística

# 2 Poblaciones actuales y patrones de uso del español

La presentación que sigue resume muchos años de estudios sobre los patrones de uso del español en los EE.UU. a lo largo del siglo XX y a principios del siglo XXI. Estos estudios tienen su base teórica en los campos académicos de la **sociolingüística** y la **sociología de la lengua**. Antes de empezar, ofrecemos una muy breve descripción de estos dos campos. La sociolingüística es un campo amplio que, en términos generales, estudia las relaciones entre la sociedad y la lengua. Muchos sociolingüistas se dedican a determinar las correlaciones entre varios factores sociales como la edad, el género y la clase social y las formas de hablar de la gente. Se suele considerar a William Labov como fundador importante de la sociolingüística moderna cuantitativa. Otros sociolingüistas exploran el uso de la lengua en diferentes contextos como resultado de normas culturales o como producto de la red (*network*) social de un individuo. Otra área de estudio es la dialectología, que estudia la variación en las formas de hablar según región geográfica, grupo étnico, etc. Aun otros sociolingüistas investigan los efectos del contacto de lenguas en las prácticas lingüísticas de la gente.

La sociología de la lengua es un campo relacionado a la sociolingüística que busca entender los efectos sociales de los usos lingüísticos individuales y grupales. Se reconoce a Joshua Fishman como fundador de este campo académico y las preguntas claves que lo guían: *¿Quiénes usan qué lenguas, con quiénes y para qué fines?* La sociología de la lengua también abarca las relaciones entre la lengua y la etnicidad, el nacionalismo y la identidad; las ideologías lingüísticas; la planificación del uso de lenguas en la sociedad y el desplazamiento (*shift*) y el mantenimiento de las lenguas. Es bastante común que se use el término "*sociolingüística*" para abarcar también la sociología de la lengua.

## 2.1 Desplazamiento y mantenimiento

En general, los estudios sociolingüísticos del siglo XX sobre el uso y mantenimiento del español en los Estados Unidos sugieren, siguiendo a Silva-Corvalán (1994), un mantenimiento del español en el país a nivel social (debido en gran parte a la inmigración) pero un cambio hacia el inglés a nivel individual. Es decir, como vimos en el Capítulo 1, los 46.3 millones de hispanohablantes en los EE.UU. (Ennis et al. 2011) hace que sea un país fuertemente hispanohablante en general. Pero cuando estudiamos el uso del español a nivel de los individuos y las familias, vemos que el uso disminuye con cada generación a favor del inglés.

Se dice que una lengua se mantiene en una comunidad si se trasmite a través de las generaciones, y si no existe la transmisión intergeneracional de la lengua de los padres a los hijos, el resultado se conoce como el **desplazamiento** lingüístico hacia la otra lengua. Desde la fundación de los EE.UU., el patrón casi universal es que las lenguas de los grupos inmigrantes se desplazan hacia el inglés en la tercera generación—es decir, los nietos de los inmigrantes son monolingües en inglés y no hablan la lengua de herencia de sus abuelos.

## EJERCICIO 2.1:

¿Conoces a una familia en los EE.UU. (quizá la tuya) que haya seguido el patrón general del desplazamiento hacia el inglés? Es decir, los inmigrantes adultos llegaron monolingües (o casi monolingües) en su idioma; los hijos se criaron bilingües en ese idioma y el inglés; y los nietos son casi monolingües en inglés.

Lieberson et al. (1975) estudiaron el desplazamiento hacia la lengua dominante en 35 países diferentes y encontraron que los inmigrantes a los EE.UU. mostraron la velocidad más rápida que los de cualquier otro país. Hay muchos motivos por los cuales una lengua se ve desplazada, entre ellos la presión de la sociedad (que exploraremos con mayor detalle en el Capítulo 7), la falta de oportunidad de usar la lengua o el miedo que tienen sus hablantes de que el no saber el inglés pueda interferir con su integración a la vida socioeconómica del país (aunque veremos en el Capítulo 9, sobre la educación, que este miedo no tiene fundación empírica).

A pesar de que algunos estadounidenses temen que los hispanos "no están aprendiendo el inglés,"[1] toda la evidencia señala que no solo lo están aprendiendo, sino que lo aprenden más rápido que en el pasado y además algunos pierden el español. El 74 por ciento de los hispanohablantes reportó hablar el inglés "bien" o "muy bien" con datos del American Community Survey del 2011 (Ryan 2013). En el 2000, Veltman encontró que después de cinco años de haber llegado a los EE.UU., el 20 por ciento de los jóvenes inmigrantes con menos de 14 años de edad ya habían adoptado el inglés como su lengua preferida. Cinco años después, esa cifra se elevó al 40 por ciento. El autor muestra que esta tasa de desplazamiento es más rápida hoy que con los jóvenes de generaciones anteriores.

Sin embargo, algunos estudios de principios del siglo XXI sugieren un mayor mantenimiento del español (Porcel 2011 ofrece un excelente resumen de los factores y la metodología en el estudio del mantenimiento y el desplazamiento, enfocándose en el español en los EE.UU.). Antes de contemplar las tendencias más importantes del uso del español en los EE.UU., es importante entender el concepto de la **generación sociolingüística**.

## 2.1.1 Generación sociolingüística

Los estudios sobre la población latina en los EE.UU. en los siglos XX y XXI distinguen a los hablantes según varios factores sociales que delinean sus perfiles sociolingüísticos.

---

[1] Para un excelente tratamiento del tema, consúltese el libro de Tse (2001), *Why don't they learn English? Separating fact from fallacy in the U.S. language debate.*

Uno de los factores más importantes es la **generación sociolingüística**, que parte del lugar de nacimiento y de la edad de llegada a los EE.UU. del individuo y/o de sus padres o abuelos.

## Lugar de nacimiento

La primera diferenciación entre los latinos es el **lugar de nacimiento**. Este factor es importante porque si el individuo nació en Hispanoamérica o España es más probable que creció en un hogar y en una comunidad en la que se hablaba primordialmente el español. Los latinos que nacieron fuera de los EE.UU. son clasificados como **inmigrantes** por el censo. Con datos del 2011 (Motel y Patten 2013a), sabemos que casi el 13 por ciento (40 millones) de la población total de los EE.UU. es inmigrante y un poco más de la mitad de ellos (53 por ciento) es latino. También sabemos que dos tercios de los inmigrantes latinos llegaron antes del 2000, por lo que se puede asumir que la gran mayoría de la población inmigrante latina es bilingüe (si bien con diferentes niveles de proficiencia).

## Edad de llegada a los EE.UU.

Los individuos nacidos fuera de los EE.UU. pueden presentar perfiles sociolingüísticos muy diferentes, según su edad de llegada a los EE.UU. Si llegaron antes de los seis años de edad, es muy probable que toda su educación escolar fue en los EE.UU. con el inglés como lengua de instrucción (véase el Capítulo 8). Esta distinción tiene consecuencias importantes para el nivel de proficiencia en el español y en el inglés, aunque la diferencia de proficiencia es menos clara entre más joven llegó la persona (como veremos en el Capítulo 4). Sin embargo, si llegaron después de los seis años de edad, es bastante probable que en su país de origen asistieron durante algún tiempo a una escuela donde la lengua de instrucción fue el español. Incluso, es probable que a mayor edad tenían cuando llegaron, más años de educación en español tuvieron y más proficientes son en esa lengua. Los individuos que vinieron después de la pubertad normalmente se consideran hablantes nativos del español (y aprendices del inglés como segunda lengua).

Debido a que estos factores (junto con otros que exploraremos en el Capítulo 4) tienen gran impacto en la proficiencia lingüística de los hablantes, hay que distinguirlos según la **generación** a la que pertenezcan. En los estudios socio- y psicolingüísticos, es importante distinguir la generación a la que pertenece el latino; tanto para los inmigrantes que llegaron en el siglo XX, como para sus descendientes. Cada tipo de hablante define una **generación sociolingüística**. El concepto de generación sociolingüística fue propuesta por Silva-Corvalán en su estudio sobre el español en Los Ángeles (1994). Si bien el factor lugar de nacimiento del individuo y de sus padres era el criterio relevante, hoy se hace una distinción más sofisticada incluyendo otros factores adicionales. El Cuadro 2.1 resume las definiciones más comunes empleadas actualmente en el campo.

Se suele considerar como de la **primera generación** o G1 a aquellos hablantes que llegaron a los EE.UU. durante o después del periodo de la pubertad—es decir, a los 12 años de edad o después. Estos individuos pasaron los años formativos en un país

**CUADRO 2.1.** Generaciones sociolingüísticas

| Generación | Siglas | Definiciones posibles | Características lingüísticas típicas |
|---|---|---|---|
| Primera | G0.5 | Inmigrante con menos de 5 años en los EE.UU. (Otheguy y Zentella 2012) | Español nativo<br>Inglés como nueva lengua |
| | G1 | Inmigrante que llegó con 12 años o más (Silva-Corvalán 1994) o con 9 años o más (Potowski y Torres en progreso) | Español nativo<br>Inglés como nueva lengua; dependerá del tiempo en los EE.UU. |
| | G1.5 | Inmigrante que llegó entre los 6 y 11 años (Silva-Corvalán 1994) o 6 y 8 años (Potowski y Torres en progreso) | Español nativo<br>Inglés como nueva lengua; dependerá del tiempo en los EE.UU. |
| Segunda | G2 | Inmigrante que llegó antes de los 6 años con uno o dos padres de la G1, o persona que nació en los EE.UU. con dos padres de la G1 | Español = Depende, pero suele ser fuerte<br>Inglés = Lengua más fuerte |
| Tercera | G3 | Persona que nació en los EE.UU. y tiene un padre (o dos) de la G2 | Español = Depende, pero suele ser débil<br>Inglés = Lengua más fuerte |
| | G3:1 | Persona que tiene un padre de G2 y otro padre de G1 (Potowski y Torres en progreso) | Español = Depende, pero suele ser débil<br>Inglés = Lengua más fuerte |
| | G3:2 | Persona que tiene dos padres de la G2 (Potowski y Torres en progreso) | Español = Suele ser débil<br>Inglés = Lengua más fuerte |

(mayoritariamente) hispanohablante y, por lo tanto, se consideran hablantes nativos del español. En sus países de origen, tuvieron la oportunidad de desarrollar su lengua hasta el periodo de la pubertad en un contexto familiar y social en el que se usaba el español. Esto sigue la literatura de adquisición de lenguas en la que se emplea la pubertad como la edad mínima para decir que el individuo adquirió el sistema nativo de una lengua.[2]

Esta definición también asume que los individuos de la G1 tuvieron la oportunidad de estar expuestos a diferentes estilos de la lengua y que pudieron aprender a emplearlos en variados ámbitos sociales—especialmente en la escuela. Se asume que entre las variedades a las que tuvieron acceso, especialmente en la escuela, está incluida la variedad "estándar" o prestigiosa (también llamada la **norma académica**) de la lengua. Es decir, los estudios sociolingüísticos muestran que a mayor educación formal en español, mayor experiencia tendrá el hablante usando y escuchando variedades más formales de la lengua (cf. Labov 2001; véase también Santa Ana y Parodi 1998). Es decir, el nivel educativo (y luego, la

---

[2] Algunos investigadores, como Potowski y Torres (en progreso), ubican la edad para G1 a partir de los nueve años, basándose en los estudios que señalan que un individuo que emigra a otro país después de esa edad no está en riesgo de perder su lengua.

ocupación) exponen al hablante a diferentes variedades estilísticas, según los espacios sociales a los que tenga acceso. Sin embargo, aquellos individuos que llegaron después de la pubertad pero no recibieron escolarización en sus países de origen también se consideran hablantes nativos de la lengua, si bien fueron expuestos a menos variedades estilísticas.

La **segunda generación** (G2) son los hijos de los miembros de la G1. La definición más común de los G2 es que llegaron a los EE.UU. antes de los seis años de edad o nacieron en los EE.UU. Como sus papás suelen ser monolingües en español cuando inmigran, los individuos de la G2 suelen desarrollar niveles de español bastante fuertes porque era lo que más se hablaba en casa cuando eran niños. Veremos en el Capítulo 4 que el orden de nacimiento de los hijos puede tener también una influencia en el desarrollo del español.

### EJERCICIO 2.2:

¿Quiénes crees que desarrollan un español más fuerte, los hijos que nacen primero/segundo o los que nacen tercero/cuarto? ¿Por qué?

Si consideramos que la G1 llega con 11 años de edad o más y que la G2 son los hijos de la G1 que nacieron en los EE.UU. o fueron traídos por sus padres cuando tenían menos de seis años de edad, ¿cómo se refiere a los jóvenes que llegan entre los seis y los 12 años? A estos individuos se les conoce como la G1.5. Se les distingue tanto de los de la G1 como de los de la G2 porque los estudios de adquisición de lenguas muestran que estos jóvenes llegan con un sistema fuerte de su primera lengua (el español), por la cantidad de años que pasaron en el país hispanohablante de origen (y, probablemente, también fomentado por algo de escolarización formal).

Un individuo de la **tercera generación** sociolingüística, o G3, nació en los EE.UU. y tiene por lo menos un padre que también nació en los EE.UU. En Chicago, Potowski y Torres (en progreso) vieron diferencias entre los G3 que tenían un padre G1 y un padre G2 (a quienes llaman "G3:1")[3] comparado con aquellos que tenían dos padres G2 ("G3:2"). Encontraron que los 24 individuos de la G3:1 tenían un nivel de proficiencia del español significativamente más alto que el de los 30 individuos de la G3:2.

### EJERCICIO 2.3:

¿Por qué crees que los integrantes de la G3:1 en Potowski y Torres (en progreso) tenían un español más fuerte que los de la G3:2? Piensa en el habla de sus papás.

La Figura 2.1 muestra la proporción de los niños en la población hispana de los EE.UU. que pertenece a cada uno de los tres grupos generacionales. Nótese que dentro de cada generación sociolingüística puede haber individuos de diferentes edades. Es decir, una persona de la G1 puede tener 15 años, 25 años o 35 años. Del mismo modo, alguien de

---

[3] El hecho de tener por lo menos un padre G2 hace que el hijo sea G3, según estas autoras, y no "G2.5" (u otro término) porque lo que más cuenta en estas categorías es la exposición al español que suele darse.

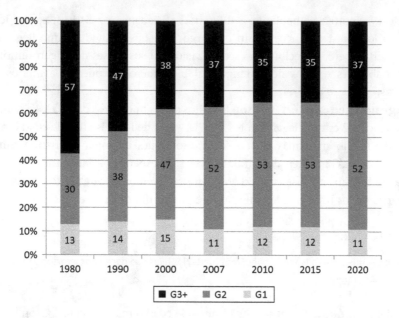

**Figura 2.1.** Población de menos de 18 años por generación sociolingüística (los datos para los años 2010, 2015 y 2020 son proyecciones) (Tomado de Fry y Passel 2009:Gráfico 2)

la G2 o de la G3 puede tener cinco años, diez años, 20 años o más. Por lo tanto, la **generación sociolingüística** no hace referencia a la edad del individuo, sino a la generación en los EE.UU. a la que pertenece el individuo. La importancia de la edad en la vitalidad lingüística se discutirá en el Capítulo 10.

## Tiempo de residencia

La diferencia más empleada en los estudios sobre el español de los EE.UU. para distinguir a los inmigrantes de G1 es el **tiempo de residencia** que tienen en el país. Se diferencia entre aquellos que llevan entre menos de un año y cinco años en el país (los **recién llegados**) y aquellos que tienen más años de residencia en el nuevo país (cf. Otheguy y Zentella 2012). A aquellos que tienen menos de cinco años se les llama G0.5. Algunos estudios hacen más diferenciaciones, según el tipo de estudio que hagan, por ejemplo diferencian entre menos de un año, entre más de uno y menos de cinco años, y más de diez años. Para los recién llegados, algunos estudiosos incluso hacen distinciones de periodificación más detalladas (un mes, seis meses, etc.), según el estudio.

## EJERCICIO 2.4:

¿Qué diferencias podría haber entre un G1 que llega a los EE.UU. a los 17 años y otro que llega a los 40 años? ¿Qué relevancia tiene la edad de llegada para el uso del español y del inglés? Y ¿crees que es importante diferenciar a los recién llegados según periodos de "menos de un mes" o "menos de seis meses?" Piensa en casos semejantes de estudiantes que van de *study abroad* a un país donde se habla una lengua diferente.

## 2.1.2 Patrones generales

En términos generales, la G1 tiene más alta proficiencia en español que la G2, que la tiene más fuerte que la G3. El término **proficiencia** (lingüística) tiene su origen en el inglés para referirse al concepto de la palabra inglesa *proficiency*, que hace referencia a las **habilidades** lingüísticas.

Con datos del 2011, el American Community Survey encuentra que el 74.7 por ciento de todos los latinos mayores de cinco años de edad hablan español en su casa (Ryan 2013). Sin embargo, el desplazamiento del español al inglés para la tercera generación es el patrón más común en todo el país. El Cuadro 2.2 muestra los resultados de un estudio hecho en el año 2011 por el Pew Hispanic Center (Taylor et al. 2012). Nótese que en este estudio, el término **dominante** quiere decir que esa lengua es mucho más fuerte que la otra, mientras que **bilingüe** significa que se considera al hablante proficiente en las dos lenguas.

El Cuadro 2.3, que viene del mismo estudio del Pew Hispanic Center, muestra más claramente la autoevaluación de los hispanohablantes con respecto a si consideran que hablan y leen el español "bien" o "muy bien." Se nota que con cada generación, menos hablantes perciben que su proficiencia es alta, especialmente en la tercera generación.

En las secciones siguientes, ofrecemos un resumen sobre qué grupos hispanohablantes viven en cada una de las regiones sociolingüísticas que definimos en el Capítulo 1. También describimos los resultados de varios estudios hechos en cada región sobre el uso del español. Los rasgos específicos del español hablado por los hablantes latinos en estas regiones se verán en el Capítulo 3 (los dialectos del español), el Capítulo 4 (las variedades adquisicionales), el Capítulo 5 (el español en contacto con el inglés) y el Capítulo 6 (el contacto de dialectos).

**CUADRO 2.2.** Proficiencia lingüística en inglés y español de los latinos en los EE.UU.

(Tomado de Taylor et al. 2012:Gráfico 3.4)

| Proficiencia | G1 | G2 | G3+ | Todos |
|---|---|---|---|---|
| Dominantes en español | 61 | 8 | 2 | 38 |
| Bilingües | 33 | 53 | 29 | 38 |
| Dominantes en inglés | 6 | 40 | 69 | 24 |

**CUADRO 2.3.** Autoevaluación de la proficiencia lingüística en español por hispanohablantes

(Tomado de Taylor et al. 2012:Gráfico 3.3)

| Proficiencia en español: "bien" o "muy bien" | G1 | G2 | G3+ | Todos |
|---|---|---|---|---|
| Hablan español | 91 | 82 | 47 | 82 |
| Leen español | 91 | 71 | 41 | 78 |

## 2.2 Regiones tradicionales

Las regiones tradicionales hacen referencia a las regiones en las que hasta 1960 había poblaciones hispanohablantes importantes y/o eran los destinos de las migraciones del siglo xx. La región más importante es el suroeste, que ha tenido una población hispanohablante desde la época de la colonia española, como vimos en el Capítulo 1. Siguen las regiones del noreste, sureste y mediooeste. Particularmente, se trata originalmente de las ciudades de Nueva York, Miami y Chicago y sus alrededores, respectivamente.

### 2.2.1 El suroeste

Los estudios sobre el español y los latinos en los EE.UU. definen el suroeste como la región que perdió México en 1848 en el Tratado de Guadalupe Hidalgo. Como vimos anteriormente, esta región incluía una población hispanohablante en los estados de California, Arizona, Nuevo México, Texas, Nevada, Utah y Colorado (vuelve a mirar el Mapa 1.2). En el censo del 2010, estos estados mantienen las poblaciones latinas más numerosas del país y juntos conforman el 56 por ciento de la población latina en los EE.UU. (Cuadro 2.4). Entre ellos, Nuevo México tiene el mayor porcentaje de latinos (46 por ciento), pero Nevada y Utah son los estados de esta región en los que la población latina se ha incrementado más desde el censo del 2000 (82 y 78 por ciento, respectivamente), a pesar de que estos dos estados (y Colorado) no tienen frontera con México.

El suroeste también incluye ocho de las diez ciudades con más población latina en los EE.UU. (Ennis et al. 2011). En orden descendiente son Los Ángeles, Houston, San Antonio, Phoenix, El Paso, Dallas, San Diego y San José (con casi un millón de latinos). Hay muchos

**CUADRO 2.4.** Población latina en los estados del suroeste

(Ryan 2013; Ennis et al. 2011)

|  | Población latina | Porcentaje del total | Aumento desde el 2000 (porcentaje) |
|---|---|---|---|
| California | 14,013,719 | 37.6 | 27.8 |
| Texas | 9,460,921 | 37.6 | 41.8 |
| Arizona | 1,895,149 | 29.6 | 46.3 |
| Colorado | 1,038,687 | 20.7 | 41.2 |
| Nuevo México | 953,403 | **46.3** | 24.6 |
| Nevada | 716,501 | 26.5 | **81.9** |
| Utah | 358,340 | 13.0 | **77.8** |
| Total | 28,436,720 | **56.3** | |
| Total EE.UU. | 50,477,594 | 16.3 | 43.0 |

**CUADRO 2.5.** Diversidad hispana en las metrópolis con un millón o más de población latina en California (población en miles)

(Basado en Lopez y Dockterman 2011:Apéndice:Cuadro 2)

Ciudades de California

**Los Ángeles 5,763**

|   | México | Otros | El Salvador | Guatemala | Puerto Rico |
|---|--------|-------|-------------|-----------|-------------|
| % | 79.3 | 7.5 | 7.2 | 4.3 | 0.8 |

**Riverside–San Bernardino 1,920**

|   | México | Otros | El Salvador | Guatemala | Puerto Rico |
|---|--------|-------|-------------|-----------|-------------|
| % | 88.6 | 6.1 | 2.4 | 1.3 | 1.1 |

**San Francisco–Oakland–Vallejo 1,028**

|   | México | Otros | El Salvador | Guatemala | Puerto Rico |
|---|--------|-------|-------------|-----------|-------------|
| % | 71.8 | 13.0 | 8.1 | 3.8 | 2.2 |

**CUADRO 2.6.** Diversidad hispana en las metrópolis con mayor población latina en Texas (población en miles)

(Basado en Lopez y Dockterman 2011:Apéndice:Cuadro 2)

Ciudades de Texas

**Houston 1,945**

|   | México | Otros | El Salvador | Guatemala | Puerto Rico |
|---|--------|-------|-------------|-----------|-------------|
| % | 78.8 | 10.0 | 7.1 | 2.0 | 1.1 |

**Dallas–Fort Worth 1,782**

|   | México | Otros | El Salvador | Guatemala | Puerto Rico |
|---|--------|-------|-------------|-----------|-------------|
| % | 84.6 | 7.1 | 4.9 | 1.0 | 1.9 |

**San Antonio 1,035**

|   | México | Otros | Puerto Rico | Guatemala | El Salvador |
|---|--------|-------|-------------|-----------|-------------|
| % | 91.3 | 6.4 | 1.5 | 0.3 | 0.3 |

estudios sociolingüísticos sobre grupos latinos en Los Ángeles, Houston y San Antonio, así como sobre las ciudades fronterizas de El Paso y San Diego. Hay menos estudios, sin embargo, sobre Phoenix, Dallas y San José.

California tiene una población latina del 37.6 por ciento (14 millones). La gran mayoría se encuentra en las zonas urbanas. Ocho de las ciudades californianas aparecen en la lista de las 30 ciudades con mayor población latina en el país. En el Cuadro 2.5 aparecen las tres ciudades californianas con mayor población latina.

Texas tiene una población latina del 37.6 por ciento (9.5 millones). Siete ciudades de este estado aparecen entre las 30 metrópolis con mayor población latina en el país. En el Cuadro 2.6 aparecen las tres con mayor población latina.

La población latina en los otros estados del suroeste (Arizona, Colorado, Nevada y New México) también es diversa, como vemos en el Cuadro 2.7. No está incluido el estado de Utah porque ninguna de sus ciudades aparece en la lista de las 30 ciudades con mayor población latina en el país.

### EJERCICIO 2.5:

Analiza las ciudades de los estados del Cuadro 2.7. ¿Qué ascendencia tienen las poblaciones mayoritarias en cada estado? ¿Se parecen o se diferencian estos estados con respecto a este criterio? Mira después los Cuadros 2.5 y 2.6. ¿Siguen los estados de California y Texas los mismos patrones con respecto a las regiones de ascendencia?

**CUADRO 2.7.** Diversidad hispana en las metrópolis con mayor población latina en Arizona, Colorado, Nevada y Nuevo México (población en miles)

(Basado en Lopez y Dockterman 2011:Apéndice:Cuadro 2)

**Estados / Ciudades**

***ARIZONA***

**Phoenix 1,280**

|   | México | Otros | Puerto Rico | El Salvador | Guatemala |
|---|---|---|---|---|---|
| % | 91.4 | 4.8 | 1.5 | 0.8 | 0.8 |

**Tucson 344**

|   | México | Otros | Puerto Rico | El Salvador | Guatemala |
|---|---|---|---|---|---|
| % | 91.5 | 5.6 | 1.0 | 0.4 | 0.6 |

***COLORADO***

**Denver–Boulder 590**

|   | México | Otros | Puerto Rico | El Salvador | Guatemala |
|---|---|---|---|---|---|
| % | 80.1 | 14.7 | 1.5 | 1.7 | 1.1 |

***NEVADA***

**Las Vegas 557**

|   | México | Otros | El Salvador | Cuba | Puerto Rico |
|---|---|---|---|---|---|
| % | 77.9 | 8.7 | 4.9 | 3.7 | 2.5 |

***NUEVO MÉXICO***

**Alburquerque 384**

|   | México | Otros | Puerto Rico | Guatemala | El Salvador |
|---|---|---|---|---|---|
| % | 51.8 | 46.2 | 1.1 | 0.4 | 0.3 |

Aunque la población latina en los estados del suroeste es en su mayoría de ascendencia mexicana, también vemos que en las metrópolis encontramos mayor diversidad latina, con la presencia adicional de latinos de ascendencia centroamericana y puertorriqueña. A principios del siglo XXI, la variedad mexicana, si bien es la mayoritaria en el suroeste, compite con otras variedades dialectales en diversas ciudades del suroeste, especialmente en ciertos barrios de las ciudades.

El estudio más detallado e importante que se ha hecho hasta ahora en una ciudad metropolitana del suroeste es el estudio de Silva-Corvalán sobre el español de Los Ángeles (1994). Este trabajo sirve de referencia a estudios sociolingüísticos y psicolingüísticos posteriores sobre el español en los EE.UU. Sus datos muestran que para la tercera generación de latinos (es decir, los nietos de los inmigrantes) el uso del español se debilita a favor del inglés. Los rasgos lingüísticos que estudió, especialmente los verbales (que veremos con más detalle en el Capítulo 4) y sus hipótesis sobre la simplificación de los sistemas lingüísticos de los latinos de la segunda y tercera generación, han abierto camino a estudios en estas áreas de la lingüística que permiten comparar datos de diferentes grupos latinos del país.

En el 2006, Rumbaut et al. estudiaron la transmisión de cinco lenguas minoritarias en el sur de California (el español, el tagalog, el chino, el vietnamita y el coreano). Encontraron que las lenguas asiáticas no van más allá de dos generaciones—es decir, muchos papás no pueden hablar en estas lenguas con sus hijos—mientras que el español duraba tres generaciones, "muriéndose" entre los nietos de los inmigrantes.

En el suroeste también hay una variedad lingüística tradicional importante que se habla en Nuevo México y en el sur de Colorado. Esta variedad, conocida como "manitas" y estudiada por Garland Bills y Neddy Vigil, tiene sus orígenes en el español traído por los españoles a esa región en el siglo XVI. Miraremos más detalladamente a sus rasgos lingüísticos en el Capítulo 3. Los ejercicios siguientes exploran esta región con más detalle.

### EJERCICIO 2.6:

Lee el siguiente artículo de Bills y responde a las preguntas que siguen: Bills, Garland (1997). New Mexican Spanish: Demise of the earliest European variety in the United States. *American Speech*, 72, 154–171.

1. ¿Qué variedades de español se emplean en Nuevo México, según Bills? ¿Quiénes son los *manitos*?
2. ¿Por qué considera Bills que se está perdiendo la variedad histórica de Nuevo México? ¿Qué datos sugieren que el español se está perdiendo en Nuevo México?
3. ¿Qué cuatro mitos existen y cómo afectan el futuro de la variedad histórica de Nuevo México?

## La frontera

Como en otros lugares del mundo donde se habla una lengua diferente en cada lado de una frontera, las personas que viven en estas regiones tienden a hablar las dos lenguas. La creación de la actual región fronteriza entre los EE.UU. y México ocurrió en el siglo XIX, lo cual dio emergencia a una población bilingüe en español e inglés bastante estable. En estas comunidades bilingües también es muy común el uso del cambio de códigos, es decir, secuencias del español y del inglés en el mismo discurso, del cual hablaremos en el Capítulo 5.

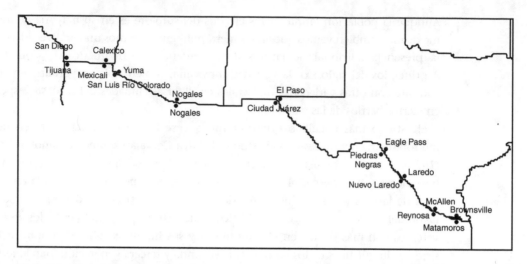

**Mapa 2.1.** Ciudades hermanas en la frontera entre los EE.UU. y México

Esta frontera política de aproximadamente 2,000 millas, entre el Golfo de México y el Océano Pacífico y entre los estados de California, Arizona, Nuevo México y Texas y México, no ha interrumpido el contacto entre los habitantes de las urbes que se encuentran frente a frente a cada lado de esta frontera internacional. Estas ciudades, conocidas como **ciudades hermanas** (véase el Mapa 2.1), tienen mayor o menor contacto, según la situación económica de la ciudad mexicana.

## EJERCICIO 2.7:

¿Qué significa decir que las ciudades que se muestran en el Mapa 2.1 son "hermanas?" ¿Qué semejanzas y qué diferencias hay entre ellas? Elige un par de ciudades hermanas y busca el tamaño de la población en cada ciudad, la proporción de la población latina en la ciudad estadounidense, el tipo y grado de desarrollo económico en cada ciudad, etc.

## EJERCICIO 2.8:

En el Cuadro 2.8 aparecen las tres ciudades fronterizas más grandes. ¿Qué regiones lingüísticas representan las poblaciones latinas en cada ciudad? ¿Se parecen o se diferencian estas ciudades con respecto a las representaciones lingüísticas? ¿Son estas ciudades de la región fronteriza semejantes a o diferentes de las otras ciudades del suroeste? ¿A qué crees que se deban las diferencias o semejanzas?

A mediados de los años 90, Bills et al. (1995) encontraron que a mayor distancia de la frontera, había menor mantenimiento del español en las familias latinas y menor "lealtad lingüística." En un estudio posterior, Bills (2005) propone que el debilitamiento en el mantenimiento del español se debe a tres factores: (1) la diversidad del español que hablan los latinos, (2) las diferencias en sus historias sociales y (3) las diferencias culturales que representan los diferentes grupos hispanohablantes en el territorio estadounidense. Enfatiza que son las actitudes negativas hacia las diferencias dialectales y hacia las diferencias de proficiencia lingüística las que impiden el mantenimiento de la lengua. A esto llama

**CUADRO 2.8.** Diversidad hispana en las ciudades de frontera más pobladas (población en miles)

(Basado en Lopez y Dockterman 2011:Apéndice:Cuadro 2)

Ciudades de Texas

**San Diego 957**

|   | México | Otros | Puerto Rico | Guatemala | El Salvador |
|---|--------|-------|-------------|-----------|-------------|
| % | 90.6 | 5.6 | 2.0 | 0.7 | 0.6 |

**El Paso 615**

|   | México | Otros | Puerto Rico | El Salvador | Guatemala |
|---|--------|-------|-------------|-------------|-----------|
| % | 97.5 | 2.2 | 1.6 | 0.1 | 0.0 |

**McAllen–Edinburg–Pharr–Mission 665**

|   | México | Otros | Puerto Rico | El Salvador | Guatemala |
|---|--------|-------|-------------|-------------|-----------|
| % | 96.8 | 2.3 | 0.5 | 0.3 | 0.3 |

**discriminación lingüística interna** (o **racismo interno**, citando a Hutchinson 1998). Propone que el mantenimiento del español a través de las generaciones en el territorio estadounidense será posible solo cuando: (1) se promueva el conocimiento de las diferencias históricas y culturales entre los latinos, (2) se promueva el conocimiento de las diferencias en las variedades de español que se habla en los EE.UU. y (3) haya una mayor aceptación de los diferentes tipos y grados de proficiencia lingüística que hay entre los hispanohablantes en el territorio estadounidense.

En otro estudio en San Diego (Chula Vista, California), Hidalgo (1993) encuentra que si bien los hispanohablantes tienen actitudes positivas y afectivas hacia el español, prefieren el uso del inglés, debido a la presión social impuesta por la sociedad dominante y por el deseo de los latinos de participar en esa sociedad. En un estudio de principios de siglo con datos de áreas rurales de California, Hurtado y Vega (2004) también encuentran que el mantenimiento del español en las familias rurales se continúa debilitando en la segunda y tercera generación, semejante a lo que había encontrado Silva-Corvalán (1994) diez años antes en Los Ángeles.

En una cuasiréplica del estudio de Bills et al. (1995), más de 15 años después, Jenkins (2013) examina datos del censo del 2010 y encuentra que la distancia de la frontera ya no está fuertemente correlacionada con la lealtad al español (Jenkins 2009a, 2009b). En su estudio, emplea la distancia que separa la ciudad y el condado de la frontera como criterios para hacer el análisis. Contrastando la lealtad idiomática de la población total de latinos y la de los jóvenes latinos en 1980 y en el 2010, Jenkins encuentra que la lealtad a la lengua ha aumentado en lugares lejanos de la frontera, si bien los porcentajes cerca de la frontera son más altos.

En estudios más recientes en las ciudades en la frontera, se encuentra un panorama diferente con respecto al mantenimiento del español. Estos estudios encuentran que el mantenimiento del español se está reforzando en ciudades como San Diego (Hidalgo 2001;

Valle 2009; Zentella 2009), El Paso (Velázquez 2008), Laredo (Pletsch de García 2008) y McAllen (Mejías et al. 2003). El uso del cambio de códigos también se ha expandido y se continúa aceptando en el suroeste, especialmente en la región de la frontera (Pletsch de García 2008; cf. Hidalgo 1988), pero no así en las ciudades hermanas mexicanas, como en el estudio de Holguín-Mendoza (2011) con jóvenes hispanas bilingües que vivían en Ciudad Juárez pero estudiaban o iban a divertirse a El Paso. Las jóvenes tenían actitudes negativas hacia el uso del cambio de código y hacia el uso de ciertos tipos de préstamos del inglés (*troca*) que no reflejaban sus experiencias (*shopping*).

En otro estudio con un grupo de niños, Mora et al. (2006) encuentran que a principios del siglo xxi se perfila un cambio en las actitudes lingüísticas de los jóvenes hacia el español, especialmente en los estados fronterizos. Los autores hacen un seguimiento censal por cuatro años de niños de seis años de edad hasta los diez años. Es decir, usando datos del censo, siguen los patrones lingüísticos de un mismo grupo de niños. Para esto miran cada año al grupo etario que representa el mismo grupo de niños (de seis el primer año, de siete el segundo año y así sucesivamente). Encuentran que los niños latinos son los más propensos a mantener el uso del español durante este periodo de la vida. Incluso los niños latinos que viven en estados que tienen frontera con México tienden a incrementar su uso del español comparado con niños en otros estados más lejos de la frontera. Los autores concluyen que en el nuevo siglo hay un cambio de actitudes con respecto al uso del español y que su connotación de prestigio está empezando a subir, especialmente en los estados fronterizos. Consideran que los estudios sobre el manteniemiento del español necesitan emplear nuevos métodos de análisis como el que ellos emplearon para medir mejor la vitalidad del español en los jóvenes latinos.

En un estudio en McAllen, TX, en la frontera, Mejías et al. (2003; Mejías y Anderson 1988) analizan las actitudes lingüísticas de estudiantes universitarios de cinco generaciones. Encuentran que todos los jóvenes tienen actitudes positivas hacia el español, aunque no todos lo usan para los mismos propósitos. Los jóvenes de la segunda y tercera generación emplean el español más para comunicarse con la familia (razones emotivas), mientras que los de la cuarta y quinta generación lo usan más para motivos instrumentales. En otro estudio, Martínez (2003) encuentra que tanto los jóvenes de McAllen como los de su ciudad hermana, Reynosa, tienen actitudes positivas hacia el español, si bien más en McAllen que, además, es más grande y urbana que Reynosa.

En el estudio sobre McAllen, también se encontró que los jóvenes empleaban tanto el español como el inglés en sus vidas diarias, sin que su uso estuviera determinado por diferentes contextos o funciones. Los autores explican que esto se debía a que el valor social del español en la región se había incrementado en los últimos años en la vida social, política y económica de la ciudad (Mejías et al. 2003). En otro estudio en la frontera, Pletsch de García (2008) también encuentra que el bilingüismo se está incrementando en Laredo, donde ahora el español comparte más funciones públicas y formales junto con el inglés.

Estos estudios en su conjunto sugieren que en el siglo xxi, las actitudes hacia el español están cambiando dentro de la población latina en el suroeste y que la vitalidad lingüística del español podría estar empezando a incrementar.

**EJERCICIO 2.9:**

Busca en Internet el cuento "Cajas de Cartón" de Francisco Jiménez. En grupos, respondan a una de las preguntas y luego compartan sus respuestas.

1. ¿Por qué creen que existen trabajadores migrantes temporales en los Estados Unidos? ¿Quiénes se benefician de su existencia y trabajo? ¿Por qué?

2. Los migrantes temporales no solo existen en el suroeste. ¿En qué zonas de los Estados Unidos podemos encontrar a trabajadores migrantes temporales de origen hispano? ¿Hay trabajadores migrantes temporales en tu estado?

3. ¿Qué necesidades y problemas tienen las familias migrantes temporales cuando se mudan cada cierto número de meses? ¿Hay algo que las comunidades locales (a las que viajan) puedan hacer para ayudar a estas familias? ¿Hay algo que el gobierno pueda hacer para aliviar esta situación?

4. En su opinión, ¿creen que este cuento describe bien la realidad de los inmigrantes temporales que trabajan en los campos de los Estados Unidos, o creen que el autor está exagerando un poco? ¿Por qué?

## 2.2.2 El noreste

El noreste es una región que incluye varios estados y alberga al 15 por ciento de la población latina en los EE.UU. Los estados con un mayor porcentaje de población latina son Nueva York y Nueva Jersey (Cuadro 2.9). Sin embargo, debido al pequeño tamaño

**CUADRO 2.9.** Población latina en los estados del noreste

(Ryan 2013; Ennis et al. 2011)

| | Población latina | Porcentaje del total | Aumento desde el 2000 (porcentaje) |
|---|---|---|---|
| Nueva York | 3,416,922 | **17.6** | 19.2 |
| Nueva Jersey | 1,555,144 | **17.7** | 39.2 |
| Pennsylvania | 719,660 | 5.7 | 82.6 |
| Massachusetts | 627,654 | 9.6 | 46.4 |
| Connecticut | 479,087 | 13.4 | 49.6 |
| Maryland | 470,632 | 8.2 | **106.5** |
| Rhode Island | 130,655 | 12.4 | 43.9 |
| Delaware | 73,221 | 8.2 | 96.4 |
| DC | 54,749 | 9.1 | 21.8 |
| New Hampshire | 36,704 | 2.8 | 79.1 |
| Maine | 16,935 | 1.3 | 80.9 |
| Vermont | 9,208 | 1.5 | 67.3 |

**CUADRO 2.10.** Diversidad hispana en las metrópolis más grandes del noreste (población en miles)

(Basado en Lopez y Dockterman 2011:Apéndice:Cuadro 2)

Ciudad

**Nueva York + NE de Nueva Jersey 4,052**

|   | Puerto Rico | Otros | Rep. Dom. | México | El Salvador |
|---|---|---|---|---|---|
| % | 29.4 | 28.6 | 19.7 | 12.4 | 4.6 |

**Washington, DC/MD/VA 712**

|   | Otros | El Salvador | México | Puerto Rico | Guatemala |
|---|---|---|---|---|---|
| % | 34.0 | 33.7 | 13.3 | 7.8 | 7.4 |

**Filadelfia, parte Nueva Jersey 381**

|   | Puerto Rico | México | Otros | Rep. Dom. | Cuba |
|---|---|---|---|---|---|
| % | 55.0 | 18.0 | 15.9 | 5.0 | 3.7 |

**Boston + New Hampshire 373**

|   | Puerto Rico | Rep. Dom. | Otros | El Salvador | Guatemala |
|---|---|---|---|---|---|
| % | 28.0 | 23.2 | 21.0 | 10.8 | 7.9 |

territorial de los estados del noreste y su densidad poblacional, las comunidades fluyen de un estado a otro. Según el censo del 2010, el 78 por ciento de los latinos de origen dominicano vive en el noreste, así como el 53 por ciento de los puertorriqueños que viven en el continente. La variedad caribeña es entonces mayoritaria en esta región sociolingüística, aunque los mexicanos son el grupo hispano que más rápidamente crece en esta zona.

A diferencia del suroeste, donde vimos una preponderancia numérica de hablantes mexicanos, hay una mayor variedad dialectal en el español en el noreste, que se refleja especialmente en la ciudad de Nueva York. De todas las ciudades importantes en los EE.UU., Nueva York es la más diversa con respecto a los dialectos del español que están representados en su población latina. Con datos del 2010 (Lopez y Dockterman 2011), esta ciudad y las áreas aledañas en el noreste de Nueva Jersey tienen poblaciones importantes de hablantes de variedades caribeñas (véase el Cuadro 2.10). El dialecto caribeño representa el 52 por ciento de los hispanos de la zona. Sin embargo, desde recientemente, este dialecto compite con las variedades mexicana (12.4 por ciento) y centroamericana (salvadoreño y guatemalteco), que juntas representan 19.1 por ciento. El 28.6 por ciento restante corresponde a otras variedades, especialmente de Sudamérica y de la región andina en particular. Los datos censales sugieren que el perfil sociolingüístico de la ciudad está cambiando. Anteriormente predominaba el grupo puertorriqueño en esta zona: en 1990, la población puertorriqueña representaba el 72 por ciento de la población latina; pero en el año 2000 había bajado a 57 por ciento (Zentella (2004) llamó la atención a esta baja) y en el censo del 2010, los puertorriqueños formaban el 29 por ciento de la población latina de la ciudad.

Nótese en el Cuadro 2.10 que en la ciudad de Washington, DC (y los alrededores urbanos en Maryland y Virginia) el dialecto caribeño tiene una representación menor (de 11.5 por ciento), mientras que las variedades centroamericanas y mexicana suman el 54.4 por ciento. El grupo "Otros" tiene un porcentaje de 34 por ciento e incluye a las variedades sudamericanas principalmente. Es decir, en la ciudad de Washington, las variedades no-caribeñas son los dialectos mayoritarios, diferenciándose altamente de Nueva York.

## EJERCICIO 2.10:

Compara las otras ciudades del noreste en cuanto a su variedad dialectal. ¿Dónde predominan los grupos caribeños? ¿Y los centroamericanos?

Según el Pew Research Center (Cohn 2012), más de la mitad de las poblaciones latinas de los estados de Maryland, el Distrito de Columbia y la ciudad de Atlanta nacieron fuera de los EE.UU. Este dato tiene consecuencias importantes para la vitalidad del español en estas ciudades y para el acceso a variedades dialectales de la primera generación (y de llegada reciente; cf. Otheguy y Zentella 2012) por las otras generaciones, como discutiremos en el Capítulo 3.

En su estudio del barrio conocido como "*El Bloque*" en la ciudad de Nueva York, Zentella (1997a) hizo un seguimiento de las prácticas bilingües de un grupo de jóvenes puertorriqueñas, estudiando las redes sociales que ellas tenían dentro y fuera de sus familias. Dentro de las familias encontró una serie de patrones de uso. La tendencia es a que los padres empleen más el español, mientras las jóvenes emplean más el inglés, si bien usan el español con los padres y algunas personas de su generación. Estas jóvenes escuchan y usan diversas variedades del español, del inglés y del cambio de códigos. Las variedades de español incluyen el español puertorriqueño rural, el español puertorriqueño normativo (o **estándar**) y el español "anglizado," además del cambio de códigos con el inglés. Las variedades de inglés a las que están expuestas en su vida diaria incluyen el inglés africano-americano, el inglés puertorriqueño (véase el Capítulo 3) y el inglés normativo, entre otras. Zentella llama la atención a que en el estudio del español en las ciudades, se necesita mirar a los rasgos de las variedades con las que los hablantes están en contacto y emplean, así como a los patrones de uso y sus relativas frecuencias. La diversidad lingüística también está presente al nivel del individuo; las diferentes situaciones familiares y escolares de las cinco niñas produjeron variaciones en sus niveles y usos del español y del inglés.

En dos estudios con puertorriqueños en la ciudad de Nueva York, Zentella (1997a) y Pedraza (1985) encuentran que si bien los hablantes prefieren el uso del inglés, el español se mantiene en ciertos espacios, como en la crianza de los hijos. Concluyen que una lealtad alta al español y al concepto de identidad latina no requiere de una proficiencia alta en español (véase el Capítulo 9 sobre identidad). García et al. (1988) estudiaron a dominicanos que vivían en dos barrios neoyorquinos. Los dominicanos reportaron en porcentajes altos que empleaban el español con los hermanos y los padres (entre 84 y 98 por ciento). Con niños y amigos empleaban el español en porcentajes un poco menores (entre 66 y 72 por ciento), pero no tanto. Aquellos que pertenecían a la clase media empleaban el inglés más en espacios públicos que los que pertenecían a clases más bajas. Los autores atribuyen estos patrones de uso a la necesidad que tienen las minorías lingüísticas para "respond to the language in which they are immersed" (1988:508), incluyendo a aquellos que favorecen el inglés en lugar de las variedades estigmatizadas del español. Otro caso de cambio de lengua se vió en los puertorriqueños y cubanos que empleaban menos español con los niños y amigos que con sus padres. A pesar de estos resultados, los estudios sobre el mantenimiento del español en Nueva York parecen presentar un panorama optimista. Esto podría estar relacionado con la reciente y alta inmigración hispana en el noreste del país.

En su estudio más completo, Otheguy y Zentella (2012) presentan un análisis lingüístico detallado del uso del español de latinos en Nueva York, partiendo de ciertos factores sociales. Los autores se centran en la distinción entre hablantes inmigrantes y aquellos de las segunda y tercera generaciones. Para poder tomar en consideración los posibles efectos del contacto lingüístico en el habla de los inmigrantes, distinguen dentro de este grupo entre aquellos que son recién llegados (menos de cinco años) y aquellos que han residido más de diez años en el país. Esta diferenciación metodológica reconoce la relevancia de dos grupos de variedades que emplean los latinos en los EE.UU. Otheguy los llama los **lectos referenciales** y los **lectos de contacto**. Los lectos referenciales son empleados por los recién llegados y son más semejantes a las variedades dialectales en los países latinoamericanos de origen. Los lectos de contacto son hablados por los inmigrantes con más larga residencia en la ciudad y sus descendientes (es decir, las variedades que surgen en la ciudad de Nueva York como producto del contacto con otros dialectos del español y con el inglés) (véase Otheguy 2011).

El estudio distingue dos grupos macrodialectales con respecto al uso del pronombre sujeto del español: el grupo caribeño, que incluye a los latinos puertorriqueños y dominicanos, que son mayoría en la ciudad, y el grupo "continental", que incluye a hablantes del dialecto mexicano (especialmente del estado de Puebla; Zentella 2004) y del andino (colombiano) que, además, son inmigrantes más recientes en la región, como también lo son los ecuatorianos y peruanos. Los autores encuentran que las diferencias lingüísticas entre los dos grupos macrodialectales va disminuyéndose a medida que se comparan los datos de los recién llegados, los inmigrantes más establecidos y las segunda y tercera generaciones. Estas diferencias, estadísticamente significativas, entre los grupos dialectales y las generaciones muestran una convergencia cada vez mayor entre los grupos dialectales, lo que sugiere la emergencia de una variedad de contacto en la ciudad. Es decir, a través del estudio detallado del uso del pronombre sujeto en español encuentran evidencia empírica de la evolución de variedades de contacto en Nueva York, que podría dar emergencia en el futuro a una variedad propia de la ciudad.

El estudio del pronombre sujeto (que veremos con más detalle en el Capítulo 6) se ha empleado en la última década como una variable sociolingüística importante en los EE.UU. para estudiar las consecuencias del contacto dialectal y del contacto del español con el inglés en el territorio estadounidense. La comparación entre los resultados de los datos de Otheguy y Zentella (2012) con los de otras regiones del país hará posible un análisis más detallado de la evolución del español en los EE.UU. y de la emergencia de nuevos rasgos lingüísticos (véase para el noreste con latinos de origen mexicano, Flores-Ferrán 2007a;

**CUADRO 2.11.** Diversidad hispánica en Miami–Hialeah (población en miles)

(Basado en Lopez y Dockterman 2011:Apéndice:Cuadro 2)

| Ciudad | | | | | |
| --- | --- | --- | --- | --- | --- |
| **Miami–Hialeah 1,540** | | | | | |
| | Cuba | Otros | Puerto Rico | Rep. Dom. | México |
| % | 50.9 | 33.2 | 6.3 | 3.9 | 3.5 |
| **Orlando 495** | | | | | |
| | Puerto Rico | Otros | México | Cuba | Rep. Dom. |
| % | 50.2 | 20.6 | 13.6 | 7.2 | 6.3 |
| **Fort Lauderdale–Hollywood 434** | | | | | |
| | Otros | Cuba | Puerto Rico | México | Rep. Dom. |
| % | 46.6 | 19.3 | 17.5 | 7.7 | 6.4 |
| **Tampa–St. Petersburg–Clearwater 415** | | | | | |
| | Puerto Rico | Otros | Cuba | México | Rep. Dom. |
| % | 34.9 | 21.0 | 19.4 | 19.3 | 3.7 |

para el suroeste con latinos de Nuevo México, Torres Cacoullos y Travis 2011; con latinos en San Antonio, Bayley et al. 2012; comparación de regiones, Cameron y Flores-Ferrán 2004, entre otros).

## 2.2.3 El sureste

Según el censo del 2010, el 22.5 por ciento de la población de Florida es latina (4.2 millones), que representa un aumento del 57.4 por ciento desde el 2000. Si bien casi el 90 por ciento de los cubanos en los EE.UU. vive en Florida y el 77 por ciento reside en Miami y Fort Lauderdale (y sus alrededores), el perfil sociolingüístico del sureste y de sus ciudades está cambiando (Cuadro 2.11).

### EJERCICIO 2.11:

Analiza las ciudades de Florida del Cuadro 2.11. ¿Qué regiones lingüísticas están representadas en estas ciudades? ¿Están representadas las mismas regiones lingüísticas en las cuatro ciudades? ¿Dónde están las poblaciones más grandes de ascendencia mexicana y sudamericana?

La predominancia de la población cubana se ha mantenido en Florida desde 1959, como ya lo notaban Otheguy et al. en el 2000. En el condado de Dade, donde está situado Miami, el 65 por ciento de la población es de origen o ascendencia latinos. Este factor demográfico se considera el más importante en el uso extendido del español en Miami (García y Otheguy

1988; Roca y Gonzalo 2013), aunque otros factores socioculturales y económicos también han sido enfatizados (Roca 1991; Roca y Gonzalo 2013). Las variedades caribeñas siguen siendo las más representadas, ahora crecidas con el aumento de las poblaciones de ascendencia puertorriqueña y dominicana, pero las poblaciones de ascendencia mexicana y sudamericana han aumentado en las últimas décadas, sobre todo en Tampa (20.9 por ciento) y en Orlando (15.7 por ciento). En Fort Lauderdale y regiones aledañas, sin embargo, las variedades caribeñas (43.2 por ciento) compiten con el grupo "Otros" (46.6 por ciento), que reúne especialmente a las variedades sudamericanas, y en menor proporción a los dialectos centroamericanos (11.2 por ciento). Será muy interesante estudiar el contacto de dialectos en esta área, por la competencia entre las variedades de español en estas poblaciones. Por otro lado, nótese también que mientras la población cubana predomina en Miami–Hialeah, las poblaciones puertorriqueñas (también caribeñas) predominan en Orlando y Tampa.

Además de ser una metrópolis importante en el país, Miami (Dade County) también sirve de puerto de contacto con Latinoamérica. El contacto se da especialmente con los muchos individuos (y familias) que vienen regularmente por razones de negocios o de vacaciones. Es decir, el contacto se da no solo con otros dialectos referenciales, sino con dialectos de grupos sociales medios y altos. Se considera que el contacto lingüístico con estos grupos sociales agrega al valor social de la lengua en la región y, además, cumple un papel importante en el mantenimiento del español en la población hispanohablante local (cf. García y Otheguy 1988; Lynch 2000; Roca y Gonzalo 2013). En otras palabras, en Florida compiten las variedades de español de las poblaciones caribeñas (no solo la cubana) con las otras variedades de las poblaciones centroamericanas y sudamericanas; así como los dialectos referenciales de los miles de personas que visitan Florida desde Latinoamérica por periodos variados.[4]

En los años 80, Pearson y McGee (1993) encontraron en un estudio con 110 estudiantes escolares (entre 13 y 15 años de edad) de tres generaciones que los jóvenes favorecían el uso del inglés. En otro estudio con niños a principios de los años 90, la mayoría otra vez reportaba que si bien sus padres les hablaban en español, ellos empleaban más el inglés, especialmente con sus amigos y hermanos (Pearson y McGee 1993; cf. Resnick 1988, Garcia y Diaz 1992). Portes y Schauffler (1996) encontraron que los niveles socioeconómicos altos de Miami mantenían el español en algunos ámbitos y favorecían el inglés en otros. Un nivel alto del uso del inglés se encontró "even among youths educated in bilingual schools at the core of an ethnic enclave[;] linguistic assimilation is proceeding with remarkable speed" (21–22). Con respecto a los padres, agregan:

> Even highly educated immigrant parents do not stand much of a chance of transmitting their language to their children. Their hopes of communicating with their children and grandchildren in their native language likely will be disappointed ... Only where immigrant

---

[4] Llama la atención entonces que no haya estudios mirando el contacto lingüístico entre estas poblaciones, semejante al estudio longitudinal de la ciudad de Nueva York dirigido por Otheguy y Zentella (2012). Tampoco se ha estudiado empíricamente la influencia de la música latina en esta parte del país, que sirvió de "puerta de entrada" a la música en español a la industria de la música en los EE.UU., especialmente la música moderna dirigida a los jóvenes.

> groups concentrate physically, thus sustaining an economic and cultural presence . . . will
> their languages survive past the first generation. In the absence of policies promoting
> bilingualism, even these enclaves will be engulfed . . . in the course of 2–3 generations. (28)

García y Otheguy (1988) propusieron en los años 80 que si bien el crecimiento demográfico aparentaba favorecer el uso del español, los factores socioculturales, económicos, políticos e ideológicos estarían favoreciendo el cambio hacia el inglés. A diferencia de lo que se encontró para Nueva York, donde a medida que la clase subía se encontraba más uso del inglés (García et al. 1988), Lambert y Taylor (1996) encuentraron en Miami a finales de los años 90 que los cubanos de clase media mantenían el español en mayor grado que los de las clases más bajas, que en cambio favorecían el inglés como una manera de reforzar su estabilidad económica. Unos años más tarde, Lynch (2000) encontró que el uso del español entre los cubano-americanos en Miami era alto, empleándose tanto en los hogares como en el gobierno local, el trabajo y en el comercio; es decir, el español había adquirido valor social y económico, semejante a lo que vimos para McAllen, TX (Mejías et al. 2003). A principios del siglo XXI, Miami se considera, entonces, una ciudad con una población mayoritariamente bilingüe, especialmente en la segunda y tercera generaciones, aunque Porcel (2006) de nuevo encuentra que la segunda generación experimenta un desplazamiento hacia el inglés, lo cual explica de la siguiente manera:

> their immigration prior to the critical age allows them to acquire (near) native fluency in
> English; the alleged higher intensity, reinforced by the duration of contact, is the result
> of the necessary process of socialization that forced them into main-stream social
> networks and institutional domains where Spanish is an immigrant language and not
> prestigious (García and Otheguy 1988:177). This occurs at a crucial life period where the
> child is still consolidating her language skills and is followed by a period of Americanization
> during adolescence. As adults, these individuals, who become English-dominant or
> balanced bilinguals, displace Spanish in their homes, affecting the continuity of transmission.
> (Porcel 2006:106)

Las discrepancias en los resultados sobre el uso lingüístico y los factores que intervienen en la regulación de los patrones de uso lingüístico muestran la imposibilidad de asignar valores a un fenómeno tan complejo como es el cambio de lengua. Sin embargo, mientras el uso de datos censales para cuantificar el uso de una lengua se considera problemático, la autoevaluación del uso lingüístico se considera mucho más fiable (Fishman et al. 1971), si bien tampoco es exacta. Solamente una combinación de autoevaluación, entrevistas, datos demográficos y observación etnográfica y longitudinal de una comunidad (ej. Zentella 1997a) puede proveer medidas más fiables del proceso del cambio en el uso de una lengua.

## 2.2.4 El mediooeste

La región sociolingüística del mediooeste representa nueve estados (Cuadro 2.12). Los dos estados con mayor porcentaje de población latina son Illinois y, en el último censo, Nebraska. Sin embargo, los estados que han crecido más porcentualmente desde el último censo son Dakota del Sur, Iowa e Indiana.

**CUADRO 2.12.** Población latina en los estados del mediooeste

(Ryan 2013; Ennis et al. 2011)

| Estado | Población latina (en miles) | Porcentaje del total | Aumento desde el 2000 (porcentaje) |
|---|---|---|---|
| Illinois | 2,028 | **15.8** | 32.5 |
| Michigan | 436 | 4.4 | 34.7 |
| Indiana | 390 | 6.0 | **81.7** |
| Ohio | 355 | 3.1 | 63.4 |
| Minnesota | 250 | 4.7 | 74.5 |
| Nebraska | 167 | **9.2** | 77.3 |
| Iowa | 152 | 5.0 | **83.7** |
| Dakota del Sur | 22 | 2.7 | **102.9** |
| Dakota del Norte | 13 | 2.0 | 73.0 |

## EJERCICIO 2.12:

Piensa en tres o cuatro maneras concretas en las cuales se puede notar un incremento sustantivo en la población hispana de un pueblo o de una ciudad.

Durante la mayor parte del siglo xx, la población latina del mediooeste residía principalmente en Chicago y sus alrededores. Sin embargo, el condado con el porcentaje más alto de población latina es Colfax, NE. Desde finales del siglo xx, la población latina ha crecido en el mediooeste en regiones nuevas. Los condados de estas nuevas regiones representan zonas más rurales, como aparece en el Cuadro 2.13.

La población mexicana es la más representada en el mediooeste. En la ciudad de Chicago, que es 28.9 por ciento latina, esta población representa el 79.2 por ciento de la población latina. Las poblaciones caribeñas siguen con un total del 10.6 por ciento (puertorriqueña y cubana) (Cuadro 2.14).

En las últimas décadas, las variedades centroamericanas han aumentado en Chicago, especialmente la guatemalteca, que también está representada en Champaign–Urbana, en la comunidad de habla q'anjob'al. En Chicago, la variedad de español mexicano comparte espacio con otras variedades, especialmente la puertorriqueña y la centroamericana (en particular la guatemalteca).

En uno de los primeros estudios en el mediooeste en los años 80, Cisneros y Leone (1983) encontraron que la segunda generación de hablantes en Minneapolis–St. Paul reportaban un uso menor del español que aquellos de la primera generación. Sin embargo, los autores arguyeron que la llegada de los nuevos migrantes mexicanos estaba favoreciendo la

**CUADRO 2.13.** Los condados del mediooeste con mayor población latina

(Ryan 2013; Ennis et al. 2011)

| Estado | Condado | Población latina (porcentaje) | Estado | Condado | Población latina (porcentaje) |
|--------|---------|-------------------------------|--------|---------|-------------------------------|
| Nebraska | Colfax | 41 | Michigan | Oceana | 14 |
| | Dakota | 35 | | Kent, van Buren | 10 |
| Illinois | Kane | 31 | Ohio | Sandusky, Defiance | 9 |
| | Cook | 24 | | Lorain, Fulton | 8 |
| Iowa | Crawford | 24 | | Walsh | 9 |
| | Buena Vista | 23 | Dakota del Norte | Mountrail | 4 |
| Minnesota | Nobles | 23 | | Beadle | 8 |
| | Watonwan | 21 | Dakota del Sur | Marshall | 7 |
| Indiana | Lake | 17 | | | |
| | Elkhart | 14 | | | |

**CUADRO 2.14.** Diversidad hispana en Chicago (población en miles)

(Basado en Lopez y Dockterman 2011:Apéndice:Cuadro 2)

**Chicago 1,874**

| | México | Puerto Rico | Otros | Guatemala | Cuba |
|---|--------|-------------|-------|-----------|------|
| **%** | 79.2 | 9.4 | 7.5 | 1.7 | 1.2 |

revitalización del español y de los valores culturales en la segunda y tercera generación mexicano-americana (hablaremos del fenómeno del **recontacto** en el Capítulo 10). Cerca de la ciudad más grande del mediooeste, Chicago, Attinasi (1985) comparó las autoevaluaciones de latinos en el noroeste de Indiana (en las afueras de Chicago) con las de latinos en Nueva York. Las respuestas a las preguntas sobre el uso de la lengua y las actitudes hacia el español y el inglés daban evidencia de "a stage of bilingualism with greater fluency in English" (1985:54) y con actitudes muy positivas hacia la educación bilingüe y hacia la cultura de la lengua española. Encontró, sin embargo, mayor cambio al inglés en Indiana que en Nueva York, por lo que el autor concluyó que el español no sería transmitido a las siguientes generaciones en el noroeste de Indiana.

En un estudio de 1990, González y Wherritt estudiaron la población latina de una conglomeración semiurbana en West Liberty, IA. Los participantes reportaron un uso del español del 90 por ciento con sus padres, del 80 por ciento con sus hermanos y del 60 por ciento con sus hijos. Encontraron también una tendencia al desplazamiento del español por el inglés en la tercera generación. En un estudio más de una década después en Lorain, OH, una ciudad también semiurbana, cerca a Cleveland, Ramos-Pellicia (2004) encuentra que los latinos (8 por ciento del condado) tienden a emplear el inglés más que el español en la tercera generación. La autora explica que el español y el inglés se usan para diferentes funciones en esta comunidad y que el español está reservado para el hogar y contextos más privados.

Veinte años después del estudio de Attinasi, Potowski (2004) midió la vitalidad del español en la comunidad latina de Chicago mediante una encuesta escrita que completaron 815 estudiantes de nueve escuelas secundarias y dos universidades. Encontró que el uso del español era más bajo en la tercera generación y cuanto más joven fuera el interlocutor (resultados semejantes a otros estudios hechos a finales del siglo xx en los EE.UU.). Sin embargo, a diferencia de estudios anteriores, nota que los jóvenes miran programas televisivos en español frecuentemente y que el 60 por ciento de la tercera generación escucha música en español. Los datos sugieren, entonces, que los jóvenes de la tercera generación no usan el español en su vida diaria pero tienen un conocimiento **receptivo** (pero activo) del español que les permite entender la televisión y la música en español, así como a las personas mayores de su familia. En un estudio posterior, Potowski y Torres (en progreso) encuentran que la proficiencia en español de los jóvenes correlaciona directa y significativamente con la generación: los inmigrantes son los más proficientes y la proficiencia baja en la segunda y, aún más, en la tercera generación. Esto se ve en la Figura 2.2 (el número 5 representa la máxima proficiencia en la escala que usaron las autoras).

Por último, Velázquez (2013) entrevistó a 15 madres bilingües (13 inmigrantes) en tres ciudades del país: El Paso, TX; Chicago (en La Villita, un enclave hispanohablante); y

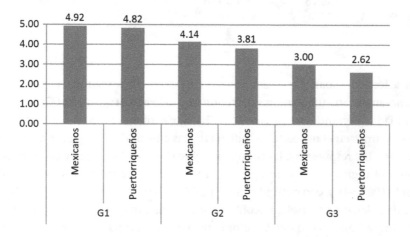

**Figura 2.2.** Proficiencia en español en Chicago (Potowski y Torres en progreso)

Lincoln, NE. Las tres ciudades difieren en tamaño y asentamiento de la población de hispanohablantes en la región, así como en el capital sociolingüístico que tiene el español en la comunidad. Mientras que las participantes de El Paso pertenecen a la clase media, las de La Villita y Lincoln pertenecen a la clase trabajadora. El análisis cualitativo encuentra que todas las madres son bilingües y tienen una actitud positiva hacia el español y su transmisión, pero el mantenimiento del español está determinado por la relevancia de su uso en la vida diaria, especialmente en la vida de los hijos. En otras palabras, el mantenimiento del español depende del capital social y cultural que tiene la lengua en la comunidad. Aunque el capital cultural del español en la comunidad va en orden descendiente en las ciudades de su estudio (El Paso > Chicago (La Villita) > Lincoln), el capital social definido en las redes sociales de las madres fue más alto en Lincoln. Es decir, las madres de Lincoln tenían más miembros de la comunidad hispanohablante en sus redes sociales. Los resultados de Velázquez parecen explicar los resultados de Hurtado y Vega (2004), con datos rurales de California, en el que el capital cultural era mucho menor y el uso del español también era menor. Más estudios comparativos de este tipo pueden ayudarnos a aclarar los factores sociales que son más relevantes para el estudio de la vitalidad y el mantenimiento del español en los EE.UU.

## 2.3 Regiones nuevas

Desde 1990, el censo llama la atención a las regiones que son nuevos destinos de migrantes hispanohablantes. Se trata especialmente de migraciones a ciudades más pequeñas y a áreas más rurales debido, sobre todo, a las oportunidades de trabajo. Como consecuencia de estas migraciones más recientes, la población rural de los EE.UU. ha crecido en el último censo. Estas áreas son el medio-Atlántico, el centro sur y el noroeste.

**EJERCICIO 2.13:**

Usando el mapa interactivo del MLA (*Modern Language Association*) www.mla.org/map_single, elige un estado de una de estas tres regiones y busca los condados con mayor población latina. Seguidamente, identifica la economía y la ciudad más importantes del condado. Discutan en clase las semejanzas y diferencias entre condados del mismo estado o condados con población semejante de diferentes estados.

### 2.3.1 El medio-Atlántico

En el censo del 2010, la región sociolingüística medio-Atlántica presenta un incremento importante de la población latina, entre el 81 y el 148 por ciento, según el estado (Cuadro 2.15). Las migraciones a esta región han impactado especialmente los estados de Carolina del Norte (111 por ciento) y Carolina del Sur (148 por ciento).

Si bien Georgia es el estado con más población latina en el medio-Atlántico, son Carolina del Norte y del Sur los estados que más han aumentado su población latina en el último censo. En la ciudad de Atlanta, una de las 30 metrópolis más grandes de los EE.UU. y la más importante en esta región sociolingüística, también existe una población latina importante. La variedad de español más representada en Atlanta es la mexicana (58.1 por ciento)

**CUADRO 2.15.** Población latina en los estados del medio-Atlántico

(Ryan 2013; Ennis et al. 2011)

| Estado | Población latina (en miles) | Porcentaje del total | Aumento desde el 2000 (porcentaje) |
|---|---|---|---|
| Georgia | 854 | 8.8 | 96.1 |
| Carolina del Norte | 800 | 8.4 | **111.1** |
| Virginia | 632 | 7.9 | 91.7 |
| Carolina del Sur | 236 | 5.1 | **147.9** |
| Virginia del Oeste | 22 | 1.2 | 81.4 |

**CUADRO 2.16.** Diversidad hispánica en Atlanta, GA (población en miles)

(Basado en Lopez y Dockterman 2011:Apéndice:Cuadro 2)

**Atlanta 528**

|   | México | Otros | Puerto Rico | El Salvador | Guatemala |
|---|---|---|---|---|---|
| % | 58.1 | 17.0 | 8.0 | 5.8 | 5.2 |

(véase el Cuadro 2.16). Le siguen las variedades centroamericana (11 por ciento) y la puertorriqueña (8 por ciento), que son menos habladas. El grupo "Otros" también es más pequeño (17 por ciento). Sin embargo, podemos generalizar y decir que las variedades centroamericanas son mayoritarias en Atlanta, si bien los estudios más detallados podrán mostrar diferencias entre partes de la ciudad.

En el 2011, la Oficina de Censos publicó una lista de las diez ciudades con más de 50 mil habitantes que habían crecido más durante el año anterior. Entre ellas aparecen dos ciudades de Georgia (Hinesville–Fort Stewart y Warner Robins), dos ciudades de Carolina del Sur (Charleston–North Charleston–Summerville y Myrtle Beach–North Myrtle Beach–Conway) y una ciudad en Carolina del Norte (Raleigh–Cary). Dentro de las diez ciudades con menos de 50 mil habitantes y mayor crecimiento entre el 2010 y el 2011 están dos ciudades en Georgia (Statesboro y Tifton) y una en Carolina del Norte (Dunn). Estos datos sugieren que el crecimiento de la población latina en esta región sociolingüística es principalmente en áreas semirurales, donde, además, se encuentran industrias que ofrecen oportunidades de trabajo (véase el Cuadro 2.17 para los condados con mayor población latina).

Algunos estudios recientes llaman la atención sobre el impacto social que tienen las migraciones latinas a regiones del medio-Atlántico, como Carolina del Norte. Estas empezaron a mediados de los años 90 atraídas por los llamados *megafarms*, empresas dedicadas a procesar productos derivados de pollos, cerdos y pavos (ej. Tyson, Cargill). El impacto social

**CUADRO 2.17.** Los condados del medio-Atlántico con mayor población latina

(Ryan 2013; Ennis et al. 2011)

| Estado | Condado | Población latina (porcentaje) | Estado | Condado | Población latina (porcentaje) |
|---|---|---|---|---|---|
| Virginia | Manassas Park C. | 33 | | Jasper | 15 |
| | Manassas City | 31 | Carolina del Sur | Saluda | 14 |
| Georgia | Whitfield | 32 | | Gilmer | 6 |
| | Echols | 29 | Virginia del Oeste | Jefferson | 5 |
| Carolina del Norte | Duplin | 21 | | | |
| | Lee | 18 | | | |

más importante, sin embargo, se da en las escuelas (lo que se discutirá más en el Capítulo 8). En Carolina del Norte, los jóvenes y niños latinos representan el 57 por ciento del incremento escolar entre el 2002 y el 2006 (Gill 2010). Otros cambios son más culturales y afectan las costumbres de la región. Por ejemplo la celebración de la "Fiesta del Pueblo," que tiene lugar anualmente en Raleigh, NC, atrae a 40 mil personas y requiere de la ayuda de 600 voluntarios (Gill 2010), que generalmente son todos latinos. Así también hay otras celebraciones durante el año de música, comida, arte, deportes y fiestas religiosas (como el Día de los Muertos, que se celebra en las escuelas).

## EJERCICIO 2.14:

Busca información por Internet sobre la "Fiesta del Pueblo" en Raleigh, NC (¡su página está disponible en español!). Anota tres cosas que encuentras interesantes.

La comunidad local ha tenido reacciones dispares. En los primeros años, los habitantes locales reaccionaron con alarma a la repentina presencia numerosa de latinos en sus comunidades. A mediados de los años 90, las discusiones sobre la inmigración ilegal fueron tema frecuente en los encuentros políticos. En el 2008, en cambio, la ciudad decidió modificar las leyes locales para permitir la exitosa venta ambulante de tacos en su comunidad (Gill 2010). Otro estudio (Marrow 2009) documenta la manera en que los nuevos inmigrantes hispanos se incorporan a la jerarquía racial local en dos condados rurales de Carolina del Norte. Concluye que incluso los más pobres, indocumentados y de piel más oscura llegan a percibir la distancia social entre ellos y los "blancos" de su comunidad como más permeable que la que los separa de los afroamericanos. Incluso encuentra que empiezan a adoptar comportamientos que los separa de estos últimos. No hay duda que la dinámica social y el perfil sociolingüístico de la región están cambiando rápidamente, así como también las actitudes hacia las nuevas poblaciones latinas en la región.

Los estudios recientes sobre las poblaciones latinas en el medio-Atlántico se han centrado mayoritariamente en el uso del inglés y la emergencia de un inglés latino

**CUADRO 2.18.** Población latina en los estados del centro sur
(Ryan 2013; Ennis et al. 2011)

| Estado | Población latina (en miles) | Porcentaje del total | Aumento desde el 2000 (porcentaje) |
|---|---|---|---|
| Oklahoma | 332 | **8.9** | 85.2 |
| Kansas | 300 | **10.5** | 59.4 |
| Tennessee | 290 | 4.6 | **134.2** |
| Missouri | 212 | 3.5 | 79.2 |
| Luisiana | 193 | 4.2 | 78.7 |
| Arkansas | 186 | 6.4 | **114.2** |
| Alabama | 186 | 3.9 | **144.8** |
| Kentucky | 133 | 3.1 | **121.6** |
| Mississippi | 81 | 2.7 | **105.9** |

(o hispano) (Moriello 2003; Wolfram et al. 2004; Carter 2007; Wolfram 2010; véase el Capítulo 5). Hasta la fecha, sin embargo, no se han publicado estudios sobre el español en estas zonas.

## 2.3.2 El centro sur

En el censo del 2010, la región sociolingüística centro sur incluye varios estados con crecimientos altos de la población latina. Cinco de los nueve estados de esta región tuvieron más de un 100 por ciento de incremento poblacional latino en el censo del 2010 (Cuadro 2.18). Incluso Alabama se distinguió por tener una población latina en la cual más del 50 por ciento eran nacidos en el extranjero (es decir, de la primera generación) (Cohn 2012).[5]

Oklahoma y Kansas tienen los porcentajes más altos de latinos en el estado (entre el 9 y el 11 por ciento). Sin embargo son Alabama, Tennessee, Kentucky, Arkansas y Mississippi los estados que han tenido un aumento de la población latina de más del 100 por ciento. Las migraciones a estos lugares son recientes y mayormente a regiones más rurales. Los condados con mayor población latina aparecen en el Cuadro 2.19.

El estado de Kansas tiene cuatro condados con más del 40 por ciento de latinos. Se encuentran en regiones rurales con economías basadas en fábricas de industrias variadas. El

---

[5] Semejante a los datos de Maryland y el Distrito de Columbia.

**CUADRO 2.19.** Los condados en el centro sur con mayor población latina

(Basado en datos de Ryan 2013; Pew Hispanic Center 2013b)

| Estado | Condado | Población latina (porcentaje) | Estado | Condado | Población latina (porcentaje) |
|---|---|---|---|---|---|
| Kansas | **Seward** | **57** | Alabama | Franklin | **15** |
| | **Ford** | **51** | | Dekalb | **14** |
| | **Finney** | **47** | Luisiana | Jefferson Parish | **12** |
| | **Grant** | **44** | | St. Bernard Parish | 9 |
| Oklahoma | **Texas** | **42** | Tennessee | Bedford, Hamblen | **11** |
| | Harmon | 26 | | Davidson | **10** |
| | Blaine | 24 | Mississippi | Scott | **11** |
| Arkansas | **Sevier** | **31** | | Adams | 7 |
| | Yell | 19 | Kentucky | Shelby | **9** |
| | Benton, Washington | 15 | | Bourbon, Carroll, Woodford | 7 |
| Missouri | Sullivan | **19** | | | |
| | McDonald | 11 | | | |

condado de Texas en Oklahoma tiene un 42 por ciento de población latina. En el 2011, la ciudad principal Guymon fue una de las diez ciudades con menos de 50 mil habitantes que había crecido más en el país durante el año anterior. Su economía principal es una fábrica procesadora de puercos. El condado de Sevier en Arkansas tiene un 31 por ciento de población latina. Su economía principal también se basa en fábricas procesadoras, especialmente de pollo (Pilgrim's Pride, Tyson). En el condado de Bentonville se encuentra la sede principal de Walmart. Las poblaciones migrantes en estas regiones son mayoritariamente de origen mexicano (cf. García 2009).

En un estudio en una pequeña comunidad en el noreste de Oklahoma, que el autor llama "El Tree," García (2009) estudia una población reciente que llegó a la región a comienzos de los años 70 a raíz de la construcción de una planta de energía. La comunidad se renovó con una fuerte ola migratoria 20 años después con la construcción de una planta procesadora de alimentos. García considera que esta es la misma historia de otras comunidades rurales y semirurales a las que han llegado poblaciones latinas en las últimas décadas. La oportunidad de trabajo, el bajo costo de vida y la seguridad familiar son incentivos comunes. El autor encontró que la mayoría, como en otros estudios en comunidades rurales, había vivido antes en otra parte de los EE.UU., especialmente en el suroeste (Texas o California, en particular) (Díaz McConnell y Delgado-Romero 2004; Chapa y de la Rosa 2004). Si bien el estudio no incorpora discusión sobre la lengua de la segunda generación, nos abre la puerta a patrones de migración recurrentes de la población latina en las áreas rurales del país. Esperamos que en los próximos años tengamos estudios sociolingüísticos de estas poblaciones.

### 2.3.3 El noroeste

Los estados del noroeste tienen un porcentaje de población latina relativamente más bajo que el de las otras regiones del país. Sin embargo, mientras Washington y Oregón ya mostraban un incremento de su población latina en el censo del 2000, el incremento de la población latina en Idaho, Wyoming y Montana es más reciente (Cuadro 2.20). Nótese que el porcentaje de crecimiento de la población latina en Idaho es el más alto para esta región sociolingüística, si bien Washington y Oregón todavía tienen las poblaciones latinas más numerosas en la región. En el año 2011, la región que incluye a las ciudades hermanas de Kennewick, Pasco y Richland en Washington se considera una de las diez ciudades con más de 50 mil habitantes que había crecido más en el último año.

Los tres condados con mayor porcentaje de población latina aparecen en el Cuadro 2.21 para cada estado de esta región sociolingüística. Tres estados tienen condados con un porcentaje de más del 30 por ciento de población latina.

Durante la última década del siglo, la población latina en Oregón creció en un 144 por ciento (Rivera-Mills 2009), mientras la del estado de Washington se dobló (Kirschner e Irion 2012). Rivera-Mills encuentra que si bien hay una tendencia a que la cuarta generación no use el español, los jóvenes de herencia de las tercera y cuarta generaciones muestran patrones de uso y/o de readquisición del español. Encuentra que los migrantes, como en el caso del suroeste, expresan ideologías sobre la superioridad de ciertas variedades de español (especialmente la peninsular) y tienen actitudes negativas hacia la influencia del inglés tanto en la lengua, como en la identidad (2009:15). Es decir, otra vez el cambio de actitudes emerge como importante en la preservación de la lengua, como vimos en el trabajo de Bills (1997) (véase también el Capítulo 10).

En Washington, cuatro condados han tenido crecimiento de alrededor del 100 por ciento (Clark, Garfield, Grays Harbor y Mason). Dos condados tuvieron más del 130 por ciento de crecimiento de su población latina en el censo del 2010 (San Juan y Snohomish), ambas regiones con economía básicamente agrícola, basada en la cosecha de frutas. Un factor social importante en este estado es la media de edad de la población latina y la

**CUADRO 2.20.** Población latina en los estados del noroeste

(Ryan 2013; Ennis et al. 2011)

| Estado | Población latina (en miles) | Porcentaje del total | Aumento desde el 2000 (porcentaje) |
|---|---|---|---|
| Washington | 756 | **11.2** | 71.2 |
| Oregón | 450 | **11.7** | 63.5 |
| Idaho | 176 | 11.2 | **73.0** |
| Wyoming | 50 | 8.9 | 58.6 |
| Montana | 29 | 2.9 | 58.0 |

**CUADRO 2.21.** Los condados del noroeste con mayor población latina

(Ryan 2013; Ennis et al. 2011)

| Estado | Condado | Población latina (porcentaje) | Estado | Condado | Población latina (porcentaje) |
|---|---|---|---|---|---|
| Washington | Adams | **59** | Wyoming | Carbon | 17 |
|  | Franklin | **51** |  | Sweetwater, Teton | 15 |
|  | Yakima | **45** |  | Laramie | 13 |
| Idaho | Clark | **41** | Montana | Yellowstone | 5 |
|  | Minidoka | **32** |  | Beaverhead, Big Horn | 4 |
|  | Jerome | **31** |  |  |  |
| Oregón | Malheur | **32** |  |  |  |
|  | Hood River | **29** |  |  |  |
|  | Marion | **24** |  |  |  |

población anglohablante. Mientras la primera es de 20 años, la segunda es entre 30 y 40 años de edad. Queda claro que este hecho también tiene relevancia para la educación (véase el Capítulo 8).

Otro dato importante es que estas nuevas poblaciones mexicanas incluyen individuos de lenguas amerindias. Por ejemplo, el pueblo de Woodburn, en Oregón, tiene una población latina de 63 por ciento, casi todos del estado mexicano de Oaxaca (Stephen 2007). Muchos de sus miembros hablan también el zapoteco o el mixteco, lo cual puede tener impacto en el estudio lingüístico de la variedad de español y en la educación (Capítulo 8).

**EJERCICIO 2.15:**

El zapoteco es una de más de 16 lenguas indígenas habladas en el estado mexicano de Oaxaca. Busca por Internet *Woodburn Oregon zapotec*. ¿Qué encuentras?

## 2.4 Conclusión

En este capítulo hemos dado una visión general de los patrones de uso del español en cada una de las regiones sociolingüísticas. Aunque el 92 por ciento de los hispanos viven en zonas metropolitanas, el Departamento de Agricultura publicó en el 2005 un documento que describía los patrones de migración de las poblaciones latinas a zonas más rurales en el medio-Atlántico, el centro sur y en las zonas rurales del mediooeste y el noroeste (USDA 2005).

Sin embargo, los datos demográficos también muestran que ciertas comunidades latinas están más representadas en ciertas regiones sociolingüísticas y en ciertas ciudades especialmente. Estos patrones poblacionales pueden tener influencia en los patrones de uso del español y en la formación de normas lingüísticas de cada ciudad y región. Necesitamos más trabajos para entender mejor las etapas iniciales en los procesos evolutivos de las variedades de español de los EE.UU. y para reconocer los factores sociales relevantes en el estudio de la vitalidad y mantenimiento del español en la región y en el país.

### EJERCICIO 2.16:

Hemos leído los resultados de varios estudios que usan metodologías diferentes (cuestionarios, entrevistas, etc.). Escribe una breve propuesta para estudiar el uso del español en una de las regiones que no se ha estudiado todavía. ¿Qué lugar elegirías, cuántas personas estudiarías y cómo recogerías los datos? Justifica todas tus elecciones.

## Conceptos claves
Busca las definiciones de los siguientes conceptos en el texto y compara con tus compañeros.

Sociolingüística
Desplazamiento de la lengua
Mantenimiento de la lengua

# 3 Características dialectales del español de los EE.UU.

## 3.1 Los dialectos referenciales

En los Capítulos 1 y 2 enfatizamos las diferencias sociohistóricas de las poblaciones latinas en los EE.UU., así como también las diferencias en los patrones de uso del español en las ocho regiones sociolingüísticas propuestas. La diversidad de las comunidades latinas se basa en factores ligados a la historia de asentamiento de los diferentes hispanohablantes y a la expansión del español en el territorio estadounidense, así como a la nueva inmigración desde Latinoamérica en los siglos xx y xxi.

Este capítulo se enfoca en las variedades de español que emplean los hispanohablantes en los EE.UU. Las dividimos en dos grupos: los **dialectos referenciales**, es decir, las variedades de los inmigrantes hispanohablantes llegados más recientemente ("lectos referenciales," según Otheguy y Zentella 2012), y los **dialectos tradicionales**, que son las variedades que hablan los descendientes de los habitantes del suroeste de antes del siglo xx (Lipski 2008). Los **dialectos de contacto** los veremos en los Capítulos 5 y 6.

### 3.1.1 Presencia en los EE.UU.

Como vimos en el Capítulo 2, los hispanohablantes de la G1 son los que inmigran después de los 12 años de edad. Cumplen un papel importante en el panorama lingüístico del español en los EE.UU. porque traen con ellos el español que se habla en Latinoamérica (o España). A estos hablantes se les considera **depositarios** de variedades regionales del mundo hispanohablante fuera de los EE.UU. Sin embargo, el tiempo que llevan en los EE.UU. es un factor importante. Varios estudios han encontrado que los G1 que tienen un periodo más largo de tiempo en los EE.UU. hablan el español de manera algo diferente de los que tienen menos tiempo allí (Aaron y Hernández 2007; Otheguy y Zentella 2012; Montrul y Sánchez Walker 2013), porque adquieren rasgos del español que emplean los de la G2 e inmigrantes con más tiempo de residencia en el país (veremos estos rasgos en el Capítulo 5).

Por lo tanto, Otheguy y Zentella (2012) definen a los recién llegados como los que hablan los dialectos referenciales que, a su vez, se pueden considerar como las variedades de español más cercanas a las habladas en los países hispanohablantes de origen; los demás hablan variedades de español que son propias del país de origen pero también muestran

**CUADRO 3.1.** Población latina en los EE.UU. según tiempo de estancia

(Motel y Patten 2013a:Cuadros 6 y 8 con datos del 2011)

| Características | Porcentaje de los latinos en los EE.UU. | Número |
|---|---|---|
| Nacidos fuera de los EE.UU. | 36 | 18,788,300 |
| Nacidos en los EE.UU. | 64 | 33,138,858 |
| **Total de latinos** | **100** | **51,927,158** |
| Llegaron después del 2006 | 5.2 | 2,712,635 |
| Llegaron entre el 2000 y 2005 | 9.2 | 4,796,856 |
| Llegaron antes del 2000 | 21.7 | 11,278,809 |
| Nacidos en los EE.UU. | 63.8 | 33,138,858 |
| **Total de latinos** | **100** | **51,927,158** |

rasgos del contacto lingüístico con otras variedades de español y con el inglés. Consideran como **recién llegados** a aquellas personas que tienen menos de cinco años en los EE.UU.

Como mostramos en el Cuadro 3.1, en el 2011 el 41 por ciento de los latinos en los EE.UU. nacieron fuera de los EE.UU. De ellos, un tercio (35 por ciento) llegó después del 2000. Es decir, si ampliamos la definición de **recién llegados** a los que llegaron después del 2000, los dialectos referenciales son hablados por un 14.4 por ciento de los latinos (5.2 + 9.2) y los dialectos de contacto por aproximadamente el 85 por ciento restante (véase el Cuadro 3.1). En el Capítulo 10 veremos cómo en ciertas partes del país la población reciente representa un porcentaje mucho más alto, como se sugirió en el Capítulo 2 con las poblaciones latinas nuevas en ciertas partes del país.

## EJERCICIO 3.1:

¿Cuáles podrían ser algunas de las consecuencias del hecho de que un 85 por ciento de los hablantes del español en los EE.UU. hablan dialectos que muestran contacto con otros dialectos del español y/o con el inglés?

Como vimos en el Capítulo 2, el dialecto mexicano es el más representado en los EE.UU. Siguen los dialectos caribeños y centroamericanos (Cuadro 3.2). Los dialectos sudamericanos también tienen una representación porcentual significativa, si bien representan al menos dos regiones (la andina y el Cono Sur).

Entonces en los EE.UU. hay dialectos referenciales de todas las variedades latinoamericanas de español. Sin embargo, como vemos en el Cuadro 3.2, hay un aumento porcentual de nuevas variedades (es decir, variedades no mexicanas y no caribeñas). Se trata de las

**CUADRO 3.2.** Aumento porcentual de inmigrantes por región de origen

(Basado en Motel y Patten 2013b:Cuadro 4 con datos del 2011)

|  | Censo 2000 (millones) | Datos 2011 (millones) | Porcentaje de hispanos en los EE.UU., 2011 | Aumento porcentual |
|---|---|---|---|---|
| México | 9.2 | 11.7 | **55.2** | 26.6 |
| Centroamericano | 2.0 | 3.1 | 14.6 | **52.1** |
| Caribeño | 2.9 | 3.7 | 17.5 | 27.6 |
| Sudamericano | 1.9 | 2.7 | 12.7 | **42.7** |
| Total | 16.0 | 21.2 | 100.0 | 32.5 |

**CUADRO 3.3A.** Porcentaje de inmigrantes por región y año de llegada

(Basado en Motel y Patten 2013b:Cuadro 8 con datos del 2011)

|  | Antes del 1990 | 1990–1999 | 2000–2005 | 2006 o después | Total (millones) |
|---|---|---|---|---|---|
| Mexicano | 34.7 | 30.8 | 23.4 | 11.0 | 11.7 |
| Centroamericano | 34.4 | 26.2 | 24.0 | 15.4 | 3.1 |
| Caribeño | 44.8 | 23.8 | 16.5 | 14.9 | 3.7 |
| Sudamericano | 33.8 | 26.2 | 25.8 | 14.3 | 2.7 |

variedades centroamericanas y sudamericanas. El Cuadro 3.3A muestra más claramente que los dialectos referenciales de *todas* las variedades regionales latinoamericanas de español están representadas y que las variedades centroamericanas y sudamericanas están más presentes entre los inmigrantes que llegaron después del 2000.

Es decir, aunque los datos del censo presentados en el Capítulo 2 muestran que hay regiones en las cuales la representación de inmigrantes es alta, los estudios sociolingüísticos necesitan diferenciar a los inmigrantes en dos grupos: los que llegaron antes vs. los que llegaron después del 2000 (Cuadro 3.3B) dentro de las comunidades que se estudian, sean estas urbanas, semiurbanas o rurales. Esta distinción permite reconocer los dialectos referenciales en los EE.UU. (cf. Otheguy y Zentella 2012).

En el estudio del español de los EE.UU. es de suma importancia tener presente los rasgos lingüísticos principales de las variedades regionales que existen en el país. La presencia de hablantes de varios países nos lleva a tomar en cuenta no solo los rasgos dialectales de cada variedad, sino también su representación numérica y porcentual, especialmente dentro de las comunidades que se estudian, sean estas urbanas, semiurbanas o rurales. Aunque muchos hablantes de español en los EE.UU. están en contacto con varias variedades

**CUADRO 3.3B.** Porcentaje de inmigrantes por región y año de llegada: antes vs. después del 2000

(Basado en Motel y Patten 2013b:Cuadro 8 con datos del 2011)

|  | Antes del 2000 | Después del 2000 | Total (millones) |
|---|---|---|---|
| Mexicano | 65.5 | 34.4 | 11.7 |
| Centroamericano | 60.6 | 39.4 | 3.1 |
| Caribeño | 68.6 | 31.4 | 3.7 |
| Sudamericano | 60.0 | 40.1 | 2.7 |

dialectales en su vida diaria (y también variedades sociolectales, que discutiremos en el Capítulo 10), algunas variedades están representadas por una población hispanohablante numéricamente más grande que otras, como vimos en el Capítulo 2. Como veremos con más detalle en los Capítulos 6 y 10, esta diferenciación proporcional es relevante (si bien no determinante) cuando pensamos en la evolución de las variedades lingüísticas en los EE.UU.

Presentamos aquí una descripción general de los dialectos, o variedades regionales, más importantes del español que se encuentran representadas en las comunidades hispanohablantes de los EE.UU. (cf. Lipski 2008). En términos generales, las variedades latinoamericanas se dividen en cinco dialectos o variedades regionales que se presentan en la Figura 3.1 (aunque hay diferencias dentro de ellas). Estas son el dialecto *caribeño*, el *mexicano*, el *centroamericano*, el *andino* y el del *Cono Sur*. Como las variedades centroamericanas son bastante cercanas en ciertos rasgos a la variedad mexicana, las situamos en la Figura 3.1 bajo el mismo grupo, si bien enfatizaremos las diferencias entre ellas. Dentro de las variedades de España, diferenciamos los dos macrodialectos, **el castellano** y **el andaluz**. En la Figura 3.1 también se presentan (en términos generales) las regiones que incluye cada variedad dialectal.

Basándose en datos del censo del 2010, se presenta en el Cuadro 3.4 la población latina de los EE.UU. según ascendencia regional, separando los países según pertenezcan a las variedades dialectales presentadas en la Figura 3.1.[1] Proponemos que el análisis porcentual de los datos por grupo de origen (mexicano, caribeño, centroamericano, etc.) se lea como porcentajes que representan los hablantes de los dialectos más importantes del español. Esto no pretende sugerir que todos los individuos representados en cada grupo hablen de la misma manera; ya que en los países de origen hay diferencias entre las maneras de hablar (no todos los mexicanos, ni todos los puertorriqueños, etc. hablan igual). Más bien lo empleamos como un instrumento de análisis. Vamos a sugerir, para los propósitos de este capítulo, que los hablantes de un mismo país comparten los rasgos más importantes del dialecto de español de ese país.

[1] La diferenciación por país no es exacta, pero nos ayuda a presentar en términos generales las variedades dialectales.

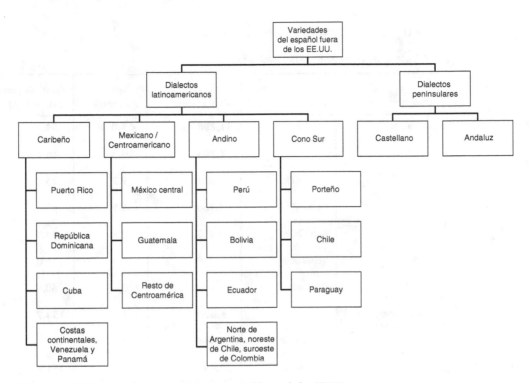

**Figura 3.1.** Dialectos más importantes del español fuera de los EE.UU.

## EJERCICIO 3.2:

¿Cuáles son los dialectos del español más representados entre los hablantes de los EE.UU.? ¿Cuáles son los que más aumentaron entre los censos del 2000 y 2010? Y de los que más crecieron, ¿cuáles tienen mayor representación numérica y, como resultado, cuáles son los dialectos cuya presencia se podría empezar a notar más claramente?

Queda claro que la variedad dialectal más empleada en los EE.UU. es la variedad mexicana (63 por ciento). Si bien el dialecto mexicano se ha empleado tradicionalmente de manera predominante en el suroeste, el noroeste y el mediooeste, según el último censo del 2010 el uso de esta variedad ha aumentado en el medio-Atlántico, en el centro sur, en el noreste y en regiones rurales del noroeste y el mediooeste. De hecho, los mexicanos forman el grupo latino que más rápido crece en la ciudad de Nueva York. La mayoría de estos inmigrantes vienen de estados mexicanos lejos de la frontera, como Michoacán, Zacatecas, Guanajuato y Jalisco (CONAPO 2010).

El dialecto caribeño es el segundo más hablado en los EE.UU. (16.3 por ciento). Incluidas en esta categoría están las variedades puertorriqueña, cubana y dominicana. Las dos primeras, junto con la variedad mexicana, son las más empleadas en el país. El dialecto puertorriqueño se emplea especialmente en el noreste, en las ciudades de Nueva York, Boston y en Nueva Jersey, donde es la variedad mayoritaria. En Florida (especialmente en Orlando y Tampa) compite fuertemente con la variedad cubana y otras variedades suda-mericanas. También tiene una presencia importante en Chicago (9.4 por ciento) y en

**CUADRO 3.4.** Población latina por origen y dialecto

(Adaptado de Ennis et al. 2011:Cuadro 1)

| Dialecto | Origen | Población 2010 (miles) | Porcentaje | Aumento desde el 2000 (porcentaje) |
|---|---|---|---|---|
| Mexicano | México | **31,798** | **63.0** | **54.1** |
| Caribeño | | **8,205** | **16.3** | **46.6** |
| | Puerto Rico | 4,624 | 9.2 | 35.7 |
| | Cuba | 1,786 | 3.5 | 43.8 |
| | Rep. Dom. | 1,415 | 2.8 | 84.9 |
| | Venezuela | 215 | 0.4 | 135.0 |
| | Panamá | 165 | 0.3 | 80.4 |
| Centroamericano | | **3,800** | **7.5** | **154.7** |
| | Guatemala | 1,044 | 2.1 | 180.3 |
| | El Salvador | 1,649 | 3.3 | 151.7 |
| | Honduras | 633 | 1.3 | 191.1 |
| | Nicaragua | 348 | 0.7 | 96.0 |
| | Costa Rica | 126 | 0.3 | 84.3 |
| Andino | | **2,104** | **4.2** | **108.7** |
| | Colombia | 909 | 1.8 | 93.1 |
| | Ecuador | 565 | 1.1 | 116.7 |
| | Perú | 531 | 1.1 | 127.1 |
| | Bolivia | 99 | 0.2 | 135.8 |
| Cono Sur | | **429** | **0.9** | **116.7** |
| | Argentina | 225 | 0.4 | 123.0 |
| | Chile | 127 | 0.3 | 84.2 |
| | Uruguay | 57 | 0.1 | 202.5 |
| | Paraguay | 20 | < 0.1 | 128.3 |
| Peninsular | España | **635** | **1.3** | **534.4** |
| Total | EE.UU. | **50,478** | | |

Atlanta (8 por ciento), especialmente en ciertas partes de la ciudad. El dialecto cubano se emplea principalmente en Florida (especialmente en el condado de Miami–Dade, Fort Lauderdale y Tampa), donde vive el 90 por ciento de la población estadounidense de ascendencia cubana. También tiene una presencia importante en la ciudad de Nueva York y en el noreste de Nueva Jersey. Más recientemente, hay poblaciones importantes en Las Vegas y Atlanta. Por último, el dialecto dominicano en la última década ha aumentado su representación numérica en la población latina de manera significativa (85 por ciento desde el censo del 2000). Se escucha esta variedad especialmente en el noreste (Nueva York, Nueva Jersey, Massachusetts), pero más recientemente también en Florida (Fort Lauderdale y Orlando, especialmente). En Rhode Island, los dominicanos son mayoría entre los hispanos locales.

La variedad centroamericana está representada por alrededor del 7.5 por ciento de la población latina. Desde el censo del 2000, el número de latinos con ascendencia de Guatemala, Honduras y El Salvador se ha incrementado significativamente, especialmente en algunas regiones del país como en el suroeste, el mediooeste y el noreste. La variedad guatemalteca se encuentra especialmente en el noreste (Boston, Washington, DC y Nueva York), pero también en Atlanta y Chicago, así como en el suroeste (en Los Ángeles, San Francisco, Houston y Las Vegas). La variedad salvadoreña se encuentra especialmente en el noreste (Boston, Washington, DC, y la ciudad de Nueva York y sus alrededores), pero también en el suroeste (en San Francisco, Los Ángeles, Houston, Las Vegas y Dallas) y en Atlanta. La variedad hondureña se encuentra especialmente en Nueva Orleans y la ciudad de Nueva York (Lipski 2008:185). El dialecto centroamericano tiene representación importante especialmente en el noreste, el suroeste (en California y Texas), pero también en Illinois (guatemaltecos) y en Atlanta. Como veremos en el Capítulo 6 (sobre dialectos en contacto), en algunas ciudades como Houston este dialecto tiene representación más alta en algunas partes de la ciudad. En Maryland y en Washington, DC, los salvadoreños son mayoría.

Las variedades andinas, del Cono Sur y peninsulares están menos representadas numéricamente en la población latina del país. De estos, el dialecto andino es el más grande y aumentó en el último censo significativamente (109 por ciento). En algunas regiones como en la ciudad de Nueva York y el estado de Nueva Jersey, la población colombiana, ecuatoriana y peruana ha aumentado significativamente. En la ciudad de Chicago también hay una población ecuatoriana importante.

Ya que hemos trazado la presencia de los grupos dialectales en los EE.UU., pasamos a presentar los rasgos lingüísticos más importantes que los diferencian (para un análisis más detallado véanse Lipski 1994b, 1996, 2008).

## 3.1.2 Características fonéticas

El Cuadro 3.5A muestra las principales diferencias fonéticas entre los dialectos latinoamericanos. Debajo de cada rasgo se presenta un resumen con algunos ejemplos.

Las diferencias más importantes entre los dialectos latinoamericanos se dan particularmente en la diferenciación de dos variables lingüísticas: la /r/ en posición de coda (al final de sílaba) (ej. *carta*, *mar*) y la /s/ en posición de coda (ej. *casas*, *mosca*).

**CUADRO 3.5A.** Rasgos fonéticos diferenciadores de los dialectos latinoamericanos

Nota: un rasgo entre paréntesis significa que el rasgo no está extendido en el dialecto sino solo en una región en particular.

| Variable | Mexicano | Centroamericano | Caribeño | Andino | Cono Sur |
|---|---|---|---|---|---|
| /r/ | [ř] | [ř], ([ʃ]) | [l], ([ʁ]) | [ř] | |
| | comer > come[ř] | comer > come[ř] | carne > ca[l]ne | comer > come[ř] | |
| | | cuatro > cua[ʃ]o | > ca[n]ne (Cu.) | | |
| | | | > ca[i]ne (Dom.) | | |
| | ca[r]ne | ca[r]ne | carro > ca[ʁ]o (PR) | | |
| /s/ | | [s], [h] | [h], [Ø] | | [h], [Ø] |
| | | casas > casa[s] | casas > casa[h] | | casas > casa[h] |
| | | mosca > mo[s]ca | mosca > mo[h]ca | | mosca > mo[h]ca |
| | | casas > casa[h] | casas > casa_ | | casas > casa_ |
| | | mosca > mo[h]ca | mosca > mo_ca | | casas > casa[h] |
| /n/ | | [ŋ] | [ŋ] | [ŋ] | |
| | | pan > pa[ŋ] | pan > pa[ŋ] | pan > pa[ŋ] | |
| /tʃ/ | [ʃ] chico > [ʃ]ico | | [ʃ] chico > [ʃ]ico | | |
| /ʝ/ | debilitamiento | debilitamiento | | | [ʒ] |
| | ma[i]o | ma[i]o | | | ma[ʒ]o |
| | gallina > gaína | gallina > gaína | | | |
| | | sandía > sandiya (Nic.) | | | |
| /x/ | fuerte | [h] | debilitamiento | | [ç] |
| | mu[x]er | mu[h]er | mu[ʰ]er | | mu[ç]er |
| V átona | átona reducida | | | átona reducida | |
| | pues > pes, ps | | | pues > pes, ps | |
| -ado | | | [-ao] | | |
| | | | cansado > cansao | | |
| | | | lado > lao | | |

## La /ɾ/

La vibrante simple /ɾ/ en posición de coda se pronuncia como vibrante **alveolar** [ɾ] en muchos dialectos. Sin embargo, en el dialecto caribeño, se distingue por el uso de una variante **lateral** [l] (*carne* > *calne*, *amor* > *amol*), especialmente en las variedades puertorriqueña y dominicana.

También se tiende a omitir la vibrante a final de palabra (*comer* > *comel*, *comé*). Dentro de la palabra en posición de coda, el español cubano tiende a preferir una variante **geminada** (*carne* > *ca*[n]*ne*) y algunas variedades del español dominicano tienen preferencia por una variante **vocalizada** (*carne* > *ca*[i]*ne*).

Algunas variedades mexicanas y guatemaltecas se distinguen por una vibrante **asibilada** [ř] al final de palabra (ej. *come*r > *come*[ř]) (casi como [r] + "s̲h̲" del inglés). Esta variante asibilada también se encuentra en algunas variedades del español andino.

Los grupos consonánticos *otr̲o*, *cuatr̲o* se pronuncian como [ʃ] en Guatemala (como "s̲h̲ip" en inglés).

Por último, el español puertorriqueño se distingue además por una variante velar [ʁ] para la vibrante múltiple /rr/ (ej. *carro* > *ca*[ʁ]*o*, *rico* > [ʁ]*ico*) (semejante a la /r/ francesa). Es decir, "Ramón" suena algo como "jamón."

## La /s/

La realización apicoalveolar de la **/s/** en posición de coda (ej. *mos̲cas̲*) se mantiene en la mayoría de las variedades del español, especialmente en la mexicana y la andina. Sin embargo, en las variedades caribeña y del Cono Sur (y andaluza) se tiende a aspirar [h] e incluso a omitirla [Ø], especialmente a final de palabra (*má_ o meno_*, *inglé_*). Algunas variedades centroamericanas, como la salvadoreña, la hondureña y la nicaragüense también aspiran la /s/ en posición de coda, e incluso en posición inicial de sílaba (*el* [h]*ábado*), sobre todo la variedad salvadoreña (Lipski 2000:195). Este rasgo también está presente en el español tradicional de Nuevo México, como veremos.

## La /n/

La /n/ en posición final de palabra ante pausa se velariza [ŋ] (*pan* > *pa*[ŋ]) en varios dialectos latinoamericanos, entre ellos el andino, el caribeño y el centroamericano. En México, esta nasal velar solo se emplea en las costas del golfo de México.

## EJERCICIO 3.3:

Busca un video de una entrevista con "El Residente" (René Pérez) del grupo de música Calle 13. ¿Qué rasgos del español caribeño notas en su habla?

## La [tʃ]

Algunos dialectos, sobre todo en el norte de México, pero también en Puerto Rico, usan una fricativa [ʃ] (que suena al inglés "sh") para la africada /tʃ/ (ej. *chocolate* > [ʃ]*ocolate*, *muchacho* > *mu*[ʃ]*a*[ʃ]*o*). Por ejemplo, Chihuahua es un estado mexicano que emplea esta pronunciación; los que son de allí lo pronuncian [ʃi.UA.ua].

## La /ʝ/

Esta consonante tiene múltiples variantes. Se suele reconocer fácilmente a los argentinos porteños, uruguayos y paraguayos por su palatalización de esta consonante, sea sorda o sonora.

| Palabra | Sorda | Sonora |
|---------|-------|--------|
| toalla | [to.a.ʃa] (to.a.sha) | [to.a.ʒa] (to.a.zha) |
| playa | [pla.ʃa] (pla.sha) | [pla.ʒa] (pla.zha) |

Otras variantes incluyen el debilitamiento de la /ʝ/ en posición intervocálica en algunas variedades centroamericanas y mexicanas, llegando a omitirse en algunos casos (*gallina* > *gaína*). La variedad nicaragüense tiende a insertar una /ʝ/ en contextos de hiato—o dos vocales fuertes—(*sandía* > *sandiya*), como hipercorrección. Estos rasgos también se encuentran en variedades rurales de Latinoamérica.

## La /x/

La velar /x/ (ej. *mujer*) tiende a debilitarse en las variedades caribeña y centroamericana (*ca*[h]*a*, *mu*[h]*er*). En las variedades mexicano-central y andina tiende, en cambio, a fortalecerse y en la variedad chilena (del Cono Sur), delante de /e/ e /i/ se emplea con la variante fricativa sorda [ç] que identifica al dialecto chileno (*gente*, *mujer*).

## La vocal átona

Un rasgo predominante en las variedades mexicana y andina es la reducción vocálica en la sílaba átona (*señora* > *sñora*, *pues* > *pes*, *ps*).

## Debilitación de /d/ intervocálica

Finalmente, el debilitamiento de la /d/ en el sufijo *-ado* está bastante extendido en el dialecto caribeño, si bien también se encuentra en otros dialectos. En el dialecto caribeño se omite la /d/ tanto en participios verbales (*trabajado* > *trabajao*, *cansado* > *cansao*), como en palabras que terminan en esta secuencia, *lado* > *lao* e incluso en palabras que terminan en *-ada* como en *nada* > *náa*, *ná*.

### EJERCICIO 3.4:

Refiriéndote al Cuadro 3.5A que repetimos aquí en el Cuadro 3.5B con ejemplos, di en voz alta cómo se pronunciarían las frases a continuación en los dialectos mexicano, caribeño-puertorriqueño y centroamericano-guatemalteco.

1. Vamos a esperarte hasta las seis para comer.
2. ¿Quieres arroz con habichuelas?
3. Esos muchachos van y vienen.
4. ¡Ay, alabado!
5. Vamos a comer en el parque.
6. Voy a acabar de escribir la carta a Roberto.
7. Hay muchas personas que compran ropa bordada en ese almacén.
8. El barco llamado *Chiquita* está anclado en el Puerto de Limón.

**CUADRO 3.5B.** Ejemplos de los rasgos fonéticos de tres dialectos latinoamericanos

| | Mexicano | Caribeño-Puertorriqueño | CentroAm-Guatemalteco |
|---|---|---|---|
| /r/ dentro de palabra en posición de coda | ca[ɾ]ne | ca[ɾ]ne o ca[l]ne ca[i]ne (Dom.) ca[n]ne (Cu.) | ca[ɾ]ne |
| /r/ final de palabra | come[ř] o come[t] | come[ɾ] o come[l] o comé | come[ř] |
| grupo consonántico /tr/: otro | o[tr]o | o[tr]o | o[ʃ]o |
| /rr/: carro | carro > ca[rr]o | carro > ca[ʁ]o | carro > ca[rr]o |
| /s/ en posición de coda: los niños, inglés | lo[s] niño[s], inglé[s] | lo_ niño_, inglé_ | lo[s] niño[s], inglé[s] el sábado > el [h]ábado (Sal.) |
| /tʃ/: muchacho | mu[tʃ]a[tʃ]o | mu[ʃ]a[ʃ]o | mu[tʃ]a[tʃ]o |
| /n/ en final de palabra, ante pausa: pan, vengan | quiero pa[n] | quiero pa[ŋ] | quiero pa[ŋ] |
| /ʝ/: gallina, playa | ga[ʝ]ina o gaína | ga[ʝ]ina | ga[ʝ]ina o gaína |
| /x/: mujer | mu[x]er o mu[h]er | mu[h]er | mu[h]er |
| vocal átona: señora | s_ñora | señora | senora |
| /d/ en -ado: cansado | cansado o (cansao) | cansao | cansado o (cansao) |

## 3.1.3 Características morfosintácticas

En esta sección, resumimos los rasgos morfosintácticos diferenciadores más saltantes en los dialectos referenciales presentes en los EE.UU. Se tratan de los pronombres, las formas verbales, el plural nominal, el diminutivo, el *le* mexicano, *más* ante negación y frases nominales con un artículo indefinido y un posesivo.

## Los pronombres

Empezamos con los pronombres, que se presentan en el Cuadro 3.6. Se trata del uso del pronombre sujeto de segunda persona *vos* (1), el uso extendido de pronombres sujeto en los enunciados (2), la no inversión del pronombre sujeto en interrogativos (3), el empleo de pronombres sujeto con verbo en infinitivo en subordinadas finales (4) y el empleo del pronombre *ello* en contextos impersonales (5).

El empleo del pronombre sujeto *tú* para segunda persona es extendido en el Caribe, la mayor parte de la región andina y el español mexicano. La variante *vos* (Ejemplo 1 en el

**CUADRO 3.6.** Variaciones en el uso de pronombres de sujeto

| Fenómeno | Ejemplo | Variedades |
|---|---|---|
| (1) voseo | Si *vos querés*, te traigo una bebida. / Si *vos* quieres, te traigo una bebida | extendido en el continente latinoamericano |
| (2) uso extendido | A mi mamá, *yo* la llamo todos los días. | caribeñas |
| (3) no inversión en interrogativos | ¿Qué *tú quieres* que te regale para navidad? | caribeñas |
| (4) con infinitivo | Me lo dio para *yo poder irme* de viaje. | caribeñas |
| (5) *ello* en contextos impersonales | *Ello* llueve mucho. | dominicana |

Cuadro 3.6) es predominante en el Cono Sur (especialmente en Argentina, Paraguay, Uruguay, pero también en Chile) y en Centroamérica (especialmente en Costa Rica, El Salvador, Honduras y Nicaragua, pero también en Guatemala). Sin embargo, también hay un uso extendido del *vos* en la región de Chiapas en México y Antioquía en Colombia. En la región andina se emplea el voseo en ciertas partes del Perú y Ecuador, aunque más extendidamente en Bolivia.

El uso frecuente de los pronombres sujeto (Ejemplo 2 en el Cuadro 3.6) se da especialmente en las variedades caribeñas (ej. *¿Vienes mañana?—No creo* ↔ *¿Vienes mañana?—Yo no creo.*). Sin embargo, un estudio reciente de Otheguy y Zentella (2012) encuentra que el contacto de dialectos de español en la ciudad de Nueva York ha afectado el uso de los pronombres sujetos en el habla de latinos que tienen ascendencia no caribeña (véase el Capítulo 6 para mayor información). La no inversión del pronombre sujeto en interrogativos (Ejemplo 3) es también característico del español caribeño. Otro rasgo característico del español caribeño (y de las costas del Caribe) es el empleo de un pronombre sujeto con verbo en infinitivo en oraciones subordinadas finales (Ejemplo 4). Finalmente, el empleo del pronombre sujeto *ello* con oraciones impersonales (Ejemplo 5) es característico del habla dominicana (variedad caribeña).

## Las formas verbales

En las variedades latinoamericanas también se encuentran algunas formas verbales que representan usos antiguos del español. Hoy en día, estos rasgos se encuentran bastante extendidos en muchas variedades del español mexicano de los EE.UU. Se tratan de los siguientes cinco rasgos principales:

1. La inserción de la -*s* en la segunda persona del pretérito
2. La sustitución de -*mos* por -*nos* en la primera persona plural del imperfecto
3. La regularización del presente en la primera persona plural
4. El cambio acentual en la primera persona del plural en presente
5. El uso de ciertas formas verbales del español antiguo

Describiremos brevemente cada fenómeno.

El primero es la inserción de la *-s* en formas verbales en la segunda persona del pretérito (ej. *comiste̲s, viniste̲s*). Nótese que todos los verbos en segunda persona terminan en *-s* en los otros tiempos y modos verbales (*vas—ibas—irás—vayas—fueras*), excepto en el pretérito (*fuiste*). Entonces se puede decir que al agregar una *-s* al pretérito se regulariza el paradigma verbal.

### EJERCICIO 3.5:

¿Qué forma verbal tienen los siguientes verbos en la segunda columna para la segunda persona singular del pretérito en algunas variedades de México y entre los mexicanos en los EE.UU.?

| | |
|---|---|
| *fuiste > fuiste̲s* | *reconocer >* |
| *comiste > comiste̲s* | *vivir >* |
| *compraste > compraste̲s* | *estudiar >* |

El segundo rasgo es la sustitución de *-mos* por *-nos* en los verbos conjugados en la primera persona del plural del imperfecto. Este rasgo está especialmente extendido en el suroeste de los EE.UU. y el español de Nuevo México.

### EJERCICIO 3.6:

¿Qué forma verbal tienen los siguientes verbos para la primera persona plural del imperfecto en algunas variedades de México y entre los mexicanos en los EE.UU.?

| | |
|---|---|
| *estábamos > estába̲nos* | *íbamos >* |
| *vivíamos > vivía̲nos* | *salíamos >* |
| *bebíamos > bebía̲nos* | *bailábamos >* |

El tercer rasgo trata de la regularización del paradigma verbal del presente del indicativo y del subjuntivo mediante la regularización de la primera persona del plural. A continuación vemos cómo las formas verbales del presente del indicativo y del subjuntivo de verbos irregulares como *contar* emplean el alomorfo *cuent-* para la raíz del verbo. Sin embargo en la primera persona plural se emplea el alomorfo *cont-* en el español general.

Presente del indicativo
**cuent**-*o*     **cuent**-*as*     **cuent**-*a*     **cont**-*amos*     **cuent**-*an*
Presente del subjuntivo
**cuent**-*e*     **cuent**-*es*     **cuent**-*e*     **cont**-*emos*     **cuent**-*en*

En algunas variedades del español mexicano y del suroeste de los EE.UU., se regulariza la primera persona del plural del presente del indicativo y del subjuntivo al patrón siguiente.

Regularización del presente del indicativo
**cuent**-*o*     **cuent**-*as*     **cuent**-*a*     **cuent**-*amos*     **cuent**-*an*
Regularización del presente del subjuntivo
**cuent**-*e*     **cuent**-*es*     **cuent**-*e*     **cuent**-*emos*     **cuent**-*en*

## EJERCICIO 3.7:

¿Qué forma verbal tienen los siguientes verbos para la primera persona plural del presente del indicativo y del subjuntivo en algunas variedades de México y entre los mexicanos en los EE.UU.?

puedo > podemos          puedo >
duerma > dormamos        duerma >
juego > jugamos          juego >

El cuarto rasgo verbal hace referencia al cambio acentual en la primera persona del plural del presente del subjuntivo, de acento prosódico en la penúltima sílaba a la antepenúltima sílaba: ej. *vayamos* > *váyamos*. En los casos de los verbos irregulares, también se aplica el tercer rasgo (*contemos* > *cuéntemos*). Si bien este rasgo se encuentra frecuentemente en variedades rurales del español latinoamericano, se emplea también con frecuencia en el español del suroeste.

## EJERCICIO 3.8:

¿Qué forma verbal tienen los siguientes verbos para la primera persona plural en algunas variedades de México y entre los mexicanos en los EE.UU.?

vayamos > váyamos        salgamos >
volvamos > vuélvamos     dormamos >
bebamos > bébamos        compremos >

El quinto y último rasgo verbal que presentamos aquí es el uso de ciertas formas verbales del español antiguo, resumidos en el Cuadro 3.7.

Estos usos también se encuentran en variedades rurales del español latinoamericano, pero están muy extendidos en el español del suroeste.

## El *le* discursivo

El *le* discursivo con verbos intransitivos es un rasgo del español mexicano que se ha extendido en el suroeste estadounidense (ej. *¡Ándale, que se hace tarde!, ¡Córrele, que ya es muy tarde!*). Sin embargo también aparece con verbos transitivos: *Cambia este por el otro = Cámbiale, Sube la música un poco más = Súbele un poco más*. La expresión *le* se agrega también a otras expresiones. Aquí aparecen algunos ejemplos con sus significados. Nótese *ándale* con significado discursivo.

**CUADRO 3.7.** Formas verbales del español antiguo comunes en algunos dialectos contemporáneos

| Forma | Variante antigua | Variante moderna |
|---|---|---|
| 3 sg. subj. *haber* | *haiga* | *haya* |
| 1 sg. pret. *traer* | *truje* | *traje* |
| 1 sg. pret. *ver* | *vide* | *vi* |

*órale:* cuando te enteras de algo inesperado (*¡Órale, qué sorpresa!*); cuando estás de acuerdo (*órale pues*)

*ándale:* cuando estás de acuerdo (*Eso es, ¡ándale!*); cuando apuras a alguien, es decir, le quieres dar prisa (*¡Ándale que se te hace tarde!*); cuando amenazas a alguien (*Ándale pues, síguete riendo . . .*)

*híjole:* sorpresa muy grande (*¡Híjole, 'mano, qué susto me pegaste!*)

*quihúbole* (o *quihubo*): es un saludo para alguien muy cercano (*¡Quihúbole, compa!, ¿cómo te ha ido?*)

*épale:* tratar de detener una acción (*¡Épale, Juan!, ¿a dónde vas con mis patines?*)

*újule:* no te va a gustar lo que te voy a decir (*Újule, doña, la vecina que usted busca, hace años que se fue del pueblo.*)

## Otros rasgos

Ya hemos presentado los pronombres, las formas verbales y el *le* discursivo. Cuatro rasgos morfosintácticos adicionales que distinguen los principales dialectos referenciales latinoamericanos son el plural *-se*, el uso y la forma del diminutivo, *más* ante negación y las frases nominales con un artículo indefinido y un posesivo.

- El uso del plural *-se* en palabras que terminan en vocal (ej. *gallina > gallinase, café > cafése*) es común en el español dominicano; posiblemente se dé este rasgo en parte por la tendencia a omitirse la "s" a final de palabra.
- En las variedades mexicana y andina se da el uso frecuente del diminutivo (ej. *Ahorititita viene con tu cafecito*), mientras que en la variedad caribeña y en Costa Rica se emplea la variante *-ico* cuando sigue una /t/ (ej. *momentico*).
- El uso del rasgo *más* + expresión negativa se considera como propio del dialecto caribeño (ej. *no quiero más nada*, pronunciado [má ná]).
- En la variedad centroamericana se encuentra una estructura que se considera antigua: el empleo de un artículo indefinido + posesivo + sustantivo (*una mi hermana*), especialmente en los dialectos salvadoreño y guatemalteco.

## 3.1.4 Características léxicas

A pesar de todas las importantes diferencias que acabamos de trazar en la fonética y la morfosintaxis, las diferencias más saltantes entre los diferentes dialectos del español se encuentran en el léxico. Algunas diferencias se deben también a la presencia—actual o anterior—de otras lenguas en la región, lo que conllevó a préstamos lingüísticos que han entrado a la lengua. Este es el caso de palabras taínas y africanas en el Caribe, palabras náhuatl en México y Centroamérica, del quechua en una gran parte de Sudamérica, del inglés en el suroeste de los EE.UU., etc. El caso de los préstamos del inglés los veremos en el Capítulo 5.

Otras diferencias incluyen el empleo de léxico que es considerado antiguo o arcaico en la Península Ibérica, pero que constituye el léxico moderno de diversas regiones latinoamericanas. Un ejemplo es el caso de la expresión *carro*, empleada más comúnmente en Latinoamérica en lugar de *coche*, que es más frecuente en España (*carro* hace referencia a un "carruaje de dos ruedas" en España). Finalmente, es también importante hacer una distinción entre las palabras propias de una variedad dialectal y aquellas palabras del español que son **panhispánicas**, es decir, que no se identifican como expresiones de una región en particular y que tienen amplia difusión en su uso y en su comprensión. En el Cuadro 3.8 presentamos algunos ejemplos de expresiones lexicales regionales.

Además de aquellas expresiones léxicas nominales que provienen de las lenguas indígenas como *camote* (náhuatl), *canchita* (quechua), *elote* (náhuatl), *guata* (mapudungun o "mapuche"), *popote* (náhuatl), encontramos en el Cuadro 3.9 otras expresiones nominales de uso macroregional que han surgido en la lengua como innovaciones latinoamericanas con significado diferenciado del que se emplea en la Península. Estos ejemplos hacen referencia al uso de las palabras *mozo*, *vereda*, *pantalla* y *barrilete*.

Además de las expresiones nominales, como las que aparecen en el Cuadro 3.9, también hay verbos que tienen significado diferente en Latinoamérica, especialmente en ciertas regiones, y en España. Algunos son *empaventar* o *aventar* (se emplea *lanzar* "to throw" en España), *tirar* para significar "arrojar" (se emplea *jalar* en el uso peninsular), o *voltear* para significar "girar," que es el uso en la Península. Igualmente se encuentran adjetivos como *chueco* para significar "torcido." Hay necesidad de hacer más estudios léxicos de las variedades de español en los EE.UU., pues los hablantes están en contacto con diferentes léxicos, además del léxico de los textos de segunda lengua de la escuela (generalmente con la variedad peninsular) y de los diferentes programas de educación bilingüe (véase el Capítulo 8 sobre lengua y educación). En el Capítulo 6 veremos los resultados de algunos estudios léxicos hechos por Zentella (1990a) y por Potowski y Torres (en progreso) en el contacto de dialectos.

### EJERCICIO 3.9:

Busca en YouTube la canción "¡Qué difícil es hablar el español!" Intenta aprender por lo menos tres usos nuevos de palabras que ya conocías.

Dada la importancia numérica de los hablantes mexicanos en los EE.UU., incluimos seguidamente algunos usos léxico-pragmáticos propios del español mexicano con ciertos verbos y preposiciones.

## A. *regresar* como verbo transitivo

Casi todos los dialectos del español usan *devolver* como el equivalente del verbo transitivo en inglés "to return <u>something to someone</u>": *Yo le devolví el libro.* Así también, en estas variedades de español el verbo *regresar* es únicamente intransitivo: *Yo regresé de Miami.* Los hablantes del español mexicano, sin embargo, emplean *regresar* como verbo transitivo: *La profesora les regresó los exámenes a los estudiantes.* [OJO: el verbo *devolver* en México tiene el significado de "vomitar."] Se aprecia este uso en la Figura 3.2 en una etiqueta comercial.

**CUADRO 3.8.** Rasgos léxicos diferenciadores de las variedades de español en los EE.UU.

| | Panhispánico | Mexicano/ Centroamer. | Caribeño | Andino | Cono Sur | Peninsular |
|---|---|---|---|---|---|---|
| **Comida** | | | | | | |
| "green beans" | | ejotes | | vainitas | chauchas | judías verdes |
| "peas" | | chícharos | | arverjas | arverjas | guisantes |
| "beans" | frijoles | frijoles | habichuelas | | porotos | alubias |
| "orange" | naranja | | china | | | |
| "sweet potato" | | batata | batata | camote | batata | patata para cocer |
| "corn" | maíz | elote | | choclo | choclo | |
| "popcorn" | | palomitas | | canchita | pochoclo | palomitas |
| "banana" | plátano | | guineo | | banana | |
| **Ropa / accesorios** | | | | | | |
| "earrings" | aretes | | pantallas | | aros | pendientes |
| "wallet" | | cartera | | billetera | billetera | cartera |
| "purse" | | bolso | cartera | cartera | cartera | bolso |
| "sweater" | | suéter | | chompa | pulóver | jersey |
| "coat" | | saco | | saco | tapado | chaqueta |
| **Adjetivos** | | | | | | |
| "pretty" | bonito | chulo | | churro | churro | |
| "blonde" | rubio | güero | | | | |
| "embarrassed" | avergonzado | apenado | abochornado | | | |
| **Otros sustantivos** | | | | | | |
| "pool" | piscina | alberca | | | pileta | |
| "bus" | autobús | camión | guagua | ómnibus | ómnibus | |
| "sidewalk" | acera | banqueta | | vereda | vereda | calzada |
| "store" | tienda | bodega | | bodega | negocio | almacén |
| "car" | automóvil | carro | | carro | auto, coche | coche |

**CUADRO 3.8.** (*cont.*)

|  | Panhispánico | Mexicano/ Centroamer. | Caribeño | Andino | Cono Sur | Peninsular |
|---|---|---|---|---|---|---|
| "matches" | *fósforos* | *cerillos* |  |  |  | *cerillas* |
| "cover" |  | *cobija* |  | *frazada* | *tapa* | *manta* |
| "friend" | *amigo* | *cuate* | *pana* | *pata* |  |  |
| "boy" | *niño* | *chamaco* |  |  | *pibe* (Arg.) |  |
| "kite" | *cometa* | *papalote* |  |  | *barrilete* |  |
| "waiter" | *mesero* | *mesero* |  | *mozo* | *mozo* | *camarero* |
| "straw" | *sorbete* | *popote* |  | *cañita* | *pajita* | *pajita* |
| "pig" | *cerdo* | *puerco* |  | *chancho* | *chancho* |  |
| "tummy" | *barriga* | *panza* |  | *guata* | *pancita* | *tripa* |

**CUADRO 3.9.** Significados diferentes en Latinoamérica y España

|  | Significado en Latinoamérica | Significado en España |
|---|---|---|
| *mozo* | "persona que sirve en un restaurante" | "joven" |
| *vereda* | "camino en la calle para peatones" | "camino angosto formado por el tránsito de personas y animales" |
| *pantalla* | "ornamento en las orejas" (Puerto Rico) | "objeto delante o alrededor de una luz artificial; telón en el que se proyecta una película cinematográfica" |
| *barrilete* | "objeto de papel para volar en el viento" (en México y Argentina) | "barril pequeño" |

## B. *hasta* = "*no* V *hasta*"

La preposición *hasta* en el español general tiene la función de marcar un punto final o destino: *Hoy trabajo hasta las seis. Viajo en avión hasta la capital.* En el español mexicano (y el centroamericano) la preposición *hasta* se emplea para marcar el comienzo de un evento. La función temporal tiene significado inverso al que se encuentra en otras variedades de español. Algunos ejemplos se presentan a continuación.

| Contexto | Español general | Español mexicano |
|---|---|---|
| Parten el viernes; van a estar aquí hasta el viernes. | *No se van hasta el viernes.* | *Se van hasta el viernes.* |
| La tienda abre a las 10:00; no está abierta antes de las 10:00. | *La tienda no abre hasta las diez.* | *La tienda abre hasta las diez.* |

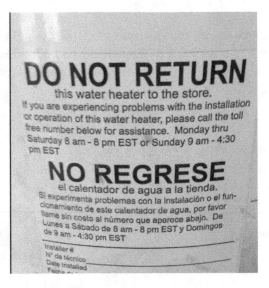

**Figura 3.2.** Ejemplo del uso transitivo del verbo *regresar*

## C. *con* = "a ver a"

Muchos mexicanos usan la preposición *con* en contextos en los cuales otros dialectos emplean la frase *a ver a*. Algunos ejemplos son los siguientes.

| *Español general* | *Español mexicano* |
|---|---|
| Deberías ir *a ver a*l médico. | Deberías ir *con* el médico. |
| Ayer fueron *a ver a* sus abuelitos. | Ayer fueron *con* sus abuelitos. |

## D. *hablar* = "llamar"

Mientras muchos dialectos del español emplean *llamar* para "to call" del inglés, en la variedad mexicana se suele emplear *hablar*. Algunos ejemplos son los siguientes.

| *Español general* | *Español mexicano* |
|---|---|
| **Llámame** cuando llegues. | **Háblame** cuando llegues. |
| ¿Alguien me **llamó** hoy? | ¿Alguien me **habló** hoy? |

## E. *mamá* = "madre"

Si bien en otros dialectos del español es muy común hablar de nuestra progenitora con el vocablo *madre*, en México se prefiere el término *mamá*. Debido a que muchos insultos (o groserías) emplean la palabra *madre*, ¡es mejor evitar esta palabra!

## F. *coger* = "agarrar, tomar," etc.

En gran parte del mundo hispanohablante, el verbo *coger* se usa como "to grab" o "to take" del inglés. En México (y Argentina), sin embargo, este término hace referencia al acto sexual.

| *Español general* | *Español mexicano* |
|---|---|
| **Coge** el autobús 2 hasta San Francisco. | **Toma** el autobús 2 hasta San Francisco. |
| ¿Me puedes **coger** esta bolsa? | ¿Me puedes **agarrar** esta bolsa? |

## G. ¿Mande?

En muchas partes de México se considera descortés responder ¿Qué? cuando no oímos a alguien pero queremos indicarle que tienen nuestra atención para hablarnos. En cambio se emplea la expresión ¿Mande? Se usa esta forma incluso con personas a quienes normalmente nos dirigimos de "tú."

### EJERCICIO 3.10:

Identifica a qué grupo dialectal es probable que pertenezcan estas frases.

1. Esa tienda abre *hasta* las 3:00, así que lleguemos a las 3:15 para no tener que esperar.
   ☐ mexicano     ☐ caribeño general     ☐ dominicano
2. Tú *fui_te* quien me motivó a *e_tudial el e_pañol*.
   ☐ mexicano     ☐ caribeño general     ☐ dominicano
3. Si tienes preguntas, debes ir *con* el profesor.
   ☐ mexicano     ☐ caribeño general     ☐ dominicano
4. *Ella* me dice que *ella* quiere conocerte.
   ☐ mexicano     ☐ caribeño general     ☐ dominicano
5. Allí *estábanos* esperándote en la cafetería.
   ☐ mexicano     ☐ caribeño general     ☐ dominicano
6. ¡*E_pérame un momentico*!
   ☐ mexicano     ☐ caribeño general     ☐ dominicano
7. Necesitamos 20 *computadorase*.
   ☐ mexicano     ☐ caribeño general     ☐ dominicano
8. [*Mi hermano va a llegar en mayo*] Llega *hasta* mayo.
   ☐ mexicano     ☐ caribeño general     ☐ dominicano
9. Ella no quiere *sabé_ má ná* de esa situación.
   ☐ mexicano     ☐ caribeño general     ☐ dominicano
10. La canción "Vecino" de Jae-P dice, "Espero que nos *puédamos* entender."
    ☐ mexicano     ☐ caribeño general     ☐ dominicano

## Rasgos peninsulares

La población latina de origen español representa el 1.3 por ciento de la población latina en los EE.UU. Sin embargo, desde el censo del 2000, esta población creció en un 534.4 por ciento; de 100 mil pasó a tener 635 mil personas.

Las variedades dialectales peninsulares no están representadas en números altos en la población latina en los EE.UU. Sin embargo, su importancia radica en la presencia de este dialecto en muchos textos de español como segunda lengua que se emplean en las escuelas y/o universidades. Para los propósitos de esta presentación, describiremos brevemente los dos dialectos más extendidos de España, el dialecto centro-norte o castellano y el dialecto andaluz que se habla en el sur. Los dialectos peninsulares se distinguen en rasgos fonéticos y morfosintácticos, además de los lexicales (los suprasegmentales no se discutirán aquí). El Cuadro 3.10 resume los rasgos de los dialectos peninsulares.

Los rasgos **fonéticos** que distinguen a las dos variedades peninsulares son la distinción fonémica entre /Ө/ y /s/, en pares mínimos como *caza* y *casa*, así como la distinción /λ/ y /ʝ/, en pares mínimos como en *valla* y *vaya* (se pronuncian de manera diferente). Mientras

**CUADRO 3.10.** Rasgos dialectales más importantes de las variedades peninsulares

| | Dialecto castellano | Dialecto andaluz |
|---|---|---|
| Distinción /ll/ y /ʝ/ | *valla ≠ vaya* | *valla = vaya* (yeísmo) |
| Distinción /Ɵ/ y /s/ | *caza ≠ casa* | *caza = casa* (seseo) |
| *-ado > -ao* | en participios verbales: cansa[Ø]o | *cansa[Ø]o, la[Ø]o, na[Ø]a* |
| *-d* final | > [t], *Madrid > Madrit* | se omite: *Madrid > Madrí* [Ø] |
| /s/ en coda | se mantiene: *mosca, casas* | se aspira u omite: *mo[h]ca* o *mo[Ø]ca, casa[h]* o *casa[Ø]* |
| /r/ y /l/ en final de palabra | se mantiene: *mujer, árbol* | se tiende a omitir: *muje[Ø], árbo[Ø]* |
| /x/ | en *-gn* se pronuncia fuerte: *digno, signo* | Entre vocales se aspira: *mu[h]e, ca[h]a* |
| /n/ en coda | alveolar: *pa[n], venga[n]* | velar: *pa[ŋ], venga[ŋ]* |
| /s/ | ápico alveolar | |
| /tʃ/ | *mu[tʃ]a[tʃ]o* | fricativa: *mu[ʃ]a[ʃ]o* |

en el dialecto centro-norte estas distinciones fonémicas están extendidas, en la variedad andaluza se tienden a neutralizar en la /s/ y la /ʝ/, respectivamente. Otro rasgo peninsular incluye la pronunciación de la /s/ con la punta de la lengua (ápico lingual) que se distingue de la /s/ latinoamericana que tiende a ser predorso lingual. Igualmente, hay la tendencia a omitir la /d/ en el segmento *-ado*. Mientras en el dialecto centro-norte se reduce *-ado* a *-ao* solo en participios verbales (*trabajado > trabajao*), en la variedad andaluza se extiende a todas las palabras terminadas en *-ado* (*cansado > cansao, lado > lao*) (incluso aquellas terminadas en *-ido, comido > comío*). La /d/ en posición final de palabra se tiende a ensordecer y pronunciar como [t] (*salu[t]*) en el dialecto centro-norte y a omitir (*salú*) en el dialecto andaluz. La alveolar /s/ en posición de coda se tiende a mantener en el norte, mientras en el sur se tiende a aspirar u omitir. Las vibrantes /r/ y /l/ se mantienen en el norte, pero se tienden a omitir en el sur. La velar /x/ (ej. *mujer*) se pronuncia fuerte en los segmentos *-gn* (*magno*) en el norte, pero se aspiran en el sur. La /n/ en posición de coda se mantiene alveolar en el norte (*pa[n]*) pero es velar en el sur (*pa[ŋ]*). La africada sorda /tʃ/ se tiende a pronunciar como fricativa [ʃ] en el sur. Nótese que los dos últimos rasgos también se encuentran en algunas regiones latinoamericanas. En el Capítulo 6, veremos los resultados de un estudio sobre el contacto con hablantes peninsulares en los EE.UU. (Pérez Castillejo 2013).

Al nivel morfosintáctico, las variedades peninsulares incluyen el uso de dos pronombres sujeto de segunda personal plural; *vosotros* que se emplea en contextos informales y *ustedes* que se emplea en contextos formales. En las variedades

**CUADRO 3.11.** Rasgos morfosintácticos más importantes de los dialectos peninsulares

|  | Dialecto centro-norte | Dialecto andaluz |
|---|---|---|
| pron. suj. 2 pl. | *vosotros* | *ustedes* |
| OD masc. animado | *leísmo* | – |
| imperativo | infinitivo: *¡cerrar la puerta!* | – |
| imp. subj. en condicionales | condicional: *si haría buen tiempo* | – |

latinoamericanas y en partes de la región peninsular andaluza encontramos solo una forma plural de segunda persona: *ustedes*. En el norte de España también hay la tendencia a emplear el **leísmo animado** (*Le vio en el cine*, que también se emplea en la región andina), a emplear el infinitivo con función imperativa y a usar el condicional por el imperfecto del subjuntivo en la prótasis de las oraciones subordinadas condicionales (véase el Cuadro 3.11). Al nivel lexical se encuentran muchas diferencias entre las variedades peninsulares y las latinoamericanas, como vimos arriba (ej. *zumo* en España y *jugo* en Latinoamérica).

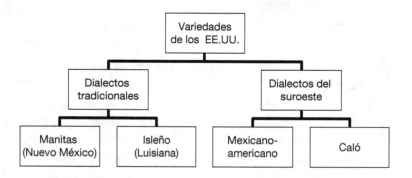

**Figura 3.3.** Dialectos del suroeste

# 3.2 Los dialectos tradicionales y del suroeste

Además de las variedades dialectales que tienen su origen fuera de los EE.UU., se encuentran en el sur de los EE.UU. varias variedades oriundas de la región que surgieron de los pobladores españoles originales y sus descendientes que habitaron la región desde la época colonial en los siglos XVI y XVII. Estas variedades se conocen como **variedades tradicionales** de los EE.UU. (véase Lipski 2008). Se trata de la variedad "manitas" de Nuevo México (y el sur de Colorado) y el isleño en el sur de Luisiana. Otras variedades más extendidas en la región son las variedades que se conocen como el mexicano-americano (o español chicano) y el caló (que se presentará en el Capítulo 5) (Figura 3.3).

**CUADRO 3.12.** Rasgos lingüísticos compartidos por el español chicano popular y el español mexicano popular

(Adaptado de Hidalgo 1987:175–184)

| Rasgo lingüístico | Ejemplo |
| --- | --- |
| e > i, i > e | *divertir > divirtir, decidir > decedir* |
| o > u, u > o | *morir > murir, suspiro > sospiro* |
| V+V > V | *paciencia > pacencia, quiere > quere* |
| hiato > diptongo | *teatro > tiatro, poeta > pueta* |
| e > i con palatal | *noche > nochi, leche > lechi* |
| reducción | *para > pa, espérame > pérame* |
| inserción de /y/ | *caer > cayer, riendo > riyendo* |
| omisión de /y/ | *gallina > gaína, silla > sía* |
| simplificación silábica | *doctor > dotor* |
| pérdida de /d/ | *todavía > toavía, amistad > amistá* |
| velarización ante /ue/ o /ui/ | *bueno > güeno, fuerte > juerte* |
| diptongación después de velar | *dijeras > dijieras, trajeras > trajieras* |
| cambio acentual | *seamos > séamos, vayamos > váyanos* |
| -mos > -nos | *íbamos > íbanos, vayamos > váyanos* |
| -s 2 sg. pret. | *pusiste > pusistes, dijiste > dijistes* |
| arcaísmos | *truje, asina, naiden, muncho* |
| simplificación sistema verbal | reducidos a 7 u 8 formas: presente, pretérito, perfecto, imperfecto, presente perfecto, pluscuamperfecto, subjuntivo presente, imperativo |

## Rasgos comunes

La variedad de español de la mayoría de los hispanohablantes en el suroeste presenta rasgos lingüísticos semejantes a aquellos del dialecto mexicano, especialmente la variedad popular (cf. Hidalgo 1987). Hidalgo (1987) presenta una lista de 34 rasgos que representan las semejanzas entre el español mexicano-americano (también conocido como chicano en el suroeste) y el español mexicano popular. En el Cuadro 3.12 presentamos una selección de estos rasgos con ejemplos tomados de la autora.

**CUADRO 3.13.** Rasgos lingüísticos de variedades rurales latinoamericanas

(Basado en Kany 1951; Lapesa 1986; Lipski 2008)

| Rasgo lingüístico | Ejemplo |
|---|---|
| *Rasgos fonéticos* | |
| aspiración de la /f/ latina | *harto* > [hár.to], *humo* > [hú.mo] |
| omisión de /d/ en *-ado/a* | *cansado* > *cansao*, *lado* > *lao*, *nada* > *náa*, *ná* |
| /g/ delante de semivocal alta | *bueno* > *güeno*, *vuelta* > *guelta*, *abuelo* > *agüelo* |
| aféresis | *está* > *stá*, *tá*, *entonces* > *tonces* |
| /f/ > [x] (que se debilita a [h]) | *fue* > [x]*ue* > [h]*ue*, *fuiste* > [x]*uistes* > [h]*uistes* |
| reducción segmental | *Mi hija* > *mija*, *dónde está* > *ontá* |
| hiato > diptongo | *pasear* > *pasiar*, *poema* > *puema*, *peor* > *pior*, *ahora* > *áura* |
| omisión de /d/ a final de palabra | *bondad* > *bondá*, *pared* > *paré* |
| cambio acentual | *país* > *páis*, *ahora* > *áura*, *traido* > *tráido*, *oido* > *óido* |
| *Rasgos morfosintácticos* | |
| regularización de formas pretéritas | *dijeron* > *dijieron*, *contaron* > *cuentaron*, *perdimos* > *pierdimos* |
| prep. + pronombre sujeto | *Se rieron de yo, el regalo es para yo* |
| pluralización de impersonales pasados | *Hubieron muchas personas.* |

Al comparar los rasgos recogidos por Hidalgo en el Cuadro 3.12 con aquellos de las variedades rurales latinoamericanas presentadas en el Cuadro 3.13, notamos que hay coincidencia en una serie de rasgos. Esto se debe a que la población latina original en el suroeste ha sido primordialmente rural en su historia. Es la inmigración del siglo xx (especialmente de la segunda mitad) la que ha sido más diversa. Sin embargo, como vimos, un gran porcentaje de los inmigrantes latinoamericanos también vienen de regiones rurales de Latinoamérica, especialmente aquellos que vienen de México y Centroamérica. Por lo tanto, no debe extrañar esta semejanza.

El lector notará que estos rasgos lingüísticos también se encuentran en variedades socio-lectales de grupos más populares o clases bajas urbanas latinoamericanas. La variación de una lengua, entonces, no es solo regional o dialectal, como hemos presentado hasta ahora, sino también social (véase el Capítulo 10).

## EJERCICIO 3.11:

Empareja el fenómeno lingüístico del dialecto mexicano (1–6) con su descripción (a–f).

1. *mismo* como *mesmo*, *traje* como *truje*
2. *entonces* pronunciado casi como *entons*

3. *córrele, ándale*
4. *comamos* pronunciado *cómamos*
5. *fuistes, comistes, bailastes*, etc.
6. *trabajar* pronunciado *trabajash*

a. Clítico con verbos intransitivos
b. Reducción de vocales átonas
c. Regularización verbal
d. Ensordecimiento de /r/ final de sílaba
e. Arcaísmos
f. Cambio acentual

## Dialecto tradicional de Nuevo México

En Nuevo México, se habla una variedad de español que se considera un lecto tradicional del español de los EE.UU. (véase Lipski 2008), porque se ha hablado en la región desde la época colonial. Es decir, es la **versión moderna** del español que trajeron los españoles que se asentaron en la región durante el virreinato de Nueva España. Como hemos visto anteriormente, esta región fue explorada en 1540, pero el primer asentamiento no se creó sino hasta 1598 con la fundación de San Juan de los Caballeros, bajo el liderazgo de Juan de Oñate, al norte de Santa Fe (fundado en 1609; para más información véanse Bills 1997; Bills y Vigil 2008). Albuquerque se fundó un siglo después en 1706.

Esta región se encontraba en la periferia de la colonia española y se mantuvo aislada hasta el siglo xx. Bills y Vigil, de la University of New Mexico, recogieron datos a finales del siglo xx del español hablado en el estado.[2] Encontraron dos variedades de español que corresponden a dos comunidades hispanohablantes en la región: una población que es la descendiente de los primeros colonos de la región y, la otra, una población que es más reciente y producto de la inmigración del siglo xx. Las diferencias entre estas dos variedades llevan a que los autores definan el español tradicional de Nuevo México como el habla de la población descendiente de los colonos del siglo xvii. Este lecto tradicional se habla especialmente en el (centro-)norte del estado de Nuevo México y el sur de Colorado. Las diferencias entre las dos variedades se dan especialmente en el nivel léxico. En el Cuadro 3.14 presentamos algunos de los ejemplos que Bills y Vigil encuentran en su estudio.

### EJERCICIO 3.12:

Mira el documental *Mapa del corazón* de Bills y Vigil y responde a las siguientes preguntas.

1. ¿Por qué consideran los estudiosos que es importante recoger los datos del español de cualquier variedad, pero sobre todo del de Nuevo México?
2. ¿Qué tipos de variación lingüística quieren recoger?
3. ¿Qué instrumentos de investigación emplean para recoger los datos lingüísticos? ¿Cómo recogen los datos?
4. ¿Por qué llaman "consultantes" a las personas que entrevistan?

---

[2] Una introducción al tema se puede ver en el DVD titulado *Mapa del corazón / Map of the heart*, de 30 minutos de duración, producido por el canal KNME TV-5 para la Office of Research Administration de la University of New Mexico, en el 1995.

**CUADRO 3.14.** Contraste lexical de las dos variedades de Nuevo México

(Basado en datos presentados en Bills 1997)

| Léxico | Nuevo México, tradicional | Nuevo México, siglo xx |
|---|---|---|
| "peas" | *alverjón* | *chícharo* |
| "man's socks" | *medias* | *calcetines* |
| "dress" | *túnica* | *vestido* |
| "apricot" | *albaricoque/albercoque* | *chabacano/chabacán* |
| "purse" | *maleta* | *bolsa* |
| "turkey" | *gallina de la tierra, ganso, torque* | *guajolote* |
| "skirt" | *enagua, nagua* | *falda* |
| "popcorn" | *rositas (rosetas) de maíz* | *palomas (palomitas) de maíz* |

5. ¿Quiénes son los entrevistadores? ¿Puede ser cualquier persona?
6. ¿Por qué hablan los consultores de forma diferente en cada región que estudian Bills y Vigil, si bien los lugares no están tan distantes?
7. Anota dos ejemplos de características lingüísticas del español nuevomexicano que escuchaste en el video.

A través del estudio lexical, los autores también encuentran algunos rasgos fonéticos propios que distinguen al lecto tradicional de Nuevo México. Sin embargo, nótese en el Cuadro 3.15 que los tres últimos rasgos son compartidos.

Los estudiosos encuentran que mientras en la población más reciente la /s/ se mantiene (*casas* > [ká.sas]), en el español tradicional de Nuevo México se tiende a la aspiración ([ká.sah]). Un rasgo diferenciador de la variedad tradicional de Nuevo México es la casi vocalización de /r/ delante de otra consonante alveolar (/s, n, l/) que incluso se reduce a una semiconsonante retrofleja (*ma*[ɪ]*zo*) (Bills 1997:168). También hay una /e/ epentética (que se agrega) que aparece después de la sílaba tónica que termina en consonante alveolar (ej. /l, r, s, n/: *ratón* > *ratone*).

Diferente de otras partes de Centroamérica, pero semejante a México central, la velar /x/ se pronuncia como velar fricativa (*mujer*, *gente*) y hay debilitamiento intervocálico de /ǰ/, llegando incluso a la omisión (*gallina* > *gaína*). Algunos rasgos del español antiguo se mantienen, como la aspiración de la /f/ latina (lat. *fumus* >[h]*umo*, lat. *fames* > [h]*ambre*, lat. *fabulare* > [h]*ablar*). De igual manera se encuentra el empleo de la /v/ arcaica (*vivo* [vívo], *evitar* [evitár], *había* < esp. ant. *hauia* [havía], *valor* [valór]) y una /v/ moderna derivada del contacto con el inglés (*recibir* < ing. "receive"; Torres Cacoullos y Ferreira 2000). Se encuentra una elevación vocálica de /e/ a [i] después de /tʃ/, ej. *noche* [nóʃi], *leche* [léʃi]).

En la morfosintaxis hay rasgos que definen el español tradicional de Nuevo México como una variedad con rasgos más antiguos. Varios están relacionados a formas verbales de

**CUADRO 3.15.** Rasgos fonéticos del dialecto de Nuevo México

(Basado en datos presentados en Bills 1997; Lipski 2008)

| | Nuevo México, tradicional | Nuevo México, siglo xx |
|---|---|---|
| /s/ | *semana* > [h]*emana, Susana* > [h]*u*[h]*ana* | [s], *casas* > *casa*[s], [s]*u*[s]*ana* |
| /r/ > [ɹ] | *carne* > *ca*[i]*ne, Carlos* > *Ca*[i]*los* | |
| /e/ epentética | *decir* > *decire, papel* > *papele* | |
| /x/ | *mu*[x]*er* | debilitamiento: *mujer* > *mu*[h]*er* |
| /f/ latina | Lat. *fumus* > [h]*umo* | |
| /v/ arcaico y del inglés | *vivo* [ví.vo], *recibir* [re.si.vír] | |
| /e/ > [i] | *noche* [nóʃi], *leche* [léʃi] | |
| /ʝ/ | *gallina* > *gaína, silla* > *sía* | = *gallina* > *gaína, silla* > *sía* |
| /tʃ/ > [ʃ] | *leche* > *le*[ʃ]*e, ocho* > *o*[ʃ]*o* | = *leche* > *le*[ʃ]*e, ocho* > *o*[ʃ]*o* |
| /ado/ > [ao] | *trabajado* > *trabajao* | = *trabajado* > *trabajao* |

**CUADRO 3.16.** Rasgos morfosintácticos del dialecto de Nuevo México

(Basado en Bills 1997, Lipski 2008)

| | Nuevo México, tradicional |
|---|---|
| *haber,* 1 sg., 1 pl. | *yo ha comido, nosotros hamos comido, haiga* |
| *ver,* 1 sg., 3 sg. pret. | *yo vide* ("veo"), *él vido* ("vio") |
| *ver,* 1 sg. pres. | *veigo* ("veo") |
| *traer,* 3 sg. pret. | *trujo* ("trajo") |
| *ser,* 1 sg., 1 pl. | *seigo* ("soy"), *semos* ("somos") |
| *poco* + N | *tengo poco hambre, necesito poco dinero* |

primera y tercera persona en verbos como *haber* (*ha, hamos*), *ver* (*veigo*), *traer* (*trujo*) y *ser* (*seigo, semos*) (véase el Cuadro 3.16). Algunos de estos usos verbales también se encuentran en variedades rurales latinoamericanas, como vimos anteriormente.

En la región de Nuevo México y el sur de Colorado, se encuentran además otras expresiones que en la literatura también se consideran "arcaísmos" pues se usaban en el español que trajeron los españoles en la época colonial. Algunos ejemplos, además de *trujo* ("trajo"), son *mesmo* ("mismo"), *asina* ("así"), *agora* ("ahora"), *caiba* ("caía"), *haiga* ("haya"), *naiden* ("nadie"), *muncho* ("mucho"), *endenantes* ("antes").

## EJERCICIO 3.13:

Bills y Vigil (2008; Bills 1997) consideran que la herencia cultural de cuatro siglos que representa el dialecto tradicional de Nuevo México se va a perder debido a mitos que afectan su vitalidad. Los mitos a los que se refieren los autores son:

1. El inglés es bueno y el español no es tan bueno.
2. El español estándar es bueno y nuestro español no es bueno.
3. El dialecto de Nuevo México es el español del siglo XVI, el español de Cervantes.
4. Como Nuevo México es oficialmente un estado bilingüe, el español no se perderá pues está protegido.
5. Como hace siglos que existe el español de Nuevo México, no se va a perder.

Formen grupos y respondan a esta pregunta: ¿por qué dicen los autores que estos mitos devalúan el español y lo limitan a ser usado solo dentro de la familia o en un espacio reducido y delimitado, dando como consecuencia la pérdida de su vitalidad lingüística?

## El isleño

En la región del centro sur, se encuentra la región en la que emergió la segunda variedad tradicional de los EE.UU., el isleño (cf. Lipski 2008). Esta variedad emergió del español hablado por los descendientes de los aproximadamente 2,000 colonos españoles oriundos de las Islas Canarias que llegaron al sur de Luisiana a finales del siglo XVIII, entre 1778 y 1783. El isleño se hablaba en la región perteneciente a la Parroquia de San Bernardo en el sur de Luisiana.

## EJERCICIO 3.14:

Busca por Internet más información sobre los isleños y comparte la información con la clase.

Ya no existen hablantes de esta variedad (Lipski 1990), pero los residentes de esta región mantienen su identidad isleña con actividades conectadas a su cultura, al mar y a la pesca, así como al canto de *décimas*, en las que se emplea la variedad isleña. Estas canciones de diez estanzas eran tradicionales en España desde el siglo XVI; por ellas se mantiene el uso de la lengua en la tradición cultural de la región en Luisiana. Las *décimas* cantadas por Irván Pérez (1923–2008) todavía se repiten con el objeto de mantener la tradición del isleño, gracias a los esfuerzos de la *Louisiana Folklore Society* y del *Los Isleños Historical and Cultural Society Museum*. Semejante al español de Nuevo México, el isleño emplea léxico que hoy se considera arcaico en el mundo hispánico, como *dir* ("ir"), *vide* ("vi"), *truje* ("traje"), *abiera* ("hubiera"), *asina* ("así"), *nadien* ("nadie"), *probe* ("pobre"), *endenantes* ("antes").

Los rasgos fonéticos del isleño se describen en el Cuadro 3.17 e incluyen (1) la omisión esporádica de /b, d, g/ entre vocales (*todito > toíto*), (2) la alternancia entre [b] y [v] en palabras escritas con las grafías <b> y <v> (*vida, bebe*), (3) la subida de las vocales medias en posición final átona (*leche > lechi, mano > manu*), (4) la aspiración u omisión de la /s/ en posición de coda (*niños > niño*[h]), (5) la alternancia u omisión de la /l/ y /r/, ej. *colgar > corgá*, semejante al español andaluz. La /n/ ante pausa, sin embargo, no se velariza; se mantiene alveolar. Nótese que cuatro de estos rasgos se encuentran también en las variedades canarias modernas.

**CUADRO 3.17.** Rasgos fonéticos del isleño y del canario moderno (España)

(Basado en Lipski 2008)

| Rasgos | Ejemplo | Isleño | Canario |
|---|---|---|---|
| omisión de /b, d, g/ intervocálica | *nada > náa, todito > toíto* | + | + |
| alternancia /b/ y /v/ | *vida, bebe* | + | |
| /e/ > [i], /o/ > [u] | *noche > nochi, gato > gatu* | + | |
| /s/ > [h] | *casas > casa[h]* | + | + |
| /r/ y /l/ | *puerta > puelta, colgar > corgá* | + | + |
| /n/ | *pa[n]* | + | + |

**CUADRO 3.18.** Rasgos morfosintácticos del isleño

(Basado en Lipski 2008)

| Rasgos | Ejemplo |
|---|---|
| *nos > los* | *nos encontramos > los encontramos* |
| *-mos > -nos* | *vayamos > váyanos* |
| género femenino | *la calor, la mar, la color, la azúcara* |
| pron. suj. + V en interrogativas | *¿qué tú quieres?* |
| pron. suj. + V en infinitivo | *para yo venir mañana* |

Los rasgos morfológicos (Cuadro 3.18) incluyen: (1) el pronombre *los* para la primera persona del plural (*nos vamos > los vamos*), (2) la terminación *-nos* por *-mos* en verbos conjugados en primera persona del plural (*fuéramos > fuéranos, estábamos > estábanos*), (3) la preferencia del género femenino para palabras que en Latinoamérica tienden a usar el masculino (*la calor, la mar, la color, la azúcara*), (4) el uso del pronombre sujeto antes del verbo en preguntas, semejante al que se encuentra en la variedad caribeña (*¿Cómo tú dices …?*) y (5) el empleo del verbo en infinitivo en subordinadas finales con *para* (*para un niño nacé(r)*).

## EJERCICIO 3.15:

Formen grupos y estudien este extracto de una décima de Irván Pérez, famoso poeta y trovador de la región donde se hablaba el isleño. Busquen los rasgos lingüísticos propios del isleño que se describen arriba y luego comparen sus resultados en clase.

*La vida de un jaibero*[3] (extracto traducido por las autoras)

| | |
|---|---|
| Yo me arrimé a la costa | *I went up close to shore,* |
| buscándome el abriguito | *Just looking for shelter.* |
| Sintí una voz que decía | *I heard a voice that was saying:* |
| "y aquí estoy yo yeladito." | *"Here I am all frozen."* |
| Era un probe jaibero | *It was a poor crab fisherman,* |
| pescando en el mes de febrero | *Fishing in the month of February.* |
| y salió calando | *And he was laying out his lines,* |
| derecho p'al otro lao | *Straight across to the other side.* |
| y se oncontró otros jaiberos | *And there he found another fisherman,* |
| otro probe desgraciao | *Another poor unfortunate one.* |
| entonces dice el jaibero | *The poor crabber says to himself:* |
| "¡maldita sea el mes de febrero!" | *"Damned be the month of February!"* |

## 3.3 Conclusión

Las variedades de español que existen en los EE.UU. incluyen los dialectos tradicionales del suroeste y de Luisiana de los descendientes de las poblaciones llegadas durante el virreinato de Nueva España: el español de Nuevo México y el isleño (siguiendo a Lipski 2008). Siguen los dialectos referenciales de los inmigrantes que llegaron a los EE.UU. después del 2000 (Otheguy y Zentella 2012). Las otras variedades de español habladas por los inmigrantes que llegaron al país en el siglo xx antes del año 2000 y sus descendientes caen bajo las variedades de español de contacto (que se presentan en el Capítulo 5). El énfasis en las regiones sociolingüísticas (Capítulo 2) que definen al país en el siglo xxi nos obliga a pensar en las dinámicas lingüísticas entre las diferentes variedades de español, especialmente en las ciudades, como importantes en el periodo de formación de variedades de español de los Estados Unidos (ej. Otheguy y Zentella 2012). Pasamos ahora a describir las diferentes experiencias con el español que tienen los hablantes latinos en los EE.UU.

### Conceptos claves
Busca en el texto las definiciones de estos conceptos y compara con tus compañeros.

Dialectos referenciales
Los cuatro dialectos generales latinoamericanos
Características fonéticas, morfosintácticas y léxicas
El español nuevomexicano
El español isleño

---

[3] *jaibero* = "pescador de cangrejos." Se puede escuchar la voz de Irván Pérez cantando la décima completa en npr.org/templates/story/story.php?storyId=5041976 o en www.louisianafolklife.org/LT/Articles_Essays/islenos.html

# 4 La adquisición del español como lengua minoritaria

Varios rasgos del español hablado en los EE.UU. lo distinguen del español hablado en otros países. Este capítulo se centra en las estructuras del español que adquieren los hablantes de español criados en los EE.UU. Comúnmente, se hace referencia a estos bilingües como **hablantes de herencia** del español, término cuya definición más citada viene de Guadalupe Valdés (2000):

> The term *heritage speaker* is used to refer to an individual who is raised in a home where a non-English language is spoken, who speaks or merely understands the heritage language, and who is to some degree bilingual in English and the heritage language.

Se incluye en este grupo a los individuos que pertenecen a la G2, G3 o más. También están incluidos los llamados G1.5 que llegaron a los EE.UU. entre los seis y 12 años de edad (véase el Capítulo 2). Nótese que en la definición de Valdés, con la que estamos de acuerdo, todos los hablantes de herencia saben al menos algo de español y también del inglés. Es decir, tienen algo de proficiencia en el español,[1] aunque el nivel puede variar mucho. Aparte del grado de proficiencia en las dos lenguas, otros factores que varían entre los hablantes de herencia son el dialecto de español de su familia (véase el Capítulo 3), el uso de los dos idiomas en la vida cotidiana (Capítulo 2), el nivel de escolarización recibido en español y en inglés (Capítulo 8) y la edad de adquisición del inglés (este capítulo). Empezamos con una exploración de los diferentes patrones de adquisición bilingüe, para después pasar a describir varias partes del sistema lingüístico del español de los hispanohablantes de herencia.

## 4.1 Factores en la adquisición de una lengua minoritaria

Se estima que más del 50 por ciento de las personas en el mundo son bi- o multilingües (Grosjean 2010), pero hay diferentes maneras en las cuales una persona puede llegar a ser bilingüe o multilingüe. En esta sección, exploramos el papel de la edad, los patrones del

---

[1] Esta se conoce como la definición "estrecha" ("*narrow*"). También existe la definición "amplia" ("*broad*") de los hablantes de herencia, que incluye a los que no tienen nada de proficiencia en la lengua; lingüísticamente, pueden ser indistinguibles de los estudiantes L2, pero tienen una "motivación de herencia" (van Deusen-Scholl, 2003). Nosotros usamos la definición estrecha porque va ceñida a un desarrollo lingüístico tangible.

*input* lingüístico, la concentración local de hablantes en la lengua y el orden de nacimiento, como factores relevantes.

## 4.1.1. La edad

Un factor que influye de manera importante en el sistema lingüístico de un hablante bilingüe es la edad de adquisición de sus lenguas. Los investigadores emplean el símbolo ";" para referirse a la edad de un niño: el número que aparece antes hace referencia a los años de edad completados y el número que sigue hace referencia a los meses de edad. Entonces "3;2" se refiere a un niño de tres años y dos meses de edad.

Los dos patrones generales bajo el cual se adquieren dos lenguas son la adquisición simultánea y la adquisición secuencial. La adquisición simultánea, como lo indica el nombre, trata de un niño que recibe *input* (la lengua que escucha o que lee una persona) en sus dos lenguas desde que nace, es decir, desde los 0;0 años. Esto también se conoce como la **adquisición bilingüe** (o de las dos lenguas) **como primera lengua** (**2L1**; en inglés "*bilingual first language acquisition*"). De Houwer (2009) enfatiza que para que se pueda considerar la adquisición de una persona como bilingüe, 2L1, el *input* en los dos idiomas tiene que empezar desde el momento de nacer.[2] Entonces, en casos de 2L1, los niños tienen dos "primeras lenguas" sin ninguna diferencia cronológica en la adquisición de cada lengua. Sin embargo, esto no siempre significa que a lo largo de su vida hablarán las dos lenguas de manera igual. Todo dependerá del patrón de uso de cada lengua en su vida diaria. Es muy común que una de las lenguas se desarrolle más que la otra, debido a la función social que tiene cada lengua en la comunidad en la que vive la persona. Por ejemplo, es probable que la lengua oficial y/o mayoritaria se emplee más que la lengua minoritaria, por el solo hecho que la oficial se emplea en más dominios sociales que la minoritaria (véase el Capítulo 2). Como veremos más adelante, hay niños 2L1 que solo entienden una de sus dos lenguas, sin poderla producir; es decir, tienen un conocimiento únicamente **receptivo** de una de sus lenguas.[3] En todo caso, cada idioma se desarrolla de manera independiente y los niños 2L1 progresan por las mismas etapas de adquisición que los niños monolingües (de cada lengua), aunque las dos lenguas puedan influenciarse mutuamente.

La adquisición secuencial trata de una situación en la cual una de las dos lenguas se empieza a adquirir posteriormente a la otra. Se han definido diferentes tipos de adquisición secuencial basados en las edades precisas en las que se adquirió la segunda lengua. La **adquisición temprana de una segunda lengua** (**L2-temprana**, en inglés "*early second language acquisition*") es el término que describe a un niño que empieza a aprender una segunda lengua entre los 1;5 y los 4;0 años. En nuestro caso, los niños L2-temprana

---

[2] Por lo menos un estudio (Mampel et al. 2009) encontró que los bebés nacen con patrones de entonación de la lengua que escuchan mientras están en el útero: el llanto de los niños franceses se "oía" como el francés, y el llanto de los niños alemanes se oía más como el alemán. Entonces es posible que la influencia lingüística empiece incluso aun antes de nacer.

[3] Algunos los llaman "niños escuchadores" ("*overhearers*") para enfatizar que el escuchar y entender una lengua son procesos activos; no son para nada actividades "pasivas."

escuchan solamente español desde que nacen en su casa, pero entre los 1;5 y 4;0 años empiezan a aprender el inglés, quizás debido a que empiezan a asistir a una guardería.

El término **adquisición tardía de una segunda lengua** (**L2-tardía**; "*late second language acquisition*") se refiere a los niños que empiezan a aprender una segunda lengua después de los 4;0 años de edad.[4] Para nuestros fines, este término describe al niño que se crió de manera monolingüe en español hasta los cuatro años de edad. Después de cumplir los cuatro años de edad, empieza a aprender el inglés.[5] Muchos hablantes de herencia de español de la segunda generación (G2) en los EE.UU. tienen este perfil: sus padres inmigraron de adultos a los EE.UU., ellos mismos nacieron en los EE.UU. (o inmigraron antes de los cinco años de edad), hablaban solamente el español en la casa y solo empezaron a adquirir el inglés una vez que entraron a la escuela, es decir, después de los cinco años de edad. Un estudio reciente (Carreira y Kagan 2011) encuestaron a casi 400 hablantes de español en los EE.UU., la gran mayoría de California. Encontraron que el 75 por ciento de ellos habían nacido en los EE.UU., y de ellos, el 78 por ciento había hablado solo español hasta los 5;0 años—es decir, solo comenzaron a aprender el inglés al entrar a la escuela. En otro estudio en Chicago con 408 hispanos que habían nacido en Chicago, Potowski (2004) encontró que solo el 28 por ciento reportaba ser monolingüe en español hasta la edad de 5;0 años. Es decir, la variación en la primera exposición al inglés no solo se da entre hablantes de herencia, pero también entre comunidades hispanohablantes.

## EJERCICIO 4.1:

Si todos los demás factores fueran iguales, ¿cuál de los individuos bilingües en los EE.UU. descritos en el Cuadro 4.1 tendría un español más "fuerte," y por qué?

**CUADRO 4.1.** Descripciones de individuos bilingües en los EE.UU.

| Grupo | Definición | Postulo que tendrán un español . . . |
|---|---|---|
| Los 2L1 | Empezaron a adquirir el español y el inglés desde que nacieron | |
| Los L2-temprana | Empezaron a adquirir el español desde que nacieron y el inglés entre los 1;5 y los 4;0 años | |
| Los L2-tardía | Empezaron a adquirir el español desde que nacieron y el inglés después de los 4;0 años | |

Hay una fuerte correlación entre la edad a la que se empieza a aprender una lengua mayoritaria (en nuestro caso, el inglés en los EE.UU.) y la proficiencia de la primera lengua (L1) en la lengua minoritaria (el español en nuestro caso). Esta diferencia se debe a que las

---

[4] De momento, no se ha propuesto un término para los contextos en los cuales el niño empieza a adquirir su segunda lengua entre los 0;0 y los 1;5 años de edad, por lo que actualmente caerían bajo la clasificación de 2L1.

[5] Veremos en el Capítulo 8 que también hay niños no-latinos quienes empiezan a estudiar el español a los cuatro años de edad en las escuelas de inmersión. Estos son también casos de L2-tardía.

lenguas minoritarias, por su reducido estatus sociopolítico en el país, se usan en muchos menos contextos que la lengua mayoritaria. Como consecuencia, los niños tienen menos posibilidades de desarrollar el sistema lingüístico de su lengua minoritaria. Por lo tanto, en los EE.UU., un niño de nueve años que escuchó y habló solo el español durante los primeros años de su vida típicamente tendrá un sistema del español *más fuerte* que el niño que estuvo expuesto al español y al inglés desde su nacimiento o entre los 1;5 y los 4;0 años.

Hay por lo menos tres estudios que subrayan esta correlación. Anderson (1999; 2001) grabó a dos niñas que habían inmigrado a los EE.UU. desde Puerto Rico a las edades de 3;6 y 1;6. Las grabó en el momento de llegada y dos años después. En las primeras grabaciones, las niñas produjeron poquísimos errores en la concordancia de género (por ejemplo, "*las bufandas blancos" en lugar de *blancas*; el asterisco indica una forma que no produciría la mayoría de los hablantes monolingües de lectos referenciales); la niña mayor no cometió ningún error de este tipo y la pequeña solo un 8 por ciento. Dos años después, los errores subieron a 5 por ciento en la niña mayor y a 15 por ciento en la menor. En la concordancia verbal entre el sujeto y el verbo (sobresalientes en errores como "*yo va a cocinar") y también en el uso del indicativo en lugar del subjuntivo, las niñas produjeron 2 y 5 por ciento, respectivamente, cuando recién habían llegado a los EE.UU., pero dos años después, el porcentaje subió a 4 por ciento en la mayor y a 14 por ciento en la menor. Se ve claramente que la niña que había llegado de edad más joven desde Puerto Rico había perdido de manera más significativa estos rasgos de su español.

En el segundo estudio, Montrul (2002) encontró que un grupo de adultos que de niños habían empezado a aprender el inglés antes de los 7;0 años no empleaban ciertas marcas gramaticales de tiempo y aspecto del español en su habla, lo que lleva a la autora a decir que hay *huecos* o *lagunas* en el sistema verbal de estos adultos. Los niños que empezaron a aprender el inglés después de los 8;0 y 12;0 años, en cambio, se comportaron lingüística-mente como los hablantes monolingües de español del estudio.[6] En un estudio posterior, Montrul y Potowski (2007) compararon la concordancia de género y número en dos grupos de niños (casi todos de origen mexicano): 22 eran L2-tardía con el español primero y el inglés después, y 16 eran 2L1 en español y en inglés. En una actividad, se les mostró dibujos de animales a los niños y se les pidió que describieran lo que veían: ranas verdes, caballos negros, peces azules, etc. Entre los niños de seis a ocho años de edad, los L2-tardía mostraron menos errores en la concordancia de género femenino—produciendo, por ejemplo "*abejas amarillas*"—mientras que los 2L1 tenían más errores tipo "*abejas amar-illos*" (Figura 4.1).

Aunque algunos investigadores aplican el término "tardía" a toda adquisición iniciada después de los 4;0 años, convendría otro término para distinguir más detalladamente entre la adquisición que comienza antes vs. la que comienza después de los nueve a 12 años. Una joven que inmigra de México a los EE.UU. a los seis años, por ejemplo, probablemente desarrollará un sistema lingüístico en español (y en inglés) bastante diferente al de su hermana que llega a los 11 años. De hecho, se ha propuesto que a partir de la edad de

---

[6] Con respecto al inglés de estos últimos niños, se podría postular que no sería como el de niños monolingües, por lo mismo que empezaron a aprenderlo más tarde.

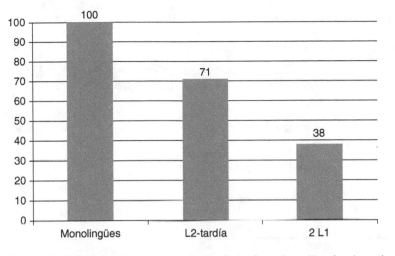

**Figura 4.1.** Concordancia entre sustantivo y adjetivo femenino, niños de seis a ocho años de edad (Montrul y Potowski 2007)

nueve a diez años, es muy probable que una persona que inmigra a otro país no pueda adquirir todas las estructuras de una segunda lengua (L2). Es más probable que hasta los nueve años se pueda adquirir el sistema de la L2 completamente. También se ha propuesto que como el uso de la primera lengua disminuye en estos inmigrantes en el nuevo contexto bilingüe, algo se "pierde" de la primera lengua (L1) (Montrul 2008). Por lo tanto, en los casos de inmigración antes de los nueve años, es más probable que más aspectos de la L1 se vean afectados que después de esta edad. Estos años de nueve a 12, que se conocen como el **periodo crítico**, marcan un momento importante en la adquisición de las lenguas. Por ejemplo, en la perspectiva generativa, se considera que a esta edad, que típicamente coincide con los años en los que se da la pubertad, los seres humanos no parecen tener ya acceso a la "fijación de parámetros" guiados por la Gramática Universal (Bley-Vroman 1990) o, si los parámetros se fijaron, lo hicieron de una manera diferente de los niños monolingües (Montrul 2008:104).[7]

Para incorporar estas diferencias en los patrones de adquisición, proponemos la nomenclatura del Cuadro 4.2.

## EJERCICIO 4.2:

Piensa en dos hermanos que inmigran a los EE.UU. desde Guatemala: Carlos llega a los cinco años y su hermana Yesenia a los diez años. Siguiendo lo visto hasta ahora, ¿quién tendría un español más fuerte después de diez años en los EE.UU.? Y ¿cómo sería el inglés de cada uno? Piensa en los diferentes componentes del sistema lingüístico (la fonología, la morfosintaxis, la pragmática): ¿crees que se verían afectados todos estos componentes de la lengua de manera diferente? Por ejemplo, ¿quién podría tener un acento extranjero más fuerte al hablar inglés?

---

[7] Las posibles diferencias entre la adquisición de la L1 por niños, la adquisición de una L2 por niños y la adquisición de una L2 por adultos se siguen debatiendo en las diferentes perspectivas teóricas.

**CUADRO 4.2.** Patrones de adquisición de L2 en niños

| Nomenclatura | Siglas | Descripción | Ejemplos |
|---|---|---|---|
| Adquisición bilingüe como L1 | 2L1 | El niño escucha las dos lenguas en el hogar desde que nace (0;0 años) | de Houwer 2009 |
| Adquisición L2 temprana | L2-temprana | El niño empieza a aprender L2 entre los 1;5 y los 4;0 años. | Anderson 1999, 2001 |
| Adquisición L2 mediana | L2-mediana | El niño empieza a aprender L2 entre los 4;0 y 9;0 años. | Montrul 2002, Silva-Corvalán 2003 |
| Adquisición L2 tardía | L2-tardía | El niño empieza a aprender L2 después de los 9;0 años. | Montrul 2002 |

## 4.1.2 El *input*

Además de la edad en la que comienza la adquisición de las dos lenguas, hay que considerar los patrones de uso lingüísticos que emplean las personas con las que convive el niño. Nos enfocaremos principalmente en los padres, porque suelen ser los individuos que proveen más *input* lingüístico al niño (aunque otros miembros de la familia pueden ejercer gran influencia lingüística también—sobre todo los abuelos, si viven en la casa con el niño). En las familias donde hay dos padres, de Houwer (2009) describe tres patrones principales de uso lingüístico familiar, que se demuestran en el Cuadro 4.3. La segunda columna describe el contexto familiar y la tercera lo explica. La última columna del cuadro, "Resultados, niños," presenta el porcentaje de niños que llegaron a ser bilingües en cada tipo de contexto familiar, según los datos de dos estudios hechos en Flandes (de Houwer 2007) y en Japón (Yamamoto 2001). Los casos más exitosos están en negritas; nótese que en todos estos casos, los padres querían crear un contexto bilingüe en el hogar.

### EJERCICIO 4.3:

Lee las descripciones siguientes de tres jóvenes en los EE.UU. y decide:
1. Si son casos de 2L1, L2-temprana, L2-mediana o L2-tardía
2. Si son 1P/1L, 1P/2L, o 1P/1L & 1P/2L.
3. Describe tu propio caso para comparar.
   a. **Araceli**: Desde que nació, sus padres le hablaron únicamente en español—los dos son casi monolingües en esa lengua. Empezó a aprender el inglés cuando llegó a la escuela "preescolar" a la edad de tres años.
   b. **Salvador**: Desde que nació, su papá le habla en inglés y su mamá le habla en español.
   c. **Sonia**: Desde que nació, su mamá le habla en español y su papá le habla en español y en inglés.
   d. **Yo**:

Los resultados en el Cuadro 4.3 parecen sugerir que para que un niño desarrolle habilidades productivas en sus dos lenguas, el patrón más exitoso es el de 1P/2L—es decir, cuando cada padre le habla en las dos lenguas al niño. Varios estudios indican que si solo uno de los padres provee *input* en la lengua minoritaria, sin la presencia de otras personas en el hogar

**CUADRO 4.3.** Tres patrones principales de uso lingüístico familiar

(Basado en de Houwer 2007 y Yamamoto 2001)

| Código | Tipo de contexto familiar | Descripción, uso de lengua con el niño | Resultados, niños | | |
|---|---|---|---|---|---|
| | | | | Hablan dos lenguas | Hablan solo la lengua mayoritaria |
| 1P/1L | "Un padre, una lengua" | Cada padre le habla solo una lengua. | de Houwer $n=198$ | 74% | 26% |
| | | | Yamamoto $n=46$ | 83% | 17% |
| 1P/2L | "Un padre, dos lenguas" | Los dos padres le hablan en las dos lenguas. | de Houwer $n=562$ | **79%** | 21% |
| | | | Yamamoto $n=54$ | **93%** | 7% |
| 1P/1L & 1P/2L | "Un padre, una lengua y un padre, dos lenguas" | Un padre le habla en una sola lengua y el otro padre le habla en las dos lenguas. | de Houwer $n=596$ | 59% | 41% |
| | | | Yamamoto $n=88$ | 88% | 12% |

con quienes puede hablar esa lengua, esto *no es suficiente* para que el niño desarrolle proficiencia en esa lengua (Kravin 1992). También se ha sugerido que si solo uno de los padres habla la lengua minoritaria, por ejemplo si es la mamá (en lugar del papá) quien lo hace, el desarrollo lingüístico será mejor en esa lengua (Kamada 1997; Okita 2001). Además, hay que reconocer que muchos padres realmente no usan cierta lengua con la frecuencia que creen usarla (de Houwer 2007; Kasuya 1998) y que muchos jóvenes están atentos a qué lengua tiene mayor prestigio en la sociedad que los rodea, y, al no querer verse "diferentes," tienden a rechazar el uso de la lengua minoritaria. En otros casos, son los padres los que no quieren que el niño emplee la lengua minoritaria, aunque la escuche en casa, creyendo que así el niño tendrá mejores oportunidades en la sociedad (pero veremos en el Capítulo 8 que esta perspectiva no la apoyan los datos).

Todavía no se han publicado estudios en los EE.UU. que miren a los patrones de uso de los padres y el resultante bilingüismo de los hijos como los del Cuadro 4.3; solo se han publicado un par de estudios de caso cualitativos (cf. Hurtado y Vega 2004; Velázquez 2009). Esta es una área que merece más estudio para que se pueda entender el mantenimiento del español en los EE.UU.

## EJERCICIO 4.4:

¿Conoces a alguien que de niño rechaza/rechazaba hablar en español? ¿Por qué? ¿Qué hacen/hacían sus padres al respecto?

### 4.1.3  Concentración local

Un factor importante en el desarrollo de una lengua minoritaria como lo es el español en los EE.UU. es la concentración local de hablantes de esa lengua (Portes y Rumbaut 2006). Por ejemplo, Alba et al. (2002) encontraron que un niño cubano G3 que vive en Miami, donde la población local de hispanohablantes ronda por el 70 por ciento, resulta ser 20 veces más probable de desarrollar habilidades en español que un niño parecido que vive en una zona con tan solo un 5 por ciento de hispanohablantes. Un efecto parecido (si bien un poco menor) se observó para los mexicanos.

### 4.1.4  El orden de nacimiento

Por último, consideramos el orden de nacimiento de los individuos de la G2. Se ha encontrado que este factor tiene impacto en la cantidad de *input* en español que recibe el individuo en su familia nuclear. Por ejemplo, pensemos en dos papás que inmigraron de adultos; es decir, son G1, y sus hijos son G2. Generalmente, los hermanos mayores tienden a desarrollar un mejor dominio del español que los hermanos menores. Esto se debe a que generalmente los papás son monolingües en español y solo le hablan en esta lengua al primer hijo (o hija). Cuando el niño empieza la escuela, es común que no sepa mucho inglés. Poco a poco lo va aprendiendo y lo va introduciendo en la casa—sobre todo con sus hermanos menores, quienes entonces lo empiezan a aprender a una edad más temprana que su hermano mayor. Si no lo hablan ya, los papás también lo empiezan a adquirir con el tiempo.

**EJERCICIO 4.5:**

Otros criterios empleados en algunos estudios incluyen las cuestiones de que si el individuo:
- Asistió a un programa de educación bilingüe
- Tenía a sus abuelos o tíos de la G1 viviendo en la casa
- Viajaba regularmente al país ancestral de la familia
- Vivía en una vecindad con alta concentración hispanohablante

En grupos, discutan uno de estos criterios (u otros que consideren relevantes) y presenten a la clase cómo puede tener consecuencias para la adquisición del español.

## 4.2  Adquisición "incompleta" y erosión gramatical

Todos los niños monolingües reciben suficiente *input* en su idioma para lograr la competencia lingüística necesaria de un hablante nativo en esa lengua, y todos los niños pasan por las mismas etapas de desarrollo de la adquisición lingüística. Por ejemplo, en la adquisición de las categorías gramaticales del verbo, los niños hispanohablantes monolingües adquieren primero la concordancia verbal entre la persona y número del sujeto y el verbo (*yo* + *bailo*, *ellos* + *bailan*, etc.) y después el aspecto verbal (*bailó* vs. *bailaba*). Ciertas estructuras sintácticas se adquieren mucho más tarde, como algunas que requieren el subjuntivo (*Quizás venga* vs. *Quizás viene*). Todos estos conocimientos gramaticales que adquiere el niño en su vida diaria son reforzados en la escuela a través de actividades de lectoescritura.

En cambio, muchos niños bilingües en los EE.UU., debido a una temprana exposición al inglés, no solo reciben un *input* relativamente reducido (en cantidad y en variación de registros) en la lengua minoritaria, sino que tampoco reciben escolarización en ella. Como consecuencia, su desarrollo en la lengua minoritaria puede ser *más débil* que en la lengua mayoritaria. Algunos se refieren a este proceso de adquisición como la **adquisición incompleta** de la lengua, porque el niño no llega a adquirir las mismas estructuras (o las reglas gramaticales subyacentes) que sus compañeros monolingües. Silva-Corvalán (2003:21) explica que se debe a la relativa falta de *input*:

> Los niños adquieren en el hogar las formas que se usan con mayor frecuencia. Si el proceso de adquisición del español se interrumpe entre los cinco y los seis años, al iniciarse la escolarización en inglés, los niños no tendrán la oportunidad de adquirir, entre otros, los tiempos verbales del modo subjuntivo, poco frecuentes en los temas de conversación dirigidos a ellos, ni una gama más completa de semiauxiliares, ni los usos más abstractos (menos "concretizantes") de la cópula "ser." Así pues, el resultado sería el sistema más reducido que caracteriza a los adultos bilingües de los grupos 2 y 3 [segunda y tercera generación].

Veremos ejemplos concretos del sistema gramatical más adelante. Otro fenómeno diferente, llamado la **erosión** de la lengua ("*attrition*"), se refiere al proceso en el que el niño sí adquirió la estructura y/o las reglas gramaticales subyacentes de la lengua, pero más tarde en su vida—y, otra vez, se cree debido a la falta de *input* y de uso de la lengua—*perdió* o *se desactivó* dicha estructura y reglas. Como ya mencionamos, cuanto más temprano sea el inicio del bilingüismo con una lengua minoritaria, menos "completo" puede llegar a ser el sistema de la lengua minoritaria (ya porque no se adquirió todo, ya porque se erosionó en parte).

¿Cómo se puede distinguir entre la adquisición "incompleta" y la erosión? La única manera de hacerlo de manera confiable es a través de un estudio longitudinal. Para comprobar la erosión, hay que demostrar que el niño ya había adquirido cierta forma para la edad "*x*" pero que ya no forma parte de su sistema a una edad posterior "*x*+1." Este proceso de erosión está ejemplificado en el estudio longitudinal (de dos años de duración) que hizo Anderson (2001), mencionado antes, con dos niñas que habían inmigrado desde Puerto Rico. Ellas marcaban el género en los adjetivos y el número y el modo en los verbos cuando recién habían llegado, pero menos con el paso del tiempo. Otro estudio longitudinal que también sugiere erosión lingüística es el de Silva-Corvalán y Sánchez-Walker (2007). Notaron que dos niños usaban el presente del subjuntivo y el imperativo a la edad de 3;0–3;3 años pero que ya no usaban estas formas para los 5;6 años.[8] Para resumir, en la adquisición incompleta el niño nunca adquirió cierto rasgo debido a la falta de suficiente *input* en español (que suele estar conectada con la exposición temprana al inglés), mientras que en la erosión, había adquirido ese rasgo pero la posterior reducida exposición y oportunidad de uso contribuyó a que se perdiera.

---

[8] En Silva-Corvalán (2014), la autora documenta de manera longitudinal la adquisición bilingüe del español de sus nietos entre las edades de 1;0 y 6;0 años de edad.

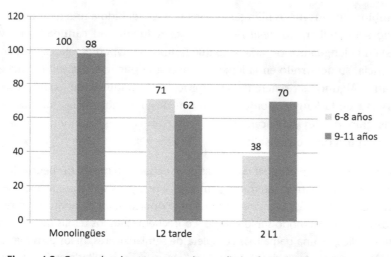

**Figura 4.2.** Concordancia entre sustantivo y adjetivo femenino (Montrul y Potowski 2007)

Como los estudios longitudinales toman tanto tiempo—hay que seguir a los mismos niños durante varios años—para estudiar la erosión del sistema lingüístico también se ha empleado un método que se conoce como "pseudolongitudinal." Un ejemplo sería estudiar a varios grupos de niños en el mismo colegio: un grupo en primer grado, otro en tercero y otro en quinto. La idea es que los de quinto son "el futuro" de los de tercero, quienes representan futuras versiones de los de primer grado. Este método es semejante al que se emplea en sociolingüística y se conoce como "tiempo aparente" (Labov 2001; Bailey 2004). En estos casos, es de suma importancia que se controle que todos los niños hayan adquirido el español y el inglés en el mismo patrón de adquisición, especialmente debido a las diferencias mencionados en la sección anterior.

Un ejemplo de un estudio pseudolongitudinal fue Merino (1983). Encontró que un grupo de niños en Kindergarten (bilingües español–inglés ubicados en California) acertaba más en las pruebas lingüísticas (sobre todo en el subjuntivo) que los niños mayores del cuarto y sexto año de la misma escuela, que constituye evidencia de la erosión. Por otro lado, el estudio de Montrul y Potowski (2007), mencionado antes, tuvo lugar en una escuela donde se usaba el español entre el 50 y el 80 por ciento del día escolar. Se observó que los niños mayores de L2-tardía *no* se diferenciaron significativamente de los más pequeños; mientras que los niños 2L1 incluso mejoraron con el tiempo (Figura 4.2).

### EJERCICIO 4.6:

Imagina que se replicara el estudio de Montrul y Potowski (2007) en una escuela que enseña solamente en inglés y que se encontrara que los niños mayores cometían más errores que los más pequeños. ¿Qué podríamos concluir entonces sobre los efectos de la escolarización en el español (la lengua minoritaria) de los niños? Volveremos a este tema en el Capítulo 8.

En su conjunto, estos resultados sobre la erosión sugieren que la exposición temprana a la lengua minoritaria es necesaria pero no suficiente para el desarrollo lingüístico. Hace falta también que el *input* en esa lengua sea sostenido en los años posteriores.

Otros estudiosos han sugerido el concepto del "semilingüe" para hacer referencia a una persona bilingüe que "no tiene un sistema *completo* ni en una lengua ni en la otra." El término "semilingüe" sugiere deficiencias comunicativas en las dos lenguas, tales como las de un vocabulario empobrecido, de una gramática "incorrecta" y de dificultades para pensar y producir en cualquiera de las lenguas. El concepto del semilingüismo ha sido fuertemente criticado y rechazado (Skutnabb-Kangas 1981; MacSwan 2000), en parte porque muchas de las pruebas lingüísticas utilizadas para sustentarlo no identifican la naturaleza bilingüe del niño. Es decir, se mide al niño bilingüe con sus coetáneos monolingües.

Para poder entender por qué este concepto es erróneo, hay que reconocer primero que el bilingüismo "balanceado" es un concepto casi imposible ya que muy, muy rara vez se alcanza. Como lo notó Fishman (1972) y como resumimos en el Capítulo 2, la mayoría de los bilingües usan sus dos lenguas para diferentes fines, en diferentes contextos y con personas diferentes. También necesitamos recordar que todo ser humano desarrolla las habilidades que necesita para cumplir con sus necesidades comunicativas,[9] sin importar a cuántas lenguas estuvo expuesto.

Además de la adquisición "incompleta" y la erosión de la lengua minoritaria, hay un tercer fenómeno posible: la adquisición completa de una variedad de contacto, que suele ser el caso del español de los EE.UU. Supongamos que un niño creció de manera monolingüe en español hasta los cinco años de edad en los EE.UU. El inglés entonces no influyó directamente en el desarrollo cognitivo de su español; lo único que aprendió durante todos esos años fue el español. Pero supongamos también que la variedad de español que adquirió el niño fue una variedad ya influenciada por el inglés (al final de este capítulo, veremos cómo podría ser tal variedad). Entonces, diríamos que ese niño adquirió de manera completa una variedad de contacto del español. Esta posibilidad pone en relieve el papel del cambio lingüístico diacrónico en las comunidades: el español bilingüe de algunos individuos se puede convertir en el español de toda una comunidad (lo cual veremos en el Capítulo 10).

El lector notará que hemos puesto la palabra "incompleta" siempre entre comillas. Es porque el concepto se debate mucho entre los lingüistas. El término "adquisición incompleta" viene primariamente de los psicolingüistas, quienes argumentan que, en estos casos, los niños bilingües no tuvieron suficiente *input* para poder adquirir todas las estructuras y reglas gramaticales de la lengua de manera completa. Si en algún momento posterior reciben el *input* necesario de manera consistente, es probable que puedan desarrollar lo que les "faltaba." Los estudiosos también toman como punto de partida para estas afirmaciones los dos hechos siguientes:

- Hay mayor variación (o inconsistencias) en los sistemas gramaticales de estos hablantes que en los de los hablantes de variedades monolingües. Por ejemplo, se encuentra mayor variación en el uso de la concordancia entre sujeto y verbo.

---

[9] Aquí no consideramos los casos de impedimento cognitivo, anormalidades físicas del aparato fonador, los accidentes cerebrales, etc.

- Se encuentra una correlación entre proficiencia y menor variación (o mayor consistencia) en los sistemas gramaticales de los hablantes. Es decir, entre más proficiente sea el hablante, se puede decir, en términos generales, que exhibirá mayor consistencia gramatical.[10]

Otros investigadores, entre ellos Otheguy y Zentella (2012), insisten en que el término "adquisición incompleta" es erróneo. Dicen que es más preciso considerar las gramáticas de los hablantes de la G2 como **simplificadas** y que, a pesar de ser simplificadas, siguen siendo sistemáticamente coherentes. Por lo tanto, no serían "incompletas," sino, simplemente, diferentes. Según estos autores, nadie ha demostrado lo que es un sistema "completo." Incluso los autores más eruditos dependen de editores para pulir sus textos. Si no existe una adquisición "completa," entonces ¿cómo podemos identificar un sistema "incompleto?"

Tomemos el siguiente ejemplo de Otheguy y Zentella. El inglés de hoy carece de flexiones de caso en los sustantivos, que existen entre *who* y *whom* y otros que existieron en el pasado. A pesar de esta "deficiencia" del inglés moderno, este rasgo no lo hace "menos completo" que el inglés de nuestros antepasados anglohablantes. De manera semejante, el español de hoy ya no emplea el futuro de subjuntivo que existía en el español de nuestros antepasados hispanohablantes, pero eso no quiere decir que nuestro español sea "incompleto." Entonces, ¿cómo se distingue entre un sistema lingüístico **diferente**, que ha cambiado diacrónicamente (como lo hacen todos los sistemas lingüísticos) y un sistema que es supuestamente "incompleto?" Otheguy y Zentella (2012:209) señalan que hay mucha más continuidad que diferencia entre las gramáticas de los bilingües de la G2 y las de los monolingües. Encontraron que las diferencias entre los dialectos de contacto del español de Nueva York y los dialectos referenciales de Latinoamérica que se hablan en la misma ciudad son semejantes a las diferencias que se encuentran en los estudios de variación y cambio sociolingüístico. Entonces el español de los EE.UU. parece ser solo un ejemplo más de una variedad social **simplificada**, si bien totalmente articulada y completa, de una gramática adquirida como cualquier otra.

Quizá un término más apto sería el de la "adquisición truncada," refiriéndose al proceso mismo de adquisición. Esto sugiere que al pararse el proceso de adquisición, que asumimos toma hasta el periodo crítico, no se desarrollaron todos los aspectos del sistema de la lengua. Esta perspectiva no implica que el sistema resultante sea incompleto. El resultado de este tipo de adquisición podría llamarse una gramática diferente y por tanto **divergente**. Hablando de la adquisición L2, Montrul (2008:37) nota, "A diferencia de una gramática incompleta a la cual falta una propiedad 'P' completamente, una gramática divergente tiene representación de la propiedad 'P,' pero lo hace de manera diferente que la lengua meta. Como resultado, los hablantes de L2 producen juicios . . . que difieren de los

---

[10] Nos parece un tanto circular este argumento, ya que muchas veces la "proficiencia" se mide con pruebas gramaticales. Entonces este argumento parece decir que "entre más proficiente sea un hablante en un examen lingüístico, más proficiente será en otro."

de los hablantes nativos." Nos parece más adecuado adoptar esta consideración también para los bilingües hispanohablantes en los EE.UU., que suelen representar casos de 2L1 y L2-temprana.

**EJERCICIO 4.7:**

¿Crees tú que es más claro hablar de un sistema **incompleto** o hablar de un sistema **divergente**, por ejemplo, cuando los individuos usan el indicativo en vez del subjuntivo en una oración como "Es importante que *vienes*"? ¿Crees que este debate merece mayor investigación?

# 4.3 Los sistemas de los hablantes de herencia

Pasamos a considerar algunos ejemplos de los fenómenos del español de los hablantes de herencia de los EE.UU. En términos generales, Silva-Corvalán (1994) señala que el español de los EE.UU. presenta varios fenómenos lingüísticos que parecen ser resultado de un uso mucho más restringido de la lengua. En esta sección, miramos primero más detalladamente el sistema verbal y después otros fenómenos gramaticales.

## 4.3.1 El sistema verbal

Consideraremos las tres siguientes partes del sistema verbal: los tiempos verbales, el aspecto y el modo. Antes de examinarlos, presentamos un breve repaso del tiempo, el aspecto y el modo en español (los lectores con mayor experiencia con estos temas pueden saltar esta sección).

### Repaso del tiempo, aspecto y modo
#### El tiempo
El tiempo se refiere al momento cronológico en el cual tiene lugar la acción del verbo, normalmente con respecto a otro momento. Los verbos pueden hacer referencia a eventos en el presente, en el pasado o en el futuro. Para cada tiempo empleamos diferentes verbos según queramos expresar también otras categorías gramaticales como aspecto, etc. A continuación presentamos las formas verbales del indicativo y las separamos según sean empleadas en español con eventos que ocurren en el presente, el pasado o el futuro.

**EJERCICIO 4.8:**

Llena el Cuadro 4.4 con las formas verbales que faltan.

### El aspecto (pretérito/imperfecto)
El pretérito y el imperfecto son dos formas verbales en el pasado que expresan **aspectos** diferentes, es decir expresan diferentes maneras de ver el evento. El pretérito (aspecto perfectivo) ve el evento en su totalidad, como finito o completo. El imperfecto ve el evento en su proceso, sin hacer referencia al comienzo o al final.

**CUADRO 4.4.** Formas del verbo

| Tiempo del evento | 2 sg.: *cantar* | 2 sg.: *vivir* | 1 pl.: *comer* | 3 pl.: *decir* |
|---|---|---|---|---|
| **EN EL PRESENTE** | | | | |
| Presente | *cantas* | | | |
| **EN EL PASADO** | | | | |
| Presente perfecto | *has cantado* | | | |
| Pretérito | *cantaste* | | | |
| Imperfecto | *cantabas* | | | |
| Pluscuamperfecto | *habías cantado* | | | |
| **EN EL FUTURO** | | | | |
| Futuro | *cantarás* | | | |
| Futuro perfecto | *habrás cantado* | | | |

## EJERCICIO 4.9:

Considera cómo difieren las oraciones (a) y (b) en los Ejemplos 1 y 2 del Cuadro 4.5. Decide cuál sería la continuación más probable de cada una, y para qué se usa cada aspecto.

En las dos oraciones (a) del Cuadro 4.5, vemos el uso del aspecto imperfectivo, expresado con la forma verbal del imperfecto. El imperfecto enfatiza el evento en su proceso, como no completado, ya sea porque estaba en progreso (*bailaba con mucha gracia*) o porque tuvo lugar repetidas veces (*corríamos los sábados*) o porque se quiere enfatizar otro evento que ocurrió mientras tenía lugar el primero (*llamaron mientras comíamos*).[11] En inglés, a veces esta diferencia se comunica con la forma "*used to*" o pasado progresivo. En las dos oraciones (b), vemos el uso del aspecto perfectivo, que se comunica a través de la forma verbal del pretérito. El pretérito se usa para los eventos que se completaron, que tienen un comienzo o un fin definido (*partió el tren, salimos al cine*).

Debido a que en el inglés no hay terminaciones verbales para distinguir entre el aspecto perfectivo y el imperfectivo, se piensa que por eso muchos bilingües intercambian el imperfecto por el pretérito y el pretérito por el imperfecto, sin considerar el contexto semántico. Como ejemplo, tenemos las oraciones siguientes producidas por hablantes bilingües criados en los EE.UU. (Ejemplos 1 y 2 tomados de Montrul (2002); 3 y 4 de Silva-Corvalán (2001)):

---

[11] OJO: Algunos estudiantes se confunden pensando que "el evento en el pretérito acabó, y el evento en el imperfecto no acabó," pero no es así. ¡La persona que comía piedras de niña ya no se las come! Pero en el momento de decir la oración (3a del Cuadro 4.5), la hablante se "proyectaba" a un momento en el pasado cuando era niña y ese evento todavía continuaba, repetidas veces, en el pasado.

**CUADRO 4.5.** Ejemplos de aspectos verbales

| Oración | Continuación probable de la oración | Aspecto | Forma verbal | Este aspecto se usa para . . . |
|---|---|---|---|---|
| 1a. *Íbamos al teatro . . .* | □ . . . *y nos gustó la obra.*<br>☑ . . . *pero no llegamos a tiempo.* | Imperfectivo | *Íbamos =* **imperfecto** del verbo *ir* | □ Un evento que se completó; tiene comienzo y fin.<br>☑ Un evento que no se completó; estaba en progreso o se hacía quién sabe cuántas veces. |
| 1b. *Fuimos al teatro . . .* | ☑ . . . *y nos gustó la obra.*<br>□ . . . *pero no llegamos a tiempo.* | Perfectivo | *Fuimos =* **pretérito** del verbo *ir* | ☑ Un evento que se completó; tiene comienzo y fin.<br>□ Un evento que no se completó; estaba en progreso o se hacía repetidas veces. |
| 2a. *Cuando era niña, comía piedras . . .* | □ . . . *dos o tres veces, y me enfermé cada vez.*<br>☑ . . . *todo el tiempo, por eso tengo el estómago fuerte.* | Imperfectivo | *comía =* **imperfecto** del verbo *comer* | □ Un evento que se completó; tiene comienzo y fin.<br>☑ Un evento que no se completó; estaba en progreso o se hacía quién sabe cuántas veces. |
| 2b. *Cuando era niñu, comí piedras . . .* | ☑ . . . *dos o tres veces, y me enfermé cada vez.*<br>□ . . . *todo el tiempo, por eso tengo el estómago fuerte.* | Perfectivo | *comí =* **pretérito** del verbo *comer* | ☑ Un evento que se completó; tiene comienzo y fin.<br>☑ Un evento que no se completó; estaba en progreso o se hacía repetidas veces. |

1. Le puso las galletas en una mesa mientras el lobo estuvo (en lugar de *estaba*) debajo de las cobijas.
2. Ella estaba arreglando todas las flores que ella recogía (en lugar de *recogió*) durante su caminata.
3. Iba a ser profesional pero creo que tenía (en lugar de *tuvo*) un accidente.
4. Porque este mexicano no sabía el inglés, no más habló (en lugar de *hablaba*) español.

## El modo

En español, hay dos modos ("*moods*") verbales: el indicativo y el subjuntivo.[12] El indicativo se usa para afirmar alguna información que se considera real. El subjuntivo, en cambio, se usa cuando *no se afirma* una información porque es un deseo, una duda, no ha ocurrido, es una conjetura o una opinión. Es decir, no existe en el mundo real, pero en uno creado (o irrealis).

---

[12] También existe el condicional, pero para los propósitos de esta presentación no se mencionará aquí. El condicional y el subjuntivo caen bajo el modo "irrealis."

**CUADRO 4.6.** Ejemplos de modos verbales

| Oración | Modo | Se usa este modo porque . . . |
|---------|------|-------------------------------|
| a. *Vas a Lima.* | Indicativo | ☐ Se afirma (o no se cuestiona) cierta información. <br> ☐ Hay deseo/duda/opinión sobre cierta información. |
| b. *(No) Quiero que vayas a Lima.* | Subjuntivo | ☐ Se afirma (o no se cuestiona) cierta información. <br> ☐ Hay deseo/duda/opinión sobre cierta información. |
| c. *Es verdad que estuvieron en la fiesta.* | Indicativo | ☐ Se afirma (o no se cuestiona) cierta información. <br> ☐ Hay deseo/duda/opinión sobre cierta información. |
| d. *¡Qué mal que estuvieran en la fiesta!* | Subjuntivo | ☐ Se afirma (o no se cuestiona) cierta información. <br> ☐ Hay deseo/duda/opinión sobre cierta información. |
| e. *¿Has visto la película* El estudiante*?* | Indicativo | ☐ Se afirma (o no se cuestiona)* cierta información. <br> ☐ Hay deseo/duda/opinión sobre cierta información. |
| f. *Me parece extraño que no hayas visto la película* El estudiante. | Subjuntivo | ☐ Se afirma (o no se cuestiona) cierta información. <br> ☐ Hay deseo/duda/opinión sobre cierta información. |

* Nótese que *hacer una pregunta* sobre algo no es lo mismo que *cuestionarlo*. *Cuestionar* implica que hay una duda de que sea cierto.

### EJERCICIO 4.10:

Considera los ejemplos del Cuadro 4.6 y propón por qué se usa el indicativo o el subjuntivo.

En inglés, el modo subjuntivo ya casi no se usa; un ejemplo en el que todavía usamos el subjuntivo en inglés sería *It's important that he be on time* (pero muchos usan el indicativo *is*: *It's important that he is on time*).

El Cuadro 4.7 se basa en datos del español de Los Ángeles (Silva-Corvalán 1994; la clasificación verbal viene de la filología hispánica tradicional). Resume la presencia de 18 formas verbales diferentes en 40 hablantes: 12 de la G1, 12 de la G2 y 16 de la G3. Los datos representan una hora de grabación por hablante. El símbolo "+" quiere decir que los hablantes usaron la forma, mientras que "0" indica que no la usaron durante la hora de habla; es decir, donde aparece el "0" se asume que los hablantes quizás entiendan esa forma, pero no la producen.

La autora agrupó a los hablantes en cinco categorías o "etapas" diferentes según la presencia o ausencia de las formas. Los G1 suelen encontrarse en la Etapa 1, con un uso robusto de todas las formas; los G2 en las Etapas 2–5, donde se empieza a no usar ciertas formas; y los G3 en las Etapas 3–5, los sistemas más simplificados.

Nótese que el cuadro muestra variación dentro de cada grupo; es decir, algunos hablantes G2, por ejemplo, usaban bastante frecuentemente el presente del subjuntivo, mientras que otros G2 no lo usaban. Lo importante de este cuadro es que cada generación incluye más hablantes que emplean menos formas verbales. Esto llevó a Silva-Corvalán a decir que los sistemas verbales de los hablantes G2 y G3 son más simplificados.

**CUADRO 4.7.** El sistema de tiempo y modo

(Basado en Silva-Corvalán 1994)

| Formas verbales | Ejemplos | Etapas | | Nacidos en los EE.UU. | | |
|---|---|---|---|---|---|---|
| | | 1 | 2 | 3 | 4 | 5 |
| **Tiempos relativos** | | | | | | |
| Infinitivo | *comer, vivir* | + | + | + | + | + |
| Participio presente | *comiendo, viviendo* | + | + | + | + | + |
| Participio pasado | *comido, vivido* | + | + | + | + | 0 |
| **Tiempos absolutos** | | | | | | |
| Presente indicativo | *como, comen* | + | + | + | + | + |
| Pretérito | *comí, comieron* | + | + | + | + | + |
| Imperfecto | *comía, comían* | + | + | + | + | + |
| Futuro perifrástico* | *voy a comer, van a comer* | + | + | + | + | + |
| Presente perfecto | *he comido, han comido* | + | + | + | + | 0 |
| Futuro | *comeré, comerán* | + | + | 0 | 0 | 0 |
| **Tiempos absoluto-relativos** | | | | | | |
| Condicional perifrástico | *iba a comer, iban a comer* | + | + | + | + | + |
| Presente subjuntivo | *coma, coman* | + | + | + | + | 0 |
| Pasado subjuntivo | *comiera, comieran* | + | + | + | 0 | 0 |
| Pasado perfecto del subjuntivo | *hubiera comido, hubieran comido* | + | + | + | 0 | 0 |
| Pasado perfecto o pluscuamperfecto | *había comido, habían comido* | + | + | + | 0 | 0 |
| Presente perfecto del subjuntivo | *haya comido, hayan comido* | + | 0 | 0 | 0 | 0 |
| Condicional perfecto | *habría comido, habrían comido* | + | 0 | 0 | 0 | 0 |
| Condicional (futuro del pasado) | *comería, comerían* | 0 | 0 | 0 | 0 | 0 |
| Futuro perfecto | *habré comido, habrán comido* | 0 | 0 | 0 | 0 | 0 |

* Silva-Corvalán (1994) también notó un elevado empleo de estructuras perifrásticas ("voy a comer") en lugar de sintéticas ("comeré").

## EJERCICIO 4.11:

Mirando el Cuadro 4.7, ¿qué formas verbales se van perdiendo primero, y cuáles después? ¿Cuáles no se pierden en absoluto? ¿Por qué crees que algunas formas se pierden y otras no?

**CUADRO 4.8.** Uso porcentual del subjuntivo en Los Ángeles según generación (Tomado de Silva-Corvalán 2001)

|      | Contexto obligatorio | Contexto opcional |
| ---- | -------------------- | ----------------- |
| G1   | 94                   | 31                |
| G2   | 75                   | 23                |
| G3   | 53                   | 12                |

Para examinar el aspecto, Montrul (2002) administró varias actividades a cuatro grupos de individuos: monolingües en español y tres grupos de bilingües (2L1, L2-temprana y L2-tardía). Tenían que leer oraciones como las siguientes y decidir si eran lógicas o no:

5a. *La clase era a las 10 pero empezó a las 10:30.* (Lógico; *"era" = "was usually"*)
5b. *La clase fue a las 10 pero empezó a las 10:30.* (Ilógico; *"fue" = "was"*)

Reveló que los hablantes de herencia, aun los de baja proficiencia general, acertaron significativamente más que los L2. La autora concluyó que aunque el L1 (el español de los hablantes de herencia) puede estar parcialmente perdido o adquirido de manera incompleta en un caso de bilingüismo temprano, todavía retiene rasgos de un L1 porque se adquirió durante el periodo crítico.

Sobre el modo, muchos estudios reportan la sustitución del subjuntivo por el indicativo en el español de los EE.UU. (cf. Lipski 1993; Silva-Corvalán 1994, 2003; Lynch 1999; Martínez Mira 2006). En un estudio posterior, Silva-Corvalán (2001) resumió la producción del subjuntivo de hablantes bilingües en Los Ángeles (Cuadro 4.8).

Diferenció el uso del subjuntivo en contextos que requieren el subjuntivo (obligatorios) y en contextos donde también podría aparecer el indicativo. Encontró que el uso del subjuntivo disminuía en cada generación siguiente y que se empleaba incluso menos en los contextos opcionales. Los Ejemplos 6 y 7 vienen de Silva-Corvalán (2001).

6. *La voy a guardar antes que llega* (en lugar de *llegue*).
7. *Yo estoy encargado en, en el taller. Nomás cuidando que salen* (en lugar de *salgan*) *los trabajos en tiempo*.

Algunos consideran que la falta del subjuntivo en inglés lleva a que los hablantes de herencia extiendan el uso del indicativo del español a contextos en los cuales se usa el subjuntivo en el español fuera de los EE.UU.

A pesar de que los hablantes bilingües *producen* el indicativo en contextos donde otras variedades normalmente producirían el subjuntivo, ¿no es posible que todavía sepan *interpretar* las diferencias de significado entre las dos formas? Montrul (2007) estudió esta pregunta a través de la metodología siguiente. A un grupo de 20 hablantes se les dio dos ejercicios. En el primero, tenían que elegir una de dos formas, el indicativo o el subjuntivo, en un texto escrito. En el segundo, había que indicar si las frases eran lógicas (es decir, si tenían sentido) o no, como en el Ejemplo 8:

8a. *Cada año, Ana se alegra cuando le <u>aumentan</u> el sueldo.* (lógico)
8b. *Cada año, Ana se alegra cuando le <u>aumenten</u> el sueldo.* (contradictorio)

Encontró que los bilingües no discriminaban entre el subjuntivo y el indicativo de igual modo que los monolingües, para quienes una forma o la otra causaba un cambio en el significado. Semejante a Otheguy y Zentella 2012, anteriormente mencionados, Silva-Corvalán (1994) considera que estos cambios en el sistema modal que emplean los hablantes de herencia no impiden que se puedan comunicar.

### 4.3.2 Otras partes del sistema gramatical

Además del sistema verbal, los estudios encuentran diferencias en otras partes del sistema gramatical de muchos hablantes de herencia de los EE.UU. Entre ellos están las diez áreas siguientes:

- los marcadores de caso
- el artículo definido
- el uso de pronombres de sujeto
- la concordancia de género
- las preposiciones
- *hacer* + VERB$_{English}$
- el complementante "que"
- el orden de los constituyentes
- el gerundio en lugar del infinitivo
- cuestiones pragmáticas

### Marcador de caso

En el español hay algunas expresiones de objeto que llevan un **marcador de caso**. Se trata del uso de la expresión *a* delante de la frase nominal con función de objeto para marcar el caso acusativo o dativo (objeto directo u objeto indirecto, respectivamente), según sea la función sintáctica que cumple el argumento dentro de la oración. Un ejemplo sería la oración *Le dieron los postres a Mario*, donde *Mario* es el objeto indirecto y "*a*" marca esta función sintáctica. Otro ejemplo es *Llamaron a Mario*, donde *Mario* es el objeto directo. En español, el marcador de caso "*a*" precede al objeto directo cuando este es humano, como en el ejemplo anterior. El inglés no marca el caso—*They called Ø Mario*. Entonces, los estudiosos consideran que la omisión del marcador de caso acusativo cuando el objeto es animado en el español de los hablantes de herencia G2 y G3 se puede deber a la influencia del inglés, como lo proponen Potowski (2004) y Montrul y Bowles (2010). Los Ejemplos 9 y 10 muestran la omisión del marcador de caso.

9. *Voy a visitar _ mi familia.* (en lugar de *Voy a visitar <u>a</u> mi familia.*)
10. *SpongeBob abrazó _ Squidward.* (en lugar de *SpongeBob abrazó <u>a</u> Squidward.*)

Incluso se ha encontrado que algunos G1, después de estar muchos años en los EE.UU., empiezan a dejar de usar el "*a*" en ejemplos como estos (Montrul y Sánchez-Walker 2013).

## El artículo definido

En inglés, para expresar un sustantivo con valor genérico, se omite el artículo definido y aparece en plural, como en el ejemplo *Children are restless*. En español, sin embargo, hay que expresar el artículo (*Los niños son inquietos*) porque nos referimos a los niños en general. Sin embargo, muchos hablantes de herencia tienden a omitir el artículo en español, como en los Ejemplos 11–13 (tomados de Lipski 1993 y de Colombi 2003).

11. *Me gusta _ clases como pa escribir.* (en lugar de *las clases*)
12. *En esa época andaban varios bandidos robando. Por esa razón _ mujeres tuvieron que aprender a defenderse.* (en lugar de *las mujeres*)
13. *Tengo miedo de _ exámenes.* (en lugar de *los exámenes*)

## El uso de pronombres de sujeto

En español, es posible omitir el sujeto de la oración, porque frecuentemente la información gramatical de persona y número se puede encontrar en la desinencia del verbo. Es decir, se puede decir:

14. *Creo que voy a la tienda.*
15. *Yo creo que yo voy a la tienda.*

En el Ejemplo 14, aunque no se usaron los pronombres de sujeto, se sabe claramente quién es el sujeto de los verbos "*creo*" y "*voy.*"

El uso u omisión del pronombre del sujeto no es al azar, sino que cumple ciertas funciones pragmáticas. Por ejemplo, cuando hay una secuencia de oraciones en el discurso, omitimos el pronombre cuando estamos hablando del referente ya introducido. Pero si nos referimos a un referente diferente o nuevo, introducimos nuevamente el pronombre. Esto se ilustra en los ejemplos siguientes tomados de Montrul (2004).

16. *Pepe no vino hoy a trabajar. Ø Estará enfermo.*
    ¿Quién estará enfermo? Pepe. Entonces el 1er referente (Pepe) es igual al 2° referente (Pepe).
17. *Hoy no fui a trabajar. Pepe/él pensó que estaba enferma.*
    El 1er referente soy "yo" pero el 2° es "Pepe." Es decir, hay un cambio de referente.

En inglés, sin embargo, la expresión del sujeto es obligatoria; no se puede decir "*Ø think Ø go to the store.*" Como casi siempre se expresan los pronombres en inglés, algunos consideran que muchos de los hablantes de herencia "transfieren" el patrón del inglés a su español y que por eso emplean el pronombre de sujeto con mucha más frecuencia que los hispanohablantes monolingües de los lectos referenciales. Como veremos con más detalle en los Capítulos 5 y 6, Otheguy y Zentella (2012) encontraron que los hispanohablantes criados en Nueva York empleaban el pronombre de sujeto mucho más que los que se criaron en Latinoamérica. En su ejemplo a continuación, considera los usos del pronombre de sujeto de un hablante de herencia (el asterisco indica que ese pronombre no lo usaría la mayoría de los hablantes monolingües de lectos referenciales):

18. *... porque yo le decía que *yo no quería ser, él me decía, "*Tú debes de ser consejero," *yo digo, "No ..."*

**EJERCICIO 4.12:**

Busca un hablante G3—es decir, alguien que nació en los EE.UU., así como uno (o dos) de sus padres, y que pueda conversar en español. Pídele que te narre uno o dos cuentos de niños que sean conocidos, como *La Cenicienta* o *Blancanieves y los siete enanos*. Graba sus narraciones y después analiza la presencia o ausencia de los marcadores de caso, los artículos definidos y los pronombres de sujeto. ¿Qué encuentras?

## La concordancia de género

El español clasifica todos los sustantivos, animados e inanimados, en dos géneros: masculinos y femeninos. Son varios los estudios que han documentado errores de concordancia de género gramatical en niños bilingües y en adultos, generalmente de la segunda generación (ej. Lipski 1993; Mueller Gathercole 2002; Montrul y Potowski 2007; Montrul et al. 2008). Algunos hablantes de herencia producen inconsistencias en la concordancia de género en el determinante o el adjetivo, como muestran estos ejemplos tomados de Lipski (1993) (las oraciones (a) son de hablantes de herencia; las oraciones (b) de hablantes monolingües).

19a. *Mi blusa es blanco.* 19b. *Mi blusa es blanca.*
20a. *Tenemos un casa allá.* 20b. *Tenemos una casa allá.*

## Las preposiciones

Lynch (2013) y otros han comentado sobre el uso variable de preposiciones de parte de los hispanohablantes criados en los EE.UU., que normalmente se atribuye a la influencia del inglés.[13] Estos ejemplos vienen de Miami (Lynch 2013; Said-Mohand 2006):

21. *Están esperando por nosotros.*
22. *Todo depende en la economía.*
23. *No pensé de eso.*
24. *Está enamorada con él.*
25. *La misma persona que estoy viviendo con ahora.*

### hacer + VERBEnglish

En algunas comunidades bilingües, se usa la estructura *hacer* + VERBEnglish, ej. *Hacer smoke* "to smoke." Wilson y Dumont (2014), tras analizar entrevistas con 12 hablantes de Nuevo México, encontraron que esta construcción no va de la mano con problemas de fluidez léxica ("*disfluencies*"). Es decir, no es resultado de una falta léxica, sino que se trata de una construcción bilingüe productiva, según los autores, en la cual *hacer* sirve como marcador de tiempo, aspecto y modo y el infinitivo inglés proporciona el contenido léxico.

## El complementante "*que*"

En inglés, a veces es posible omitir el complementante "*that*":

> He thinks that she's smart.
> He thinks Ø she's smart.

---

[13] Sin embargo, también nota Lynch (2013:73) que el inglés de estos individuos expresa influencia preposicional del español, por ejemplo "*Last night I dreamt with my grandmother*" y "*He's sitting in the couch.*"

Sin embargo, el complementante *"que"* es obligatorio en español.[14] Este rasgo se ha encontrado en el habla de muchos hablantes de herencia de los EE.UU., como en estos ejemplos tomados de Silva-Corvalán (2001):

26. *. . . no muy chiquito, pero yo creo Ø ha crecido como—unas seis pulgadas.*
27. *Mi mamá no quiere que hago eso. Ella piensa Ø si, si no voy full time no voy a terminar.*

## El orden de los constituyentes

Tanto el español como el inglés son lenguas con el orden de constituyentes sujeto–verbo–objeto (SVO). Sin embargo, el orden de los constituyentes en español es mucho más flexible, permitiéndose construcciones que a veces no se permiten en inglés, como en los siguientes ejemplos.

| Orden | Español | Inglés |
|---|---|---|
| SVO | Gabriela compró una casa. | Gabriela bought a house. |
| VS | Llamó Pepe. | *Called Pepe. |
| OVS | Ese cuadro lo pintó Zurbarán. | ?That picture painted Zurbarán. |

Silva-Corvalán (1994) encontró que los hablantes de herencia tienden a usar las estructuras SV y SVO más que los hispanohablantes monolingües de lectos referenciales, como ilustra el ejemplo tomado de Silva-Corvalán (1994):

El español monolingüe
"Una vez estaba en una gasolinera aquí y llegó una señora ahí. Yo estaba ahí esperando, estaban trabajando en el carro. Ø Entró y me preguntó si conocía . . . "

El español de herencia
"Una vez estaba en una gasolinera aquí y una señora llegó ahí. Yo estaba ahí esperando, estaban trabajando en el carro. Una señora entró y me preguntó si conocía . . . "

El verbo *llegar* en español general requiere que el sujeto aparezca en posición posterior al verbo. En el español de los EE.UU. tiende a aparecer antes del verbo, como en este ejemplo.

## El gerundio en lugar del infinitivo

Son varios los contextos en que el español emplea el infinitivo, pero muchos hablantes de herencia usan el gerundio.

### EJERCICIO 4.13:

Lee las oraciones siguientes y decide de qué otra manera se podrían decir en variedades de español fuera de los EE.UU.

1. *Caminando 30 minutos por día es recomendable.*
2. *Bebiendo agua es bueno para el cuerpo.*
3. *Ella prefiere escribiendo por computadora.*
4. *Mi mamá piensa que manejando en moto es peligroso.*
5. *Necesito dinero para viajando.*
6. *Ellos saben que le gusta trabajando.*

---

[14] Hay unas excepciones que pertenecen a registros muy formales, por ejemplo, *"Se les ruega Ø tengan paciencia."*

**CUADRO 4.9.** Grado de aceptación, usos del infinitivo y del gerundio (Potowski y Prieto-Mendoza en progreso)

| Contexto | Infinitivo | Gerundio |
|---|---|---|
| 1. Sujeto de la cláusula principal, [–] objeto <br> *Caminar/Caminando 30 minutos por día es recomendable.* | 3.7 | 3.7 |
| 2. Sujeto de la cláusula principal, [+] objeto <br> *Beber/Bebiendo agua es bueno para el cuerpo.* | 3.8 | 3.4 |
| 3. Sujeto de la cláusula subordinada, [+] objeto directo <br> *Mi maestro considera que hacer/haciendo ejercicio mejora la salud.* | 3.6 | 3.5 |
| 4. Sujeto de la cláusula subordinada, [–] objeto directo <br> *Mi prima prefiere dibujar/dibujando con lápices de color.* | 3.9 | 2.5 |
| 5. Objeto de preposición <br> *Necesito dinero para viajar/viajando.* | 3.9 | 2.6 |
| 6. Atributo <br> *Su única meta para el maratón es ganar/ganando.* | 4.0 | 2.4 |

Muchos hablantes de herencia aceptan el gerundio (*caminando, bebiendo*) en estas oraciones, mientras que los hablantes monolingües de los países hispanohablantes rechazan el gerundio, a favor del infinitivo (*caminar, beber*, etc.), en estos contextos. Potowski y Prieto-Mendoza (en progreso) presentaron una serie de oraciones como las del Ejercicio 4.13 a un grupo de 130 estudiantes bilingües en una escuela preparatoria (*high school*) de Chicago. Había cuatro oraciones con el gerundio y cuatro con el infinitivo en cada uno de seis contextos gramaticales diferentes. Los estudiantes indicaron si cada oración era correcta o no en una escala de 1 (totalmente incorrecta) a 5 (totalmente correcta). Los resultados se encuentran en el Cuadro 4.9.

Se nota que la aceptación del gerundio es mayor en los contextos en los cuales el gerundio tiene función de sujeto, ya sea en la cláusula principal (#1, #2) o en una subordinada nominal (precedida de *que*, #3). La diferencia entre el uso del infinitivo y el gerundio es mucho mayor, a favor del infinitivo, cuando se trata de otro tipo de subordinada (#4), objeto de preposición (#5) o después del verbo *ser* (#6). Hacen falta estudios con datos de producción oral y escrita para poder aclarar los contextos sintácticos que favorecen el uso del gerundio en lugar del infinitivo. Según este estudio, los contextos claros de sujeto parecen ser los favorecidos.

## EJERCICIO 4.14:

De todos estos usos gramaticales vistos, ¿qué fenómenos crees que interfieren más en la comunicación con un interlocutor de otro país hispanohablante? Por ejemplo, si falta la "*a*" personal o el artículo definido, ¿hasta qué grado crees que un interlocutor de otro país hispanohablante pueda entender lo que un hablante de los EE.UU. le quiere decir? Y ¿el gerundio en posición de sujeto?

A este tema volveremos en el Capítulo 10, cuando nos preguntemos: ¿en qué momento hay que aceptar que ciertas formas y usos del español que se habla en los EE.UU. ya forman parte del español *de* los EE.UU.?

## La pragmática

El significado de lo que decimos depende no solamente de las estructuras gramaticales y el léxico que usamos, pero también del contexto, del estatus social de los que hablan y escuchan (los interlocutores) y de las intenciones (directas o indirectas) de la persona que habla. Los estudios de pragmática examinan estos factores contextuales y discursivos. Son muchas las investigaciones sobre las normas pragmáticas en el mundo hispanohablante.

**EJERCICIO 4.15:**

Piensa en las situaciones diferentes en las cuales diríamos "Oye, abre la ventana" vs. "Hace calor" vs. "¿No sería mucha molestia pedir que se abra la ventana?" Además, aun si las condiciones de formalidad son parecidas, ¿hay diferencias en cómo hacen esta petición los hablantes de diferentes grupos dialectales, por ejemplo un cubano vs. un mexicano?

Sin embargo, hay relativamente pocos estudios pragmáticos sobre el español de herencia de los EE.UU. Pinto y Raschio (2007) compararon las peticiones de tres grupos: hablantes de herencia de los EE.UU. (BILING), hablantes monolingües del español en México (SPAN) y hablantes monolingües del inglés en los EE.UU. (ENG). Encontraron diferencias significativas entre los SPAN y los ENG en cuanto al nivel de franqueza ("*directness*") y la frecuencia del uso de mitigadores lingüísticos ("*downgraders*")—como en el uso del condicional ("*¿Me haría el favor . . . ?*")—que suavizan las peticiones. Los SPAN eran mucho más directos y empleaban menos mitigadores que los ENG. Los BILING estaban en el medio entre los ENG y los SPAN. Como eran menos directos que los SPAN, los autores lo atribuyeron a sus estrategias del inglés. Concluyeron que los hablantes de herencia desarrollan un estilo intercultural único.

**EJERCICIO 4.16:**

Busca por Internet la entrevista que hace el periodista Jorge Ramos a la jueza de la Corte Suprema, Sonia Sotomayor, una hablante de herencia G2 criada en Nueva York. ¿Qué rasgos de los descritos en este capítulo notas en su español?

## 4.3.3 El sistema fonológico

Algunos maestros de español han sugerido que los estudiantes hablantes de herencia tienen ciertas ventajas en su pronunciación del español en comparación con los estudiantes L2 debido a que fueron expuestos a la lengua a una edad temprana. Sin embargo, también parecen diferir, en su fonología, de los hablantes monolingües del español en otros países hispanohablantes. Esta sección resume lo que se ha estudiado formalmente sobre la pronunciación oral de los hablantes de herencia. Antes de presentar cada tipo de estudio, repasamos muy brevemente los principios fonológicos relevantes.

## Las consonantes

El **tiempo del inicio de la sonoridad** ("VOT," del inglés *"voice onset time"*) es el intervalo de tiempo que transcurre entre el acabar una consonante oclusiva sorda (las /p, t, k/) y el comienzo de la vibración de las cuerdas vocales. Se usa esta medida para especificar la realización de ciertas consonantes; las oclusivas sordas en español tienen un VOT corto, mientras que en inglés son más largos.

### EJERCICIO 4.17:

Di en voz alta las siguientes palabras. Debes notar un VOT (la parte en negritas) más corto en español.

| *Español* | **pa**ta | **to**do | **ki**lo |
|-----------|----------|----------|----------|
| *Inglés*  | **pa**t  | **to**ad | **key**  |

Au et al. (2002) estudiaron el VOT de "niños escuchadores" (*"overhearers"*) del español—es decir, los que fueron expuestos al español de niños, pero casi no hablaban la lengua. Su morfología era muy parecida a la de los estudiantes L2. Sin embargo, produjeron las consonantes /p, t, k/ con VOTs más cortos que los estudiantes L2; de hecho, los VOTs eran casi idénticos a los del grupo de control monolingüe en español. Otra cosa que estudiaron estos autores fueron las consonantes aproximantes. En español, las oclusivas sonoras /b, d, g/ se vuelven aproximantes /β, ð, ɣ/ entre vocales. Es decir, la primera /b/ de "*bebé*" es oclusiva, mientras que la segunda, por estar entre dos vocales, es aproximante (más "suave"). En este estudio, las /b, d, g/ intervocálicas de los "niños escuchadores" eran más aproximantes que las de los estudiantes L2.

Poco después, Knightly et al. (2003) mostraron que la /g/ intervocálica de estos individuos era menos aproximante que las /b, d/. Otro estudio posterior indicó que aquellos que además de escuchar el español de niños también lo *hablaban* exhibían aun más ventaja en la pronunciación. En la conclusión general, proponen que a los dos grupos—los escuchadores y los habladores—se les juzgó la pronunciación como más parecida a la de los monolingües que a la de los estudiantes L2 (Au et al. 2008).

Tres estudios adicionales sugieren que el sistema fonológico de los hablantes de herencia es complicado y está influido por una variedad de factores:

1. Amengual (2012) reportó que los hablantes de herencia produjeron la /t/ con VOTs más largas en palabras que tenían cognados en inglés como *teléfono* y *terrible*, y no con los no-cognados como *teclado* (*keyboard*) y *testigo* (*witness*). Los monolingües no exhibían esta diferencia.

2. Rao (2012) encontró que la realización aproximante correlacionaba con la mayor participación del hablante de herencia en redes sociales en español. Además, miró la realización de la /v/ ortográfica. En español, lo que ortográficamente se escribe como <b> o <v> se supone que se pronuncian de la misma manera, como una oclusiva bilabial sonora [b]. Es decir, /vaca/ y /bata/ comienzan con el mismo sonido. Sin embargo, Rao (2012) notó una alta realización de la grafía <v> como la fricativa labiodental sonora [v] tanto en el habla espontánea como en la lectura. Sugirió el autor que la /v/ puede ser un fonema en el inventario de estos hablantes. Sin embargo, hay

que notar que se da la variante /v/ en otros países hispanohablantes (Sadowsky 2010) y en partes del suroeste.

3. Por último, Balukas (2012) estudió el VOT en palabras españolas que, dentro de conversaciones naturales con cambios de código, siguieron usos del inglés. Encontró que el VOT de /p, t, k/ no eran más largos cuando iban precedidos por usos del inglés. Es decir, esto sugería que el inglés no influía en el VOT del español.

## Las vocales

Ronquest (2012) analizó las vocales producidas por hablantes de herencia mexicanos en Chicago. Antes de presentar los resultados, repasemos muy brevemente algunos conceptos. Aunque el inglés y el español comparten los fonemas /a/, /e/, /i/, /o/, /u/, no se pronuncian de manera idéntica. En general, las vocales españolas suelen ser más tensas y breves que las vocales análogas inglesas (Schwegler et al. 2010).

Otras diferencias entre los dos sistemas tienen que ver con la pronunciación de la /u/, la /e/, y las vocales átonas:

• En español, la /u/ se produce de manera más tensa y con los labios más redondeados que la /u/ inglesa. Como resultado de estas diferencias, la /u/ española suele ocupar una posición más *posterior* en el espacio acústico que su contraparte inglesa.

• La /e/ también se produce de manera distinta en español e inglés. Aunque es posible pronunciar /e/ como un diptongo en inglés (i.e., una secuencia de dos vocales, como en la palabra "*prey*"), la /e/ española es siempre una vocal pura sin componente deslizada. Es importante notar también que muchos dialectos del inglés tienen otro fonema anterior medio, la vocal /ɛ/, que ocurre en palabras como "*bet.*" Esta vocal ocupa una posición más baja y posterior en el espacio acústico que la /e/. Producir la /e/ española como diptongo o como la vocal menos tensa /ɛ/ tiene algunas consecuencias acústicas. Puede resultar en una vocal más alta en el espacio vocálico si se produce como diptongo, o más bajo y posterior si es menos tensa y más semejante a la /ɛ/ inglesa.

• Una de las diferencias más notables entre los sistemas vocálicos del inglés y español tiene que ver con la pronunciación de las vocales átonas, es decir, las vocales que no reciben la fuerza en la palabra. En inglés, la gran mayoría de las vocales átonas se relajan, y muchas se producen como una vocal central neutra que se llama *schwa* ([ə]). La *schwa* se pronuncia como la "*u*" en "*um*" o "*uh huh.*" La mayoría de las descripciones de las vocales españolas producidas por hablantes monolingües argumentan que tanto las vocales tónicas como las átonas mantienen su timbre (i.e., su carácter tenso y breve) en ambas posiciones y no se reducen a una vocal relajada, la *schwa*, como suelen hacer en inglés.

### EJERCICIO 4.18:

Di en voz alta las siguientes palabras, prestando atención a la pronunciación de las vocales. Debes notar que las vocales españolas suelen ser más tensas y breves que sus contrapartes inglesas, y que las vocales átonas no se producen como *schwa*.

| *Español* | tú | su | se | de | haya | soga |
|---|---|---|---|---|---|---|
| *Inglés* | two | sue | say | day | Ida | sofa |

Ronquest (2012) notó diferencias y semejanzas entre la producción de las vocales españolas por hablantes de herencia y monolingües de otros países. Los hablantes de herencia produjeron la /u/ bastante más anterior (es decir, menos tensa y menos redondeada) y la /e/ más posterior (como diptongo), comparadas con los hablantes monolingües. También manifestaron mayores efectos de acento léxico, produciendo vocales átonas mucho más centralizadas (i.e., relajadas como la *schwa*) que las tónicas. Estos fenómenos los atribuyó la autora en parte a la influencia del inglés.[15] También encontró que la cantidad de contacto entre los hablantes de herencia y sus parientes en México influyeron en la producción de las vocales. Los que pasaban tiempo en ese país y se mantenían en contacto con sus parientes mexicanos produjeron una /u/ más posterior y semejante a la "norma" monolingüe.

Otro resultado importante fue que, como los hablantes monolingües del español, los hablantes de herencia produjeron vocales más periféricas en el habla formal comparadas con el habla coloquial. Es decir, en el habla controlada, las vocales solían ser más tensas, mientras que en el habla coloquial, solían relajarse y centralizarse. Estas diferencias entre el estilo formal e informal (o coloquial) también se observan en variedades monolingües del español fuera de los EE.UU. (Harmegnies y Poch Olivé 1992; Poch Olivé et al. 2008). Para resumir, el estudio de Ronquest (2012) ofrece una descripción de la producción de las vocales españolas por hablantes de herencia, revelando semejanzas y diferencias entre su sistema y los sistemas monolingües.

## La prosodia

Por último, hay varios estudios acústicos sobre acento léxico y entonación. Antes de presentar los resultados, repasemos muy brevemente algunos conceptos. La sílaba que tienen el "golpe" en la producción se llama **tónica** y las que no lo tienen se llaman **átonas**.

### EJERCICIO 4.19:

Divide las siguientes palabras en sílabas e indica cuál es la tónica y, si las hay, cuáles son átonas.

televisión    vaso    pantufla    guante    rincón    habló

Las palabras **llanas** tienen el acento tónico (o el "golpe") en la penúltima sílaba—es decir, la que viene antes de la última—mientras que las palabras **agudas** lo tienen en la última sílaba.

### EJERCICIO 4.20:

Decide si las palabras siguientes son llanas o agudas.

televisión    vaso    pantufla    guante    rincón    habló

---

[15] Esta reducción y centralización de vocales átonas también las observó Boomershine (2012) en su estudio de hablantes de herencia (también mayoritariamente mexicanos) en Carolina del Norte.

**CUADRO 4.10.** Entonación en preguntas y declaraciones

| Tipo de oración | Ejemplo (con su contexto) |
|---|---|
| Pregunta neutra | Entras en una tienda y le preguntas a un empleado si hay manzanas. *"¿Hay manzanas?"* |
| Declaración no-neutra | Vas al mercado a comprar frutas pero la frutera no te oye muy bien. *Tú: Quiero un kilo de manzanas.* *Ella: ¿De naranjas?* *Tú: No, de manzanas.* |
| Declaración neutra | Estuviste fuera de casa todo el día y tu mamá te pregunta adónde fuiste. Le respondes: *"Fui a comprar manzanas."* |

Kim (2012) estudió la percepción y producción del **acento léxico** (*"lexical stress"*). Tanto los hablantes de herencia como los monolingües percibieron las palabras llanas menos bien que las agudas. En cuanto a la producción del acento léxico, sin embargo, los hablantes de herencia mostraron patrones diferentes. Al leer oraciones como "Por la plaza, paso yo," tendían a producir las llanas (ej. *paso*) con una duración más larga de la vocal final como si fueran agudas (ej. *pasó*). Se atribuyó esta diferencia al hecho de que los hablantes de herencia no tenían tanta familiaridad con la inversión sujeto–verbo (como *paso yo*) y, al verse "forzados" a producirlo, pusieron una pausa entre el verbo y el sujeto, lo cual resultó en una alargamiento de la vocal final.

A pesar de estas diferencias fonológicas entre los hablantes de herencia y los monolingües, otros estudios parecen revelar más similitud entre los dos grupos. Henriksen (2011) comparó la entonación de un grupo de hablantes de herencia de origen mexicano en Chicago con la de inmigrantes mexicanos recién llegados. Más específicamente, examinó la entonación usada en las preguntas, las declaraciones no-neutras y las declaraciones neutras.

## EJERCICIO 4.21.

Lee en voz alta las oraciones del Cuadro 4.10. ¿Cómo cambia la entonación?

El autor encontró que los dos grupos usaron la misma entonación para codificar los contrastes pragmáticos entre preguntas y declaraciones predispuestas no-neutras vs. las neutras.

También en Chicago, Hoot (2012) estudió el foco (*"focus"*) entre el español de los hablantes de herencia. Se había postulado (Zubizarreta 1998) que los constituyentes con enfoque estrecho (*"narrow focus"*) aparecen a la derecha, donde también reciben el acento de la oración, como en el Ejemplo 28:

[Pregunta: *¿Quién compró un coche?*]

28. Respuesta esperada: *Compró un coche mi mamá.*

Bajo esta postulación, sería incorrecto responder como en el Ejemplo 29:

29. _Mi mamá compró un coche._

El estudio de foco es complicado porque juegan un papel tanto la prosodia como la sintaxis y el contexto del discurso. Como vimos con el trabajo de Montrul (2008) y otros, los sistemas gramaticales de los hablantes de herencia muestran diferencias de los sistemas de hablantes de otros países hispanohablantes justamente en la interfaz entre la sintaxis y otros niveles de la lengua. Esto sugiere que estos hablantes expresarían el foco en español de manera diferente a la de los monolingües. Sin embargo, Hoot (2012) encontró que no era así: los hablantes de herencia aceptaron oraciones con desplazamiento del acento al igual que los monolingües.

Como conjunto, estos resultados fonéticos, fonológicos y prosódicos revelan la naturaleza compleja de los sistemas de los hablantes de herencia, quienes convergen en una pronunciación monolingüe más que los estudiantes L2, pero no en un cien por ciento.

## 4.4  Los hablantes de herencia vs. los estudiantes L2

Varios de los artículos que hemos descrito en este capítulo ofrecieron comparaciones entre los hablantes de herencia y dos otros tipos de hablantes: los hablantes monolingües del español y los estudiantes del español como L2. Las comparaciones con los hablantes monolingües del español se debe a una preocupación (quizás un tanto mal encaminada) por ver cuánto se "desvían" los hablantes bilingües de un comportamiento lingüístico monolingüe. Muchas de las comparaciones con los estudiantes L2 tienen sus raíces en un afán por desarrollar esfuerzos pedagógicos útiles. Es decir, si encontramos que los hablantes de herencia tienen sistemas de español diferentes de los que tienen los alumnos L2, es lógico suponer que necesitan intervenciones pedagógicas diferentes (tema que retomaremos en el Capítulo 8).

Lo que hemos visto en general es que los hablantes de herencia difieren de manera significativa de los alumnos L2 en sus conocimientos subconscientes de la gramática (sobre todo los aspectos que se adquieren temprano, incluyendo la fonología y algunos aspectos de la morfología y la sintaxis). El Cuadro 4.11 resume las características del contexto de la adquisición L1 vs. L2. Las celdas sombreadas indican los factores que caracterizan la adquisición de una lengua de herencia.

Como se puede notar, la autora postula que la adquisición del español como lengua de herencia tiene algunas características de la adquisición L1 y otras de la adquisición L2. Por ejemplo, a diferencia de los monolingües, quienes reciben _input_ abundante en español, los hablantes de herencia varían en la cantidad y calidad de _input_ que reciben en español porque se crían en los EE.UU. rodeados por el inglés. También tienen comparativamente menos oportunidades para producir _output_ en español. Afectivamente, como vimos en el Capítulo 2, algunos niños y jóvenes bilingües rechazan el uso del español y como resultado pueden acabar con una proficiencia más baja. En cuanto a sus sistemas lingüísticos, vemos que los tres grupos experimentan errores de desarrollo ("_developmental errors_"), es decir, el mismo tipo de _error_ que hacen los niños L1 que después dejan de hacer a medida que

**CUADRO 4.11.** Características de la adquisición L1, L2 y una lengua heredada

(Montrul 2008) Las celdas sombreadas indican los factores que caracterizan la adquisición de una lengua de herencia.

| Factores | | Adquisición L1 | Adquisición L2 adultos |
|---|---|---|---|
| Conocimiento lingüístico previo | | Ninguno | Conocimiento L1 completo |
| *Input* | Cronología | Temprana (desde nacer) | Tarde (después de la pubertad) |
| | Contexto | Natural | Natural o con instrucción formal |
| | Modo | Oral | Oral y escrito |
| | Cantidad | Abundante y frecuente | Varía en cantidad y frecuencia |
| | Calidad | Variada, rica, contextualmente apropiada | Contextualmente restringida, menos variedad de estructuras y vocabulario |
| | Lectoescritura | Se adquieren las estructuras y vocabulario complejos después de los cinco años | Desarrollada |
| Factores afectivos | | Irrelevantes | Relevantes |
| Sistema | Tipos de errores | De desarrollo | De desarrollo y de transferencia de la L1 |
| | Fosilización | No ocurre | Típica |
| | Resultado | Exitoso y completo | Variable y típicamente incompleto |

crecen. Unos ejemplos de errores de desarrollo en inglés serían *I goed* (en vez de *I went*) y *she eated* (*she ate*), y en español un error de desarrollo común es *yo sabo* (para *yo sé*) y *yo dijí* (para *yo dije*).

Es extremadamente difícil distinguir entre los factores que se deben únicamente a la edad y aquellos que se deben al entorno (sobre todo el *input*). Lo que resalta la autora es el papel importante que tiene la lectoescritura en el desarrollo del español, incluyendo la escolarización formal, tema al cual regresaremos en el Capítulo 8.

El Cuadro 4.12 contrasta la adquisición y la erosión en los adultos y los niños (tomado de Montrul 2008). ¿Cómo puede un adulto perder su L1? Se postula que después de la edad de aproximadamente nueve años, una persona no suele perder su lengua dominante, aun si inmigra a otro país. Pero su sistema lingüístico puede experimentar algunos cambios que se ven en este cuadro. Estos cambios afectan el sistema lingüístico y caben dentro de los que se califica de erosión (en los adultos) y de adquisición incompleta (en los niños).

A este caso, aunque la L1 puede estar parcialmente perdida en los adultos o adquirida de manera incompleta en un caso de bilingüismo temprano, los hablantes todavía retienen rasgos de una L1 porque la adquirieron antes del periodo crítico.

A estas diferencias, se agrega otro punto importante: el que muchos hispanoparlantes estadounidenses, tanto los que inmigran de adolescentes como los nacidos en este país,

**CUADRO 4.12.** La erosión y adquisición incompleta de la L1

(Tomado de Montrul 2008)

|  | Adultos | Niños |
|---|---|---|
| Adquisición de una L2 | *Errores de desarrollo:*<br><br>• Influencia de la L1<br>• Variabilidad morfológica, tanto en rasgos semánticos como formales<br>• Fosilización<br>• Acento extranjero (varía) | *Errores de desarrollo:*<br><br>• Influencia de la L1<br>• Variabilidad morfológica (alguna), pero se puede superar<br>• Menos fosilización<br>• Más común tener un acento nativo |
| Pérdida de la L1 | *Erosión:*<br><br>• Algunos cambios en la L1 influenciados por la L2; solo los rasgos semánticos<br>• Rasgos formales no se ven afectados<br>• Demoras en producir vocabulario<br>• Puede haber cambios menores en el acento | *Adquisición incompleta:*<br><br>• Errores de desarrollo y de regularización<br>• Puede exhibirse un sistema simplificado<br>• Cambios debidos a la otra lengua (el inglés en nuestro caso)<br>• Dependiendo de la edad y el *input*, pueden mantenerse aspectos básicos de la sintaxis (orden de constituyentes, clíticos, etc.)<br>• Las estructuras que suelen adquirirse tarde y/o que no son básicas pueden no adquirirse<br>• Acento extranjero (pero más nativo que el de los adultos) |

pueden poseer conocimientos **receptivos** del español que son más desarrollados que los productivos. Es decir, pueden entender mucho más que lo que pueden decir y muchos pueden conjugar correctamente el imperfecto del subjuntivo al hablar, sin saber que así se llama y sin poder identificarlo como tal. También es cierto que existen muchos hispanos que desarrollan muy poca o nada de habilidad en español, cuyos sistemas entonces se parecen a los de los estudiantes de español como lengua extranjera (Lynch 2008; Lipski 1993; Rivera-Mills 2013).

## 4.5 Conclusión

En síntesis, el español de los hablantes de herencia de los Estados Unidos, a grandes rasgos, presenta variación a nivel de la morfología, la sintaxis, la pragmática y la fonología. Se postula que parte de esta variación se atribuye a la interferencia estructural, pragmática y fonológica del inglés, que es la lengua social y funcionalmente más dominante en los hablantes de herencia de segunda y tercera generación.

Como se mencionó anteriormente en este capítulo, parece ser que la exposición a una lengua minoritaria—en nuestro caso, el español—es necesario pero no suficiente para su adquisición. Hace falta no solo *recibir* pero también *producir* la lengua a lo largo de la vida.

Para finalizar, es igualmente importante subrayar que las diferencias que se encuentran en el español de los EE.UU. se deben, en la mayor parte, a la gran variabilidad interna que encontramos en los sistemas lingüísticos de español de los hablantes de la G2 (Otheguy y Zentella 2012), que además representan la mayoría de los hispanohablantes nacidos en los EE.UU. (véanse los Capítulos 3 y 5). Por lo tanto, los estudiosos tienen cuidado en atribuir estos rasgos a la influencia del inglés, pero coinciden en que el contacto con el inglés desencadena la **aceleración** de ciertos cambios en la lengua, especialmente los morfosintácticos, que son producto del sistema interno del español y de las tendencias en las lenguas del mundo. Este tema lo veremos con más detalle en el Capítulo 5.

## Conceptos claves

Busca en el texto las definiciones de estos conceptos y compara con tus compañeros.

Adquisición "incompleta" y erosión gramatical
Edad
Hablantes de herencia vs. estudiantes L2
Patrones de adquisición
Sistemas verbales
Sistema fonológico

# 5 El español en contacto con el inglés

El contacto de lenguas es un fenómeno tan antiguo como la historia de las lenguas del mundo. En el siglo XIX, en una afirmación muy citada, Schuchardt (1922) dijo que "no existe ninguna lengua que no tenga algo de mezcla" (con otra lengua o lenguas). Enfatizaba con esta afirmación que todas las lenguas siempre han estado en contacto con otra u otras lenguas en algún momento de su historia. En el caso del latín, por ejemplo, cuando llegó a la Península Ibérica estuvo en contacto con las lenguas que se hablaban allí, como el vasco, el íbero, el celta, etc. De igual manera, el español evolucionó en contacto con varias lenguas, especialmente el árabe durante los ocho siglos que los musulmanes tuvieron bajo su control parte de la Península Ibérica. Entonces no existen lenguas "puras" que no tengan influencias de otras lenguas.

## EJERCICIO 5.1:

Para ver un excelente mapa lingüístico de la Península Ibérica entre los años 1000 y 2000, busca "evolución español Wikimedia commons." Después, busca por Internet una lista de palabras del español que tienen origen árabe. Anota unas diez que te sorprendieron. Notarás que muchas empiezan con *al-*. Esto es porque *al* es el artículo definido del árabe (como *el* del español: *el pan, el día*, etc.) y cuando se tomaron prestadas muchas de las palabras del árabe, se aglutinaba el artículo junto con el sustantivo. Por ejemplo, *al-mujadda* era "*the pillow*," pero se volvió *la almohada* ("*the thepillow*").

Hoy en día, en todas las naciones del mundo, se habla más de una lengua. De hecho, los bi-/multilingües suman un poco más que los monolingües (Grosjean 2010). En los EE.UU., por ejemplo, se hablan 381 lenguas además del inglés, según el censo del American Community Survey del 2011 (Ryan 2013:2). ¿Por qué entonces piensa mucha gente que el monolingüismo predomina en las naciones del mundo? La respuesta se debe a las ideologías nacionalistas, especialmente de los siglos XVIII y XIX, que promovieron que *un país* debe tener *una (sola) lengua* para que la comunicación sea efectiva entre todos los ciudadanos del país. Si bien la justificación parece razonable, esta postura tiene consecuencias importantes porque inevitablemente una lengua adquiere el poder sobre las demás. Como primera consecuencia, la lengua oficial (o nacional o dominante, como es el caso del inglés en los EE.UU.) se convierte en la lengua **oficial de uso**[1] en las instituciones gubernamentales (como las

---

[1] Los EE.UU. no tiene una lengua oficial federal.

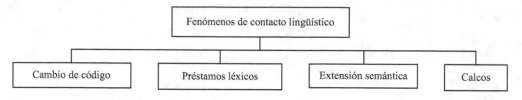

**Figura 5.1.** Tipos de fenómenos de contacto lingüístico

cortes, la oficina automotriz, las municipalidades, etc.), las instituciones sociales (hospitales, bancos), la instrucción escolar y en los medios de comunicación, entre otros. Como segunda consecuencia, las otras lenguas que se hablan dentro del país se convierten en las lenguas minorizadas, ya que su valor social (y el de la comunidad de hablantes) se reduce. Como tercera consecuencia, los hablantes de la lengua minorizada se ven obligados a tener que aprender la lengua de poder si quieren participar plenamente en la sociedad del país.

Cuando existe una comunidad de hablantes bilingües que habla la lengua minorizada y la lengua dominante, hablamos de **contacto entre dos lenguas**. Como ya dijo Weinreich (1953) en su libro seminal sobre lenguas en contacto, "el hablante bilingüe es, por excelencia, el *locus* ["lugar" en latín] del contacto lingüístico." En otras palabras, es en el habla de la comunidad bilingüe donde encontramos los primeros efectos del contacto de las lenguas. En el Capítulo 4 vimos que el término **hablante bilingüe** hace referencia a personas, con diferentes historias sociales, que adquieren dos lenguas y que emplean cada una con diferentes grados de proficiencia. En este capítulo nos centramos primero en aquellos resultados lingüísticos del contacto de lenguas que se emplean extendidamente en el español de hispanohablantes nacidos en los EE.UU. y que, por lo tanto, constituyen rasgos del español de los EE.UU.[2] Los rasgos lingüísticos que presentamos son rasgos de lo que Otheguy y Zentella (2012) llaman los **dialectos de contacto**. Como veremos, estos fenómenos lingüísticos se rigen por patrones sistemáticos.

## 5.1 Fenómenos del contacto lingüístico

Los fenómenos lingüísticos resultantes de una situación de contacto lingüístico pueden tratarse del léxico o de la gramática. Thomason (2001) propuso que en situaciones en las que la influencia de una lengua entra a la lengua en la que somos dominantes—el inglés sobre el español, en nuestro caso—los fenómenos que derivan son primordialmente al nivel del léxico. Sin embargo, si el contacto es prolongado e intenso y el bilingüismo es también extendido, como es el caso del contacto del español y el inglés en los EE.UU., la influencia puede verse también en otros niveles de la lengua (la gramática).

El español de los latinos refleja la influencia de palabras y expresiones del inglés. Los cuatro fenómenos más comunes son el cambio de código, los préstamos léxicos, las extensiones semánticas y los calcos (traducciones literales) (Figura 5.1). Pasamos a describir

---

[2] Estos rasgos también se encuentran en el habla de inmigrantes con larga residencia en los EE.UU.

**CUADRO 5.1.** Tipos de cambios de código

| Interoracional | ¿Nunca has comido en ese restaurante? *The food is delicious.* |
|---|---|
| | *She must like that author.* Se leyó todos sus libros. |
| Intraoracional | *Those cars* chocaron en la esquina. |
| | Vi una *girl* que estaba *walking her dog.* |
| Marcadores de discurso (tags) | *So* le abrí la puerta, y la llevé allí. |
| | Cuando hablo con los jefes hay veces, hay veces, *y'know*, que *I get mad.* |

primero estos fenómenos más comunes y, seguidamente, otros fenómenos menos estudiados que se encuentran en el nivel del discurso, de los sonidos y de la morfosintaxis.

## 5.1.1 Cambio de código

El **cambio de código** ("*code-switching*" en inglés) es muy común en las situaciones del contacto de lenguas en el mundo donde hay un bilingüismo extendido. En el *Diccionario de Sociolingüística*, el cambio de código se define de la siguiente manera:

> ... instances when speakers switch between *codes* (languages or language varieties) in the course of a conversation. Switches may involve different amounts of speech and different linguistic units—from several consecutive utterances to individual words and morphemes ...
>
> (Swann et al. 2004:40)

En el español de los hablantes de segunda y tercera generación en los EE.UU., se encuentra un alto uso del español y el inglés en el mismo discurso (cf. Betti 2013). En un estudio ya clásico titulado "Sometimes I'll start a sentence in Spanish y termino en español," Poplack (1980/2000) encontró que el cambio de código no es al azar, sino que es sistemático (es decir, tiene reglas). Distingue tres tipos de cambios de código, presentados en el Cuadro 5.1.

En el primer tipo, **interoracional,** el cambio de lengua se da entre dos oraciones independientes. El cambio **intraoracional** ocurre dentro de una misma oración. El tercer tipo hace referencia a **marcadores discursivos** (o "*tags*") que miraremos con más detalle en la Sección 5.1.5.

El cambio de código no es al azar, sino que sigue ciertas tendencias muy fuertes. La sistematicidad de estas prácticas verbales ha sido comprobada empíricamente (Thomason 2001).[3] Las tendencias son específicas al par de lenguas estudiadas, pero una de las restricciones propuestas por Poplack (1980/2000) parece funcionar para todo tipo de cambios de código: la **restricción de la equivalencia estructural** ("*equivalency constraint*"). Esta restricción dice que solo se

---

[3] A pesar de su alta sistematicidad, casi siempre se encuentran excepciones—por eso hablamos de **tendencias** en lugar de **reglas**.

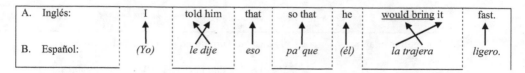

**Figura 5.2.** Puntos de cambio de código permisibles (tomado de Poplack 1980/2000:235)

**CUADRO 5.2.** Puntos estructurales de posible cambio de lengua

(Adaptado de Poplack 1980/2000)

| | |
|---|---|
| entre sujeto y predicado | *My mom* ha cambiado su horario de trabajo. |
| entre verbo y objeto nominal | *He went to buy* un poco de hielo. |
| entre *ser/estar* y gerundio | Ellos están *walking the dog*. |
| entre *ser/estar* y adjetivo predicativo | Su hijo es *super cute*. |
| entre verbo y cláusula de objeto o complemento | *I was playing with the videogame when he yelled* yo también quiero jugar. |
| entre preposición y frase nominal | *She is playing with* los chamacos. |
| entre la conjunción subordinante y la cláusula siguiente | *I went to buy some fruit because* no había en la casa. |
| entre el sustantivo y su cláusula relativa siguiente | ¿Conoces a la chica *who lives with Alex*? |
| entre oraciones unidas por una conjunción | Fuimos al cine *and then to the mall*. |

cambia de código en puntos en el discurso en los cuales las estructuras de los dos idiomas son equivalentes o coinciden. Enfatiza que no se puede violar una regla sintáctica de ninguna de las dos lenguas. Mirando la Figura 5.2, vemos que "*I told him that pa' que la trajera fast*" es posible porque los cambios ocurren entre dos "cajas" sintácticas. Pero estos otros ejemplos no son posibles porque ocurren dentro de una de las "cajas" sintácticas:

*\*I le told him*

*\*pa' que la bring*

Algunos ejemplos de equivalencia entre el español y el inglés aparecen en el Cuadro 5.2.

Algunos ejemplos de cambios de código que violarían esta restricción se presentan en el Cuadro 5.3.

## EJERCICIO 5.2:

Indica si los cambios de código siguientes son posibles. Si lo son, indica si son intra- o interoracionales. Y si no son posibles, explica por qué.

1. No quiero hacer mi tarea. *It's too hard.*
2. El *boy* que *broke* la *window* está *here.*
3. *She looked like she was really* triste.
4. *Walking my dog the other day, I saw Sally.* Me dijo que todo va bien con su vida.
5. Ya te *told you the whole story.*
6. *I had to tell the students many times*, siéntense en sus sillas, por favor.
7. *My mother went to the store and* compró leche.
8. Estoy *confused.*
9. *Why did they* ir tan tarde?
10. Me dijo que llegaría a las cinco, *but he's not here yet.*
11. *I have* esperado *for* dos horas.
12. Pedro *was mad and then he* fue.
13. Juan está bailand*ing* con su novia.
14. Está *teaching* en la escuela alta.
15. No estudiaron *so they failed the test.*

**CUADRO 5.3.** Puntos estructurales en los cuales el cambio de lengua no sería posible

(Adaptado de Poplack 1980/2000; Lipski 2004, 2008:232)

| | |
|---|---|
| *pron. clítico + V finito | *she* lo *wants* lo / *she wants* lo |
| *pron. sujeto + V finito | *yo* went to school / *I* fui a la escuela |
| *aux. *haber* + V participio | *she had* venido ayer / *ella había *come yesterday* |
| *adv. de negación + V finito | *él no *is very friendly* |
| *pron. interrog. + V finito | *¿Cuándo *will you visit us*? |

Los estudiosos proponen que cambiar de código sin violar las reglas sintácticas de ninguna de las dos lenguas requiere de un nivel bastante alto de habilidad en los dos idiomas. Poplack (1980/2000) encuentra que la proficiencia en español está ligada a los patrones de cambio de código; es decir, los bilingües con niveles altos de español e inglés hacen más cambios intraoracionales, mientras que los que tienen un conocimiento menor de una de las lenguas se limitan a los cambios interoracionales porque son menos complicados estructural y discursivamente. Los estudios han comprobado que los patrones del cambio de código varían según las lenguas de la comunidad bilingüe (francés e inglés, Poplack 1988; español y hebreo, Berk-Seligson 1986; etc.).

Algunos estudios han mirado el uso y los efectos del cambio de código en la publicidad. Mahootian (2005) propone que sus usos no solo reflejan la práctica lingüística de cambiar de códigos, sino que constituyen evidencia de su propagación y de un cambio lingüístico en progreso. Luna y Peracchio (2005) investigaron el posible efecto de la direccionalidad del cambio de códigos (es decir, del inglés al español vs. del español al inglés) con respecto a cuánto se acordaban los participantes de los anuncios impresos. También miraron el efecto en el grado de persuasión que reportaban los participantes según la direccionalidad del cambio. Bishop (2006), en cambio, exploró el impacto del cambio de códigos en la percepción de los consumidores de la sensibilidad cultural que expresaban los anunciantes.

En un estudio sobre el uso del cambio de código español–inglés en tarjetas comerciales de Hallmark y American Greetings, Potowski (2011) propone que algunos pasajes son intentos *no fortuitos* ("*infelicitous*") de replicar las prácticas lingüísticas de los latinos. Los individuos bilingües en Chicago y en Phoenix que se entrevistaron indicaron que, efectivamente, algunos usos lingüísticos de las tarjetas no les parecían auténticos.

## EJERCICIO 5.3:

Analiza los textos de algunas de las tarjetas comerciales que aparecen en el estudio de Potowski (2011) y explica por qué algunos no logran replicar exactamente las prácticas de cambio de código. ¿Dónde están los problemas?

1. Thinking of our Amistad. At this time of giving, I want to darte gracias for giving me your amistad.
2. May your Quince[añera] find you sparkling with felicidad. May you be surrounded by cariño y amistad. May your dreams come true and fill your heart with alegría. This and more is wished for you because it is tu día. ¡Felicidades!
3. Eres tan nice, tan super, y tan special que Santa va a bring you todo lo que mereces. Solo hay un little problema . . . ¡No sabe cómo poner todo el mall en su sleigh! ¡Merry Christmas, Chica!
4. Le pedí a God que me diera mucho money ¡para comprarte un big regalo! Pero me dijo: "Forget it!" ¡Diviértete, Anyway! (and Happy Birthday)
5. ¡Ay chihuahua! ¿Another cumpleaños? Ten mucho fun.

## EJERCICIO 5.4:

Busca por Internet "Don Quijote Spanglish" de Ilan Stavans y analiza los cambios de código. ¿Te parecen auténticos?

En algunas poblaciones latinas, el cambio de código es la forma natural de comunicarse; es decir, es la variedad de español que se emplea cuando dos bilingües se comunican en contextos familiares (cf. Betti 2013). Encontramos comunidades latinas donde el cambio de código es extendido no solo en el suroeste (cf. Lance 1975; Peñalosa 1980; Sánchez 1983; Baca 2000), sino también en otras partes del país como el noreste (cf. Poplack 1980/2000, 1988; Zentella 1982, 1997a, 2004; Torres 2003), el medio-Atlántico (Smith 2006),el sureste (Staczek 1983;) e incluso en los *blogs* (Montes-Alcalá 2007).

Además de la morfosintaxis del cambio de código, también se han investigado sus efectos fonológicos. Bullock y Toribio (2009) estudiaron el **tiempo del inicio de la sonoridad** (VOT, del inglés "*voice onset time*"), el intervalo de tiempo que transcurre entre el acabar una consonante oclusiva sorda /p, t, k/ y el comienzo de la vibración de las cuerdas vocales (ya vimos este fenómeno en el Capítulo 4). Pidieron a hablantes monolingües en español, monolingües en inglés y bilingües que dijeran las oraciones siguientes, mientras las autoras se enfocaban en el VOT de las consonantes subrayadas:

1. *¿Para quién es la torta?*
2. *Who took the cap from my pen?*
3. *The typhoon damaged techos y paredes.*
4. *Todos mis amigos talked Spanish as 3kids.*

Encontraron que los VOT de los bilingües eran diferentes de los de los monolingües; que los VOT de los bilingües en inglés también eran diferentes de lo que producían ellos mismos en español y, cuando cambiaban de códigos, ajustaban su VOT, demostrando patrones de divergencia, convergencia, hiperarticulaciones y/o transferencia. Enfatizan las autoras que son precisamente los bilingües más proficientes en las dos lenguas quienes utilizan las pronunciaciones más convergidas.

## EJERCICIO 5.5:

El canal de cable HBO ha creado una serie de videos titulada "Habla Ya" que contiene ejemplos de latinos en Nueva York hablando sobre varios temas (busca en YouTube). Aunque algunos segmentos incluyen palabras un poco vulgares/groseras, intenta ver algunos de los siguientes episodios e indica la razón posible por la que se dieron los cambios de código.

Parte 1: "Gemelas," "Familia," "Boricua."

Parte 2: "Accents," "Bronx vs. Heights," "Bárbara," "Sister."

Poniendo de lado las propiedades morfosintácticas y fonológicas de los cambios de código, pasamos a preguntarnos: *¿por qué* se hace? A veces un hablante cambia de una lengua a otra porque le viene más rápido a la mente una palabra que otra. Otro motivo puede ser porque desconoce totalmente cierta palabra en una de sus lenguas. Sin embargo, estas no son las explicaciones para la mayoría de los casos. Por ejemplo, Zentella (1997a) encontró que en un corpus de miles de cambios de código producido por un grupo de cinco niñas, en el 75 por ciento de los casos las niñas sabían perfectamente decir en español lo que habían producido en inglés. Esto lo sabía la autora porque dentro del corpus, en otras ocasiones, las niñas habían producido esas mismas palabras en español. ¿Por qué, entonces, dirían por ejemplo *scissors* un día y *tijeras* otro día?

Diversos autores explican que en la mayoría de los casos, los cambios de código se hacen para expresar funciones pragmáticas y discursivas y no necesariamente preferencias léxicas (Gumperz 1977, 1982; Poplack 1980/2000; Myers-Scotton 1993). Entre las funciones pragmáticas se encuentran:

- marcar el cambio de tópico del que se habla
- dar énfasis a lo que se dice
- clarificar o traducir algo
- citar exactamente lo que dijo una persona
- hacer un comentario metalingüístico (sobre la lengua)

Entre las funciones relacionadas al discurso y a sus interlocutores, se encuentran:

- hacer comentarios parentéticos para crear solidaridad (con el interlocutor) entre los miembros de un grupo étnico
- expresar el respeto a la lengua dominante del interlocutor

Según Myers-Scotton (1995), los individuos también cambian de código para marcar una identidad dual, ya que el uso de un idioma marca ciertos derechos y obligaciones. En su estudio en sociedades con hablantes multilingües en África, Myers-Scotton encuentra que

**CUADRO 5.4.** Respuestas de cuatro jóvenes a siete aserciones sobre el cambio de código

(Toribio 2002)

|  | Yanira | Guadalupe | Rosalba | Federico |
|---|---|---|---|---|
| 1. It _sounds pretty_ when speakers mix Spanish and English in conversation. | **7** | **6** | **7** | **6** |
| 2. It _bothers me_ when speakers talk in Spanish and English at the same time. | 2 | **7** | 1 | 2 |
| 3. The mixing of English with Spanish leads to the _loss of Spanish_. | **7** | 2 | 1 | 2 |
| 4. The mixing of English and Spanish helps to _maintain Spanish_. | 1 | 2 | **7** | **6** |
| 5. The mixing of English and Spanish _enriches interactions in my community_. | 5 | **2** | 6 | n/a |
| 6. When I mix languages, others regard me as _less intelligent_. | **7** | 2 | 3 | 1 |
| 7. When I mix languages, I am _more respected by my community_. | **6** | **5** | **7** | **7** |

Valores: Desde 1 (de acuerdo) a 7 (en desacuerdo).

estos individuos no se conforman con las identidades marcadas por el uso de un solo idioma. Zentella (1997a) propone algo parecido para los puertorriqueños en Nueva York con respecto a su condición de bilingües de español e inglés. Ambos trabajos nos recuerdan que el estudio del cambio de código está ligado, inevitablemente, a sus hablantes y a las circunstancias del intercambio verbal.

Cambiar de código entonces es completamente natural y las motivaciones para hacerlo son inocuas. Sin embargo, muchas personas expresan actitudes negativas hacia el cambio de código. Toribio (2002), por ejemplo, exploró las actitudes que tenían cuatro jóvenes latinos bilingües de Santa Bárbara, CA, hacia el uso del cambio de código y hacia sus prácticas verbales. Las actitudes se expresaron en una escala de siete grados, según estuvieran de acuerdo con siete afirmaciones. En el Cuadro 5.4 aparecen las respuestas de cada joven.

Ningún joven respondió "4" para ninguna respuesta. Todos se situaban en el lado "de acuerdo" o en el lado "en desacuerdo." Todos los jóvenes coincidieron en decir que están en algún grado en desacuerdo con la afirmación que el cambio de código "suena bonito." Incluso no les parecía que el uso del cambio de código "les diera respeto dentro de su comunidad." Todos, excepto Guadalupe, coincidieron en que "les molesta cuando otros hablan con cambios de código." Todos, excepto Yanira, también estaban de acuerdo con que "otros los ven como 'menos inteligentes' cuando emplean cambios de código." Sin embargo, en otras apreciaciones no coincidieron las respuestas. Por ejemplo, Yanira era la única que consideraba que el cambio de código no era una causa para la pérdida del español. También hubo aparente contradicción en las respuestas de algunos. Por ejemplo, Guadalupe expresó que le "molesta cuando otros usan el cambio de código"; sin embargo, al mismo tiempo, estaba de acuerdo con que "la mezcla del español y el inglés enriquece los intercambios en su comunidad."

¿Por qué tanta variación en las respuestas? Toribio explica que las diferencias se deben a las experiencias lingüísticas que tiene cada joven con el cambio de código, como usuario (o no) y como miembro de una comunidad que la emplea. Explica los siguientes comportamientos sociolingüísticos de los jóvenes:

**Yanira**    nació en los EE.UU. y aprendió el español en casa y el inglés a los cuatro años. Trata de mantener el uso del español en su vida diaria mediante muchas actividades, si bien ahora su educación es en inglés en la universidad. Aunque tiene ciertas actitudes negativas hacia el cambio de código, lo practica porque considera que le ayuda a mantener su lengua minorizada.

**Guadalupe**    nació en los EE.UU. y emplea el inglés mayormente en su casa, aunque su madre le hable en español. Desde que ya no vive en su casa trata de mantener el español especialmente escuchando la radio y mirando la televisión varias veces a la semana. Su proficiencia en español es mayormente receptiva si bien trata de usarlo más por razones afectivas. En sus actitudes hacia el cambio de código, expresa, por un lado, las connotaciones negativas que todavía prevalecen en la sociedad hacia el cambio de código. Sin embargo, por el otro lado, considera que el cambio de código enriquece sus interacciones con su comunidad ya que considera que la ayuda a mantener el español.

**Rosalba**    llegó a los EE.UU. entre los diez y 12 años, cuando entró a una escuela donde la instrucción era todo en inglés. Emplea el español con su madre y las dos lenguas con otros miembros de su familia. Su vida fuera del hogar está dominada por el inglés. En sus respuestas no solo expresa las connotaciones negativas que prevalecen en la sociedad hacia el cambio de código, sino también trata de evitar la práctica del cambio de código.

**Federico**    nació en California pero vivió en México entre los cinco y diez años. Él también emplea el español con otros hispanohablantes y trata de mantener la lengua con películas, televisión, radio, textos escritos y servicios religiosos en español. No practica el cambio de código, excepto para aclaraciones, pues además su comunidad es altamente monolingüe en español. Concluye, por tanto, que el cambio de código afecta negativamente el mantenimiento del español.

La autora explica que estos cuatro hablantes representan experiencias diferentes en la comunidad latina en los EE.UU. y tienen prácticas diferentes con respecto al uso del cambio de código. En la Figura 5.3 se ven los factores que parecen regir las prácticas de estos jóvenes.

La decisión de practicar el cambio de código empieza si la comunidad a la que pertenece el hablante practica el cambio de código. Sin embargo, aun si la comunidad lo practica pero está estigmatizado extendidamente en esa comunidad, algunos elegirán no practicarlo, aunque otros sí. El uso de estos últimos estará condicionado por otros factores. Toribio (2002) encuentra que aunque el cambio de código no tenga mucho prestigio en una comunidad, existen **normas encubiertas** (*"covert norms"*) que valoran la dualidad expresada en el cambio de código. Este es el caso de Yanira, para quien el cambio de código

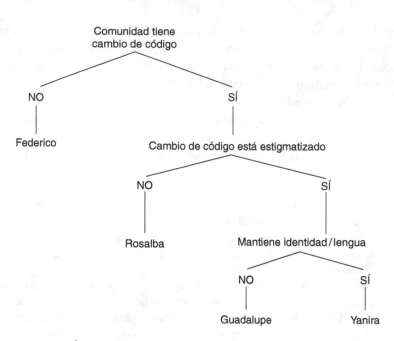

**Figura 5.3.** Árbol que refleja las decisiones para practicar el cambio de código (adaptado del texto de Toribio 2002)

**CUADRO 5.5.** Respuestas sobre el cambio de código en Ciudad Juárez (porcentajes)

(Adaptado de Hidalgo 1988:10) 1=totalmente en desacuerdo; 2=algo en desacuerdo; 3=incierto, 4=algo de acuerdo, 5=totalmente de acuerdo.

|  | 1 | 2 | 3 | 4 | 5 | Total |
|---|---|---|---|---|---|---|
| 1. El español hablado en El Paso es más correcto que el español hablado en Juárez. | 82 | 0 | 13 | 0 | 2 | 97%* |
| 2. Los mexicanos de El Paso deberían imitar el español de los mexicanos de Juárez. | 12 | 14 | 14 | 11 | 49 | 100% |
| 3. Suena muy bonito cuando los mexicanos de El Paso cambian del español al inglés y del inglés al español. | 65 | 9 | 13 | 5 | 8 | 100% |
| 4. Me molesta cuando los mexicanos de El Paso hablan en inglés y español al mismo tiempo. | 27 | 10 | 2 | 13 | 48 | 100% |

* El porcentaje no llegó a 100% cuando no hubo respuestas de todos los participantes.

expresa identidad social. Algunos no practican el cambio de código porque no se emplea en la comunidad a la que pertenecen (como Federico) o porque han internalizado el estigma social que acompaña al cambio de código y rechazan su uso (como Rosalba). Otros viven en lo que parece ser una contradicción. Por un lado aceptan el estigma social que se le atribuye al cambio de código y, por el otro, tienen actitudes afectivas hacia el español y su mantenimiento, como es el caso de Guadalupe.

**EJERCICIO 5.6:**

En la región de la frontera con México, se emplea frecuentemente el cambio de código. Sin embargo, las actitudes hacia esta práctica no son iguales en los dos lados de la frontera. En un estudio a finales de los años 80 en Ciudad Juárez, México, Hidalgo (1988) encuentra que los juarenses rechazan el cambio de código, mientras que es más empleado por los habitantes de El Paso, al otro lado de la frontera. El Cuadro 5.5 muestra las respuestas de 85 participantes a un cuestionario que pedía sus opiniones (desde totalmente en desacuerdo hasta totalmente de acuerdo) a ciertas afirmaciones. Las respuestas (dadas en porcentajes) representan las repuestas a la escala que se describe abajo. ¿Qué datos del cuadro ejemplifican las conclusiones de Hidalgo?

Además de ser empleado como una variedad lingüística coloquial, el uso del cambio de códigos se ha extendido a la literatura. A continuación se presenta como ejemplo un poema del famoso poeta y escritor chicano José Antonio Burciaga.

### *Bilingual Love Poem* por José Antonio Burciaga

1 Your *sonrisa* is a sunrise
2 that was reaped from your smile
3 sowed from a *semilla*
4 into the *sol* of your soul
5 with an ardent *pasión*
6 passion *ardiente*,
7 sizzling in a *mar de amar*
8 where more is *amor*
9 in a sea of *sí*
10 filled with the *sal* of salt
11 in the *saliva* of the saliva
12 that gives *sed* but is never sad.
13 Two tongues that come together
14 is not a French kiss
15 but bilingual love.

**EJERCICIO 5.7:**

Responde a las siguientes preguntas.
1. ¿A quién le escribe Burciaga este poema y qué expresa?
2. Piensa en las funciones (de sonido y de significado) que cumplen las palabras en español en su poema y apúntalas en el Cuadro 5.6.

## 5.1.2 Préstamos léxicos

El ámbito en el que se ve más claramente la influencia del inglés es en el nivel lexical. Sin embargo, hay mucha discusión sobre lo que significa un **préstamo léxico**. Empezamos con la definición de *préstamo* del diccionario sociolingüístico (Swann et al. 2004:30):

**CUADRO 5.6.** Funciones del *code-switching* al español en el poema de Burciaga

|            | Función acústica | Función semántica |
|------------|------------------|-------------------|
| *sonrisa*    |                  |                   |
| *semilla*    |                  |                   |
| *sol*        |                  |                   |
| *pasión*     |                  |                   |
| *ardiente*   |                  |                   |
| *mar de amar*|                  |                   |
| *amor*       |                  |                   |
| *sí*         |                  |                   |
| *sal*        |                  |                   |
| *saliva*     |                  |                   |
| *sed*        |                  |                   |

Borrowing occurs when a vocabulary item from one language enters the vocabulary of another, as in English *garage* from French; or French *le weekend* ... from English ... [Borrowings] may involve different degrees of integration into the host language.

Desde los estudios de Haugen (1953, 1956), a mediados del siglo xx, la diferenciación más típica de préstamos léxicos está determinado por el **grado de integración** del préstamo a la lengua que lo recibe. Ciertos casos son muy claros porque las expresiones del inglés están claramente **adaptadas** fonológicamente a los sonidos del español. Unos ejemplos incluyen *bate* ("bat"), *troca* ("truck"), *escore* ("score"), *chuchain* ("shoe-shine"), *guachimán* ("watchman"), *rumi* ("roomie"), *estrés* ("stress"), *interbiú* ("inter-view"), *picáp* ("pickup"). Nótese que la palabra prestada se adapta a las reglas silábicas del español. Por ejemplo, la terminación de la sílaba en /t/ o /k/ no es parte del sistema del español, por lo tanto se agrega una /e/ y una /a/ a *bate* y a *troca*. Las palabras en español no empiezan con /s/ + consonante, por lo tanto en la adaptación se agrega una /e/ inicial, como en *escore*, y así otros. Se considera un grado mayor de adaptación cuando el préstamo incluye además sufijos del español, como los sufijos verbales en *weik-iar* ("to wake (up)"), *puch-ar* ("to push"), *bip-iar* ("to beep"), *mop-ear* ("to mop"), *chop-iar* ("to shop"), o el sufijo de número en *breca-s* ("brakes"). Encontramos también variación en las adaptaciones, como en *chequear* y *checar*, *taipear* y *tipear*, o *escor* y *escore* (recuerde que el español sí acepta palabras terminadas en /r/, *color*, si bien no son tan comunes).

## EJERCICIO 5.8:

¿A qué hacen referencia los siguientes préstamos (de Valdés 2000; García y Otheguy 1988)?

1. Tengo que *taipear* esto para la clase.
2. Se está *liqueando* el *rufo*.
3. Estábamos *jenguiando* allí en la esquina.
4. Ay te *wacho*.
5. Tengo oportunidad de hacer *obertain*.

El reconocimiento de un préstamo se complica cuando tomamos en cuenta el cambio de código intraoracional. Recordemos de la sección anterior que el cambio de código puede tratarse de una sola palabra. Entonces ¿cómo diferenciamos entre un cambio de código intraoracional de una palabra y un préstamo léxico? Es decir, si un hablante dice "*Voy a leer un magazine*," ¿cómo se puede saber si *magazine* es un cambio de código (es decir, si está en inglés) o si es un préstamo (está en español)?

Se ha propuesto que el préstamo se incorpora fonológica y morfológicamente a la otra lengua, mientras un cambio de código preserva la estructura y el sonido de la lengua en la que se origina. Por ejemplo, si en la oración "*Voy a leer un magazine*" se emplea una pronunciación inglesa de *magazine*, se trataría de un cambio de código intraoracional. Pero si se emplea una pronunciación hispana ([magasín]), entonces se consideraría un préstamo.

Sin embargo, algunos consideran que siempre existe un cierto grado de adaptación, si bien habría necesidad de un estudio acústico para probarlo (Olson 2012). La dificultad de diferenciar entre cambio de código y préstamo en algunos casos hace que se acepte que hay algunos préstamos no adaptados. Esto ocurre en las etapas iniciales del préstamo y con palabras monosilábicas y muy cortas que tienen forma acústica cercana al español. Algunos ejemplos de préstamos que se pronuncian en una versión casi no adaptada a la fonología o morfología del español son *date*, *junior*, *pie*, *hobby* y *cash*.

## EJERCICIO 5.9:

En el Cuadro 5.7 se presentan préstamos del inglés en el español.

1. Di la palabra en inglés de la que deriva el préstamo.
2. Indica el tipo de préstamo léxico que representan los ejemplos del Cuadro 5.7 (no adaptado, fonológico, o fonológico + morfológico).

Otros criterios para decidir si una palabra trata de un préstamo o de un cambio de código son la **frecuencia** de la expresión y la **difusión** de su uso en la comunidad lingüística. Si tiene alta frecuencia y difusión, probablemente se puede calificar como un préstamo. Pero si la frecuencia y difusión son más bajas, es probable que sea un cambio de código. La presencia de *parking* y *building* en el anuncio publicitario de la Figura 5.4 nos sugiere que tienen frecuencia y difusión altas y que, por lo tanto, se tratan de préstamos.

Zentella (1990a) llamó la atención a la necesidad de distinguir entre préstamos que son más empleados (o están más difundidos) que otros dentro de la población que se estudia.

**CUADRO 5.7.** Préstamos léxicos del inglés en el español

|  | No adaptado | Fonológico | Fonológico + morfológico |
|---|---|---|---|
| 1. *síper* |  |  |  |
| 2. *dostear* |  |  |  |
| 3. *cartún* |  |  |  |
| 4. *liqueando* |  |  |  |
| 5. *fensa* |  |  |  |
| 6. *lonche* |  |  |  |
| 7. *cul* |  |  |  |
| 8. *washatería* |  |  |  |
| 9. *rock* |  |  |  |
| 10. *weikiar* |  |  |  |
| 11. *rilistait* |  |  |  |
| 12. *yúnior* |  |  |  |
| 13. *deit* |  |  |  |
| 14. *bloque* |  |  |  |
| 15. *cuitear* |  |  |  |
| 16. *yarda* |  |  |  |
| 17. *shou* |  |  |  |
| 18. *hobi* |  |  |  |
| 19. *smokin* |  |  |  |
| 20. *rufo* |  |  |  |
| 21. *ganga* |  |  |  |
| 22. *biles* |  |  |  |
| 23. *wáchale* |  |  |  |
| 24. *mols* |  |  |  |

Incluso podríamos ampliar la comparación a una distinción entre préstamos (A) que son empleados tanto en los EE.UU. como en la mayoría de los otros países del mundo hispanohablante, (B) que son empleados en los EE.UU. por diferentes grupos hispanos (sin importar ascendencia dialectal) y (C) que son empleados solo en ciertas partes de los EE.UU.

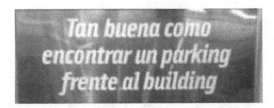

**Figura 5.4.** Ejemplo de préstamos en la publicidad

Algunos préstamos que podría decirse que pertenecen al grupo A son *show*, *bar*, *smokin*. Algunos ejemplos que parecen estar restringidos a ciertos grupos hispanos del tipo C podría ser la pronunciación de *brownie* en el noreste y en el sureste. Mientras en el noreste se pronuncia con la pronunciación del inglés, como préstamo no adaptado (Torres 1997), en el suroeste se pronuncia como préstamo adaptado (Isabel Velázquez, c.p.). Otros préstamos bastante comunes en los EE.UU. (tipo B), pero de uso menos frecuente fuera del país, son *ticket* (o *tíquet*), *high school* (o *jaiscúl*), *flirtear*. Sin embargo, necesitamos más estudios sobre la diferencia o semejanza en el uso de estos fenómenos de contacto en los EE.UU. según su extensión de uso.[4] Es decir, lo que es un préstamo en una comunidad puede ser un cambio de código en otra.

### EJERCICIO 5.10:

¿Podemos decidir claramente si se trata del cambio de código o de un préstamo léxico en los siguientes ejemplos, tomados de letreros públicos y periódicos? Después, intenta encontrar ejemplos adicionales del cambio de código y de préstamos en anuncios publicitarios. ¿Fue fácil encontrarlos? ¿Qué tipos suelen usar?

1. [comercial de bebida:] *23 sabores blended into one extraordinary taste.*
2. [comercial de bebida:] *¿Se habla chill?*
3. [Aviso:] *Parqueo solo para clientes del shopping center. Otros serán remolcados.*
4. *Oye, ¡read más!*
5. [del periódico *La Opinión de Málaga*] *Málaga es Champions*
6. [del periódico *Depor Sport*] *Dos días de relax*
7. *No pise el grass.*
8. *Yarda sale*
9. *Wáchale for kids*
10. *Trabajo partain en la marketa.*

Un caso más complejo y menos común de préstamo léxico son los llamados **préstamos mezclados** ("*loanblends*"). En este tipo de préstamo reconocemos dos palabras: una del inglés y la otra del español. Algunos ejemplos del español en Florida y Puerto Rico son los siguientes: *home*plato, *taco*maker, *rock* duro, *chicken* fajita, carne*beef*.

La presencia de préstamos en las lenguas del mundo nos lleva a preguntarnos ¿por qué las lenguas toman prestadas palabras de otras lenguas? Una razón muy citada es porque ese

---

[4] Toribio (2011:538–539) también ha llamado la atención a la necesidad de identificar normas regionales o de comunidades lingüísticas con respecto al cambio de código.

**CUADRO 5.8.** Ejemplos de préstamos culturales

| Lenguas amerindias | |
|---|---|
| Fauna | *tiburón, caimán, loro, jaguar, cóndor, alpaca, puma* |
| Flora | *cacao, tomate, petunia, chicle, aguacate, yuca, maíz* |
| Sociedad | *canoa, barbacoa, poncho, soroche, mate, hamaca* |
| Inglés | |
| Comida | *brauni, pai, bisquit, mofin, nuget, sundei, jamburguer* |
| Ocupaciones culturales | *boiescaut, guachimán, cherif, beibisira* |
| Otros | *smokin, computadora, jobi, rumi* |

concepto no existe en la lengua que recibe el préstamo. Este tipo de préstamo se conoce como **préstamo cultural**. En la historia del español entraron muchos préstamos de lenguas con las que el español estuvo en contacto. Muchas de ellas se categorizarían como préstamos culturales. Se trata por ejemplo de los préstamos de las lenguas amerindias durante la época colonial (Mejías 1980). Ramírez (1992) propuso que los préstamos culturales del inglés se dieron principalmente en el léxico del transporte, de los utensilios de la casa y de las prendas de vestir. Algunos ejemplos de préstamos culturales de lenguas amerindias al español y del inglés en el español de los EE.UU. aparecen en el Cuadro 5.8.

Los préstamos culturales, sin embargo, no son la mayoría. El resto de los préstamos pertenecen a la categoría "Otros." Estos préstamos entran a la lengua por diversas razones: porque se escucha la palabra en inglés con altísima frecuencia, llevando a que se integre al español, o porque los hispanohablantes de diferentes dialectos emplean una expresión diferente para cierto referente, pero el mismo término en inglés, llevándolos a que le den preferencia al término en inglés. Por ejemplo, lo que es *la tarta* en España, se llama *el bizcocho* en Puerto Rico y *el pastel* en México. Si en los Estados Unidos llegan a convivir miembros de estas tres comunidades lingüísticas en un mismo lugar, ¿cómo se referirán al objeto en cuestión? En muchos casos, simplemente se importa al español la palabra del inglés, entendida por todos: el *queik* o el *queque* (del inglés "*cake*").

Otras veces los préstamos son necesarios porque el **concepto** al que hace referencia es **culturalmente diferente** de aquel en español. Otheguy y García (1993) condujeron un estudio con 25 latinos que habían inmigrado a Nueva York después de los 18 años. Todos llevaban al menos 15 años viviendo en la ciudad y, después de inmigrar, habían criado a sus hijos en Nueva York. Se les entrevistó dos veces en español: la primera vez acerca de sus experiencias familiares, laborales y escolares en Latinoamérica y, dos meses después, acerca de los mismos temas pero enfocados en sus hijos criados en Nueva York. En el Cuadro 5.9 se ven algunas diferencias en las palabras que emplearon estas personas en las dos entrevistas.

**CUADRO 5.9.** Préstamos empleados para referirse a diferentes referentes durante dos entrevistas

(Tomadas de Otheguy y García 1993)

| Entrevista 1, sobre Latinoamérica | Entrevista 2, sobre Nueva York |
|---|---|
| *comedor escolar* | *lunchroom* |
| *director de escuela* | *principal* |
| *edificio* | *bildin* |
| *Pascua* | *Easter* |

Se nota que en la segunda entrevista usaron préstamos del inglés, pero obviamente *no* se debía a una falta de vocabulario en español, ya que habían producido *comedor escolar*, etc. en la primera entrevista. Los autores proponen que los conceptos subyacentes, es decir los referentes, son diferentes en los dos contextos y por eso requieren el término prestado en el contexto de Nueva York:

> In Latin America, *comedores* are conceptualized as spaces devoted to eating in general, at all times of the day, that can be found in private homes as well as in institutional buildings (thus the need to add the clarification *escolar* when the room is in a school) . . . In North America, the *lunchroom* is conceived of as a place whose primary purpose is the consumption of the noon meal, and that is found only in institutions . . . Bilinguals, known for their disregard for linguistic boundaries, simply use the culturally appropriate name for each item.
>
> (Otheguy y García (1993:142–143))

Los *principals*, a diferencia de los *directores de escuela*, dirigen las escuelas sin enseñar en ellas, un concepto nuevo para muchos entrevistados. El préstamo más común, *bildin*, según los autores, sufría de una doble transposición: primero, muchos lugares que para los participantes representaban *edificios*, se llamaban *houses* en inglés. Segundo, lo que se consideraba un *building* en inglés—una estructura enorme y frecuentemente dilapidada, que suele inspirar repugnancia y miedo (como un *tenement hall*)—era de forma y carácter muy diferente a lo que se consideraba un *edificio* en Latinoamérica—una estructura más pequeña que invocaba admiración y respeto. Otheguy y García nos recuerdan que estos usos de préstamos no se tratan de ninguna "pereza cultural." Más bien, llaman la atención a un fenómeno paralelo que Haugen (1953) ya había notado agudamente en su estudio sobre los bilingües del noruego e inglés en los EE.UU. Encontró que cuando los hablantes estaban en Wisconsin se referían a los *sótanos*, *ríos* y *maestros* en inglés. Pero cuando estaban en Noruega, lo hacían en noruego. Haugen explica que "en la percepción de los hablantes, los referentes en Wisconsin, por el solo hecho de estar en Wisconsin, eran de algún modo diferentes que los de Noruega" (151). Está claro que estos mecanismos semánticos del contacto de lenguas permiten que el español, como otras lenguas, admita nuevas

**CUADRO 5.10.** Ejemplos del léxico del caló

(Tomados de Barker 1975; Ornstein-Galicia 1975; García 2005)

| Expresión | Significado en caló | Significado original en inglés |
|---|---|---|
| *al alba* | alerta | "at dawn" |
| *clavar* | robar | "to nail" |
| *refinar* | comer | "to refine" |
| *el mono* | la película | "the monkey" |
| *refi* | comida | "food" |
| *carnal* | amigo, hermano | "related to the body" |
| *alba* | excelente | "dawn" |
| *chupar* | fumar | "to suck" |
| *bato* | hombre | "man, guy" |
| *garras* | ropa | "claws" |
| *suave* | bueno | "smooth" |
| *buti* | mucho | "many, much" |
| *lisa* | camisa | "smooth" |

expresiones y usos en la lengua. En el caso del español de los EE.UU., contribuye a diferenciar el español de este país del de otras variedades dialectales de español.

## El caló

**El caló** es una variedad que se encuentra en el suroeste y que surgió del dialecto de gitanos españoles del siglo XVI que vinieron a la región. A los hablantes del caló moderno se les llama "*pachucos*," término derivado de los *zoot suits* de los años 40. Hoy en día, el caló es empleado por jóvenes mexicano-americanos de ambos sexos que han creado su propia cultura grupal (García 2005).

Los rasgos lingüísticos del caló se dan sobre todo a nivel léxico, empleando palabras del español con un significado diferente, como aparece en el Cuadro 5.10.

Algunas de estas expresiones también se encuentran en variedades populares del español fuera de los EE.UU. (ej. *carnal*). El caló también incluye muchos préstamos del inglés.

### EJERCICIO 5.11:

Analiza el léxico del caló presentado en el Cuadro 5.11 y di qué ejemplos provienen del inglés. Si puedes, también intenta ver la película *Zoot Suit* y anota/analiza los usos del caló que oyes.

**CUADRO 5.11.** Ejemplos del léxico del caló para el Ejercicio 5.11

(Tomado de Barker 1975; Ornstein-Galicia 1975)

| Expresión del caló | Significado | Expresión del caló | Significado |
|---|---|---|---|
| *chante* o *cantón* | casa | *liquellar* | mirar |
| *arranarse* | casarse | *calcos* | zapatos |
| *borlo* | baile | *ruca* | esposa |
| *estar canicas* | estar enamorado | *taris* | cárcel |
| *ramfla* o *rol* | automóvil | *jaina* | mujer joven |
| *rolar* | dormir | *grajo* | cigarrillo |
| *flicas* | películas cinematográficas | *gacho* | malo |
| *hacer chillar* | dar problemas | *bato* | chico |
| *entacucharse* | vestirse elegantemente | *datile* | cita amorosa |

## 5.1.3 Extensiones semánticas

Las **extensiones semánticas** (o "*loanshifts*": Haugen 1956) son más difíciles de reconocer porque si bien las palabras son del español, la forma fonológica del español coincide con la del inglés. Estos casos de coincidencia fonológica entre dos lenguas se conocen como **cognados**. La innovación consiste en que el significado del inglés se emplea en la palabra en español. Este nuevo significado no es el frecuente en las otras variedades de español fuera de los EE.UU., pero es propio de las variedades estadounidenses. Un ejemplo es el caso de *colegio* con el significado de "college" dentro de los EE.UU. y con el significado de "escuela primaria" fuera de los EE.UU.

En el Cuadro 5.12 aparecen algunos ejemplos de estos préstamos semánticos en los cuales los significados en el español general y en el español de los EE.UU. son diferentes. Por eso decimos que en estos préstamos semánticos hay un **significado nuevo**, venido del inglés, en el español de los EE.UU. Recuerda que la diferencia entre la extensión semántica y el préstamo es que la extensión semántica trata de una palabra que ya existía en español pero que ha adquirido un nuevo significado en los EE.UU.

Algunos lectores quizá hayan oído estos usos estadounidenses de *forma* y *aplicar*, mientras que *realizar* les pueda parecer más extraño o incluso "incorrecto." Ciertas extensiones semánticas también son más comunes que otras. Todas las lenguas cambian con el tiempo, y posiblemente algunas de estas nuevas definiciones aparecerán en alguna futura edición de un diccionario del español. Como veremos en el capítulo sobre la educación, es común que los maestros y otras autoridades lingüísticas critiquen y consideren incorrectos usos como *realizar = darse cuenta de* porque se basan en los

**CUADRO 5.12.** Ejemplos de extensiones semánticas en el español de los EE.UU. con significado nuevo

| Palabra | Significado en el español general | Significado nuevo en los EE.UU. |
|---|---|---|
| *forma* | Parámetros físicos<br>*"Tiene forma circular."* | Papel a llenarse (*formulario*)<br>*"Por favor, llene esta forma."* |
| *aplicar* | (a) Dedicarse a; hacer esfuerzo en; poner esmero<br>*"Se aplicó mucho y salió bien en el examen."*<br>(b) Ponerse algo, como una crema.<br>*"Se aplicó el ungüento."* | Pedir algo, como un trabajo o una beca (*solicitar*)<br>*"Aplicó para el puesto de gerente."* |
| *realizar* | Lograr<br>*"La joven realizó su sueño de ser doctora."* | Caer en cuenta de algo (*darse cuenta*)<br>*"Martín realizó que no iba a tener tiempo."* |

**CUADRO 5.13.** Ejemplos de préstamos semánticos en el español de los EE.UU. con significado extendido

| Palabra | Significado en el español general | Significado extendido en los EE.UU. |
|---|---|---|
| *ministro* | Persona que dirige un ministerio del gobierno de un país<br>*"El ministro de educación habló sobre la nueva reforma."* | Persona que dirige una congregación cristiana<br>*"Después de la ceremonia religiosa, el ministro invitó a todos los feligreses al salón para tomar unos refrescos."* |
| *introducir* | Conducir a alguien o algo al interior de un lugar<br>*"La secretaria nos introdujo al salón presidencial."*<br>*"Introdujo la carta en el cajón."* | Presentar a una persona a otra persona<br>*"La joven introdujo a sus padres a su nuevo amigo."* |
| *colegio* | Escuela primaria y secundaria<br>*"La niña entra a clases en el colegio a las 8 a.m."* | Institución educativa postsecundaria (*universidad*)<br>*"Martín se presentó al colegio este año."* |

significados más extendidos del español en el mundo y no incluyen los significados propios del español de los EE.UU. Sin embargo, las nuevas formas de hablar de los hablantes a veces también llegan a incorporarse a la gramática prescriptiva con el tiempo.

Un segundo tipo de extensión semántica son aquellos casos en los que el significado innovativo en el español de los EE.UU. está relacionado semánticamente a la del español general (Cuadro 5.13). Estos significados podrían entrar al diccionario más rápidamente que los anteriores por estar más relacionados al significado del español general.

**EJERCICIO 5.12:**

En los ejemplos a continuación, ¿qué palabras tienen significados nuevos y diferentes a los del español general y cuáles tienen significados más cercanos a los del español general? ¿Cuál es la expresión equivalente en otras variedades del español fuera de los EE.UU.? (Nótese que *universidad* y *clases* tienen el mismo significado en inglés y en español, pero no así los otros cognados.)

1. *aplicar a la universidad* ("apply to the university")
2. *soportar a mis hijos* ("support my children")
3. *vacunar la carpeta* ("vacuum the carpet")
4. *estar embarazada* ("to be embarrassed")
5. *colectar cartas* ("to collect cards")
6. *atender todas mis clases* ("to attend all my classes")
7. *escribir letras a mis padres* ("to write letters to my parents")
8. *moverse cada año* ("to move every year")
9. *sacarse buenos grados* ("to get good grades")
10. *la ruta del árbol* ("the root of the tree")
11. *leer el papel* ("to read the paper")
12. *la carpeta está sucia* ("the carpet is dirty")
13. *no disturbes al perro* ("don't disturb the dog")
14. *tienda de groserías* ("grocery store")
15. *estoy quebrado* ("I am broke")

En un estudio con puertorriqueños de tres generaciones, Torres (1997) encontró que si bien el uso del inglés aumentaba en la generación siguiente, los préstamos léxicos del inglés iban disminuyendo en cada generación y las extensiones semánticas iban aumentando. Necesitamos más trabajos que comparen estos fenómenos de contacto según generación para entender mejor estos procesos de contacto.

## 5.1.4 Calcos

Existe otro tipo de fenómeno de contacto léxico en el que solo se presta el significado de la palabra en inglés. El caso más conocido es el de los llamados **calcos** que se definen como traducciones literales que provienen, en este caso, del inglés (Otheguy et al. 1989; Otheguy 1993; Silva-Corvalán 1994, 2001; Lipski 2008; Otheguy 2013). Estas traducciones crean expresiones nominales o frases en español que son traducciones literales, como *rascacielos* ("skycraper") o *llamar para atrás* ("to call back"). A diferencia de las extensiones, los calcos no tratan de cognados (como *aplicar~apply*); son traducciones literales.

Hay diferentes tipos de calcos según el tipo de expresión de que se trate. Aquí hablaremos de los calcos léxicos y los calcos gramaticales. Muchos calcos léxicos se refieren a expresiones nominales del tipo *rascacielos*. Generalmente se trata de expresiones que no existían antes en la lengua que las recibe, por lo que Otheguy (1993) las considera **traducciones culturales** (*"cultural loan translations"*). Algunos calcos que existen en el español y provienen del inglés se encuentran en todas las variedades de español, como *rascacielos* ("skyscraper"), *baloncesto* ("basketball"), *luna de miel* ("honeymoon"), *lavaplatos* ("dishwasher"), *disco duro* ("hard disk"), *tarjeta de crédito* ("credit card"), *correo electrónico* ("electronic mail" o "e-mail"). Sin embargo, otros calcos se emplean más específicamente en el español de los EE.UU., como los ejemplos en el Cuadro 5.14. La traducción literal lleva a la creación de nuevas expresiones y significados en el español.

Los ejemplos en el Cuadro 5.14B son traducciones literales del verbo *to be* ("ser") y del verbo *play* ("jugar") dando como consecuencia un significado nuevo en el verbo en español. En el caso de *ser*, si bien estructuralmente puede aparecer entre dos nominales como en inglés, la traducción literal crea un nuevo significado de la construcción cuando el verbo está seguido de un numeral. En el español de otras variedades, este significado se logra con el verbo *costar*. El significado del verbo *jugar* (pelota, ajedrez) se extiende a incluir también instrumentos musicales, que se expresa con *tocar* en otras variedades de español.

Nótese que las traducciones literales en el Cuadro 5.14C hacen referencia a *quebrar* ("break"), lo que da origen a dos significados nuevos en español según el verbo con el que aparezca, *dar una oportunidad* o *estar en bancarrota* que serían significados tomados del inglés.

Aparte de estos calcos léxicos existen los calcos gramaticales, que afectan la estructura de la frase verbal o la oración, creando nuevas construcciones oracionales en el español y reflejando construcciones del inglés.[5] Hay unos ejemplos en el Cuadro 5.15.

Algunos calcos gramaticales son traducciones literales del verbo y su objeto o su frase preposicional. Nótese que en *tener un buen tiempo*, el sustantivo "tiempo" expresa el significado del inglés, lo cual quiere decir que se trata tanto de un calco léxico como gramatical. En el ejemplo *espera por sus padres* vemos claramente que la elección de la preposición es una traducción literal del inglés. Estas construcciones verbales con significados del inglés forman parte del español de los EE.UU.

---

[5] Aquí entrarían también los llamados calcos sintácticos (cf. Lipski 2004).

**CUADRO 5.14.** Ejemplos de calcos léxicos

| Tipo de calco léxico | Expresión en inglés | Expresión en español general |
| --- | --- | --- |
| **A. N (prep.) N** | | |
| *máquina de contestar* | "answering machine" | *contestador automático* |
| *máquina de lavar* | "washing machine" | *lavadora* |
| *días de semana* | "weekdays" | *días de trabajo/laborales* |
| *mamá grande* | "grandmother" | *abuela* |
| *escuela alta* | "high school" | *escuela secundaria* |
| *viaje redondo* | "roundtrip" | *viaje de ida y vuelta* |
| *perder peso* | "lose weight" | *adelgazar* |
| **B. Verbos** | | |
| *Ese carro es 20,000 dólares.* | "That car is 20,000 dollars." | *Ese carro cuesta 20,000 dólares.* |
| *Juega la guitarra desde joven.* | "He plays the guitar since young." | *Toca la guitarra desde joven.* |
| **C. Sustantivo/adjetivo** | | |
| *dar (una) quebrada* | "to give a break" | *dar una oportunidad* |
| *estar quebrado* | "to be broke" | *estar en bancarrota* |
| *cambiar de mente* | "to change of mind" | *cambiar de opinión / parecer* |

**CUADRO 5.15.** Ejemplos de calcos gramaticales

| Tipo de calco gramatical | Expresión en inglés | Expresión en español general |
| --- | --- | --- |
| **A. Frase verbal** | | |
| *tener un buen tiempo* | "to have a good time" | *pasar un buen rato* |
| *llamar p(ara) atrás* | "to call back" | *devolver la llamada* |
| *ir p(ara) atrás* | "to go back" | *regresar* |
| *correr para presidente* | "to run for president" | *postular para la presidencia* |
| *Espera por sus padres.* | "He's waiting for his parents." | *Espera a sus padres.* |
| **B. Construcción oracional** | | |
| *¿Cómo te gusta el café?* | "How do you like the coffee?" | *¿Te gusta el café?* |
| *No sabe cómo bailar.* | "He doesn't know how to dance." | *No sabe bailar.* |

## EJERCICIO 5.13:

(1) Identifica los fenómenos de contacto que se encuentran en cada oración y (2) decide si se trata de préstamo léxico, cambio de código (intra- o interoracional), extensión semántica o calco.

1. *Mañana van a inspectar la casa que compré.*
2. *Me voy a mover to a new neighborhood.*
3. *Tiene dos correos electrónicos.*
4. *Mi bos no quiere darme aumento.*
5. *Comí torque para crismes.*
6. *Necesito comprar un nuevo bacuncliner.*
7. *No creo que llegue en tiempo.*
8. *Muchos estudiantes no toman ventaja de las scholarships.*
9. *Cuando lo realizan, ya es demasiado tarde para aplicar.*
10. *Tienen problemas pagando los biles.*
11. *Muchos busboys en Chicago son mexicanos.*
12. *Muchos bosbois en Chicago son mexicanos.*
13. *Me olvidé de atachar el papel.*
14. *El maus de la computadora no funciona.*
15. *¿En qué grado está tu hijo?*
16. *Me mandaron donde el principal y llamaron a mis padres.*

En un análisis detallado de las construcciones V + *p(ara) atrás*, Otheguy (1993) arguye que la innovación en estas construcciones no está ni en la construcción misma (ya que la versión en inglés no tiene el equivalente de "para"), ni en la semántica de *para* o *atrás*, pues no expresan ningún significado nuevo en el español. Incluso agrega que esta construcción con *para atrás* se emplea con la misma función en otras variedades de español (*No me quiero meter por esa calle, porque más adelante te encuentras que están en obras, y tienes que <u>volver para atrás</u>*; 1993:33) o con *de vuelta* (*entregar el trabajo de vuelta, ir de vuelta*; 1993:35). La innovación, explica, no es entonces léxica ni gramatical, sino que más bien se trata de una nueva manera de conceptualizar el *regreso físico* tanto en el ámbito espacial como temporal (34). Por lo tanto, si bien algunos calcos responden a conceptos culturales totalmente nuevos, el caso de V + *p(ara) atrás* es diferente. Trata de una nueva manera de expresar el regreso físico a un lugar o de expresar la repetición de un acto anterior en el tiempo.[6] Otheguy no considera que estos ejemplos sean producto del contacto lingüístico, aunque coincide en que son característicos del español de los EE.UU.[7]

Algunos estudios indagan si hay diferencias entre quienes usan los préstamos léxicos y los calcos. Otheguy et al. (1989), por ejemplo, hicieron una comparación según generación (G1 y G2) entre hispanos de ascendencia cubana que vivían en Nueva York y sus alrededores. Encontraron que tanto la Generación 1 como la 2 hacía uso de préstamos léxicos, pero los hablantes de la G2 producían más calcos que la G1, aunque los números eran bajos en ambos. En un estudio con hispanohablantes en Los Ángeles, Silva-Corvalán (1995) encontró que el uso de calcos era bajo en los hablantes de las tres generaciones que estudió.

---

[6] Esta construcción también ocurre con otros verbos (cf. Otheguy 1993, 2013).

[7] En algunas variedades del español que se habla en los EE.UU. la expresión está gramaticalizada a "p'atrás" (Villa 2005).

En otro estudio similar con tres generaciones de puertorriqueños en la ciudad de Nueva York, Torres (1997:Cap. 4) encontró que los préstamos léxicos y los calcos eran más altos en las G2 y G3. Con respecto a los calcos, la autora también encontró que la G3 favorecía especialmente lo que llamamos aquí los calcos gramaticales. En general, los estudios parecen confirmar lo que Silva-Corvalán (1994:183) ya había propuesto: los hablantes con mayor proficiencia en las dos lenguas son quienes incorporan más calcos en su habla.

Un punto interesante sobre las innovaciones léxicas del español en los EE.UU.—sean debidos al préstamo, a la extensión o al calco—es que a partir de setiembre del 2012, el diccionario de la Real Academia de la Lengua Española reconoce ciertos usos con el término **estadounidismo**. Estos incluyen *parada* para *parade*, *departamento* para un ministerio o secretaría, *aplicar* en el sentido de presentar una solicitud y *elegible* en el sentido de ser beneficiario. Seguramente cada año aumentará el número de estadounidismos en este diccionario, dado el lugar numérica y económicamente importante de los EE.UU. como país hispanohablante.

**EJERCICIO 5.14:**

Traduce estas expresiones al inglés y di si se trata de un préstamo léxico, una extensión semántica o un calco.

1. *haré un queque*
2. *la yarda de la casa*
3. *tener fon en la fiesta*
4. *atender el colegio*
5. *moverse de ciudad*
6. *libro de tapa dura*
7. *coger fotos*
8. *correr para gobernador*
9. *escribir un papel*
10. *aplicar al trabajo*
11. *vacunar la casa*
12. *se enamoró conmigo*
13. *soportar a la familia*
14. *quebrar con el novio*
15. *no quiero estrés*
16. *traje lonche*
17. *compré un sangüich*

## 5.1.5 Marcadores de discurso

Los **marcadores de discurso** son conectores que no ejercen función sintáctica; se usan para guiar la comunicación. Unos ejemplos comunes en español son *entonces*, *tú sabes*, y *pues*. El uso de marcadores de discurso en inglés mientras se habla español es muy frecuente entre latinos y estadounidenses de todas las generaciones, si bien son más comunes en hablantes de segunda y tercera generación.

Se ha documentado el uso de *and*, *so*, *you know*, *anyway*, *but*, *I mean* y *well* (cf. Torres 2003; Lipski 2005; Montes-Alcalá 2007; Torres y Potowski 2008). Por ejemplo, en un estudio de Torres (2003) con latinos de origen puertorriqueño de la segunda y tercera generación en

**CUADRO 5.16.** Marcadores de discurso en el español de los puertorriqueños

(Tomados de Torres 2003)

| Marcador | Ejemplo |
|---|---|
| *and* | *so* le abrí la puerta y la llevé allí *and the next thing I know* ella no tenía cama |
| *so* | a los 13 años me gradué de sexto, entonces a los católicos vine a séptimo, *so* este estaba atrasada |
| *y'know* | (a) pero en ese *hearing van* ellos tienen un equipo muy bueno entonces por eso no pudimos tener ese *hearing van* hasta . . . cuando fue . . . mayo, *y'know of 1989 or March* y ya *y'know it's almost the end* casi es el final del año |
| | (b) en el trabajo, por ejemplo, cuando hablo con los jefes hay veces, hay veces, *y'know,* que *I get mad* ¿sabes por qué? |

Nueva York, la autora encuentra funciones específicas para los marcadores discursivos *so*, *and* y *y'know*, como se ve en los ejemplos tomados de su estudio en el Cuadro 5.16.

Estos marcadores aparecen en diferentes partes de la oración. *And* aparece al inicio y sirve de conector de dos cláusulas. *So*, en cambio, aparece antes de la parte del discurso que transmite la conclusión de lo que se dijo. El hablante emplea el marcador *y'know* para reconocer la participación del interlocutor en la interacción verbal o para solicitar la evaluación del interlocutor sobre lo que se ha dicho. Torres encuentra que los marcadores *so* y *y'know* son los más frecuentes en sus datos, pero no todos los hablantes los emplean con la misma frecuencia. Si bien los latinos de la G3 los emplean más (hasta el 76 por ciento de las veces), los informantes de la G2 emplean estas expresiones hasta el 50 por ciento de las veces. La autora concluye que a mayor dominio del inglés, mayor es el empleo de estos préstamos discursivos del inglés en el español de los latinos.

En otro estudio por Lipski (2005) con datos del español de diferentes partes de los EE.UU., el autor considera que los hablantes insertan inconscientemente los marcadores de discurso, especialmente *so*, si bien luego notan su estatus foráneo. Encuentra que *so* puede ocurrir en oraciones donde solo se emplea el español y en todo tipo de hablante bilingüe (bilingüe nativo, inmigrantes bilingües y hablantes del español como segunda lengua) en las funciones que aparecen en el Cuadro 5.17.

**CUADRO 5.17.** El marcador de discurso *so* en el español de los EE.UU.

(Ejemplos tomados de Lipski 2005)

| Posición | Ejemplo |
|---|---|
| conjunción de coordinación | *Estábanos cansados de pagar tanta renta, so ##* |
| principio oración | So *a veces ella se cansaba* |
| posición interna | *Había gente que Fidel soltó de la cárcel. So había de todo.* |
| insertado sin pausa | *El domingo no trabajas so ¿vas a trabajar el domingo?* |

**CUADRO 5.18.** Funciones de *so* y *entonces* en el habla de los latinos de Chicago

(Tomado de Torres y Potowski 2008)

| Función y % del corpus | Definición | Ejemplo | % uso de *so* |
|---|---|---|---|
| Resultado **45%** | Introduce una consecuencia o resultado. Hay una relación causal entre dos proposiciones. | "Mi papá le decía a mi hermano, 'Si algo le pasa a la nena, es problema tuyo.' <u>So</u> él siempre tenía que estar conmigo …" | 72 |
| Conclusión **18%** | Introduce una conclusión. El enunciado precedido por el marcador resume las proposiciones anteriores. | "… todo decía lavandería o laundromat <u>entonces</u> me pareció como una diferencia muy grande." | 74 |
| Movimiento **25%** | Marca una progresión y avanza la narración. No lleva a una consecuencia, resultado o conclusión. Puede ser reemplazo por *and*. | "… no sabía que iba a llegar a vivir en un rancho <u>so</u> dice que cuando ella llegó allí …" | 50 |
| Retrasado (*trailing*) **7%** | Marca el término de un turno o cambia el sujeto. | "… ellos me miraban … como soy una, no soy normal, <u>so</u>." | 96 |
| Otro **5%** | Función temporal o adverbial. | "Desde <u>entonces</u> estamos juntos." | 65 |
| **100%** | **Usos totales**: *so* = 65.2%, *entonces* = 34.8%. | | |

En un estudio más reciente, Torres y Potowski (2008) examinaron unos 1,300 usos de *so* y *entonces* en el español de la ciudad de Chicago. Compararon el habla de 51 mexicanos, puertorriqueños y "mexicano-puertorriqueños" (ocho hablantes de la G1, 21 hablantes de la G2 y 22 hablantes de la G3). En el Cuadro 5.18 aparecen las funciones que atribuyeron a los usos de *so* y *entonces* y la proporción de *so* para cada función.

Se nota que el 88 por ciento de todos los usos de *so* y *entonces* se daban en las tres primeras funciones (resultado, conclusión y movimiento). En general, encontraron que se empleó *so* un total de 65.2 por ciento y *entonces*, el otro 34.8 por ciento. *So* se usaba un 72 por ciento de las veces con función de resultado (constituyendo el mayor uso de *so*), mientras que el mayor uso de *entonces* se dio para marcar el movimiento. Entonces la preferencia por *so* parece ocurrir en etapas según la función. Esta distribución no cambió entre las generaciones, pero sí cambió la proporción general del uso de *so*: los G1 lo emplearon un 40 por ciento, los G2 un 50 por ciento y los G3 un 86 por ciento. Es notable el alto uso de *so* entre los G1, si bien solo había ocho hablantes en esta categoría. Para indagar más, las autoras analizaron el uso de *so* según la proficiencia oral general, que midieron en una escala de "1"

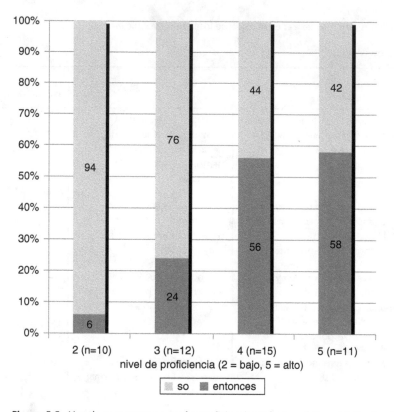

**Figura 5.5.** Uso de *so* y *entonces* según proficiencia oral general (1 = débil a 5 = fuerte)

(débil) a "5" (fuerte). Encontraron que el uso de *so* aumenta en correlación directa conforme bajaba la proficiencia en español (Figura 5.5).[8]

Según el grupo dialectal, encontraron que los mexicanos usaron *so* un 34 por ciento, los puertorriqueños un 80 por ciento y los mexirriqueños un 82 por ciento. Sin embargo, estos resultados no fueron muy claros porque no había cantidades iguales de mexicanos y puertorriqueños con el mismo nivel de proficiencia. Sin embargo, pudieron comparar el uso de *so* de cinco puertorriqueños con el de siete mexicanos, todos con el nivel "4" de proficiencia. Encontraron que los mexicanos usaron más *so* (80.7 por ciento) que los puertorriqueños (69.7 por ciento). Las autoras concluyeron que *so* es el marcador discursivo más extendido en el español de los latinos en Chicago, especialmente en la tercera generación, usado a tal grado que se trata de un préstamo y no de un cambio de código. Aclararon que se necesitan más estudios para poder definir si *so* va a reemplazar a *entonces* en el futuro. Otros estudios que han mirado los marcadores discursivos (pero sin diferenciar a los hablantes según generación) son Aaron (2004, el español nuevomexicano), Lipski (2005, diversas variedades de español) y Said-Mohand (2006, en Miami).

## EJERCICIO 5.15:

Escucha unas entrevistas en español del proyecto *El español de Texas* (www.spanishintexas.org/es y bajo la pestaña "Educación" haz clic en "Archivo vídeo SPINTX"). Si notas el uso de *so*, anota la función (véase el Cuadro 5.18) y las características del hablante.

---

[8] Se eliminaron los siete hablantes con el nivel de proficiencia de "1" para este análisis porque casi no produjeron marcadores de discurso.

**CUADRO 5.19.** Rasgos fonológicos de contacto en el español de los EE.UU.

| Rasgos | Ejemplos |
|---|---|
| [v] en palabras con la grafía <v> | *vamos, ventana* |
| [v] en palabras del latín con /v/ | *vivir* (< *vivere* lat., *había* (< *hauía* lat.) |
| [v] en cognados que llevan /v/ | *recibir* ("receive"), *valor* ("valor") |
| /r/ como aproximante | *ma*[ɹ], [ɹ]*ato* |
| /o/ > [æ] | [æ]*ctubre, B*[æ]*ffalo* |
| /tʃ/ > [ʃ] | *mu*[ʃ] *a* [ʃ] *o,* [ʃ]*ico, mu* [ʃ]*o* |

## 5.1.6 Fonología

Describimos algunos estudios sobre la fonología de los hablantes de herencia en el Capítulo 4. Sin embargo, hay pocos estudios sobre los rasgos fonológicos del español de los EE.UU. que se puedan atribuir directamente a la influencia del inglés. Los cinco siguientes rasgos se describen como candidatos posibles (Cuadro 5.19).

El primero es el uso de [v] como variante de /b/. Se ha citado como presente en el habla de latinos del suroeste y en el de aquellos de origen cubano en el noreste y sureste. La aparición de [v] ocurre especialmente en palabras escritas con la grafía <v>, como en *vamos* (Varela 1992). Sin embargo, el uso de [v] también aparece en el habla de algunos hablantes por el uso de [v] en el español antiguo, como en *vivo* (< lat. *vivere*) y *había* (< esp. ant. *hauia*). Este uso es característico del español de Nuevo México. Torres Cacoullos y Ferreira (2000) encuentran que en otras palabras del español, como *recibir* y *valor*, que tienen cognados en inglés con la /v/ ("receive" y "valor"), también se pronuncian estas palabras con [v] en el español de Nuevo México. Por último, los usos de [v] también se atestiguan en Puerto Rico, donde varios cantantes populares de salsa pronuncian <v> como una [v] labiodental.

**EJERCICIO 5.16:**

Escucha la canción "Lluvia" de Eddie Santiago y nota su pronunciación de la /v/.

Otros rasgos fonológicos incluyen la pronunciación de la vibrante /r/ como una aproximante, semejante al [ɹ] del inglés (Varela 1992)—ej. en *mar, rato*—aunque hay que notar que esta pronunciación de la /r/ es común en otras partes del mundo hispano, como en Costa Rica. Varela también encuentra el empleo del sonido vocálico [æ] del inglés en latinos de origen cubano, en palabras que tienen /o/, como en *octubre* pronunciado como [æ]*ctubre*. También se encuentra el uso de la fricativa palatal sonora [ʃ] en contextos en los que se emplea la africada palatal sorda [tʃ] en otras variedades de español (norte de México, el Caribe y el norte de España). El rasgo suprasegmental del ritmo silábico del español de

**CUADRO 5.20.** Rasgos morfosintácticos de contacto: proceso de simplificación o generalización

(Adaptado de Sánchez 1983; Silva-Corvalán 1994; Lipski 2008)

| | |
|---|---|
| uso del indicativo por el subjuntivo | *Cuando viene, le damos la sorpresa.* |
| omisión de *que* en subordinadas nominales | *Yo pienso Ø lo llamaron ayer y no hoy.* |
| generalización de *cómo* o *cuál* > *qué* | *¿Qué es tu dirección? ¿Qué te llamas?* |

latinos de la G2 (o más) se describe como más cercano al del inglés que al de otras variedades de español hablado fuera de los EE.UU. (Wolford y Carter 2010).[9]

## 5.1.7 Morfosintaxis

La influencia del inglés en la morfosintaxis del español hablado en los EE.UU. es un tema de bastante debate (cf. Otheguy 2013). En el Capítulo 4 describimos varios rasgos morfosintácticos propios de los individuos que se criaron como bilingües en los EE.UU. Aquí presentamos aquellos rasgos que se atribuyen a la posible influencia del inglés. Estos pueden ser clasificados en tres categorías, según el tipo de proceso que representen: la simplificación de un paradigma gramatical o generalización de una regla gramatical; el cambio de frecuencia en el uso de una construcción de patrón minoritario a uno mayoritario; y aquellos rasgos que representan procesos de gramaticalización (Cuadros 5.20–5.22).

Los rasgos del Cuadro 5.20 son ejemplos de procesos de **simplificación**. Consisten en la omisión frecuente de expresiones gramaticales o en la reducción de un paradigma gramatical. Silva-Corvalán (1994) caracteriza los rasgos morfosintácticos del español de los EE.UU. como derivados de procesos de simplificación. En su estudio del español de Los Ángeles (presentado en el Capítulo 4), encuentra que el sistema verbal de los hablantes de la G3 es más simplificado que el de la G2. Explica que las formas compuestas han sido sustituidas por formas simples y que las formas del subjuntivo han sido sustituidas por formas del indicativo. Además, encuentra que la G2 y G3 retienen el subjuntivo en contextos obligatorios (ej. *El profesor hacía que yo hiciera the problem*) en porcentajes de 91 y 62 por ciento, respectivamente, mientras la G1 lo hacía en un 100 por ciento. Concluye que el paradigma verbal está reduciéndose al paradigma indicativo, si bien las formas compuestas del indicativo (futuro perfecto, pluscuamperfecto, presente perfecto) también se emplean menos.

Otro rasgo que se presenta como ejemplo de simplificación es la omisión de la expresión gramatical *que* ante oraciones subordinadas. Este rasgo se conecta a la omisión de *that* ante oraciones subordinadas en inglés (*I think Ø he's stopping by tomorrow*) ya que esta construcción se emplea frecuentemente en el español de los EE.UU. Otro ejemplo de generalización es el uso de *qué* en contextos de *cómo* y *cuál*.

---

[9] En español, la duración de las sílabas es bastante homogéneo, sean estas tónicas o átonas. En inglés, sin embargo, la duración de las sílabas depende de si las sílabas son acentuadas o no. Por eso se dice que el español tiene ritmo silábico y el inglés tiene ritmo acentual.

**CUADRO 5.21.** Rasgos morfosintácticos de contacto: patrones de uso de construcción minoritaria a mayoritaria

(Adaptado de Sánchez 1983; Pfaff 1979, 1982; Silva-Corvalán 1994; Lipski 2008; Otheguy et al. 2007)

| | |
|---|---|
| uso del pronombre sujeto | *Yo le hice la traducción pero yo no sabía para quién era.* |
| pron sujeto + v en infinitivo | *Me llama para yo poder visitarlo.* |
| uso frecuente de la pasiva | *Mis padres fueron muy queridos.* |
| posesivo con partes del cuerpo | *Me lavé mi cara con el jabón nuevo.* |
| GERUNDIO con función adjetiva | *Mi hermana estudiando biología llegó ayer.* |

Un fenómeno diferente son los **cambios en la frecuencia** de una construcción que se usa poco en las variedades de español fuera de los EE.UU. Estas construcciones minoritarias en la lengua se convierten en un patrón mayoritario en el español de los EE.UU., debido al contacto de lenguas (cf. Heine y Kuteva 2005:Cap. 2). Algunos ejemplos aparecen en el Cuadro 5.21.

El rasgo quizá más estudiado en el español estadounidense es el pronombre de sujeto. Recuerda del Capítulo 4 que el español puede omitir o expresar el sujeto pronominal (*fui* vs. *yo fui*), mientras que en inglés es obligatorio (*I go* vs. *\*go*). El uso del pronombre sujeto en las variedades de español fuera de los EE.UU. varía y tiene funciones muy específicas, por ejemplo, aclarar quién es el referente o marcar el cambio del referente, entre otras. En el español de los EE.UU., los estudios encuentran que la frecuencia de uso del pronombre sujeto es más alta que en las variedades fuera de los EE.UU. Este rasgo lingüístico del habla de la G2, se atribuye, siguiendo a Otheguy y Zentella (2012), a factores internos al español y al contacto con el inglés.[10]

**EJERCICIO 5.17:**

En un estudio con 39 hablantes sobre el uso de pronombres en la ciudad de Nueva York, Otheguy et al. (2007) encuentran los resultados del Cuadro 5.22. El grupo caribeño incluye a personas de ascendencia puertorriqueña y dominicana. El grupo del continente incluye a personas de ascendencia mexicana y colombiana. Luego de analizar los datos, responde a las siguientes preguntas:

1. ¿Cuál es el patrón del porcentaje de uso del pronombre sujeto (Cuadro 5.22A) entre los recién llegados a la ciudad de Nueva York (caribeños vs. continentales)?
2. ¿Cómo se explica la diferencia en los porcentajes de uso del pronombre sujeto entre los hispanohablantes recién llegados y aquellos nacidos en la ciudad de Nueva York (Cuadro 5.22B)?

Otro estudio que examinó el uso del pronombre de sujeto fue Torres Cacoullos y Travis (2014). De manera novedosa, se centraron en el pronombre sujeto de primera persona en datos de cambio de código. El objetivo fue ver si el cambio de código contribuía a que las dos lenguas convergieran con respecto al uso del pronombre sujeto, así como ver si la presencia

[10] En el estudio sobre el contacto entre el español y el portugués Carvalho (por aparecer) y Carvalho y Bessett (por aparecer) también encuentran resultados semejantes.

**CUADRO 5.22.** El uso de pronombres en la ciudad de Nueva York

(Tomado de Otheguy et al. 2007)

A. Caribeños vs. continentales

|  | Porcentaje de uso de pronombres sujeto |
|---|---|
| Rep. Dominicana | 41 |
| Puerto Rico | 35 |
| Cuba | 33 |
| Ecuador | 27 |
| Colombia | 24 |
| México | 19 |

B. Diferencia entre hispanohablantes recién llegados y aquellos nacidos en la ciudad de Nueva York

|  | Recién llegados a NYC | Nacidos en NYC (G2) |
|---|---|---|
| Caribeños | 36 | 42 |
| Continentales | 24 | 33 |
| Promedio total | 30 | 38 |

del pronombre sujeto *I* del inglés impulsaba la presencia del pronombre sujeto *yo* del español. Analizaron 23 entrevistas hechas con hablantes bilingües de la G3 del norte de Nuevo México. Los factores que favorecieron especialmente el uso del pronombre *yo* fueron:

- la presencia anterior del pronombre sujeto *yo* con el mismo referente
- los verbos cognitivos (*creer*, *saber*)
- cuando había un cambio de referente

El cambio de código no resultó relevante para la convergencia de los sistemas lingüísticos en el favorecimiento del uso del pronombre *yo*. Al comparar la frecuencia de uso con otras variedades monolingües de español, encuentran que las frecuencias de los datos nuevomexicanos son incluso los más bajos, si bien la influencia de los factores es semejante. Las autoras concluyen que a diferencia de los resultados de Otheguy y Zentella (2012), que sugieren influencia del inglés, los datos nuevomexicanos responden primordialmente a factores internos del español en contextos de cambio de código. Es decir, las autoras interpretan que el español y el inglés se encuentran "juntos pero no revueltos" en discursos de español e inglés en Nuevo México. Sugieren que en diferentes variedades del español en los EE.UU. se pueden encontrar resultados diferentes.

Hay otras construcciones que son minoritarias fuera de los EE.UU. pero que son más frecuentes en el español de los EE.UU.:[11]

---

[11] Otheguy (2013) describe el caso del posesivo como un caso de **convergencia conceptual** entre el español y el inglés. Aquí resaltamos su característica de construcción minoritaria en variedades fuera de los EE.UU. y de construcción mayoritaria en los EE.UU.

**CUADRO 5.23.** Rasgos morfosintácticos de contacto: proceso de gramaticalización

(Adaptado de Sánchez 1983; Silva-Corvalán 1994; Lipski 2008)

| | |
|---|---|
| extensión de *estar* + ADJETIVO | *Está mayor que su hermana.* |
| *estar* + GERUNDIO con función de futuro | *El sábado estoy partiendo para San Juan.* |
| *hacer* + V/N | *¿Por qué te hicieron* beat up? |

- El uso del pronombre sujeto seguido por un verbo en infinitivo en oraciones subordinadas finales, precedidas por *para* (*Me llama para yo poder visitarlo*).[12] Si bien se atribuye esta construcción a la influencia del inglés por el uso de un verbo no conjugado, no se ha estudiado empíricamente.
- El uso del pasivo (*Mis padres fueron muy queridos* en vez de *A mis padres los querían mucho*).
- El uso del determinante posesivo con sustantivos que hacen referencia a partes del cuerpo (*¡Lávate tus manos!*).
- El uso del gerundio con función adjetiva (*Mi hermana estudiando biología llegó ayer*). Si bien los usos adjetivos del gerundio con verbos de percepción (*Vi a mis amigos jugando fútbol*) se encuentran en otras variedades del español fuera de los EE.UU., el gerundio aparece con otros verbos en el español de los EE.UU. Falta estudiar la trayectoria de esta construcción en su uso más generalizado en el español de los EE.UU.

Además de estructuras que caen bajo procesos de simplificación/generalización y de cambios de frecuencia en el patrón de uso, el tercer tipo de rasgos morfosintácticos propios del español de los EE.UU. son los casos de **gramaticalización** favorecidos por el contacto de lenguas (Cuadro 5.23). No sugerimos una separación radical entre los ejemplos de patrones minoritarios a mayoritarios y los de gramaticalización. Heine y Kuteva (2005) proveen numerosos ejemplos que muestran que estos dos procesos están conectados, ya que construcciones que se vuelven más frecuentes en una variedad pueden ir modificando también su función, así como mostrar procesos de erosión fonética. Los separamos según la evidencia que proveen los estudios de la etapa en la que se encuentran.

El caso de *estar* + ADJETIVO es el más estudiado. Hace referencia a los usos del verbo *estar* con adjetivos que en variedades de español fuera de los EE.UU. aparecen más comúnmente con el verbo *ser*. En un estudio seminal, Silva-Corvalán (1986) mostró con datos del español de Los Ángeles cómo el uso de *estar* se había extendido a contextos en los que aparece con *ser* en otras variedades de español. La extensión de *estar* ocurría especialmente con adjetivos de tamaño (*está alta como sus padres*), apariencia física (*está flaca como sus padres*), edad (*está joven como mis hijos*) y evaluación (*está honesta*).[13] Silva-Corvalán (1986) propuso que el uso de *estar* + ADJETIVO en el español de Los Ángeles está más gramaticalizado que en otras variedades de español. La construcción *estar* + gerundio en el español de los EE.UU.

---

[12] Como vimos en el Capítulo 3, este rasgo también se encuentra en las variedades caribeñas.

[13] Las tendencias de extensión del verbo *estar* también se han reportado en variedades del español de ciertas regiones de México (Gutiérrez 1994), de Venezuela (Díaz-Campos y Geeslin 2011) y de España (Geeslin y Guijarro-Fuentes 2008), entre otras.

también está más gramaticalizado que en otras variedades de español.[14] Puede expresar significado de tiempo presente, el cual es una etapa avanzada en su proceso de gramaticalización en las lenguas del mundo.

Otro rasgo que también parece haberse gramaticalizado en el español de los EE.UU. es la construcción *hacer* + V/N. Esta construcción ha sido descrita con datos de California (Pfaff 1982; Silva-Corvalán 1983), Arizona (Reyes 1982) y Nuevo México (Jenkins 2003). Los autores describen este fenómeno como propio del suroeste. Jenkins agrega que no hay acuerdo si el segundo elemento es un verbo infinitivo o un sustantivo verbal. Pfaff, en cambio, sugiere que se trata de una construcción *hacer* + V que se encuentra en variedades del español fuera de los EE.UU. con función causativa (*Su hija me hizo estudiar*) y que en el caso del suroeste, esta construcción minoritaria del español se ha extendido a contextos no causativos (*Su hija hace teach allá en San José, ¿Por qué te hicieron beat up?*). Jenkins agrega que podría tratarse de un sustantivo ya que la construcción *to do/make* + N del inglés también se puede encontrar en variedades de español fuera de los EE.UU. (*hacer autostop, hacer camping*). Heine y Kuteva (2002:117–120) explican que los verbos del tipo *hacer* (*do/make*) pueden aparecer seguidos por un verbo para expresar significado causativo. Estas construcciones se pueden gramaticalizar y pasar a expresar significado continuativo, como parece ser el caso en *Su hija hace teach allá en San José* (Pfaff 1982:276). Otras funciones que derivan son para expresar énfasis y obligación. Heine y Kuteva encuentran que la función más gramaticalizada es la de preceder una expresión nominal para formar un verbo denominal. No está claro si los ejemplos de Pfaff, de extensión a contextos no causativos, y los compuestos de Jenkins representarían esta etapa. Tampoco está claro si el contacto con el inglés explicaría por qué estas construcciones solo se han reportado para el suroeste. No hay duda que este rasgo, como todos los anteriores, merece mayor estudio sistemático y con diferentes poblaciones de hablantes latinos.

## 5.1.8 ¿Influencias del inglés?

Silva-Corvalán (1990, 1994) propuso que algunos rasgos morfosintácticos propios del español de los EE.UU. representan casos de aceleración del proceso de cambio lingüístico. Estos procesos dan origen, por ejemplo, al favorecimiento del indicativo en contextos de subjuntivo (simplificación) y al uso de *estar* + gerundio con función de tiempo presente (gramaticalización).

Sin embargo, también llama la atención a ciertos cambios lingüísticos que son contrarios a lo que se esperaría si hubiera influencia del inglés. Por ejemplo, tomemos el caso de la posición del clítico en la frase verbal. En español puede aparecer en posición pre- o posverbal, pero en inglés solo en posición posverbal:

|            | Español          | Inglés            |
|------------|------------------|-------------------|
| Preverbal  | *Lo fue a comprar.* | *\*It he went to buy.* |
| Posverbal  | *Fue a comprarlo.*  | *He went to buy it.*   |

---

[14] Excepciones son el español caribeño (Aponte y Ortiz López 2010) y el español andino (Escobar 2009) en las cuales esta construcción también está bastante gramaticalizada.

**CUADRO 5.24.** Cuatro motivos por el sistema simplificado del español en los EE.UU.

(Tomado de Silva-Corvalán 1996)

| Motivo | Explicación |
|---|---|
| Cognitivo | En situaciones de "estrés lingüístico," es muy común que se pierdan las distinciones gramaticales marcadas morfológicamente (como *hablaré*) a cambio de formas perifrásticas (*voy a hablar*), porque las perifrásticas son más transparentes; así se aligera la carga cognitiva. |
| Social | Cuando una lengua subordinada está restringida a usos muy inmediatos y concretos, no hay necesidad de formas "absolutas-relativas" como el condicional perfecto (*habríamos hablado*). Entonces no se oyen, no se necesitan y no se desarrollan. |
| Intralingüístico (dentro del español) | Ciertos cambios, como el menor uso del condicional y del futuro simple, también se dan en algunas variedades del español monolingüe (ej. en Argentina, Venezuela, etc.) |
| Interlingüístico (la transferencia del inglés al español) | Para poderse comunicar, la persona aplica las reglas sintácticas del inglés a formas del español, solo después que la forma en español se ha perdido. |

Nota Silva-Corvalán que lo esperado sería que la posición posverbal fuera favorecida en el español de los hablantes G2 y G3 debido a la influencia del inglés. Sin embargo, en su estudio comparativo del uso de clíticos por latinos G2 y G3 de Los Ángeles y hablantes de Venezuela, España, México y Chile, encuentra que los latinos usan porcentajes más altos de clíticos preverbales que en los datos de los otros dialectos de español. Explica que la gramaticalización del verbo *ir* en esta perífrasis verbal toma precedencia. En este proceso interno a la lengua, el verbo *ir* pierde su significado de verbo de movimiento y se convierte en auxiliar. Propone que los estudios deben ser exhaustivos en su análisis para poder separar las trayectorias de los usos innovativos ya sean debidos a la influencia del inglés o a procesos internos al español.

Silva-Corvalán (2004) subraya tres hechos importantes sobre los cambios que encontró en el español de tres generaciones de hispanohablantes en Los Ángeles. Primero, estos rasgos no parecen impedir la comunicación en español. Segundo, estos cambios no se deben directamente al contacto con el inglés. Insiste la autora que el inglés puede **acelerar** ciertos cambios, pero no es la causa directa de todos ellos. Tercero, estos cambios son altamente sistemáticos.

La autora considera que hay cuatro motivos que explican la simplificación del sistema verbal de los hablantes de la G2 y G3, expuestos en el Cuadro 5.24. De estos cuatro motivos, Silva-Corvalán concluye que los motivos sociales juegan el papel más importante en el español de Los Ángeles. Es importante esta afirmación porque resalta el hecho de que no es el sistema lingüístico del inglés el factor únicamente responsable por los cambios que vive el español en los EE.UU.

## 5.2 El *"Spanglish"*

El término *Spanglish* se emplea ampliamente en el lenguaje coloquial para hacer referencia a cualquier uso del español con influencia del inglés. Sin embargo, para muchos el término *Spanglish* tiene connotaciones negativas porque enfatiza un uso mixto de lenguas, sugiriendo que los hablantes no hablan español y que les falta competencia en una o las dos lenguas. Este término también se conoce con otros nombres, también usados con connotación peyorativa en el suroeste, como *Tex-Mex*, *border lingo*, *pocho* (Silva-Corvalán 2000).

El *Spanglish*, entonces, hace referencia a los cuatro fenómenos lingüísticos trazados en este capítulo—el cambio de códigos, los préstamos, las extensiones semánticas y los calcos—todos fenómenos naturales que surgen de cualquier contacto de lenguas y culturas.[15] Presentaremos aquí varias perspectivas sobre el término *Spanglish*. Tanto Ana Celia Zentella como Ricardo Otheguy estudian el español de los EE.UU. y ninguno ve de manera negativa el cambio de códigos, los préstamos, las extensiones semánticas y los calcos. Donde están en desacuerdo es en el uso del término *Spanglish*.

Otheguy mantiene que deberíamos erradicar el término *Spanglish*. Lo considera "desafortunado" y que contribuye, por tanto, a la discriminación del español de los EE.UU. Otheguy y Stern (2010) explican que cuando se le dice a alguien que lo que habla es *Spanglish*, es como si se le dijera que lo que habla no es español:

> There is no justification for the use of the term *Spanglish* ... [F]eatures that characterize popular varieties of Spanish in the USA are, for the most part, parallel to those of popular forms of the language in Latin America and Spain. Further ... Spanish in the USA is not of a hybrid character, that is, not centrally characterized by structural mixing with English. We reject the use of the term Spanglish because there is no objective justification for the term, and because it expresses an ideology of exceptionalism and scorn that actually deprives the North American Latino community of a major resource in this globalized world: mastery of a world language. (Otheguy y Stern 2010:85)

Si rechaza el término *Spanglish*, ¿qué término prefiere? Otheguy describe el español de los EE.UU. como una variedad de español local o español coloquial o español popular como en cualquier otra parte del mundo hispanohablante—"el español popular de los EE.UU." Agrega que los rasgos particulares del español de los EE.UU. provienen tanto de la lengua inglesa (en la forma de préstamos, por ejemplo) como de la cultura anglo (en la forma de préstamos culturales o construcciones del inglés) y, por lo tanto, es la variedad de español propia del país, así como otros países hispanohablantes también tienen su variedad dialectal. Enfatiza que los rasgos particulares se encuentran tanto en el léxico como en la gramática (como hemos visto en este capítulo). Lo mismo había expresado Lipski (2008:70):

---

[15] Otras variedades de contacto también han recibido nombres que representan su condición de contacto entre dos lenguas, como son el *fronteriço* o *portuñol* (cf. Rona 1969; Hensey 1972; Lipski 2006), que se habla en la frontera entre Brasil y Uruguay; el *quechuañol* o *combinado* (Firestone 2012) o *media lengua* (Muysken 1996), que se habla en partes de la región andina donde el español está en contacto con el quechua (o kichwa), o el *barranquenho*, que se habla en una parte de la frontera entre España y Portugal (Clements et al. 2011; cf. Elizaincín 1992).

[Spanglish] does not meet the definitions of true mixed or intertwined languages. Rather, Spanglish is an overly facile catchphrase that has been used to refer to so many disparate and inaccurately described language phenomena as to have become essentially meaningless.

Zentella, en cambio, enfatiza que el término *Spanglish* es un "rechazo a lo normativo" y que, en su significado positivo, "desafía" la imposición de reglas que encuentran los hablantes en los textos y maestros en las escuelas y en las hablas de inmigrantes, guiadas por imposiciones que vienen desde la Real Academia de la Lengua Española. Considera que deberíamos valorar esta "creación social" porque refleja "el conflicto y la opresión" que existen entre el español y el inglés y sus hablantes en los EE.UU. Para Zentella, el término *Spanglish* no es "desafortunado," sino "feliz," porque capta la experiencia vivida (y sufrida) por los bilingües de español e inglés en los EE.UU. Al mismo tiempo, considera que este término representa una "visión idealista de una vida que comparte dos mundos." Por lo tanto, agrega que no se le puede comparar a otras variedades populares y monolingües de países hispanohablantes, pues esos no reflejan la opresión lingüística por la que pasaron los hispanohablantes de este país.

Urciuoli (2008) también insiste en que el uso del término *Spanglish* por parte de sus hablantes se debe respetar, ya que así se reconoce su autoridad lingüística en nombrar su propia variedad. Tanto Urciuoli, Zentella y Otheguy, así como otros estudiosos, respetan el español de los EE.UU. y consideran que todos debemos contribuir a cambiar la perspectiva peyorativa que prevalece en el discurso público, ya que hace daño a sus hablantes.

### EJERCICIO 5.18:

Escucha el debate (o lee su transcripción) sobre el término *Spanglish* entre los profesores Otheguy y Zentella en potowski.org/debate-spanglish. Discute con tus compañeros el significado que tenía *Spanglish* para ti (tanto el término como las prácticas) antes de aprender más sobre estas dos perspectivas.

### EJERCICIO 5.19:

Considera los enunciados siguientes sobre el *Spanglish*. Comenta con tus compañeros hasta qué grado reflejan las perspectivas lingüísticas expuestas en este capítulo.

1. "Modalidad del habla de algunos grupos hispanos de los Estados Unidos, en la que se mezclan, *deformándolos*, elementos léxicos y gramaticales del español y del inglés." (La Real Academia de la Lengua Española)
2. "*Spanglish gets attacked* tanto por los English fundamentalists como por los extremistas del español. *I think of Spanglish as very pro-Spanish. I wage it as an act of* resistencia *against the assimilate-or-else mentality. We are* lo que hablamos … *I happen to have two legs, too, but nobody ever accuses me of being* perezoso *because I don't hop around on just one!* … *Not only is Spanglish spoken across the socioeconomic spectrum by individuals of all educational levels, it doesn't even matter* de cuál país *your people come from. All roads lead to Spanglish.*" (Bill Santiago, comediante neoyorquino, de su libro *Pardon my Spanglish*)

## 5.3 El *"Mock Spanish"*

En situaciones de contacto de lenguas, también se encuentra conflicto entre las comunidades de cada lengua. La existencia del *Mock Spanish* (o *Gringoism*: Schwartz 2008, 2011) es evidencia de este conflicto y de la subordinación social que tiene el español, como lengua minorizada en los EE.UU.

Jane Hill (2007) llama la atención a este uso del español, que inicialmente era empleado por hablantes no-latinos y monolingües de inglés para burlarse de los hispanohablantes como grupo minoritario y minorizado. Algunos ejemplos bien conocidos son *Hasta la vista, baby, No way José, the big enchilada*. Sin embargo, la autora encuentra que este proceso semiótico es un caso de racismo encubierto en el que se pretende suavizar el insulto, mediante la burla o chiste. Es decir, el uso pasó de espacios privados de racismo abierto a espacios públicos de racismo encubierto. Estos usos también han pasado a ser empleados ya no solamente por no-latinos que son monolingües en inglés, sino también por bilingües, así como en la publicidad, las tarjetas comerciales (vistos en el Ejercicio 5.3), las películas, etc. Es importante notar que, a diferencia de los cuatro fenómenos de contacto que describimos (los cambios de código, los préstamos, las extensiones y los calcos) que son totalmente naturales y comunes por todo el mundo, los usos de *Mock Spanish* no lo son; son usos forzados empleados para burlarse.

Hill (2007) y Schwartz (2011) explican que el uso de *Mock Spanish* incluye el uso de expresiones del español y símbolos de la cultura hispana que se emplean en el inglés como chiste o burla para suavizar el contexto formal del espacio público. Algunos símbolos (o recursos no lingüísticos) son el uso del perro Chihuahua, de hombres que están fumando cigarros, los sombreros de charro, las corridas de toros, la música flamenca, Frida Kahlo, la cerveza, los tacos, el bigote grande, etc. Sin embargo, los contextos en los que aparecen es a cambio de otros significados raciales que se quiere atribuir a la comunidad latina en general, como el ser borracho, o perezoso, etc.

Dentro de los recursos lingüísticos que ejemplifican el *Mock Spanish* tenemos la transferencia de rasgos del español al inglés, para hacerlo "sonar" como español, así como la pronunciación del inglés con rasgos del español, propios de hablantes que hablan el inglés como segunda lengua. Otros consisten en agregar el sufijo -o y/o el artículo del español para hacer que el sustantivo del inglés "suene" a español, ej. *el cheapo*. También hay la hiper-anglización de frases del español (véase el Cuadro 5.25).

Otro fenómeno es el del cambio semiótico—es decir, se cambia el significado de la palabra. El hablante de *Mock Spanish* da un significado negativo a la palabra. Hay el ejemplo de *amigo*, que si bien denota una persona cercana y querida, en el uso ¡adiós amigo! para decirle a alguien que salga del país, es un trato no amical. Otros casos más claros de connotación despectiva son el uso de *peso* (unidad de moneda) para significar que es "muy barato," o el uso de *enchilada* para significar "muy complejo o no claro."

Schwartz (2011) explica que como estos usos se emplean para marcar una "separación" por los miembros del grupo hegemónico (blanco, anglohablante) de un grupo socialmente subordinado, el *Mock Spanish* es un discurso racista que se expresa en un contexto de supuesto humor. Hill (2007) considera que su uso se ha extendido en la política debido a la visibilidad de los latinos y el español dentro del país.

## EJERCICIO 5.20:

Según Schwartz (2011), los ejemplos presentados en el Cuadro 5.25 no representan casos de **préstamo lingüístico**, sino de **apropiación lingüística**. Para el caso de los EE.UU., Hill (2008:158) define esta

**CUADRO 5.25.** Recursos lingüísticos del *Mock Spanish*

(Basado en Hill 2007; Schwarz 2011)

| Transferencia de rasgos del español | Ejemplo |
|---|---|
| Uso del inglés con *acento* | interferencia del español, entonación del español mexicano |
| Uso del sufijo -o | *problem-o, cheap-o* |
| Uso del artículo | *el cheap-o* |
| Hiperanglización | *vigilante, moochas grassias, fleas navidad* |
| Cambio semiótico | |
| Eufemismo | *¡adiós amigo!* (en dirección hacia el sur, fuera del país) |
| Connotación despectiva | *peso* "barato," *nada* "menos que nada" |
| Exageración | the big/whole *enchilada*, Texas is the *Big Taco* |

acción como el uso de recursos lingüísticos (y culturales) del español, la lengua minorizada, por hablantes de inglés en su lengua, la lengua dominante, con el fin de crear un discurso racializado del grupo y lengua minoritarios. ¿Por qué no son casos de préstamo lingüístico? Algunos insisten que los usos de *Mock Spanish* son inocentemente chistosos y que a quienes les molestan les falta el sentido de humor. ¿Qué opinas tú? ¿Es chistoso o es ofensivo decir *el cheapo* o *adiós amigo*?

## EJERCICIO 5.21:

Formen grupos y discutan lo siguiente: ¿Existe algún otro caso de *Mock Lengua-ish* en los EE.UU. con alguna otra lengua minoritaria? ¿Creen que existe un *Mock White English*?

Este uso del español en el inglés para dar la impresión de que se habla español no promueve la comunicación con hispanohablantes como algunos de sus usuarios esperan. En un estudio sobre la interacción entre gerentes anglohablantes y trabajadores hispanohablantes en la cocina de un restaurante, Barrett (2006) encuentra que los gerentes dan instrucciones a los trabajadores hispanos en inglés pero con elementos tomados de *Mock Spanish*. Esto no permite una comunicación efectiva con los trabajadores que además no tienen una proficiencia alta en inglés y a quienes no se les está hablando en una variedad real del español. Ante la falta de comunicación efectiva, los gerentes, sin embargo, asignan la responsabilidad de los errores a los mismos trabajadores hispanohablantes. Si bien los gerentes pueden haber usado el *Mock Spanish* con intenciones de simpatía hacia el grupo minoritario, al considerar que ellos mismos no tienen responsabilidad alguna en el error laboral, terminan reforzando la segregación racial y la desigualdad en el lugar de trabajo (Barrett 2006:165).

Urciuoli (1996) nos recuerda que les migrantes son minorías (cuasi-colonizadas) cuyas vidas están estructuradas de tal manera que su situación les fuerza a ser los responsables por entender y responder correctamente en la nueva lengua (1996:4). Los mismos problemas encuentra Schwartz (2011) en su estudio con empleados domésticos y jardineros en hogares en Texas. Encuentra que lo que denomina el **español doméstico**, o una variación de *Mock Spanish* en el hogar, también cumple el papel de marcar las diferencias sociales entre el dueño de casa y los empleados, además de racializar las diferencias étnicas y lingüísticas.

## 5.4 El inglés latino

El tema de este libro es el español de los EE.UU., pero vale la pena mencionar brevemente una variedad del inglés hablada por muchos hispanos en el país. Se trata de una variedad **etnolectal** del inglés que tiene diferentes nombres:[16]

*Hispanic English*
*Chicano English*
*Mexican English*
*Puerto Rican English*
*Latino English*

En esta sección resumiremos los rasgos fonológicos y morfosintácticos que se han estudiado hasta ahora usando el término **inglés latino**. Los rasgos fonético-fonológicos se presentan en el Cuadro 5.26.

Al escuchar estos rasgos, algunos podrían pensar que estos hablantes muestran influencia del español en su inglés, o que hablan con un "acento español." Sin embargo, uno puede ser monolingüe en el inglés latino. Es decir, no necesariamente saben español los que hablan el inglés latino. El inglés latino es un dialecto estable y completo, lingüística y estructuralmente equivalente a los demás dialectos del inglés, y sus hablantes lo aprendieron de manera nativa y fluida como cualquier niño. Simplemente es una variedad que retiene algunos rasgos del contacto con el español, junto con otros rasgos adicionales.

### EJERCICIO 5.22:

Carmen Fought desarrolló una excelente actividad. Se trata de escuchar muestras orales del inglés de cinco personas y, basado en su forma de hablar, decidir si cada persona también habla el español. Completa la actividad en: www.pbs.org/speak/seatosea/americanvarieties/chicano/quiz

Es importante señalar que el inglés latino marca una identidad latina. En un estudio con jóvenes de una escuela preparatoria (*high school*) en California que pertenecían a diferentes pandillas, Mendoza-Denton (2008) encontró que el uso de /i/ + /n/ en expresiones como *anything*, *something*, *nothing* y *thing*, se empleaban por las jóvenes para expresar identidad de pandillera latina, independiente de la pandilla a la que pertenecía la joven. Si bien estos rasgos también se encuentran en el inglés de individuos de la clase trabajadora no latina, en el inglés de las jóvenes latinas estos rasgos poseían un prestigio encubierto ya que expresaba tanto una identidad étnica latina como membresía en una pandilla. En otro estudio,

[16] Algunas de las referencias a estos estudios son Peñalosa 1980; Sánchez 1983; Santa Ana 1993; Slomanson y Newman 2004; Wolfram et al. 2004; Wolfram y Schilling-Estes 2005:194–202; Fought 2006; Roeder 2006, Mendoza-Denton 2008:266–267; Dunstan 2010; Wolfram et al. 2011; Bayley y Bonnici 2009.

**CUADRO 5.26.** Rasgos fonético-fonológicos del inglés latino

| Rasgo | Ejemplo |
|---|---|
| Tendencia a omitir semivocal en diptongo | [ij] > [i], [uw] > [u], ej. *tea, me, Sue, two* |
| Vocales reducidas a *schwa* | *t*o*morrow, d*e*cember* |
| [aɪ] > [a] | *time > t[a]m* |
| [ɪ] > [i] | anyth[i]ng, someth[i]ng, noth[i]ng, th[i]ng |
| [ŋ] > [n] | anythi[n], somethi[n], nothi[n], thi[n] |
| [ɵ]>[t], [ð]>[d] | *nothing > no[t]ing, then > [d]en* |
| Omisión de /t/ y /d/ al final de palabra | *light > ligh[Ø], mist > mis[Ø]* |
| /l/ clara del español en posición inicial | *look, letter* |
| [z] se ensordece a [s] | *girl[s], ea[s]y* |

Slomanson y Newman (2004) encontraron el uso de la /l/ clara del español en el inglés de jóvenes latinos bilingües de Nueva York que pertenecían a una de tres comunidades de práctica (música hip-hop, *skaters, geeks*). El uso del rasgo también expresaba identidad latina.

Los Cuadros 5.27 y 5.28 muestran algunos rasgos morfosintácticos del inglés latino.

Slomanson y Newman (2004), Fought (2006), Dunstan (2010) y Bayley y Bonnici (2009), entre otros, encuentran que la presencia de rasgos propios del inglés latino puede ir acompañado de rasgos del *African American English* (AAE) en algunas comunidades latinas, como en el inglés puertorriqueño. Algunos de estos rasgos morfosintácticos aparecen en el Cuadro 5.28.

Si bien hay estudios sobre el inglés latino, pocos estudios se enfocan en el inglés y en el español de latinos de la G2 (u otras posteriores) a la vez.

## 5.5 Conclusión

No hay duda que los fenómenos de contacto lingüístico son rasgos que definen el español de los EE.UU. y lo distinguen de otras variedades del español en el mundo. La condición del español como lengua minorizada en los EE.UU. hace que estos rasgos no sean aceptados tan fácilmente dentro y fuera del país. Sin embargo, a medida que los estudiosos muestran la naturalidad y la sistematicidad de estos rasgos, poco a poco contribuirán a cambiar las actitudes hacia aquellos rasgos propios del español en los EE.UU. Igualmente, será importante estudiar aquellos otros rasgos propios del español de los EE.UU. como los clíticos preverbales que, si bien no derivan de la influencia del inglés, pasan desapercibidos.

**CUADRO 5.27.** Rasgos morfosintácticos del inglés latino

| Rasgo | Ejemplo |
| --- | --- |
| Regularización de verbos irregulares | *striked, drived* |
| Omisión variable del marcador de pasado | *She look[Ø] pretty.* |
| Omisión de -s verbal 3 sg. | *somebody come[Ø] up and push[Ø] me* |
| Citas directas con *go* | *he go give me two* |
| *ask* se expresa como *tell* | *If I tell her to jump up, she'll <u>tell</u> me how high.* |
| *just recently* se expresa como *barely* | *These were expensive when they <u>barely</u> came out.* |
| Uso extensivo de modales | *If he'd be here right now, he'd make me laugh.* |
| Uso intercambiado de preposiciones | *The wedding is planned <u>on</u> June.* <br> *They got <u>off</u> the car.* |
| Negación múltiple con auxiliar | *I won't do it no more.* |
| Uso extendido del negativo *no?* | *They're going to the store, <u>no?</u>* |
| Omisión de la conjunción *that* | *I think Ø he wants to visit.* |

**CUADRO 5.28.** Rasgos morfosintácticos del AAE en el inglés latino

| Rasgos | Ejemplos |
| --- | --- |
| *be* habitual | *Me and my mom <u>be</u> praying in Spanish.* |
| No concordancia con *be* conjugado | *there <u>is</u> things* |
| *it* existencial en lugar de *there* | *<u>It</u>'s four of us, there's two of them.* |
| Uso de *had* como pretérito | *Before we <u>had</u> fought, she <u>had</u> came up to see me.* |
| Regularización de verbos irregulares | *before we spoked* |
| Omisión de la cópula (*ser*) | *he Ø ugly, they Ø good* |
| Sujeto doble | *her boyfriend, he* |
| Generalización del posesivo | *a friend of mines* |

La diversificación del español de los EE.UU. dentro de los EE.UU. y a través de las generaciones también se aclarará a medida que trabajos empíricos y sistemáticos se sigan haciendo en el país. Para terminar, los rasgos que surgen de la acomodación dialectal entre hablantes de español de diferentes variedades son el tema del siguiente capítulo.

Conceptos claves

Busca en el texto las definiciones de estos conceptos y compara con tus compañeros.

Cambio de códigos
Préstamos
Extensiones semánticas
Calcos
Marcadores de discurso
*Spanglish*
*Mock Spanish*
El inglés latino

# 6 El contacto de dialectos del español

Como hemos visto en los capítulos anteriores, la población latina de los EE.UU. es diversa y compleja. En el siglo XXI, la población de origen hispano se vuelve cada vez más heterogénea. Si antes se solía enfatizar que Nueva York tenía muchos puertorriqueños, Los Ángeles muchos mexicanos y Miami muchos cubanos, ahora hace falta reconceptualizar el perfil hispanohablante de estos y otros lugares (como hemos visto en los capítulos anteriores), ya que ahora conviven por todo el país altos números de hispanohablantes de varias procedencias. Esto da lugar a que sus maneras de hablar español estén en contacto. En este capítulo, presentamos los estudios realizados hasta ahora sobre este fenómeno. Primero, repasamos lo que es un dialecto (vs. una lengua) y unos principios generales sobre el contacto entre diferentes dialectos.

## 6.1 El dialecto vs. la lengua

Entendemos *dialecto* como una variedad de una lengua que tiene rasgos lingüísticos propios de una región geográfica, por ejemplo, del Caribe, Andalucía, México central.[1] Estos rasgos se pueden encontrar en todos los niveles de la lengua, como el léxico, la morfosintaxis y la fonología. Es importante reconocer que *todos* hablamos un dialecto de nuestra lengua; no es el caso que algunos hablen la "lengua" mientras que otros hablen un "dialecto" de esa lengua. Es decir, nadie habla "el inglés"; todos los angloparlantes hablan cierto dialecto del inglés que pertenece a cierta región, como el inglés de los Estados Unidos, el inglés de Jamaica o el inglés de Irlanda.

Generalmente, las diferencias dialectales no impiden la comunicación entre los hablantes de una misma lengua. Por ejemplo, los hablantes del inglés de Washington, DC, de Kingston y de Dublín pueden comunicarse sin mayores problemas, sobre todo cuando se trata de temas formales (suele haber mayor variación en el habla más vernácula o coloquial). Pero cuando las diferencias léxicas, fonológicas y morfosintácticas son muchas, puede llevar a que la comunicación sea difícil y que requiera de mayor esfuerzo para poder entenderse.

---

[1] Suele haber además variación lingüística dentro de una zona dialectal, de modo que el español de cierta región de Puerto Rico, México, etc. puede ser notablemente diferente del español de otra zona de Puerto Rico, México, etc.

## EJERCICIO 6.1:

De las lenguas que sabes, ¿qué dialectos de ellas hablas? ¿Hay en esas lenguas algunos dialectos que no entiendas tan bien como otras?

Una distinción común entre *dialecto* y *lengua* se estipula así: si los hablantes se pueden entender, lo que hablan son dialectos de una misma lengua, pero si no se entienden, hablan lenguas diferentes. Este parámetro se conoce como la **comprensión mutua** o **inteligibilidad** entre variedades lingüísticas. Por ejemplo, los hablantes de Caracas y los de Madrid se entienden; entonces lo que hablan son dialectos de una misma lengua (el español). Pero como estos hablantes no entienden a los de Estambul (quienes hablan el turco), entonces el turco y el español son lenguas diferentes.

Sin embargo, hay varios casos que ponen en duda la utilidad de la comprensión mutua como criterio. Primero, a veces la comprensión entre hablantes es desigual. Por ejemplo, Jensen (1989) encontró que las variedades orales del español latinoamericano y el portugués brasileño son mutuamente comprensibles a niveles desde el 50 hasta el 60 por ciento, pero los brasileños comprenden mejor el español que viceversa. En el norte de Europa, Delsing (2007) hizo un experimento con los hablantes de varios idiomas, pidiéndoles que indicaran hasta qué grado entendían otras lenguas en una escala del 1 al 10. En el Cuadro 6.1, notamos que algunos dicen entender a los demás más que lo que los otros dicen entenderlos a ellos.

El segundo problema es que en algunas partes del mundo, las ideologías lingüísticas juegan un papel importante en lo que la gente considera una lengua vs. un dialecto. Por ejemplo, los hablantes de valenciano y catalán se comprenden perfectamente—por lo cual muchos dirían que son dos dialectos de la lengua catalana—pero muchos hablantes de valenciano consideran que el valenciano es una lengua y el catalán es otra. Un caso opuesto se encuentra en la China, donde el gobierno ha declarado que en todo el país se hablan "dialectos" del Chino (*Zhōngguó Yǔwén* o "el habla y la escritura de China"), aunque los lingüistas documentan la existencia de unas 292 lenguas mutuamente incomprensibles en el territorio nacional. (Debemos aclarar que existe solo una lengua escrita en la República Popular de China; como esta emplea carácteres con interpretación semántica o lexical, no representa la fonética de las lenguas habladas.) En el primer caso, las ideologías promueven la separación y diferenciación, mientras que en el segundo, se busca promover la unidad política.

**CUADRO 6.1.** Grados desiguales de comprensión

(Delsing 2007)

|          | Danés | Sueco | Noruego | Inglés |
|----------|-------|-------|---------|--------|
| Daneses  | –     | 3.67  | 4.25    | 6.08   |
| Suecos   | 4.26  | –     | 5.24    | 7.55   |
| Noruegos | 6.55  | 6.76  | –       | 7.22   |

Otra pregunta que se discute es, si dos grupos difieren únicamente en su acento fonológico, ¿tienen simplemente un *acento* diferente, o se trata de un dialecto diferente? Algunos insisten que además de diferencias de la fonología es necesario también que haya diferencias léxicas y/o morfosintácticas para que dos variedades lingüísticas sean consideradas como dialectos diferentes. Estos son temas muy estudiados en la lingüística, pero no los trataremos aquí.

En el Capítulo 3 presentamos los rasgos lingüísticos principales de los dialectos más comunes del español en los EE.UU. En este capítulo, nuestro enfoque es lo que ocurre cuando los hablantes de diferentes dialectos están en contacto verbal en su vida diaria porque comparten un mismo espacio, sea una ciudad, un barrio o un hogar. Antes de presentar los estudios realizados hasta ahora sobre este fenómeno con el español en los EE.UU., resumimos unos principios generales sobre el contacto dialectal.

## 6.2 El contacto de dialectos

Cuando los hablantes de diferentes dialectos comparten el mismo espacio social, suelen interactuar con cierta frecuencia en la calle, en el trabajo, en el mercado, etc. En casos en los que los dialectos son mutuamente comprensibles y los hablantes tienen actitudes positivas (y/o neutrales) hacia el otro dialecto, con el tiempo tienden a adoptar ciertos rasgos lingüísticos del otro dialecto, o a hacer que los dos dialectos se asemejen más. Esto a primera vista pudiera parecer extraño; ¿por qué sentiría un hablante la necesidad de modificar su forma de hablar si los demás lo entienden? Giles (1973) fue quizá el primero que propuso que la gente tiende a acomodar su forma de hablar a la de sus interlocutores o, como lo dijo Keller (1994:100), la gente tiende a "hablar como hablan los demás." Coupland (2008) enfatizó que "son las personas, no solo los dialectos, los que están en contacto, y que las dimensiones interpersonales e intersubjetivas de la lengua son donde se encuentran las explicaciones del cambio" (2008:268).

### EJERCICIO 6.2:

En algún momento, sea porque viajaste a otro lugar o porque hablabas con alguien de otro lugar, ¿notaste que cambiaste tu forma de hablar en alguna de tus lenguas? Da ejemplos tuyos o de alguien a quien conozcas.

Este proceso por el cual los hablantes de diferentes dialectos tienden a convergir en ciertos rasgos se conoce como **acomodación lingüística**. Trudgill (1986), uno que más ha trabajado en el contacto de dialectos del inglés, observa que en contextos sociales de migración reciente de hablantes de diferentes variedades de una lengua, este fenómeno es muy común. Un ejemplo es cuando un grupo de inmigrantes llega a una ciudad donde la mayoría de la gente habla otro dialecto. En este caso, se asume que con el tiempo la variedad lingüística de los migrantes se parecerá cada vez más a la variedad del grupo mayoritario. Pero, no siempre es así. Dependerá también de las actitudes lingüísticas que tengan los migrantes recientes hacia la variedad mayoritaria. Si son positivas o neutras, se puede hipotetizar que la variedad del grupo mayoritario se impondrá. Sin embargo, ¿qué pasa si el grupo migrante es más grande? En estos casos, otra vez el factor tamaño tampoco es suficiente; otros factores como las actitudes lingüísticas pueden ser más importantes.

Otra situación se da cuando más de dos dialectos están presentes en un nuevo lugar, es decir, cuando grupos de individuos que hablan diferentes dialectos de la misma lengua llegan a vivir juntos en un mismo lugar. Los estudios de este fenómeno con el inglés en Gran Bretaña, Nueva Zelandia, Sudáfrica y Australia muestran que pueden surgir en estos contextos por lo menos tres fenómenos lingüísticos (Trudgill 1986, 2004; cf. Bauer 1994; Kerswill 2002, 2010; Schneider 2003; Kerswill and Williams 2005; Mesthrie 2010; Cheshire et al. 2011), que presentamos a continuación:

1. Puede surgir una variedad que no incluya rasgos distintivos de *ninguno* de los dialectos, sino solo los rasgos que tienen en común, lo que se conoce como **nivelamiento**.
2. Es posible que surja una variedad *híbrida*; es decir, una variedad que tiene rasgos *de los dos o más* dialectos.
3. Finalmente, puede surgir una variedad que tiene rasgos *nuevos*, que no existen en ninguno de los dialectos y que surgen debido al contacto.

No siempre está claro cuándo surge uno o el otro, pero lo que sí está claro es que intervienen otros factores extralingüísticos, como el tamaño de la población de niños con respecto a la de los adultos, las actitudes lingüísticas hacia las otras variedades dialectales, las ideologías lingüísticas, las identidades sociales, el acceso a una norma lingüística, etc.

Un ejemplo que ha sido estudiado empíricamente es el caso de Nueva Zelandia. Desde antes de su colonización oficial por el Reino Unido a mediados del siglo XIX, llegaron a poblar el país muchos inmigrantes de diferentes partes del mundo anglohablante como Inglaterra, Escocia, Irlanda y Australia, cada lugar con un distinto dialecto del inglés. Basado en las primeras etapas de la formación del inglés de Nueva Zelandia, Trudgill propuso que la formación del inglés de Nueva Zelandia se dio en tres etapas (2004).

**Etapa 1**: El habla de la primera generación inmigrante, en el cual se encuentran rasgos lingüísticos propios de los diferentes grupos dialectales que estaban representados en la población inmigrante.

**Etapa 2**: El habla de la segunda generación (hijos de los inmigrantes). Se encuentra una alta variabilidad lingüística con respecto a los rasgos lingüísticos que se encuentran, pero al mismo tiempo se ve una tendencia a cierto nivelamiento lingüístico grupal, mediante la pérdida de ciertos rasgos regionales distintivos.

**Etapa 3**: Las hablas de las generaciones siguientes en las cuales ya se empieza a ver menos variabilidad y mayor focalización en los rasgos *nuevos* que pasan a formar parte de la nueva variedad de contacto (véase también Kerswill 2010).

Los estudios de contacto dialectal, entonces, requieren que se diferencien claramente los hablantes según su generación sociolingüística y que se haga nota de los rasgos lingüísticos dialectales de los grupos que pertenecen a la primera generación (llamado el *principio fundador* por Mufwene, 2001, 2008).

Trudgill, Kerswill y otros enfatizan que los rasgos lingüísticos que se ven favorecidos en la nueva variedad de contacto están influenciados por al menos tres factores: (1) la presencia numérica de hablantes de cada dialecto representado en el grupo inmigrante, (2) una presencia importante de niños con respecto al número de adultos y (3) las redes sociales que tienen los hablantes entre ellos mismos y con otros (Kerswill 2010:243). Por lo tanto, todos estos factores deben tomarse en cuenta en el estudio del contacto dialectal.

### EJERCICIO 6.3:

Para cada uno de estos tres factores—la presencia numérica, la proporción de niños y las redes sociales—intenta proponer uno o dos motivos por los cuales cada factor puede tener tanta importancia en la formación de la nueva variedad de contacto.

En el mundo hispanohablante, Latinoamérica fue una gran zona de contacto de diferentes dialectos del español de España. Más recientemente, se han estudiado varios casos del contacto de dialectos del español. En la Ciudad de México, se ha estudiado la fonología de inmigrantes cubanos (Rodríguez Cadena 2006) y porteños de Argentina (Pesqueira 2008), así como de hablantes de otras partes de México como Sonora (Serrano 2000a) y el Yucatán (Rosado 2003). En España, varios estudios tratan del contacto del español peninsular con otras variedades, como el porteño en Valencia (Barrancos 2008), el ecuatoriano y peruano también en Valencia (Calvo Pérez 2007), dialectos de migrantes del sur de España en Madrid (Martín Butragüeño 2004) y de migrantes rurales en Granada (Melguizo Moreno 2008) y en varias ciudades de Andalucía (Hernández-Campoy y Villena-Ponsoda 2009). Otros estudios del contacto entre variedades dialectales del mismo país debido a la migración interna se han hecho en Puerto Rico (López Morales 1983), Panamá (Cedergren 1973) y Perú (Klee y Caravedo 2005, 2006).

En los casos de contacto dialectal descritos hasta ahora, los inmigrantes llegan a un nuevo lugar donde ya se hablaba su lengua como lengua mayoritaria, si bien un dialecto diferente. La situación lingüística es muy diferente cuando grupos de individuos de diversos dialectos pueblan un lugar donde se habla otro idioma. La falta de una norma oral local de la lengua minoritaria puede llevar a que los niños adquieran rasgos de los diferentes dialectos con los que están en contacto y que, con el tiempo, su variedad dé origen a un nuevo dialecto, si las circunstancias sociales lo permiten (cf. Kerswill 2010). Este es el contexto que encontramos con los inmigrantes hispanohablantes en los EE.UU., donde la lengua dominante es el inglés y donde no hay una norma oral del español.

## 6.3 El contacto entre dialectos del español en los EE.UU.

En el siglo xxi, los EE.UU. emerge como el lugar ideal para estudiar el contacto de dialectos del español, por la gran diversidad de dialectos que se encuentran lado a lado en las diferentes ciudades del país. El Capítulo 3 mostró la variedad de grupos dialectales en los EE.UU., y el Cuadro 6.2 a continuación presenta los cuatro grupos latinos más numerosos en varias ciudades del país.

A pesar de que estas cinco ciudades tienen un solo grupo etnolingüístico que sobrepasa a los demás—aunque en Nueva York sea por menos—el número significativo del grupo denominado "Otro" apunta hacia poblaciones cada vez más heterogéneas. Entonces en

**CUADRO 6.2.** Orígenes de los grupos latinos en algunas ciudades de los EE.UU.

(Censos 2010 y 2000)

| | Número y porcentaje de la ciudad que es latina | | Grupos hispanos predominantes (porcentaje de todos los grupos de origen hispano) | | | |
|---|---|---|---|---|---|---|
| | 2010 | 2000 | 2010 | | 2000 | |
| Estados Unidos | 50,477,594 (16%) | 35,305,818 (12%) | Mexicanos | 63 | Mexicanos | 58 |
| | | | Otros | 24 | Otros | 28 |
| | | | Puertorriqueños | 9 | Puertorriqueños | 10 |
| | | | Cubanos | 4 | Cubanos | 4 |
| Nueva York | 2,336,078 (29%) | 2,160,554 (27%) | Puertorriqueños | 31 | Puertorriqueños | 37 |
| | | | Otros | 31 | Otros | 36 |
| | | | Dominicanos | 25 | Dominicanos | 19 |
| | | | Mexicanos | 14 | Mexicanos | 9 |
| Los Ángeles | 1,838,822 (49%) | 1,719,073 (47%) | Mexicanos | 66 | Mexicanos | 64 |
| | | | Otros | 14 | Otros | 25 |
| | | | Salvadoreños | 13 | Salvadoreños | 7 |
| | | | Guatemaltecos | 8 | Guatemaltecos | 4 |
| Houston | 919,668 (44%) | 730,865 (37%) | Mexicanos | 73 | Mexicanos | 72 |
| | | | Otros | 15 | Otros | 22 |
| | | | Salvadoreños | 8 | Salvadoreños | 5 |
| | | | Hondureños | 4 | Hondureños | 1 |
| Chicago | 778,862 (29%) | 753,644 (26%) | Mexicanos | 74 | Mexicanos | 70 |
| | | | Puertorriqueños | 13 | Puertorriqueños | 15 |
| | | | Otros | 10 | Otros | 13 |
| | | | Guatemaltecos | 2 | Guatemaltecos | 2 |
| Miami | 279,456 (70%) | 238,351 (66%) | Cubanos | 49 | Cubanos | 52 |
| | | | Otros | 32 | Otros | 34 |
| | | | Nicaragüenses | 10 | Nicaragüenses | 9 |
| | | | Hondureños | 8 | Hondureños | 5 |

estos y muchos otros lugares del país, ya no se puede contemplar la lengua española sin plantear la posibilidad del contacto entre los diferentes grupos dialectales. Efectivamente, varios estudios en los últimos años han examinado este fenómeno, los cuales repasaremos antes de pasar a una consideración del español de los individuos latinos "mixtos," aquellos que crecen en hogares donde se hablan dos dialectos diferentes.

Presentaremos los estudios existentes sobre el contacto de dialectos del español en los EE.UU. según el orden siguiente de niveles del sistema lingüístico:[2] (1) léxico, (2) fonológico y por último (3) morfosintáctico.

---

[2] Este orden refleja la jerarquía de rasgos lingüísticos que más rápidamente adoptan los hablantes en situaciones de contacto de lenguas (Thomason y Kaufman 1988; Thomason 2001).

## 6.3.1 Resultados léxicos

Parece haber acuerdo en que el léxico es lo más fácil de adquirir, tanto en situaciones de adquisición de segundas lenguas como en situaciones de contacto de dialectos.[3] Dos estudios hasta la fecha han explorado la familiaridad léxica resultante del contacto de dialectos del español en las ciudades de Nueva York y Chicago.

En Nueva York, Zentella (1990a) enseñó dibujos de 25 objetos diferentes (Cuadro 6.3) a un total de 194 puertorriqueños, dominicanos, colombianos y cubanos (no hay detalles sobre sus edades o generación sociolingüística; pero variaban por edad, género, nivel de educación, años en los EE.UU. y proficiencia en inglés y español). Nótese que tres de estos grupos pertenecen al dialecto caribeño y el cuarto, el grupo colombiano, pertenece a un dialecto continental (si los hablantes no vienen de las costas caribeñas; Lipski 1994b, 1996).

Se eligieron estos objetos porque según la autora eran comunes en la vida diaria y porque existían al menos dos o más maneras de llamarlos en estos dialectos del español. La autora les preguntó a los participantes cómo se referirían a estos objetos "en sus conversaciones cotidianas" y, también, si conocían para ellos otros términos adicionales de otros grupos de hispanohablantes. El objetivo del estudio era investigar si cada grupo dialectal conocía la variante de los grupos más numerosos de la ciudad—que en aquel entonces eran los puertorriqueños y los dominicanos. Las respuestas se presentan en el Cuadro 6.4.

Por lo general, encontró la autora que ninguno de los factores sociales que estudió correlacionaba con las respuestas; solo el origen nacional correlacionaba con el conocimiento léxico. Los resultados también mostraron cinco patrones, anotados en la primera columna del Cuadro 6.4. El primero (1) está formado por los términos en español en los que coincidían los individuos de los cuatro grupos para el término en inglés ("*necklace*," "*chain necklace*" y "*pocketbook*"). La autora concluyó que estas palabras forman parte de lo que es el léxico normativo de la ciudad de Nueva York. El segundo grupo (2) está formado por los términos en español en los que coincidían los individuos de tres (de los cuatro) grupos para el término en inglés ("*orange*," "*mattress*," "*earrings*," "*pepper*," "*money*," "*jeans*," "*car*," "*desk*," "*vase*," "*sidewalk*," "*bus*," "*furniture*") y solo un grupo empleaba otra palabra. En los casos de "*sidewalk*," "*bus*" y "*furniture*," se postuló una influencia de región dialectal, ya que los tres grupos caribeños mostraron uniformidad frente a los colombianos. En el tercer patrón (3), dos grupos prefirieron el mismo término y los otros dos grupos prefirieron otros distintos ("*birthday cake*," "*garbage can*," "*banana*," "*eyeglasses*," "*half slip*," "*pig*," "*grocery store*"). Ningún patrón regional se distinguió aquí. En el cuarto patrón (4) hay palabras con sinónimos múltiples ("*clothes pin*," "*hair pin*"). Sin embargo, estos objetos se usan cada vez menos, y tanto este peso semántico bajo como su uso por el género femenino sugieren que no emerge una palabra "ganadora." En el quinto patrón (5), cada grupo empleó un término distinto ("*kite*"), lo que lleva a una frecuencia baja de cada término.

Dos tendencias adicionales merecen comentario. Primero, los hablantes a veces recurrían al inglés para evitar malos entendidos (con hablantes de otros dialectos) cuando cada grupo

---

[3] En situación de contacto de lenguas, Thomason (2001) explica que el préstamo léxico puede ocurrir, incluso cuando hay pocos bilingües. Es decir, no requiere que haya una población bilingüe extensa.

**CUADRO 6.3.** Lista de objetos representados en los dibujos del estudio de Zentella

(Zentella 1990a)

| | Objeto en las fotos | Maneras de decirlos en español |
|---|---|---|
| 1 | "necklace" | collar |
| 2 | "chain necklace" | cadena |
| 3 | "pocketbook" | cartera, billetera, bolso |
| 4 | "orange" | naranja, china |
| 5 | "mattress" | colchón, matre |
| 6 | "earrings" | aretes, pantallas, aritos, candongas, pendientes |
| 7 | "pepper (vegetable)" | ají, pimiento |
| 8 | "money" | dinero, chavos, cuarto, plata |
| 9 | "jeans" | jeans, mahones, fuerteazul, pitusa, vaqueros |
| 10 | "car" | carro, máquina, berlina, coche |
| 11 | "desk" | escritorio, buró, mesa |
| 12 | "vase" | florero, búcaro, tarro |
| 13 | "sidewalk" | acera, andén, pasillo, calzado, contéin, vereda |
| 14 | "bus" | guagua, bus, ómnibus |
| 15 | "furniture" | muebles, sofá |
| 16 | "birthday cake" | bizcocho, queik, queque, pastel, ponqué |
| 17 | "garbage can" | zafacón, latón, caneca, tarro, tacho |
| 18 | "banana" | guineo, plátano |
| 19 | "eyeglasses" | espejuelos, gafas, lentes, anteojos |
| 20 | "half slip" | enagua, saya/sayuela, mediofondo |
| 21 | "pig" | puerco, cerdo |
| 22 | "grocery store" | bodega, tienda |
| 23 | "clothespin" | gancho, palito, clip, horquilla, pinche, palillo |
| 24 | "hair pin" | gancho, hebilla, pinche, pincho, pinsa, bobipín |
| 25 | kite | cometa, paplote, chichigua, chiringa |

**CUADRO 6.4.** Patrones de uso léxico en los datos de Zentella

(Basado en Zentella 1990a)

| | Objetos | Variantes en las respuestas |
|---|---|---|
| 1. Respuesta uniforme | "necklace," "chain (necklace)," "purse/pocketbook" | *collar, cadena, cartera* (si bien un tercio de los colombianos preferían *bolso*) |
| 2. Un grupo prefirió un término diferente | "orange," "mattress," "earrings," "pepper," "money," "jeans" | *naranja, colchón, aretes, ají, dinero, yins* Uso puertorriqueño diferente al uso mayoritario: *china, matre, pantallas, pimiento, chavos, mahones.* |
| | "car," "desk," "vase" | *carro, escritorio, florero* Uso cubano diferente al uso mayoritario: *máquina, buró, búcaro.* |
| | "sidewalk," "bus," "furniture" | *acera, guagua, muebles* Uso colombiano diferente al uso mayoritario: *andén, bus, sofá.** |
| 3. Grupos divididos en dos | "birthday cake," "garbage can," "banana" | Los puertorriqueños y los dominicanos prefieren otro término: *bizcocho, zafacón, guineo.* Otros términos: *keik, pastel; latón; plátano, banano.* |
| | "eyeglasses" | Los puertorriqueños y los cubanos prefieren otro término: *espejuelos.* Otros términos: *gafas, lentes.* |
| | "half slip" | Los puertorriqueños y los colombianos prefieren otro término: *enaguas.* Otros términos: *saya, mediofondo.* |
| | "pig," "grocery store" | Comunes en todos los grupos: *puerco, cerdo* y *bodega, tienda.* Los dominicanos produjeron *puerco* primero y *cerdo* último; mientras los colombianos produjeron *cerdo* primero y *puerco* último. Los cubanos usaron *bodega* más frecuentemente que *tienda*; mientras los colombianos prefirieron *tienda.* Los puertorriqueños usaron los cuatro términos con frecuencia similar. |
| 4. Usos múltiples sinónimos | "clothes pin," "hair pin" | Variación extensiva tanto intra- como intergrupal: 22 variantes en total. |
| 5. Léxico distinto para cada grupo | "kite" | *cometa* (Colombia), *papalote* (Cubano), *chichigua* (Dominicano), *chiringa* (Puerto Rico) |

* La autora anota que uno de los entrevistadores señaló únicamente el *couch* en la foto de los *muebles* cuando entrevistaba a aquellos de origen colombiano. Explica que por esta razón, ella considera que *muebles* debería estar en el primer patrón de uso como la palabra para *furniture* para todos los grupos.

usaba una palabra diferente para referirse a la misma cosa. Zentella explica que los hispano-hablantes en la ciudad de Nueva York "turn to English in order to understand each other's Spanish" (1990a:1100). Es decir, emplean el término del inglés como "lengua franca" para garantizar la comunicación. Por ejemplo, para los caribeños *guagua* significa *autobús*, pero para los colombianos tiene otro significado (que no quedó claro cuál era). Se podría hipotetizar que los colombianos en la ciudad de Nueva York adoptarían el significado caribeño dada la preponderancia numérica de caribeños. Sin embargo, Zentella encuentra que la presencia del homónimo colombiano en otro campo semántico, así como la seme-janza fonética de la palabra inglesa [bʌs] a la colombiana [bus] "may prove effective counterforces" (1990a:1100). Entonces, los anglicismos pueden cumplir un papel neutra-lizador entre las diferentes variantes dialectales que se encuentran en competencia.

Segundo, y más intrigante aun, fue que los factores sociales de clase, nivel educativo y raza resultaron ser más significativos en la dispersión léxica que la superioridad numérica de los grupos de hablantes. Las variantes léxicas de los hablantes que representaban los grupos más numerosos en la ciudad—en ese momento, puertorriqueños y dominicanos—*no* fueron los términos más reconocidos. En cambio, fueron las variantes cubanas y colombianas las más reconocidas y, según la autora, los cubanos en ese momento representaban el grupo con mayor nivel de educación y estatus social. También se vieron reflejadas la clase social y una jerarquía racial en las críticas negativas que expresaban los hablantes cubanos y colombianos hacia el español dominicano y puertorriqueño. Incluso un 35 por ciento de los mismos dominicanos decían que su propio dialecto era "incorrecto" o "malo." Es decir, las variantes dominicanas no tenían prestigio ni entre los cubanos, ni entre los colombia-nos, ni entre los mismos dominicanos. Según Zentella, dentro de la ciudad de Nueva York, las variantes léxicas usadas por la gente de mayor estatus social—en este caso las de los cubanos y colombianos, que tenían mayor educación formal y piel más clara—ganaron la competencia frente a las de los grupos más perjudicados económicamente y más discrimi-nados por su piel más oscura. Concluyó que los procesos de incorporación, pérdida o mantenimiento léxicos no son predecibles con una simple fórmula matemática, porque "a number of social and economic realities … impinge upon communication and linguistic change, leveling, and/or diffusion" (1990a:1097). Sin embargo, queda claro de este estudio que tanto factores lingüísticos (como grado de semejanza semántica y fonética) como factores sociales (como el grado de educación formal y la actitud lingüística hacia los dialectos) juntos participan en el proceso del nivelamiento lingüístico en la ciudad de Nueva York, en este caso, al nivel léxico.

En Chicago, Potowski y Torres (en progreso), empleando una metodología parecida a la de Zentella (1990a), mostraron fotos de diez objetos a un grupo de 37 mexicanos y 39 puertorriqueños (Generaciones 1, 2 y 3, con edades entre 17 y 70 años). Los objetos y sus variantes léxicas geográficas se encuentran en el Cuadro 6.5.

Las autoras les preguntaron cómo se referían a cada objeto. La primera palabra que ofrecían recibía dos puntos. Después preguntaron si conocían otra palabra para nombrar el objeto de la foto y, si nombraban alguna, esa palabra recibía un punto. Al sumar todos los puntos, cada hablante acababa con dos números: uno que representaba el grado de fami-liaridad con el léxico mexicano y otro con el léxico puertorriqueño. También hicieron la

**CUADRO 6.5.** Lista de referentes empleados en la prueba léxica

(Potowski y Torres en progreso)

|    | Inglés | Variantes mexicanas | Variantes puertorriqueñas |
|----|--------|---------------------|---------------------------|
| 1  | "orange" | naranja, mandarina | china |
| 2  | "pacifier" | chupete, chupetón | bobo |
| 3  | "bus" | camión, autobús | guagua |
| 4  | "eyeglasses" | lentes | espejuelos, gafas, anteojos |
| 5  | "earrings" | aretes | pantallas |
| 6  | "swimming pool" | alberca | piscina |
| 7  | "drinking straw" | popote | sorbeto |
| 8  | "banana" | plátano | guineo |
| 9  | "kidney beans" | frijoles | habichuelas |
| 10 | "birthday cake" | pastel | bizcocho |

misma actividad con hablantes de lectos referenciales, es decir, con 15 mexicanos que no habían salido de México y con 15 puertorriqueños que no habían salido de Puerto Rico, para propósitos comparativos. A estos hablantes les llamaron "*homeland*."

## EJERCICIO 6.4:

Tomando en consideración el número de mexicanos y puertorriqueños en Chicago, ¿cuál de las siguientes hipótesis crees que tienen Potowski y Torres (en progreso)?

La población de hispanos en Chicago (en 2000, cuando se recogieron los datos):

Mexicanos: 578,100[4]
Puertorriqueños: 102,703

Posibles hipótesis:

1. Los mexicanos iban a conocer más léxico puertorriqueño que mexicano.
2. Los puertorriqueños iban a conocer más léxico puertorriqueño que mexicano.
3. Los dos grupos iban a conocer una cantidad igual de léxico de su grupo y del otro grupo.

Las autoras postularon que los puertorriqueños conocerían más léxico mexicano que al revés porque hay muchos más mexicanos en Chicago a pesar de que Zentella encontró que las variantes de los grupos más numerosos en Nueva York no eran las más conocidas.

---

[4] Recordemos que hay una considerable cantidad de mexicanos que no se cuentan en los censos oficiales por consideraciones de su estatus de indocumentación migratoria, como mencionamos en el Capítulo 1.

También hipotetizaron que los hablantes de la primera generación conocerían más léxico del exogrupo (*outgroup*) dialectal que los de la segunda generación, quienes, a su vez, conocerían más léxico exogrupal que la tercera generación. Se planteó esta hipótesis partiendo de estudios anteriores—algunos de los cuales vimos en los Capítulos 2 y 4— que señalaron que, conforme va aumentando el nivel generacional, los hablantes tienen menos proficiencia en español y, por ende, probablemente conocen menos vocabulario no solo del grupo de ellos mismos sino también del de los otros grupos.

Los resultados confirmaron la primera hipótesis: los puertorriqueños en Chicago producían significativamente más léxico exogrupal (es decir, más vocabulario mexicano) que los mexicanos, quienes conocían mucho menos léxico puertorriqueño (Figura 6.1).

Es cierto que los puertorriqueños *homeland* conocían más léxico exogrupal (sobre todo para "*orange fruit*," "*earrings*" y "*birthday cake*") que los mexicanos *homeland* (para quienes solo la palabra exogrupal *piscina* era conocida por unos cuantos), pero los dos grupos en Chicago produjeron significativamente más léxico exogrupal que sus homólogos en México y Puerto Rico. Esto sugiere un efecto léxico del contacto de dialectos en Chicago.

La segunda hipótesis sobre generación también se probó, pero solo en parte. La producción léxica exogrupal según grupo generacional no fue de G1>G2>G3 como se había predicho, sino de G2>G1>G3, como se nota en la Figura 6.2.

Como hipotetizaron las autoras, los G3 conocían menos léxico exogrupal que los demás grupos generacionales. Propusieron como explicación el hecho de que la *proficiencia global* en el español de los G3 baja significativamente (por su menor uso del español) y que su conocimiento relativamente reducido del español parece limitarse a la variedad dialectal que aprendieron en casa. En cuanto a los G2, proponen que muestran mayor proficiencia exogrupal que los G1 por haberse criado en Chicago y, por ende, haber estado en contacto durante toda su vida con el exogrupo. De los G1, en cambio, la mayoría llegó a la ciudad ya de adultos y había convivido menos tiempo con el exogrupo.

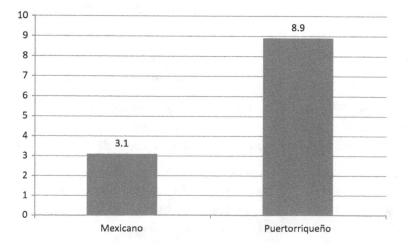

**Figura 6.1.** Promedio del conocimiento de vocabulario exogrupal en Chicago (Potowski y Torres en progreso)

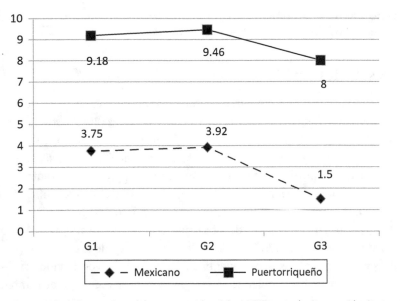

**Figura 6.2.** Número de palabras conocidas del exogrupo según generación (Potowski y Torres en progreso)

En un análisis más detallado de cada uno de los diez objetos empleados en el estudio, Potowski y Torres (en progreso) encuentran que, comparado con los hablantes *homeland*, los incrementos más grandes en el léxico exogrupal de los mexicanos de Chicago se dieron para *"eyeglasses," "swimming pool"* y *"beans,"* mientras que los puertorriqueños de Chicago aumentaron más su conocimiento exogrupal de *"bus," "eyeglasses," "banana"* y *"beans."* Las palabras para *"eyeglasses"* y *"beans"* compiten altamente en Chicago, mostrando mayor variación lexical. En el caso de *"beans,"* es probable que los *frijoles* se asocien más con platillos mexicanos y las *habichuelas* con la comida puertorriqueña (véase Martin 1996 sobre la gran variación en el mundo latinoamericano para referirse a los *"beans"*).

En el caso de *banana*, merece la pena mencionar que ningún hablante puertorriqueño *homeland* mencionó *plátano* para la foto de la fruta amarilla, ya que en la isla la palabra *plátano* se refiere a lo que en inglés se conoce como *"plantain,"* una fruta verde completamente diferente. La alta conciencia en los puertorriqueños de Chicago para la asociación de la palabra *plátano* con la fruta amarilla sirve de evidencia fuerte, entonces, del contacto que tienen con los mexicanos. También se vio, como en Zentella (1990a), que el uso del inglés para evitar malos entendidos entre variantes dialectales fue precisamente también para las palabras *"bus"* y *"cake."*

## EJERCICIO 6.5:

En potowski.org/lex_chicago están las fotos que usaron las autoras en este estudio. Identifica a cinco a diez hablantes del español y anota qué dialectos hablan (es decir, de qué parte(s) del mundo hispanohablante vienen ellos o sus familias). Enséñales cada objeto uno por uno y pregunta: (1) "¿Qué palabra usas comúnmente para este objeto?" (2) "¿Conoces otro nombre para este objeto?" Anota qué palabras dicen. Puede ser particularmente interesante esta actividad si tienes acceso a hablantes mexicanos y puertorriqueños, pero también con hablantes de otros dialectos.

## 6.3.2 Resultados fonéticos

La gran mayoría de estudios en el mundo sobre el contacto dialectal se ha enfocado en el sistema fonológico. Siguiendo esta línea, Aaron y Hernández (2007) estudiaron la reducción de la /s/ en el habla de 12 salvadoreños en Houston. Recordemos que en la variedad salvadoreña hay tendencia a la aspiración de la /s/ en posición final de sílaba especialmente, pero también a principio de sílaba (*la* [h]*emana*; véase el Capítulo 3). Los autores encontraron que los mismos hablantes eran conscientes de la estigmatización que tenía la /s/ reducida de los salvadoreños en Houston. Es decir, la estigmatización del rasgo salvadoreño podía tener un efecto en su (no) uso por los mexicanos y por los mismos salvadoreños. Varios hablantes especificaron que el uso de la /s/ alveolar se debía a su deseo de evitar burlas por parte de los mexicanos y, en algunos casos, de poder pasar por *chicanos* (es decir, ciudadanos mexicano-americanos) para así evitar problemas con los oficiales de los Servicios de Inmigración. Estos resultados sugieren que si un rasgo lingüístico tiene estigma social, puede afectar la frecuencia de uso de esa variante. En este caso, la estigmatización de la aspiración causó su uso menor entre los mismos salvadoreños que preferían producir la [s]. Siguiendo a Labov (2001), las actitudes hacia ciertos rasgos lingüísticos *saltantes* ("marcadores" y/o "estereotipos") pueden explicar el tipo de participación que tienen en la acomodación dialectal.

De los tres factores que tuvieron efecto estadísticamente significativo sobre la realización de la /s/, dos eran fonológicos (el segmento fonológico precedente y posterior) y el otro fue la edad de llegada a Houston—entre más jóvenes habían llegado, mayor producción hacían de la /s/ como [s]. Sorprendentemente, la intensidad de contacto con los mexicanos, otro factor social que se midió a través de una escala de seis puntos, no correlacionó con la producción de la [s].

Otros tres estudios fonético-fonológicos examinaron el contacto entre mexicanos y puertorriqueños en el mediooeste del país. Ghosh Johnson (2005) intentó identificar la presencia de acomodaciones de la /s/ entre adolescentes mexicanos y puertorriqueños en Chicago, todos estudiantes en una escuela preparatoria en una zona de la ciudad cuya población era 24 por ciento mexicano y 19 por ciento puertorriqueño. En lugar de encontrar mayor realización de la [s] en el habla de los puertorriqueños y mayor debilitación de la /s/ ([h]) en el habla de los mexicanos, los datos mostraron una fuerte división etnolingüística entre los dos grupos. Resultó que los jóvenes puertorriqueños y mexicanos no socializaban mucho entre sí—y cuando lo hacían, era en inglés. Por lo tanto, se concluyó que es poco probable que haya acomodación dialectal entre estos dos grupos en el futuro, si no empiezan a socializar.

En otro estudio con hablantes puertorriqueños, en el pueblo rural de Lorain, en las afueras de Cleveland en Ohio, Ramos-Pellicia (2004) encontró que los puertorriqueños gozaban de mayor estatus social que los recién llegados de origen mexicano, situación opuesta a la que se encuentra en muchas partes de Chicago. Planteó la hipótesis que los mexicanos adoptarían rasgos fonológicos puertorriqueños, como la lateralización de la /r/ y el alzamiento de la vocal media /e/ (véase el Capítulo 3). Sin embargo, no encontró evidencia de ninguna acomodación fonológica—sin duda debido en parte, según la autora, a la naturaleza estigmatizada de la lateralización de la /r/. Estos resultados llaman la atención a los estereotipos que traen los inmigrantes consigo sobre otras variedades de español y sus rasgos lingüísticos.

En un estudio posterior, Ramos-Pellicia (2007) miró la /r/ retrofleja [ɹ] en posición final de sílaba (*mar, comer, lugar*)—pronunciación que se atribuye a la influencia del inglés—en el habla puertorriqueña de Lorain, OH. Si bien esta variante no se encuentra en el habla mexicana, la autora considera que, como variante que compite con la lateralización de la /r/, la variedad mexicana podía tener una influencia en el uso de esta variante mexicana. La autora miró a tres generaciones de hablantes puertorriqueños, 30 hombres y 30 mujeres. Encontró que solo el 4 por ciento de los casos de /r/ en posición final de sílaba eran retroflejas. Estos usos eran mayoritarios en las mujeres y en la Generación 3. Ramos-Pellicia propone que el bajo uso no responde a la acomodación a esta variante, sino más bien se debe a la influencia del inglés, debido a que las hablantes eran dominantes en esa lengua. El papel del inglés en el contacto de dialectos del español también debe ser considerado en los estudios fonológicos, así como vimos en los estudios léxicos.

En un estudio más reciente, Hernández (2009) mira otra vez el contacto entre los grupos salvadoreños y mexicanos en un barrio de Houston. Se centra en el uso velar de la /n/ > [ŋ] en posición final de palabra, que es un rasgo propio del dialecto salvadoreño, pero no del dialecto mexicano (véase el Capítulo 3). La hipótesis del autor, otra vez, es que los hablantes salvadoreños se acomodarán al habla mexicana, que es la mayoritaria en Houston. Analizó 54 horas de entrevistas sociolingüísticas con hablantes salvadoreños, los cuales diferenció según hubieran sido entrevistados por un mexicano o un salvadoreño. Encuentra que cuando el entrevistador es salvadoreño, el porcentaje de velarización es más alto, llegando al 91 por ciento. Pero cuando el entrevistador es mexicano, los porcentajes bajan a entre el 3 y el 8 por ciento. El autor explica que con respecto a la velarización de la /n/, los hablantes salvadoreños no están tratando de acomodarse a la variedad del entrevistador mexicano, sino más bien tratan de producir una variedad de español que representa una idealización de un español panhispánico, que en este caso no incluiría la /n/ velar. Si bien un estudio perceptual podría aclarar esta interpretación de los resultados, el autor nos recuerda que en otro estudio en Toronto (Hoffman 2004), se encuentra una alta frecuencia del uso de la velarización de la /n/, que el autor del estudio interpreta como expresión de identidad salvadoreña. En este caso, la /n/ velar no tiene significado social que lo clasifique como marcador o estereotipo.

En el área metropolitana de Minneapolis y St. Paul, Minnesota, Pérez Castillejo (2013) estudió la /s/ en posición de coda en el habla de 11 individuos que tenían entre 29 y 48 años (siete hombres y cuatro mujeres), eran originarios del centro y norte de España y habían llegado a los EE.UU. de adultos. Se grabó a cada persona conversando con otro hablante centro-norteño y con un hablante de Sevilla, donde la /s/ se tiende a debilitar (como también en los dialectos caribeños; véase el Capítulo 3). Se encontró que la mayor intensidad de contacto con el dialecto andaluz combinado con los más de diez años en los EE.UU. fueron los factores sociales que más favorecieron el debilitamiento de la consonante.

En Chicago, Potowski y Torres (en progreso) examinaron el uso de tres variables fonológicas en 18 mexicanos y 24 puertorriqueños, entre las edades de 17 y 65 años y de las Generaciones 1, 2 y 3.

## EJERCICIO 6.6:

Para refrescar la memoria, empareja el fenómeno fonológico (Cuadro 6.6) con el grupo que lo produce (si es necesario, también revisa el Capítulo 3).

**CUADRO 6.6.** Fenómenos fonológicos de los mexicanos y puertorriqueños en Chicago

|   | Fenómeno | Ejemplo | ¿Puertorriqueño o mexicano? |
|---|---|---|---|
| 1. | /rr/ → [ʁ] | *carro* = [ká.ʁo] | |
| 2. | /s/ a final de sílaba → [s] | *los sábados* = [los sá.ba.dos] | |
| 3. | /s/ a final de sílaba → [h] o [Ø] | *los sábados* = [loh sá.ba.doh] o [lo sá.ba.do] | |
| 4. | /rr/ → [rr] | *carro* = [ká.rro] | |

Dividieron a los hablantes entre los que fueron entrevistados por personas del mismo dialecto (endogrupal) y los que fueron entrevistados por personas del otro dialecto (exogrupal; semejante a Hernández 2009). Siguiendo su estudio sobre el léxico, las autoras hipotetizaron que los puertorriqueños, por ser menos numerosos en Chicago que los mexicanos, abandonarían ciertos rasgos puertorriqueños a favor de los rasgos mexicanos cuando hablaban con mexicanos y que usarían los rasgos puertorriqueños con más frecuencia al hablar con otro puertorriqueño. No predijeron ningún cambio para los mexicanos, si bien hablaran con un puertorriqueño o con otro mexicano. Para corroborar la hipótesis se analizó el habla de un mayor número de puertorriqueños entrevistados por mexicanos (un total de 15) que cualquier otro grupo (Cuadro 6.7). Los resultados se encuentran en el Cuadro 6.8.

**CUADRO 6.7** Entrevistas realizadas por Potowski y Torres

(Potowski y Torres en progreso)

| Tipo de relación | Pares | Número |
|---|---|---|
| Endogrupal | Mexicanos entrevistados por mexicanos | 10 |
| | Puertorriqueños entrevistados por puertorriqueños | 9 |
| Exogrupal | Puertorriqueños entrevistados por mexicanos | 15 |
| | Mexicanos entrevistados por puertorriqueños | 10 |
| **Total de entrevistados** | | **42** |

## EJERCICIO 6.7:

Calcula la diferencia en puntos porcentuales en el Cuadro 6.8 entre el uso de cada rasgo cuando el entrevistador era del mismo dialecto vs. cuando era del otro dialecto. Anótalas en la última columna. Basado en estos resultados, ¿a cuál de las siguientes conclusiones crees que llegaron Potowski y Torres (en progreso)?

1. Los mexicanos empleaban más rasgos puertorriqueños cuando hablaban con puertorriqueños.
2. Los puertorriqueños empleaban más rasgos mexicanos cuando hablaban con mexicanos.
3. Los puertorriqueños empleaban más de uno de los rasgos puertorriqueños (/rr/ → [ʁ]) cuando hablaban con otros puertorriqueños.

**CUADRO 6.8.** El uso de dos rasgos fonológicos en Chicago

(Potowski y Torres en progreso)

| Rasgo | Grupo | Dialecto del entrevistador | Porcentaje de uso | Diferencia, puntos porcentuales |
|---|---|---|---|---|
| /s/ → [s] | mexicano | igual | 89.7 | |
| | | diferente | 91.8 | |
| | puertorriqueño | igual | 43.1 | |
| | | diferente | 43.0 | *2.1* |
| /rr/ → [rr] | mexicano | igual | 100.0* | |
| | | diferente | 100.0 | |
| | puertorriqueño | igual | 70.8 | |
| | | diferente | 92.5 | |

* Hubo un solo uso de [ʁ] pero se trataba de un hablante mexicano que se refería a los "pueltoxiqueños," lo cual las autoras consideraron un uso *performativo* (véase el Glosario) que no formaba parte del repertorio lingüístico del hablante.

Las autoras encontraron que los mexicanos emplearon la variante mexicana cuando hablaban tanto con los mexicanos como con los puertorriqueños. Es decir, no parecían mostrar signos de acomodación al dialecto puertorriqueño, ni en el uso de la /s/ ni en la /rr/. Los puertorriqueños tampoco cambiaron sus índices de debilitamiento de la /s/; eran casi iguales en este rasgo hablando con otros puertorriqueños (43.1 por ciento) y con mexicanos (43 por ciento). Pero la /rr/ la producían con la variante puertorriqueña con mucha mayor frecuencia con otros puertorriqueños (29.2 por ciento) que con los interlocutores mexicanos (7.5 por ciento). En otras palabras, los puertorriqueños parecían estar acomodándose a la realización normativa de la /rr/ cuando hablaban con mexicanos, pero se "permitían" emplear la variante puertorriqueña más frecuentemente al hablar con otros puertorriqueños. Esto hace eco al estudio de Medina-Rivera (1999), que mostró que un grupo de 20 jóvenes adultos en Caguas, Puerto Rico, usaban más la variante puertorriqueña cuando hablaban con alguien conocido vs. alguien desconocido y más en diálogos que cuando hablaban solos. Los dos resultados parecen indicar que la realización de /rr/ como [ɹ] es estigmatizada.

## 6.3.3 Resultados morfosintácticos

En el campo de la morfosintaxis, se ha estudiado principalmente el sistema pronominal de los hablantes de dialectos en contacto en los EE.UU., específicamente el *vos* de los salvadoreños en Houston y el uso del pronombre sujeto en la ciudad de Nueva York.

Con el uso de la segunda persona de sujeto *vos* en Houston, Schreffler (1994) encontró que, en una actividad de dramatizaciones ("*role play*"), un grupo de 60 salvadoreños hacían menos uso del *vos* en todos los dominios que estudió excepto en el de la familia. Varios de los entrevistados expresaron la importancia de integrarse a la comunidad local mexicana.[5] En un estudio posterior, Hernández (2002) mira el uso del *vos* y lo contrasta al uso transitivo del verbo *andar* del habla de salvadoreños en Houston (*Tenías que andar vehículo pa' llevártelos* "You had to ride a vehicle to take them"; p. 104). Hernández encuentra que mientras un jurado compuesto de mexicanos reconoce *vos* como un rasgo del español salvadoreño, el uso transitivo de *andar* no es reconocido. El autor compara los usos de los salvadoreños entrevistados por un entrevistador mexicano en Houston con el uso de salvadoreños en El Salvador e hipotetiza que encontrará acomodación para *vos* pero no para *andar*, porque *vos* es más *saltante* (*estereotipo*, siguiendo a Labov 2001) como rasgo dialectal (véase también Raymond 2012 para un estudio en el sur de California). Los resultados se encuentran en el Cuadro 6.9.

El autor concluye que la mayor acomodación ocurre hacia el *tuteo* (o uso de *tú*) de los mexicanos y no así hacia el verbo *andar*. El autor explica que los hablantes tratan de evitar el *voseo* en su habla porque hay una mayor conciencia del *voseo* como rasgo distintivo del habla salvadoreña (*estereotipo*) que del uso transitivo del verbo *andar*. No hay duda de que los estudios de contacto de dialectos deben mirar no solo al uso lingüístico, sino también al *valor social* de los rasgos, así como a la percepción de los rasgos como indicadores, marcadores o estereotipos sociolingüísticos (cf. Labov 2001).

Examinando también el voseo, Woods y Rivera-Mills (2012) entrevistaron a 20 salvadoreños y hondureños en Oregón y Washington sobre sus actitudes lingüísticas hacia el voseo y el tuteo. Encontraron que estos hablantes expandieron su uso de *tú* de manera estratégica para integrarse a la comunidad local mexicano-americana ya bien establecida, si bien a la vez mantenían un sentido de identidad centroamericana.

Por último, en la ciudad de Nueva York, Otheguy y Zentella (2012) examinaron el uso del pronombre personal de sujeto en un total de 140 hablantes cuyo origen o ascendencia

---

[5] Como no se hizo ninguna comparación con la misma actividad hecha por salvadoreños en El Salvador, no se analizó las posibles diferencias del uso de *vos* según el número de años en Houston, ni la frecuencia de contacto con mexicanos en Houston. Por tanto, la conclusión de que el reducido uso de *vos* se debe al contacto con mexicanos es tentativa.

**CUADRO 6.9.** Rasgos del español de salvadoreños en El Salvador vs. en Houston (Hernández 2002)

| Lugar | Porcentaje de uso del rasgo | |
|---|---|---|
| | *vos* | *andar* transitivo |
| El Salvador | 88 | 82 |
| Houston | 0–6 | 30 |

provenía de seis regiones diferentes. Para propósitos comparativos, juntaron los resultados en dos grupos macrodialectales: variedades *caribeñas* (hablantes puertorriqueños, dominicanos y cubanos) y variedades *continentales* (hablantes colombianos, mexicanos y ecuatorianos). Su estudio dependía de dos factores que vimos anteriormente:

1. Las variedades caribeñas tienden a emplear el pronombre sujeto más frecuentemente (ej. *Yo quiero, él iba*) que las variedades continentales (ej. *Quiero, iba*).
2. Los caribeños son más numerosos en la ciudad de Nueva York que los hablantes de variedades continentales.

### EJERCICIO 6.8:

Dadas estas circunstancias, ¿cuál de las siguientes predicciones harías sobre el uso del pronombre personal sujeto en el estudio de Otheguy y Zentella (2012) en Nueva York?

1. Los hablantes continentales empezarán a usar menos pronombres de sujeto.
2. Los hablantes continentales empezarán a usar más pronombres de sujeto.
3. Los hablantes caribeños empezarán a usar menos pronombres de sujeto.

Los autores diferenciaron a los hablantes según su tiempo de residencia en la ciudad, ya que con mayor tiempo en la ciudad de Nueva York, mayor sería su exposición a los otros dialectos del español y al inglés. Los tres grupos según tiempo de residencia fueron (1) los recién llegados (menos de cinco años), (2) los inmigrantes establecidos (más de cinco años) y (3) los que se criaron en la ciudad de Nueva York.

Los autores encontraron que tanto el contacto con el inglés, como el contacto entre los dos grupos dialectales, habían influenciado la tasa de uso de los pronombres en los tres grupos. Sin embargo, el contacto con el inglés resultó ser estadísticamente más significativo. En cuanto a la nivelación dialectal entre los crecidos en la ciudad de Nueva York, el patrón de uso de los continentales se movió más hacia el comportamiento verbal de los caribeños que al revés. Es decir, en el uso de los pronombres sujeto, los continentales *aumentaron* su uso y los caribeños *bajaron* su uso, pero el grado de cambio de los continentales fue un poco mayor que el de los caribeños—sobre todo entre los que dijeron tener más contacto con el otro grupo (es decir, una orientación exogrupal). Se presentan estos datos en el Cuadro 6.10.

**CUADRO 6.10.** Índice de uso del pronombre de sujeto en la ciudad de Nueva York
(Tomado de Otheguy y Zentella 2012)

|  | Orientación endogrupal | Orientación exogrupal |
|---|---|---|
| Caribeños | 40 | 38 |
| Continentales | 26 | 20 |
| Diferencia | *14* | *9* |

Los autores atribuyeron la mayor acomodación hacia el uso caribeño al mayor número de caribeños en la ciudad. Si bien la influencia del inglés fue estadísticamente significativa, no quedó claro cómo afectó a cada grupo macrodialectal, ya que las frecuencias en cada grupo cambiaron de manera diferente. Otra vez, vemos un ejemplo en el cual el contacto de dialectos en los EE.UU. nos obliga a tener presente también el contacto de lenguas entre el español y el inglés. Sin embargo, la frecuente pérdida del español en la tercera generación no parece dar tiempo suficiente para que el contacto dialectal dé origen a una nueva variedad de contacto, que según los estudios de Trudgill (1986, 2004) y Kerswill (2002, 2010), entre otros, típicamente necesita dos o tres generaciones para completarse. Por ejemplo, Otheguy y Zentella (2012) llaman al contacto dialectal neoyorquino "relativamente no profundo cronológicamente" ("chronologically relatively shallow," 2012:219), si bien proponen que la ciudad de Nueva York parece un "New Town" hispano (à la Kerswill y Trudgill), por la convivencia de tantos grupos dialectales del español (2012:21).

Algunos factores parecen no permitir que los rasgos de una sola variedad dialectal tengan predominancia en la acomodación lingüística en el país. Estos incluyen (1) que los EE.UU. es geográficamente muy grande y (2) que sus comunidades hispanoparlantes (como vimos en el Capítulo 1) son muy variadas y se encuentran esparcidas en el país. Si además agregamos (3) la poca transmisión intergeneracional del español que tiene lugar más allá de la segunda generación y (4) el cambio brusco hacia el inglés que experimentan cuando llegan a la escuela, incluso los niños criados en español de manera (casi) monolingüe en los EE.UU.: en conjunto parecen comprometer la posible emergencia de un solo dialecto nivelado que se pudiera llamar "*el* español de los Estados Unidos." Aun cuando los hablantes de segunda y tercera generación cuentan con niveles comunicativos altos del español, la tendencia es sin duda a que sean dominantes en inglés. La dominancia en inglés suele ir de la mano con una dominancia en español no suficientemente alta como para dar origen a una variedad nativa del país.

Hay que resaltar, sin embargo, que las variedades de español en los EE.UU., incluso las de algunos hablantes de la primera generación, ya tienen algo en común, a pesar de los diferentes rasgos dialectales diferenciadores: todas tienen rasgos del contacto con el inglés. Las variedades de español en los EE.UU. son, entonces, *dialectos de contacto*, como los llama

Otheguy (2011), a excepción de las variedades de los inmigrantes muy recién llegados. Como ejemplo, en el trabajo del contacto dialectal en la ciudad de Nueva York, tras comparar los resultados del español de dos grupos macrodialectales—los *caribeños* y los *continentales*—Otheguy y Zentella (2012) concluyen que la influencia del inglés es más fuerte incluso que la influencia del otro dialecto del español.

Los estudios sobre el contacto de dialectos que hemos revisado aquí parecen haberse limitado al caso del contacto que se da entre individuos que, al comienzo del contacto, se podrían considerar básicamente *monodialectales* en español. Sin embargo, cuando dos individuos de diferentes grupos dialectales tienen hijos juntos y los crían juntos, estos jóvenes están expuestos a los dos dialectos dentro de la casa y en contextos familiares. Esta es la situación que Potowski (2008a, 2008b) llama el *contacto de dialectos intrafamiliar*.

## 6.4 El contacto de dialectos intrafamiliar: El español de los mexirriqueños

Es lógico suponer que, tarde o temprano, la convivencia de múltiples grupos latinos en los EE.UU. dará lugar a *latinos mixtos*—es decir, a individuos con padres de diferentes grupos dialectales. Algunos estudios de los matrimonios en la ciudad de Nueva York revelan una alta tasa de matrimonios entre hispanos de diferentes orígenes (Gilbertson et al. 1996; Lee 2006), lo cual sugiere que familias dialectalmente diversas sí emergen de la heterogeneidad demográfica.

### EJERCICIO 6.9:

¿Conoces a alguien cuyos padres tengan orígenes hispanos diferentes? ¿Usa algún término especial para autonombrarse?—es decir, ¿se autoidentifica como "mexicano y guatemalteco," "domini-riqueño" o "argentino y cubano?" Y ¿cómo describirías los rasgos dialectales de su español?

Poco se sabe sobre los resultados lingüísticos de estas uniones bidialectales, que son cada vez más frecuentes. ¿Cómo son el léxico, la morfosintaxis y la fonología de los hijos? Por ejemplo, ¿los del hijo de una madre puertorriqueña y un padre mexicano, quienes hablaron cada uno su dialecto de español a lo largo de la crianza del niño? Si ocurriera esta situación en Puerto Rico o en México, la predicción lógica sería que el dialecto de la sociedad mayor acabaría imponiéndose como el dialecto principal del niño (cf. Kerswill y Williams 2005; Labov 2007; Kerswill 2010). Pero en los EE.UU., el español es una lengua minoritaria y, por lo tanto, no solo no hay la presión de una norma consistente, ni escrita ni oral, sino que además no se habla el español tanto como el inglés. El estudio de este tipo de contextos parece cumplir con el llamado de Hazen (2002) de examinar la familia como un punto intermedio entre el individuo y la comunidad de habla. Pero su propuesta de que los niños resultarán lingüísticamente "como sus padres, como la comunidad o en algún punto en medio" asume que los dos padres hablan el mismo dialecto (cf. Labov 2007). Los casos del contacto de dialectos intrafamiliar complican este escenario. Del mismo modo que un bilingüe no es "dos monolingües en uno" que mantiene estrictamente separados los dos idiomas (Grosjean 1998), es lógico suponer que el español de este niño bidialectal no mantendrá estrictamente separados los dos dialectos—es decir, que no se trataría de dos monodialectales en uno.

Hay unos cuantos estudios sobre el contacto de dialectos intrafamiliar. Tse e Ingram (1987) estudiaron la adquisición de dos dialectos del cantonés por una niña entre las edades de 1;7 y 2;8 años. El dialecto del padre distinguía fonéticamente entre la /n/ y la /l/, diferencia que no compartía el dialecto de la madre (que solo tenía la /l/). La niña reconocía la /n/ del patrilecto y producía este sonido con los dos padres; producía la /l/ y la /n/ en variación libre casi la mitad del tiempo; y producía muchas palabras con /n/ en lugar de /l/, violando los sistemas de los dos dialectos. Los autores concluyeron que, como la niña era muy joven cuando se recogieron los datos, no había separado todavía los dos dialectos. Sin embargo, en las grabaciones posteriores, mostró señales de convergir hacia el dialecto de su madre. Esto hace eco de los resultados de Roberts (1997) sobre el papel de las mujeres en el cuidado de los niños en el desarrollo dialectal.

Por otro lado, Stanford (2008) examinó el grupo Sui, una minoría indígena en la China rural. Las mujeres Sui están obligadas a casarse con un hombre de otro clan, quienes emplean un dialecto que difiere ampliamente en la realización de diptongos, tono y léxico. Las mujeres retienen su dialecto original, pero los hijos (tanto niños como niñas) con el tiempo reemplazan el matrilecto con el patrilecto. A la edad de siete años, un niño ya habla la variedad patrilectal y hasta puede recibir burlas si produce algún rasgo de la variedad matrilectal. Stanford hace hincapié en el hecho de que la presión social, es decir la socialización, activa el abandono del matrilecto, llevando a este resultado.

El estudio del contacto de dialectos intrafamiliar se complica por el considerable número de factores que intervienen. Entre ellos está el hecho de que uno de los padres también puede empezar a adoptar rasgos del otro. Además, es difícil cuantificar la cantidad de tiempo que interactúan los niños con cada progenitor y con otros hablantes de cada dialecto. Por lo general, sin embargo, parece haber un continuo de resultados lingüísticos posibles. Por un lado, su sistema podría parecerse más al dialecto de uno de los padres y, por el otro, podría exhibir una combinación de rasgos de los dos dialectos.

Ahora nos enfocaremos en los pocos estudios sobre el contacto de dialectos del español en el contexto intrafamiliar en los EE.UU. Como las categorías del censo no permiten indicar más de una procedencia hispana etnolingüística, no se sabe cuántos latinos de matrimonios mixtos hay en el país. De momento, parece ser que el grupo con el mayor número de estudios son los autodenominados "mexirriqueños."[6] Según Pérez (2004), Chicago es la única ciudad donde las comunidades mexicana y puertorriqueña han convivido durante más de 50 años, por lo tanto tiene sentido que el primer estudio sobre estos individuos se haya hecho aquí. Rúa (2001), en un estudio sobre la identidad étnica en Chicago, encontró que los mexirriqueños que entrevistó se sentían obligados a identificarse ya sea como mexicanos o como puertorriqueños.[7]

---

[6] Una búsqueda por Internet revela términos adicionales como "mexidoreño," "colombirriqueño," "guatexicano," etc.
[7] Este no fue un estudio lingüístico, si bien reportó algunas observaciones sobre las características del español.

Dado que Chicago es el único lugar hasta la fecha que ha generado descripciones de los sistemas lingüísticos de mexirriqueños, nos detendremos un momento para describir primero la población latina local. Chicago cuenta con la quinta población latina más grande del país, que a su vez (como vimos en el Cuadro 6.1 del presente capítulo) se compone de un 74 por ciento de mexicanos y un 13 por ciento de puertorriqueños. Igual que en otras ciudades de los EE.UU., se nota un claro desplazamiento del español hacia el inglés a través de las generaciones (Potowski 2004). A diferencia de Ghosh Johnson (2005), quien encontró una falta de interacción entre mexicanos y puertorriqueños en una escuela preparatoria (*high school*) de Chicago, las narrativas analizadas por Potowski y Torres (en progreso), producidas por 125 individuos (39 mexicanos, 40 puertorriqueños y 46 mexirriqueños), indican que sí hay bastante contacto social entre los mexicanos y los puertorriqueños en esta ciudad. Además, la misma existencia de los mexirriqueños indica un grado de contacto íntimo entre por lo menos algunos miembros de estos dos grupos.

A diferencia de lo que encontró Rúa (2001), los mexirriqueños en Potowski (2008a) no sintieron ninguna presión por enfatizar ni esconder ninguna de sus dos afiliaciones étnicas, declarando rotundamente que "eran las dos cosas."[8] Con el deseo de indagar sobre los rasgos lingüísticos de estos individuos, Potowski y Matts (2008) recogieron muestras orales de 20 individuos, mediante el uso de entrevistas y la repetición de un cuento corto. El análisis de la fonología de las muestras fue hecha por un grupo de lingüistas (entre ellos fonólogos) y unos latinos bilingües de Chicago, quienes representan las personas típicas con las cuales, día a día, tienen contacto los mexirriqueños. Los evaluadores asignaron una clasificación sobre una escala de cinco puntos entre "totalmente mexicano" y "totalmente puertorriqueño" y, entre ellos, estaba la opción "no puedo identificar esta muestra ni como puertorriqueña ni mexicana." Se buscaba determinar si uno de los dos dialectos predominaba en la muestra o si había casos de cierta hibridización lingüística de los dos. En 11 de los 20 mexirriqueños, su español se parecía más al del grupo dialectal de la madre. Es decir, su español sonaba más puertorriqueño si la madre era puertorriqueña o más mexicano si la madre era mexicana.[9] Ningún otro factor social investigado, como el español hablado por los amigos o en la vecindad, correlacionaba con la clasificación asignada por los evaluadores. Todos los participantes del estudio indicaron ser conscientes de las principales diferencias entre las dos variedades del español. En sus entrevistas, también relataron anécdotas de cómo su propia variedad de español los marcaba etnolingüísticamente—es decir, a pesar de insistir que eran "las dos cosas" (mexicano y puertorriqueño), el español de la mayoría de ellos los marcaba claramente como de uno u otro grupo. Aunque unos cuantos dijeron tener la habilidad de cambiar entre los dos dialectos, la mayoría no lo podía hacer exitosamente. Bien nota Siegel (2010) lo difícil que es ser totalmente bidialectal, de modo parecido a que es sumamente difícil ser "totalmente" bilingüe (Grosjean 1982).

---

[8] Una explicación posible es que los datos se recogieron diez años más tarde que los de Rúa (2001) y la mitad provenía de la zona norte de Chicago, donde hay mayor mezcla de estas dos comunidades. Rúa se enfocó en la zona sureña de la ciudad, que es más fuertemente mexicana.

[9] Las autoras insisten en que esta correlación no se debe únicamente a la madre en sí, sino también a la comunidad, la familia y los eventos culturales en la vida del mexirriqueño—que a su vez frecuentemente (pero no siempre) se ven influenciados por las decisiones de la madre.

Esta influencia de la madre, notada por Potowski y Matts (2008) en el desarrollo de los rasgos lingüísticos en una situación de contacto dialectal, si bien poco sorprendente, merece mayor investigación, especialmente porque no correlacionó en todos los casos. Algunos otros estudios también subrayan el importante efecto de la madre en la transmisión de las lenguas minoritarias, como Kamada (1997), quien encontró que en los matrimonios bilingües, solo se transmitía la lengua minoritaria (el japonés en Inglaterra) a los niños cuando se trataba de la lengua de la madre. Cuando el padre era el japonés-hablante, los niños no lo adquirían. Mencionamos anteriormente el estudio de Roberts (1997), quien encontró que los niños en Filadelfia tenían más rasgos fonológicos de la madre y de otros miembros femeninos de la comunidad que del padre. Según la autora, esto constituye evidencia para la propuesta de Labov (1994) que las mujeres encabezan los cambios lingüísticos debido a las asimetrías en el cuidado de niños.

En otro estudio sobre mexirriqueños en Chicago, Potowski (2008a) examinó un mayor número de participantes e incluyó la misma actividad de identificación léxica usada por Potowski y Torres (en progreso). Un hallazgo interesante fue que el acento dialectal correlacionaba con la producción léxica. Es decir, aquellos que "sonaban puertorriqueños" también producían más vocabulario puertorriqueño, y aquellos que "sonaban mexicanos" también producían un mayor número de variantes mexicanas. Entonces, así como hablamos de una *lengua materna*, también estos datos apoyan la idea de un *dialecto materno* de un individuo. El estudio encontró nuevamente que el español de 20 de los 27 individuos manifestaba rasgos léxicos y fonológicos parecidos al dialecto de la madre—incluso cuando reportaban hablar menos español con ella que con el padre. Como ejemplo está el caso de un joven que reportó hablar el 90 por ciento en español con su padre mexicano y solo el 50 por ciento del tiempo con su madre puertorriqueña, pero lingüística y culturalmente manifestó rasgos dominantemente puertorriqueños como el uso de la palabra *bochinchar* ("chismear") y el pedirle *la bendición* al saludar o despedirse de la abuela. Otro ejemplo fue una joven que afirmaba sentir muchísima más conexión con su padre mexicano y que, si bien sus amigos y preferencias musicales y culinarias eran todos mexicanos, su español recibió la evaluación de "muy puertorriqueño." Estos resultados parecen sugerir que los años formativos (y no los patrones de uso como adultos) pueden haber determinado el dialecto dominante. Tendríamos también que saber qué rasgos lingüísticos determinaron la evaluación de una u otra etnicidad por el evaluador, para llegar a una conclusión.

Se debe anotar que tres cuartos de los participantes (20 sobre 27), sin importar si empleaban rasgos parecidos a, o diferentes de, los del grupo etnolingüístico de la madre, recibieron evaluaciones promedias claras en uno de los extremos del continuo entre mexicano y puertorriqueño. El otro 25 por ciento fueron casos de hibridización dialectal (fonológica, léxica, o ambas a la vez) a tal grado que incluso los fonólogos no llegaban a un acuerdo en sus análisis de las muestras de habla de los hablantes. También hubo muestras de habla con rasgos fonológicos puertorriqueños acompañados por usos léxicos claramente mexicanos. Estos resultados confirman la complejidad de factores vinculados con la adquisición de lenguas y dialectos.

En un estudio sobre marcadores de discurso, Torres y Potowski (2008) examinaron el uso de *so* y *entonces* en el habla de 23 mexicanos, 17 puertorriqueños y 11

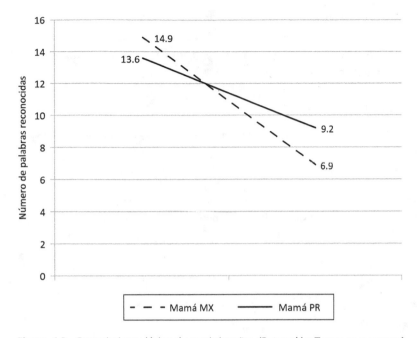

**Figura 6.3.** Conocimiento léxico de mexirriqueños (Potowski y Torres en progreso)

mexirriqueños en Chicago. Los puertorriqueños y mexirriqueños usaron *so* dos veces más frecuentemente que los mexicanos (80 por ciento vs. 35 por ciento), una diferencia estadísticamente significativa. Quiere decir que en el uso de estos dos marcadores de discurso, los 11 mexirriqueños se parecían más a los puertorriqueños que a los mexicanos con respecto a los préstamos del inglés, un hecho que las autoras atribuyeron a que siete de ellos tenían una madre puertorriqueña, haciendo eco de los resultados anteriores de Potowski (2008a) sobre la influencia del dialecto de la madre en el español de individuos mixtos.

Usando la misma actividad léxica que se usó con los mexicanos y los puertorriqueños, Potowski y Torres (en progreso) estudiaron la familiaridad léxica en 46 mexirriqueños, 22 con madres mexicanas y 24 con madres puertorriqueñas. Los resultados se presentan en la Figura 6.3.

Encontraron que los participantes con madres puertorriqueñas sacaron un promedio más alto en el léxico puertorriqueño (9.2 sobre 20) que aquellos con madres mexicanas (6.9 sobre 20): una diferencia notable que, a pesar de que no llega a ser estadísticamente significativa, apoya los resultados de Potowski (2008a). En el léxico mexicano, los dos grupos sacaron casi el mismo promedio y, por lo general, todos sacaron promedios significativamente más altos en el léxico mexicano que en el puertorriqueño, lo cual nos recuerda los resultados de Potowski y Torres (en progreso) en el que los puertorriqueños demostraron mayor conocimiento del léxico mexicano que al revés.

En un estudio más reciente, O'Rourke y Potowski (en progreso), empleando la misma metodología que Potowski y Torres (en progreso), examinaron la realización de dos fonemas (/s/ y /r/) en 28 mexirriqueños: 14 G2 y 14 G3. La mitad de los hablantes de cada generación tenía mamá puertorriqueña y la otra mitad, mamá mexicana.[10] Los resultados se encuentran en las Figuras 6.4 (el porcentaje de cada realización de /s/) y 6.5 (el porcentaje de cada realización de /rr/).

## EJERCICIO 6.10:

¿A cuál de las siguientes conclusiones pudieron llegar O'Rourke y Potowski (en progreso) en vista de los datos siguientes?

1. Los mexirriqueños de todas las generaciones mostraron más rasgos del dialecto del grupo étnico de la mamá.
2. El grupo étnico de la mamá no ejerció ninguna influencia sobre el uso de estos rasgos fonológicos.
3. Solo los mexirriqueños de la Generación 3 mostraron numerosos usos de los rasgos del dialecto del grupo étnico de la mamá.

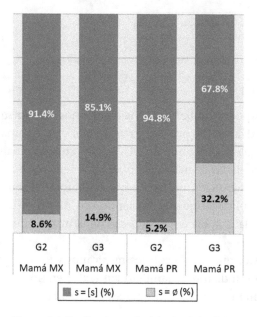

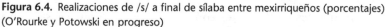

**Figura 6.4.** Realizaciones de /s/ a final de sílaba entre mexirriqueños (porcentajes) (O'Rourke y Potowski en progreso)

Las autoras encontraron que en la tercera generación, los hablantes con una mamá puertorriqueña manifestaron un mayor índice de debilitamiento de la /s/ a final de sílaba (32.2 por ciento) y de la vibrante múltiple velarizada. Comparando estos datos con los de los

---

[10] En este análisis, debido a la variable del dialecto maternal, no hubo un número de hablantes suficientes para controlar también el dialecto del entrevistador.

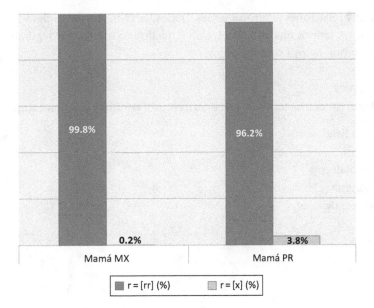

**Figura 6.5.** Realizaciones de /rr/ entre mexirriqueños (porcentajes) (O'Rourke y Potowski en progreso)

puertorriqueños (Potowski y Torres en progreso), notaron que los mexirriqueños con una mamá puertorriqueña eran lingüísticamente "menos puertorriqueños" que los 100 por ciento puertorriqueños. Esto sugiere cierto efecto del padre mexicano en el desarrollo lingüístico de los niños en la tercera generación.

## 6.5 Conclusión

El contacto de dialectos del español en los Estados Unidos es un fenómeno tan común, sobre todo en las grandes urbes, que difícilmente se puede ignorar cuando se estudia el español en el país. Este contacto dialectal llevará inevitablemente a un número cada vez más alto de latinos de etnicidad mixta. Aunque estos individuos cuentan con varias opciones para identificarse, generalmente no tienen control sobre el grado de exposición y adquisición de los dialectos que recibieron como niños. El estar expuestos a dos dialectos del español desde una temprana edad puede dar lugar a resultados lingüísticos interesantes que hasta cierto grado complican las identidades etnolingüísticas de los individuos, pero también estos rasgos pueden ser los precursores de una futura norma local. Hay mucho futuro para este tipo de investigación ya que la heterogeneidad de las comunidades latinas está en aumento. Ya debe de haber, o habrá pronto, un gran número de latinos mixtos en las ciudades de Nueva York, Los Ángeles, Houston y Miami. También hacen falta estudios sobre la pragmática y la entonación que resultan del contacto de dialectos, tanto societal como intrafamilial. Otra área interesante son los mismos padres de las uniones mixtas, dado que suelen hablar más español que los hijos. De hecho varios participantes en el estudio sobre mexirriqueños (Potowski 2008a) indicaron que uno de sus padres no manifestaba los rasgos típicos de su grupo dialectal; por ejemplo, que su padre mexicano había adoptado frases y locuciones puertorriqueñas. Dados los patrones de inmigración recientes, el fenómeno de los latinos mixtos se vuelve un tema de alto interés que seguramente dejará huella en el español de los Estados Unidos.

## Conceptos claves

Busca en el texto las definiciones de estos conceptos y compara con tus compañeros.

Acomodación lingüística
Bidialectalismo
Contacto de dialectos
Dialecto y lengua
Endogrupal y exogrupal

# 7 El español en la vida pública

## 7.1 Política lingüística de los EE.UU.

Los Estados Unidos ha sido un país lingüísticamente diverso desde que se formó a finales del siglo XVIII. Si bien todos los europeos que formaron el país fueron inmigrantes, para 1790 el 8.7 por ciento de la población de los trece estados originales eran nuevos inmigrantes, y muchos más llegaron entre el siglo XIX y principios del siglo XX (Crawford 2008), como vimos en el Capítulo 1.

Hoy en día, existen muchos mitos sobre la diversidad lingüística en los EE.UU. que afectan la política lingüística del país. A continuación exploramos cuatro de estos mitos (tomados de Potowski 2010) antes de pasar a estudiar la política lingüística en los EE.UU. en el siglo XXI.

### 7.1.1 Mitos comunes

Cuatro mitos muy comunes sobre la diversidad lingüística en los EE.UU. se presentan en el Cuadro 7.1 y se consideran uno por uno seguidamente.

### Mito 1: El inglés es la lengua oficial del país

Los EE.UU. nunca han tenido una lengua oficial. Aunque la gran mayoría (80 por ciento) de los habitantes dijeron en el censo del 2010 que hablan solo el inglés en casa, no existe ninguna ley ni enmienda constitucional que establezca al inglés como el idioma oficial del país. Si bien se consideró durante la formación del país, los fundadores reconocieron que las prácticas lingüísticas van mano a mano con la libertad cultural y religiosa (Heath 1977).

A pesar de que algunos países no tienen lengua oficial, todos los países tienen una "cultura lingüística" (Schiffman 2005). La de los EE.UU. apoya el uso del inglés con la exclusión de las demás lenguas, a tal grado que según Schiffman (2005:121) una política que oficialice el inglés "no es necesaria, y probablemente nunca lo será." Veremos ejemplos de esta política lingüística en el presente capítulo. Primero, hacemos notar que en el país se hablan 381 lenguas (Ryan 2013), como se mencionó anteriormente. Las diez lenguas más habladas aparte del inglés ("LOQI" = **lenguas otras que el inglés**) aparecen en el Cuadro 7.2.

**EJERCICIO 7.1:**

Busca el mapa lingüístico del *Modern Language Association* (arcgis.mla.org/mla/default.aspx). Elige una LOQI y busca dónde se habla.

**CUADRO 7.1.** Cuatro mitos lingüísticos comunes sobre los EE.UU.

(Potowski 2010)

**Mito 1:** El inglés es la lengua oficial del país.

**Mito 2:** La diversidad lingüística es muy reciente debido a un aumento en la inmigración.

**Mito 3:** Los inmigrantes de hoy no aprenden el inglés tanto como en el pasado.

**Mito 4:** La diversidad lingüística amenaza la unidad nacional.

**CUADRO 7.2.** Las diez lenguas más habladas en los hogares estadounidenses en el 2011

(Ryan 2013)

| | Número de hablantes | Porcentaje de la población LOQI | Porcentaje que habla inglés "muy bien" o "bien" |
|---|---|---|---|
| solo inglés | 230,947,071 | – | 100.0 |
| 1. español | 37,579,787* | 62.0 | 74.1 |
| 2. chino (variedades de) | 2,882,497 | 4.8 | 70.4 |
| 3. tagalo | 1,594,413 | 2.6 | 92.8 |
| 4. vietnamita | 1,419,539 | 2.3 | 66.9 |
| 5. francés | 1,301,443 | 2.1 | 93.5 |
| 6. coreano | 1,141,277 | 1.9 | 71.5 |
| 7. alemán | 1,083,637 | 1.8 | 96.0 |
| 8. árabe | 951,699 | 1.6 | 85.0 |
| 9. ruso | 905,843 | 1.5 | 77.9 |
| 10. haitiano | 753,990 | 1.2 | 80.6 |

* Como vimos en el Capítulo 1, esta cifra no incluye a los estimados 12 millones de hispanohablantes indocumentados (Passel y Cohn 2009), ni a los hablantes bilingües de L2.

## Mito 2: La diversidad lingüística es muy reciente debido a un aumento en la inmigración

Desde su incepción, el continente norteamericano ha sido una región multilingüe. Se hablaban más de 300 lenguas indígenas en el territorio cuando llegaron los europeos. Durante la expansión del país en el siglo XIX, los alemano-americanos formaron enclaves lingüísticos en los estados de Pennsylvania, Missouri, Ohio, Illinois, Michigan y Wisconsin, manteniendo su lengua hasta por cinco generaciones (Crawford 2008). Incluso en estos estados, a partir de 1830 las leyes y los mensajes del gobernador se traducían al alemán y, a veces, a otras lenguas que tenían una representación importante en la población, como el noruego y el galés.

En el suroeste, cuando estos territorios pasaron a formar parte de los EE.UU. en 1848, no hubo una provisión que hiciera referencia al uso del español. La constitución de California de 1849 fue traducida al español y exigía que todas las leyes se publicaran en español también. Sin embargo, para 1880 el estado ya requería que todos los documentos gubernamentales fueran publicados solo en inglés (Crawford 2007). Mientras tanto, en otras partes del país, otras constituciones a mediados del siglo XIX se traducían a otras lenguas, como la constitución de Minnesota en 1857 (inglés, alemán, español y checo) y la constitución de Nuevo México de 1912, que fue publicada en inglés y español y especificaba una serie de derechos para los hispanohablantes, incluyendo el entrenamiento de maestros bilingües. A principios del siglo XX, una docena de estados tenían decretos que autorizaban la educación bilingüe debido a la diversidad lingüística de la población (generalmente con el alemán; Crawford 2008), siendo Ohio el primer estado que adoptó una ley de educación bilingüe en alemán e inglés (Crawford 2008).

La inmigración, entonces, siempre ha formado parte de la historia de los EE.UU. En el 2010, la población inmigrante era porcentualmente un poco menor (13 por ciento; 40 millones) que en 1890 (14.8 por ciento) y que en 1910 (14 por ciento; 13.5 millones). Los países de origen de los inmigrantes también han cambiado (véase el Capítulo 1). Antes de 1980, entre el 50 y el 90 por ciento de los inmigrantes llegaban de Europa, pero a partir de 1990 la mayoría viene de Latinoamérica y Asia.

**EJERCICIO 7.2:**

¿Qué efecto puede tener en los debates sobre la inmigración y la diversidad lingüística el hecho de que la mayoría hoy en día ya no viene de Europa sino de Latinoamérica y Asia?

## Mito 3: Los inmigrantes de hoy no aprenden el inglés tanto como en el pasado

Vimos en el Cuadro 7.2 que la proporción de los hablantes de cada LOQI que indica hablar el inglés "muy bien" o "bien" varía entre el 66.9 por ciento (vietnamita) y el 96 por ciento (alemán). Llama la atención que sean tan altos estos porcentajes dado que muchos de estos grupos cuentan con altos números de inmigrantes recientes.

De hecho, algunos estudios sugieren que los inmigrantes de hoy aprenden el inglés más rápidamente que en las generaciones anteriores. Veltman (2000), por ejemplo, encontró que después de diez años en el país, el 40 por ciento de los jóvenes inmigrantes ya habían adoptado el inglés como su lengua diaria, lo cual representaba una velocidad mayor que entre los jóvenes de la generación anterior. De manera semejante, Rumbaut et al. (2006) encontraron que la vitalidad lingüística de cinco LOQI en el sur de California (español, tagalo, chino, vietnamita y coreano) no llegaba a la tercera generación.

Este mito, entonces, se construye a partir del uso de la lengua minoritaria y no del uso del inglés. Se extiende, sin embargo, a significar falta de habilidad en el inglés, una baja motivación para aprenderlo y un rechazo para asimilarse a la cultura anglo de la clase media (Lippi-Green 2012). Si bien los datos demuestran lo contrario, puede ser que en lugares con altas concentraciones de inmigrantes recién llegados, se dé la falsa impresión de que el grupo etnolingüístico no aprende el inglés—lo cual puede dar lugar también al cuarto mito que sigue.

## Mito 4: La diversidad lingüística amenaza la unidad nacional

Fishman (1991) llevó a cabo un estudio con 238 factores sociales diferentes en 170 países multilingües. Encontró que la heterogeneidad lingüística no correlacionaba con los conflictos sociales y civiles, ni correlacionaba con el Producto Nacional Bruto (derivado de la industrialización). Concluyó que no es el caso que un país con muchas lenguas resulte necesariamente en una sociedad dividida.

Sin embargo, algunos estadounidenses parecen pensar que hablar el inglés no es *suficiente* para ser "americano"; hay que también *abandonar* la lengua de herencia al inmigrar, tal vez porque sospechan de las lealtades culturales que tienen los bilingües hacia su otra cultura. Veremos más adelante algunos casos de discriminación y represión lingüística gubernamentales y sociales.

## 7.1.2 *English Only* y *U.S. English*

A finales del siglo xix, se empezaron a reprimir más seriamente las LOQI en los EE.UU. Por ejemplo, los hablantes de lenguas amerindias fueron enviados a escuelas especiales, donde el objetivo fue destruir su forma de vida, asimilando a la joven generación rápidamente a la lengua y cultura anglosajona. Este acto, que se conoce hoy como **genocidio cultural** (Crawford 2008), fue justificado en 1887 por el encargado de la Oficina de Asuntos Indígenas, J.D.C. Atkins:

> Teaching an Indian youth in his own barbarous dialect is a positive detriment to him. The first step to be taken toward civilization, toward teaching the Indians the mischief and folly of continuing in their barbarous practices, is to teach them the English language.
>
> (tomado de Crawford 2008:5)

Las consecuencias de la imposición del inglés en las comunidades nativas fueron catastróficas (Crawford 2008; McCarty 2010). Los abusos que se cometieron con las comunidades indígenas llevaron a una pérdida humana y cultural irreparable. Como consecuencia de estos actos, hoy en día, 191 lenguas amerindias de los EE.UU. están consideradas por la UNESCO en peligro de extinción (véase el mapa interactivo de la UNESCO para las lenguas en peligro), debido a que la gran mayoría de las nuevas generaciones de origen amerindio tienden a ser monolingües en inglés. Con el objeto de reconocer la injusticia y mitigar en lo posible los efectos que todavía perduran, por orden ejecutiva se pasaron dos Actas de las Lenguas Nativoamericanas en 1990 y 1992, por la que los ciudadanos nativo-americanos tenían derecho a usar, promover y proteger sus lenguas con ayuda federal.

Esta intolerancia etnolingüística se expresa en el siglo xx en los movimientos que se conocen como *English Only* y *U.S. English*. Estos movimientos proponen que el inglés es el idioma oficial de los EE.UU., con el objeto de asegurar la posición del inglés como la lengua dominante del país. La propuesta de ley *English Only* apareció en 1981 como una enmienda a la Constitución Federal.[1] Para aprobarse, necesitaba dos tercios de votos en el Congreso y tres cuartos de los votos de las legislaturas estatales. Si se hubiera aprobado, habría prohibido casi todos los usos de LOQI por los gobiernos federales, estatales y locales. Si bien la ley no pasó, algunos estados pasaron leyes semejantes en años posteriores que declaraban el inglés como la lengua oficial del estado (Crawford 2008).

Según Crawford, en los años 90, el grupo *English Only* cambió de estrategia: en lugar de buscar una enmienda federal, empezaron a promover una propuesta de ley llamada *"Official English,"* la cual solo se aplicaría al gobierno federal y, para que pasara por el Congreso, solo requeriría un voto mayoritario en el Congreso y la firma del presidente. Cada año se vuelve a presentar esta propuesta de ley, pero hasta la fecha no se ha aprobado.

Una ley a nivel federal que declare el inglés como la lengua oficial del país tendría las siguientes consecuencias (Valdés 1997; Zentella 1997b; Crawford 2007; Baron 2008; de la Cuesta 2008):

- Obligaría a que el inglés sea la única lengua empleada en los documentos y transacciones del gobierno, en los centros de trabajo y en las escuelas.
- Restringiría la traducción de documentos gubernamentales a otras lenguas y en todas las instituciones gubernamentales, como son las cortes, los centros médicos, las escuelas, las oficinas de servicio social, de licencias de conducir, etc.
- Otros documentos que no se traducirían a otras lenguas serían aquellos que explican las leyes de los impuestos, los beneficios de los veteranos, los derechos del consumidor, las precauciones médicas, la protección al consumidor, las leyes de arrendamiento de casas y apartamentos, las regulaciones de los negocios, entre otros.
- No se permitiría el uso de fondos públicos para traducir quejas civiles o administrativas en las cortes, ni la protección de los hablantes con poco conocimiento del inglés en los centros médicos, ni los programas de educación bilingüe (Crawford 2008). Las únicas excepciones incluirían aquellas relacionadas a la seguridad nacional, la seguridad pública y la enseñanza de lenguas extranjeras (Crawford 2008).

Crawford (2007) nota que la campaña para *English Only* volvió a tomar fuerza en el 2006 debido a una enmienda que se propuso para la ley de inmigración. La enmienda incluía un párrafo que decía que el gobierno solo se comunicaría y daría servicios en inglés. El objetivo, dijeron los que la propusieron, era dejar claro que los inmigrantes tenían la responsabilidad de aprender el inglés. Muchos se opusieron, pero la enmienda pasó; sin embargo, la propuesta de una lengua nacional no fue exitosa.

---

[1] La campaña del *English Only* empezó a finales del siglo xix con el incremento de la población inmigrante europea, especialmente en el noreste y en el medioeste del país (ej. el alemán en Wisconsin, Illinois, Iowa, Nebraska y otros estados). Algunas compañías, como la compañía Ford, comenzaron a ofrecer clases de inglés para sus empleados que hablaban otra lengua en el hogar, para poder obligarlos a emplear solo el inglés en el trabajo (Crawford 2007).

## EJERCICIO 7.3:

Lean el siguiente extracto del reporte escrito por J.D.C. Atkins en 1887, cuando era el encargado de los Asuntos Indígenas del país. Formen grupos y discutan los tres argumentos que comparte la ideología de Atkins con *English Only* (extracto tomado de languagepolicy.net).

- The white and Indian must mingle together and jointly occupy the country, or one of them must abandon it . . . What prevented their living together? . . . The difference in language . . .
- . . . Through sameness of language is produced sameness of sentiment, and thought; customs and habits are moulded and assimilated in the same way . . .
- Schools should be established, which children should be required to attend . . .
- The object of greatest solicitude should be . . . to blot out the boundary lines which divide them into distinct nations, and fuse them into one homogeneous mass. Uniformity of language will do this—nothing else will.

El movimiento *U.S. English*, que fue fundada en 1983 por el senador S. I. Hayakawa, también promueve la oficialización del inglés y tiene cerca de dos millones de miembros (2013; us-english.org). Sin embargo, el lenguaje que emplea en sus documentos es menos rígido que los del movimiento *English Only*. El movimiento *U.S. English* explica que la oficialización del inglés ayudará a los inmigrantes a que tengan más oportunidades en su nuevo país, gracias a su aprendizaje del inglés. Consideran que al obligarlos a hablar inglés, les están dando las herramientas para tener éxito en los EE.UU.

En el 2014, 31 estados han declarado el inglés como lengua oficial (Mapa 7.1) y otros tienen decretos semejantes en proceso. A diferencia de *English Only*, el movimiento *U.S. English* explica en su portal que:

U.S. English, Inc. has never and will never advocate for any piece of legislation that bans the use of languages other than English within the United States. Please ensure that all references to U.S. English legislation and legislative efforts accurately reflect efforts to pass official English, not "English Only."

Seguidamente citan parte del discurso del Senador Hayakawa en 1982, cuando introdujo la legislación para la oficialización del inglés:

When he introduced official English legislation in front of Congress in 1982, Sen. S. I. Hayakawa told his colleagues, "Nothing I say in this amendment encouraging the use of an official language in the United States is intended to discourage the study of all languages around the world so we, in business and diplomacy, will be better represented around the world."

## EJERCICIO 7.4:

En las elecciones del 2012, el movimiento *U.S. English* envió un documento a todos los candidatos políticos (locales y para el congreso) para que hicieran la promesa de que votarían a favor de hacer el inglés la lengua oficial del país, si fueran elegidos. A finales del 2014, el documento había sido firmado por 30 políticos. Busquen el documento pdf "2014 Official English Pledge" (usenglish.org/view/973). Formen grupos y presenten un argumento a favor y otro en contra de hacer este pedido.

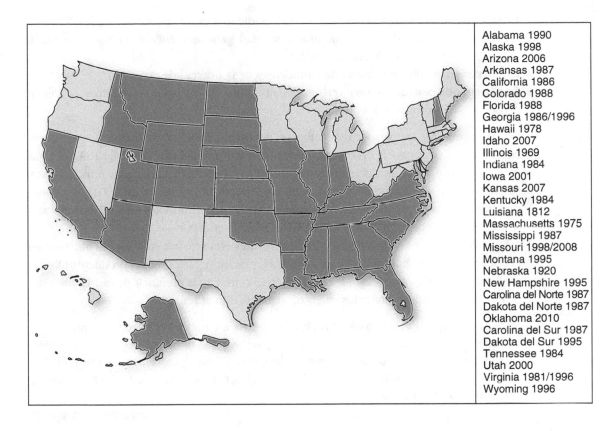

Alabama 1990
Alaska 1998
Arizona 2006
Arkansas 1987
California 1986
Colorado 1988
Florida 1988
Georgia 1986/1996
Hawaii 1978
Idaho 2007
Illinois 1969
Indiana 1984
Iowa 2001
Kansas 2007
Kentucky 1984
Luisiana 1812
Massachusetts 1975
Mississippi 1987
Missouri 1998/2008
Montana 1995
Nebraska 1920
New Hampshire 1995
Carolina del Norte 1987
Dakota del Norte 1987
Oklahoma 2010
Carolina del Sur 1987
Dakota del Sur 1995
Tennessee 1984
Utah 2000
Virginia 1981/1996
Wyoming 1996

**Mapa 7.1.** Los 31 estados (sombreados) que tienen leyes que declaran al inglés como la lengua oficial del estado (www.us-english.org)

Si bien el movimiento *U.S. English* explica que apoya el respeto a las lenguas minoritarias y a su estudio en las escuelas y universidades, muchos consideran que no es diferente de la posición de *English Only*, ya que la oficialización del inglés constituiría el primer paso para la opresión de las lenguas minoritarias dentro del país. La explicación es que estas leyes permiten que se prohíba la presencia de traductores o la traducción legal, electoral, médica o educativa, entre otros, a otros idiomas que no sean el inglés, como se ha visto con abusos hechos en varios estados (veremos algunos ejemplos más adelante).

### EJERCICIO 7.5:

Mira el debate entre Mario Mujica, fundador de *U.S. English*, y la profesora de lingüística Carmen Fought (busca "Professor Carmen Fought on the NewsHour"). Coméntalo en clase.

Crawford (2007) enfatiza que la declaración del inglés como lengua oficial de los EE.UU. es:

- **Innecesaria**. El inglés no está de ninguna manera amenazado.
- **Punitiva**. Restringe la habilidad del gobierno de comunicarse con sus ciudadanos.

- **Inútil**. No provee ninguna ayuda concreta a nadie que busca aprender el inglés.
- **Divisoria**. Muchas veces sirve de una hostilidad general y encubierta hacia los inmigrantes, exacerbando las tensiones étnicas.
- **Inconsistente** con los valores estadounidenses de la libertad de expresión.
- **Contraproducente**. En una era de globalización, los recursos lingüísticos se deben conservar y desarrollar, no reprimir.

No hay duda que las perspectivas como las de *English Only* y *U.S. English* tienen consecuencias negativas para la diversidad lingüística y cultural del país (Zentella 1997b). Estas medidas restringen el uso, el mantenimiento y la visibilidad de las lenguas minoritarias y sus hablantes, especialmente en los ambientes públicos (Barker et al. 2001); así como promueven el aislamiento de los hispanohablantes, perjudicándolos en su desarrollo académico y en la recepción de servicios sociales (Padilla et al. 1991).

En el 2014, el foco en la lengua de los inmigrantes está otra vez en la escena nacional en el discurso antiinmigratorio, debido a la nueva ley de inmigración que el presidente Obama pasó el 20 de noviembre del 2014. La discusión se centra en la presencia de casi 12 millones de inmigrantes indocumentados en el país. Obama dijo al respecto:

> We are not going to ship back 12 million people, we are not going to do it as a practical matter . . . So what I've proposed . . . is you say we're going to bring these folks out of the shadows. We're going to make them pay a fine, they are going to have to learn English, they are going to have to go to the back of the line . . . but they will have a pathway to citizenship over the course of 10 years.
>
> (tomado de www.usaimmigrationreform.org/)

**EJERCICIO 7.6:**

¿De qué manera se podría comprobar que un inmigrante ha aprendido "suficiente" inglés para cumplir con un requisito como el que menciona Obama en esta cita? Piensa también en los retos que enfrentan muchos inmigrantes en los EE.UU. a la hora de aprender el inglés (horario de trabajo, cuidado de niños, etc.). Por ejemplo, busca datos sobre la disponibilidad de clases gratuitas de inglés como segunda lengua (ESL) en tu comunidad.

## 7.1.3  Política regional/local

Algunos estados tienen leyes muy duras en contra del español, los hispanohablantes y los inmigrantes en general. Entre ellos, Arizona representa una ideología antibilingüe fuerte con las leyes pasadas en el 2000 y conocidas como Proposiciones 106 y 203. La Proposición 106 designa al inglés como la única lengua oficial de todos los negocios y transacciones comerciales del estado. La Proposición 203 elimina los programas de educación bilingüe en las escuelas estatales.

California había pasado ya en 1998 la ley conocida como la Proposición 227. Este mandato impone el inglés como la única lengua en la educación. Es decir, elimina todos los programas de educación bilingüe en el estado de California, que es el estado con la población hispanohablante más grande del país, además de las muchas otras lenguas minoritarias que se hablan en el estado. Algunos estudiosos interpretan este acto no como un voto a favor de la oficialización del inglés, sino como un voto en contra de la educación bilingüe (véase el Capítulo 8). El discurso político sobre la lengua se expande y se convierte en un discurso político antiinmigrante.

En el año 2011, Georgia pasó una ley, inspirada en las leyes de Arizona pero centrada en los inmigrantes indocumentados. Esta ley multa a aquellos que transportan u hospedan a estos inmigrantes. Es probable que esta ley surgió en Georgia porque, si bien es el noveno estado en número de latinos, es el sexto en número de inmigrantes indocumentados (según el U.S. Department of Homeland Security). En marzo del 2013, un juez de la corte federal declaró que esa sección de la ley estatal era ilegal.

Las ideologías expresadas en la política y en la legislación también se ven reflejadas en las instituciones sociales, como pasaremos a describir. Sin embargo, a diferencia de los 31 estados que han pasado leyes que oficializan el inglés en su región, hay varios estados[2] que tienen leyes que oficializan dos lenguas o contienen texto dentro de la ley que expresa el respeto y apoyo a la cultivación de las lenguas minoritarias:

- Nuevo México declaró el estatus especial del español junto al inglés en 1912, si bien no tiene estatus de lengua cooficial (Bills y Vigil 2008:17).
- Hawái declaró el hawaiano y el inglés como lenguas cooficiales del estado en 1978 (Crawford 2008).
- En Luisiana el francés tiene estatus especial desde 1968.
- Oregón, Washington y Rhode Island consideran el inglés como la lengua principal del estado, pero también promueven el respeto y la cultivación de las lenguas minoritarias del estado. Esta posición de respeto a las lenguas minoritarias se conoce como *English Plus*.

### 7.1.4 *English Plus*

*English Plus* busca el respeto a las lenguas minoritarias mientras que a la vez reconoce el papel principal del inglés dentro de cada estado (cf. de la Cuesta 2008). Surgió en 1987 como respuesta a las propuestas de oficializar el inglés en el país. Cambia el diálogo, enfatizando que la fuerza y vitalidad de los EE.UU. está en la diversidad de su población, por lo que es importante promover el pluralismo lingüístico-cultural y democrático dentro del país. Sus promotores incluyen a más de 50 organizaciones que promueven la educación bilingüe y los derechos civiles. La meta principal de este movimiento es promover una política lingüística que refleje los valores de apreciación étnica, respeto por los derechos civiles y generosidad en el apoyo a las necesidades sociales.

---

[2] En abril del 2014, la Propuesta de Ley 216 en Alaska, para reconocer oficialmente a 20 lenguas amerindias del estado, fue aprobada por el Senado y la Cámara de Representantes estatales. El 23 de octubre del mismo año, el gobernador del estado firmó la ley que oficializa las 20 lenguas amerindias junto al inglés que desde 1998 había sido la única lengua oficial en Alaska.

En lo que se refiere a la lengua, *English Plus* considera que para lograr un país unido y justo, debemos promover el respeto a la diversidad cultural y lingüística. Reconoce la importancia del inglés como la lengua principal del país y como medio para el enriquecimiento y logro personal. Considera, igualmente, que la comunicación en otras lenguas solo puede contribuir a la vitalidad económica, política y cultural del país. Este grupo es activo en el apoyo a esfuerzos que promueven el ofrecimiento de servicios bilingües en diferentes partes del país (ej. boletas electorales bilingües en vietnamita y chino en Boston) o la eliminación de propuestas discriminatorias (ej. pruebas de proficiencia de inglés que llevó al despedido de maestros de una escuela en Lowell, MA). También promueven los derechos civiles de las comunidades lingüísticas minoritarias a través de su acceso a servicios bilingües para aquellos que no tienen proficiencia alta en el inglés.

### EJERCICIO 7.7:

Busca el documento que se escribió cuando se fundó el movimiento *English Plus* en 1987 (www. languagepolicy.net/archives/EPIC.htm). ¿Qué te llama la atención? ¿Cómo se diferencia de *English Only* y *U.S. English*? También piensa en el dinero y tiempo invertidos en los EE.UU. para aprender lenguas "extranjeras"; ¿te parece que sería más lógico que se apoyara a los hablantes de LOQI para que mantengan sus lenguas de herencia?

En un esfuerzo por combatir las políticas que promueven solo el inglés, varios lugares del país han pasado resoluciones a favor del multilingüismo. Por ejemplo, el grupo *Multilingual Chicago* (multilingualchicago.org) logró que en el 2007 el alcalde Daley firmara una resolución celebrando la diversidad lingüística y cultural de la ciudad. Aunque estas iniciativas puedan parecer solamente simbólicas—algunos dirían que también lo es la ley "*Official English*" del estado de Illinois—transmiten un mensaje de la valorización de las LOQI.

### EJERCICIO 7.8:

Ve a la página de *Multilingual Chicago* y comenta sobre algún aspecto de esta iniciativa. ¿Qué otras actividades podrían hacerse para promover actitudes positivas hacia el multilingüismo en los EE.UU.?

## 7.2 La política

La política es un ámbito social en el que los latinos no son muy numerosos, si bien tienen presencia en el proceso electoral. Los latinos representan el 17 por ciento de la población nacional en el 2011, pero tienen una edad promedio de 27 años, que contrasta con la edad promedio de 42 años de la población blanca no-hispánica (Motel y Patten 2013a). La población latina nacida en los EE.UU., por otro lado, es incluso más joven y tiene una edad promedio de 18 años (Taylor et al. 2012). Por lo tanto, se considera que el porcentaje de jóvenes latinos que estará en edad para votar en las siguientes elecciones incrementará rápidamente en cada elección bianual. Cada año, 800,000 latinos nacidos en los EE.UU. cumplen 18 años de edad (Taylor et al. 2012).[3]

---

[3] Sin embargo, en las elecciones del 2012, el voto latino solo representó el 10% del total (Taylor et al. 2012).

**CUADRO 7.3.** Voto latino en las elecciones presidenciales desde 1980 (el ganador aparece en negritas)

(Tomado de Lopez y Taylor 2012)

| Año electoral | Candidato demócrata | Voto latino | Candidato republicano | Voto latino | Ventaja demócrata |
|---|---|---|---|---|---|
| 1980 | Jimmy Carter | 56% | **Ronald Reagan** | **35%** | +21 |
| 1984 | Walter Mondale | 61% | **Ronald Reagan** | **37%** | +24 |
| 1988 | Michael Dukakis | 69% | **George H.W. Bush** | **30%** | +39 |
| 1992 | **Bill Clinton** | **61%** | George H.W. Bush | 25% | +36 |
| 1996 | **Bill Clinton** | **72%** | Bob Dole | 21% | +51 |
| 2000 | Al Gore | 62% | **George W. Bush** | **35%** | +27 |
| 2004 | John Kerry | 58% | **George W. Bush** | **40%** | +18 |
| 2008 | **Barack Obama** | **67%** | John McCain | 31% | +36 |
| 2012 | **Barack Obama** | **71%** | Mitt Romney | 27% | +44 |

**CUADRO 7.4.** Porcentaje de personas que votaron en las elecciones del 2012 por etnicidad

(Tomado de Lopez y Gonzalez-Barrera 2012)

| Etnicidad | Porcentaje que votó |
|---|---|
| Afroamericana | 66.6 |
| Blanca no latina | 64.1 |
| Latina | 48.0 |
| Asiática | 46.9 |

La ley de los derechos al voto de 1975 obliga a todos los estados a proveer boletas electorales en las LOQI que se empleen en el estado; también deben proveer asistencia oral en estas otras lenguas para beneficio de los electores (Crawford 2007). No solo el español es una de las lenguas empleadas en estos contextos, sino también variedades del chino, el vietnamita, el coreano, el polaco, etc.

El voto latino se considera generalmente demócrata. Sin embargo, el Cuadro 7.3 (tomado de Lopez y Taylor 2012) muestra que los candidatos republicanos también se benefician del voto latino.

Si bien el voto latino ha aumentado en las urnas, todavía el porcentaje a nivel nacional de los electores latinos que votaron en las elecciones del 2012 (11.2 por ciento) fue mucho menor que el porcentaje de personas latinas que pueden votar (23.3 por ciento; Lopez y Gonzalez-Barrera 2012), representando el 48 por ciento del electorado latino (Cuadro 7.4).

**CUADRO 7.5.** Algunos políticos latinos que tienen visibilidad en la política nacional desde las elecciones del 2012

| Cargo | Personas |
|---|---|
| Secretario del Departamento Federal de Trabajo | Hilda Solís (dejó el puesto en el 2013) |
| Gobernadores estatales | Susana Martínez (NM) y Brian Sandoval (NV) |
| Senadores federales | Bob Menéndez (NJ), Marco Rubio (FL) y Ted Cruz (TX) |
| Representantes en el Congreso federal | 31 en total, entre ellos nueve mujeres: Ileana Ros-Lehtinen (FL) (la primera representante latina en el Congreso), Lucille Roybal-Allard (CA), Nydia Velázquez (NY), Loretta Sánchez (CA), Grace Napolitano (CA), Linda Sánchez (CA), Jaime Herrera Beutler (WA), Michelle Lujan Grisham (NM) y Gloria Negrete McLeod (CA) |

Los que más votaron en la última elección presidencial fueron los cubanoamericanos (67.2 por ciento), los centroamericanos y los sudamericanos (juntos, 57.1 por ciento), los puertorriqueños (52.8 por ciento), los mayores de 40 años y las mujeres (49.8 por ciento). Los que menos votaron fueron los latinos de ascendencia mexicana (42.2 por ciento), los latinos entre 18 y 29 años de edad (36.9 por ciento) y los que no tienen diploma escolar (35.5 por ciento) (Lopez y Gonzalez-Barrera 2013).

Si bien el voto latino se incrementa, muchos latinos no se sienten partícipes del proceso electoral. Schildkraut (2005) encuentra que los latinos que perciben discriminación tienden a sentirse alienados del proceso electoral. El bajo número de candidatos latinos a nivel nacional y la falta de medidas políticas que afecten directamente y positivamente las comunidades latinas son otras razones por las que muchos se sienten desconfiados del proceso y de los candidatos.

Algunos políticos latinos que tienen visibilidad en la política nacional en el 2013 aparecen en el Cuadro 7.5. En un estudio que buscaba analizar la relación entre la etnicidad del votante y la etnicidad del candidato, Barreto (2007) encontró que los candidatos latinos tienden a movilizar más a la población latina votante. En su estudio comparó el voto latino a favor de diez candidatos (cinco latinos) en cinco ciudades importantes de los EE.UU. Encontró que los candidatos latinos recibían entre el 79 y el 91 por ciento del voto latino (Cuadro 7.6). Los porcentajes del voto latino para el candidato latino eran más altos que aquellos en otras etnicidades (si bien ninguno de los candidatos latinos estudiados ganó la elección). Barreto (2007) encuentra que la etnicidad compartida resulta ser un factor importante en la movilización de la población latina para llevarla a las urnas electorales. Explica que este patrón se ve más claramente cuando se comparan varios candidatos de diferentes ciudades del país con diverso porcentaje de población latina, como en su estudio.

Los políticos han tomado nota de esta situación y, como consecuencia, los anuncios publicitarios políticos en español han aumentado en las últimas elecciones (aunque menos de lo que se esperaba). El mayor incremento se dio en la televisión, si bien solo llegó al 6 por

**CUADRO 7.6.** Porcentaje del voto latino para el candidato latino en cinco ciudades estadounidenses por grupo étnico

(Tomado de Barreto 2007)

|  | Los Ángeles | Houston | Nueva York | San Francisco | Denver |
|---|---|---|---|---|---|
| Latino | **89** | **79** | **84** | **91** | **89** |
| No latino | 27 | 43 | 30 | 40 | 29 |
| Afroamericano | 20 | 10 | 75 | 49 | 41 |
| Blanco | 37 | 80 | 20 | 46 | 28 |
| Asiático | 30 | 50 | 40 | 24 | 71 |
| n = | 1,730 | 614 | 3,449 | 561 | 422 |

ciento en los diez estados con mayor población latina (incluyendo a los estados del suroeste, según un reporte del U.S. Hispanic Chamber of Commerce, publicado el 1 de octubre del 2012, como parte de un proyecto titulado *Speak our language*.

En los años 90, Brians y Wattenberg (1996) encontraron que los latinos recordaban mejor los anuncios políticos orales que los anuncios impresos, así como también los anuncios en la televisión más que en la radio.[4] Los anuncios en español, sin embargo, son mayores en los estados que tradicionalmente tienen alta población hispana. Si bien muchos anuncios dirigidos a los latinos incluyen el uso del inglés y del español y/o del cambio de códigos, estas prácticas también pueden producir un mensaje mixto e inspirar desconfianza (Luna y Peracchio 2005).

### EJERCICIO 7.9:

Busca los artículos siguientes u otros que tengan que ver con los políticos que hablan español. ¿Qué aprendiste?

Speaking Spanish to win votes in New York (*New York Times* 2013)

Spanish-speaking candidates have political advantage (*The Texas Tribune* 2013)

"¡Yo hablo español!"—political outreach or pandering? (Fox News Latino 2013)

El español está de moda entre la nueva generación de políticos hispanos (HuffPost Voces 2012)

Dentro del contexto de la política y las elecciones locales, estatales y nacionales, el uso del español en los anuncios políticos y por los candidatos mismos (latinos y no latinos) está adquiriendo un papel importante en el proceso electoral. En estos espacios, tanto demócratas como republicanos apoyan el uso del español y de candidatos con una conexión "latina." De hecho, Koike y Graham (2006) analizaron un debate entre dos candidatos hispanos para el puesto de gobernador de Texas. Uno enfatizaba su proficiencia en español, mientras que el otro recibía críticas por no hablarlo (véase el Capítulo 9 sobre la identidad

---

[4] Para información sobre la radio hispana véase Miranda y Medina (2008).

latina y lengua). Algunos latinos vieron como muy positivo el que el conocido periodista mexicano Jorge Ramos (de Univisión) fuera invitado a participar en la última ronda de debates para la presidencia, si bien estas tuvieron lugar en inglés.

**EJERCICIO 7.10:**

Escucha y compara los discursos ofrecidos en español por varios políticos como los presidentes George W. Bush y Barack Obama, el alcalde Bill de Blasio de la ciudad de Nueva York y otros. ¿Qué notas?

Algunos políticos incluso han abogado por la necesidad de que la población estadounidense aprenda el español. Por ejemplo, cuando postulaba por primera vez a la presidencia, Barack Obama declaró:

> I don't understand when people are going around worrying about, we need to have English only. They want to pass a law, we want English only. Now, I agree that immigrants should learn English, I agree with this. But understand this: instead of worrying about whether immigrants can learn English—they'll learn English—you need to make sure your child can speak Spanish. You should be thinking about, how can *your* child become bilingual? We should have every child speaking more than one language.

**EJERCICIO 7.11:**

Busca los comentarios del público en alguna página web donde se discutieron estos comentarios de Obama. ¿Qué encuentras?

# 7.3 Las instituciones sociales

La presencia de la lengua española en varios servicios públicos dentro de los EE.UU., como las cortes, las instituciones de salud, los lugares de trabajo, las iglesias y los museos, representa otro espacio importante.[5]

## 7.3.1 Los servicios públicos

En el año 2000, el presidente Bill Clinton firmó una orden ejecutiva (EO 13166) mediante la cual se obliga a las instituciones y agencias que reciben ayuda económica federal que tengan los mecanismos necesarios para proveer servicios bilingües a personas con proficiencia limitada en inglés. Por ejemplo, este mandato requiere que las organizaciones de salud, que reciben reembolso federal, hagan lo siguiente (tomado de Martínez 2009:257):

1. provean servicios de asistencia lingüística, ya sea mediante servicios de traducción (intérpretes) o con empleados bilingües, sin costo alguno al paciente,
2. que se evite el empleo de niños o parientes como intérpretes,

---

[5] Para la traducción y los traductores en el ámbito académico, véase Segura (2008).

3. que se le haga saber al paciente que tiene derecho a recibir asistencia lingüística gratis,
4. y que se exhiban anuncios o se ofrezcan materiales escritos en las lenguas minoritarias más comunes de la región.

Si bien esta orden ejecutiva no se respeta en todas las organizaciones públicas subvencionadas por el gobierno federal, aquellas que sí lo hacen no siempre tienen el resultado deseado, como veremos. Aquí nos enfocamos primero en la presencia del español en diversos ámbitos públicos de servicio a la comunidad (véase también Marcos Marín 2008b).

### Las cortes

La necesidad de intérpretes en las cortes del país es alta. Estos profesionales necesitan una licencia para poder actuar como intérpretes legales. Sin embargo, la mayoría vive en ciudades grandes y muy raramente en alguna área rural (Bromberg y Jesionowski 2010). Como consecuencia, generalmente no hay un intérprete profesional cuando un testigo hispanohablante necesita los servicios. Esta situación lamentable pone en desventaja al testigo, al acusado y al proceso en general. Además de interpretariado en las cortes, también hay la necesidad de traductores profesionales que traduzcan los documentos del proceso para asegurarse que el cliente y los testigos entiendan todo lo que se está diciendo.

Hoy en día, varias universidades ofrecen cursos para traductores (traducción escrita) y para intérpretes (traducción oral e inmediata), incluso a través de cursos en línea (Bromberg y Jesionowski 2010). Los programas para intérpretes legales ofrecen cursos que se centran en vocabulario especializado e instrucción básica en el sistema legal estadounidense, pero no siempre incluyen clases sobre la variación dialectal y estilística del español. Los intérpretes legales también necesitan recibir un entrenamiento especializado en los diversos dialectos del español que se hablan en los EE.UU., sobre el cambio de códigos y las normas de comunicación (cf. Angermeyer 2003). Lamentablemente, la falta de intérpretes legales también lleva a que las cortes busquen a veces el servicio de una persona bilingüe cualquiera que sirva de intérprete aunque no tenga las calificaciones necesarias (Bromberg y Jesionowski 2010). Su entrenamiento solo tiende a incluir aspectos conectados al proceso legal, como el que no pueden dar consejo legal, que necesitan mantener la confidencialidad y que deben evitar sus propios prejuicios (Bromberg y Jesionowski 2010). La presencia de intérpretes en las cortes es imprescindible porque no solo el contexto es desconocido para la mayoría de las personas que tienen que usar estos servicios, sino que además el estrés puede causar dificultades lingüísticas adicionales para una persona que tiene baja proficiencia en inglés (Valdés 1990). Según la ley firmada por Clinton en el 2000, las cortes tienen un presupuesto para intérpretes. Sin embargo, lo que todavía se necesita es que los intérpretes tengan, además de la certificación legal, el entrenamiento en las variedades orales del español.

### La salud

El ámbito de la salud es un espacio en el que la falta de comunicación o los malos entendidos pueden llevar a consecuencias fatales, haciendo de la lengua el factor determinante en la variación de los servicios de salud, especialmente en detrimento de los que tienen bajo conocimiento del inglés (Martínez 2013; cf. Marcos Marín y Gómez 2008).

Tomemos un ejemplo que presenta Martínez (2010) que ilustra cómo una interacción verbal entre el personal médico e individuos con poca proficiencia en inglés puede tener consecuencias funestas para la paciente.

> Gricelda Zamora, una joven de 13 años, era la que interpretaba en su familia. Sin embargo, cuando se enfermó y la llevaron al hospital, no pudo traducir ni tampoco le trajeron un intérprete. Los médicos les dijeron a los padres que la llevaran a la casa y que la trajeran en tres días si sus síntomas empeoraban. Los padres entendieron que debían esperar tres días para ver a un médico. A los dos días, Gricelda empeoró tanto que la tuvieron que llevar a la sala de emergencia. El apéndice se le había reventado y aunque luego la llevaron por avión a Phoenix, murió a las pocas horas.
>
> (Chen et al. 2007:362; citado en Martínez 2010)

En un estudio con entrevistas al personal bilingüe de diversos centros de salud en el Valle del Río Grande, TX, Martínez (2009) analiza la política lingüística que rige el funcionamiento de los centros de salud. Partiendo de la premisa que estos centros están obligados a ofrecer servicios de traducción para personas con proficiencia limitada en inglés, el autor entrevistó al personal bilingüe, miró la frecuencia de contacto que tenían con hispanohablantes y con personas con proficiencia limitada en el inglés y también miró a las medidas impuestas para la asistencia lingüística y el control cualitativo que hacían de sus servicios de asistencia lingüística. Los servicios de interpretariado lo proveían los mismos empleados bilingües (91 por ciento), sin entrenamiento alguno y sin compensación monetaria adicional. Los encuestados admitieron que los parientes también proveían la traducción en algunos casos (9 por ciento).

Si bien el Valle del Río Grande se considera bilingüe, esta región tiene el porcentaje más alto en el país de personas con proficiencia limitada en inglés (60 por ciento). Esta población también tiene el porcentaje más alto de personas que no tienen seguro médico o cuyo seguro médico es insuficiente (75 por ciento). El autor encontró que la falta de seguro médico promueve un mayor uso de la sala de emergencia que en otras partes del país. De igual manera, la mitad de los casos tratados era de hispanohablantes monolingües o de personas con proficiencia limitada en inglés. En un resultado inesperado, encontró que el Valle es una región con una alta incidencia de diabetes. Este hecho además de la desproporcionalidad en los tres factores (lingüístico, ayuda económica y problema de salud) lleva a Martínez a distinguir entre prácticas lingüísticas, ideología lingüística e intervención lingüística en su análisis (siguiendo a Spolsky 2004).

Martínez (2009) concluye que hay dos ideologías lingüísticas contradictorias que persisten en la región: la primera tiene que ver con la creencia en la supremacía legítima del inglés en la sociedad, ya que es parte de los EE.UU. La segunda tiene que ver con la ideología que como el bilingüismo es extendido en la región, entonces no hay necesidad de ofrecer servicios bilingües. Es decir, estas ideologías terminan asignando al paciente la responsabilidad del aprendizaje del inglés. Según Martínez, el mejoramiento de los servicios de asistencia lingüística en la región seguirá limitado mientras persistan estas ideologías lingüísticas del pasado en estas instituciones y en la sociedad.

El autor propone que en lugar de hablar de "asistencia lingüística" en las instituciones públicas, deberíamos hablar de **barreras lingüísticas** o **barreras comunicativas**, ya que incluso cuando ambos interlocutores hablan en español, hay problemas en la comunicación. La discusión sobre barreras lingüísticas, concluye Martínez (2010), nos obliga a centrarnos en las **ideologías** que subyacen las interacciones en los centros de salud y en otros servicios públicos, ya que ponen en desventaja a las personas que tienen proficiencia limitada en inglés. Estas barreras lingüísticas restringen (1) las interacciones cara-a-cara entre el paciente y el médico, (2) la distribución pareja de los materiales escritos con información para la salud, (3) la relación de confianza entre el médico y el paciente y (4) el control que debe tener el paciente para promover su salud y cuidarse de su enfermedad (Martínez 2010:69).

Martínez (2010) concluye que estas barreras se pueden sobrepasar si se entrena a más hispanohablantes en profesiones relacionadas a la salud y se incluye entrenamiento de cómo emplear su lengua y variedad de español para ofrecer una mejor calidad de tratamiento médico. Como resultado, creó en la University of Texas-Pan American el programa llamado *Medical Spanish for Heritage Learners: A Prescription to Improve the Health of Spanish-speaking Patients*, que sirve de ejemplo para otras instituciones superiores.

### EJERCICIO 7.12:

Busca por Internet el programa de español médico de la University of Texas-Pan American. ¿Qué tipo de cursos llevan los estudiantes?

## Los niños como intérpretes

Como se mencionó más arriba, la ley firmada por el presidente Clinton en el 2000 prohíbe que las organizaciones con financiamiento del gobierno federal empleen a los parientes como intérpretes en las instituciones sociales. Sin embargo, debido a la falta de intérpretes calificados en los diferentes espacios públicos en los EE.UU. (como los hospitales y las escuelas), los hijos de los inmigrantes se convierten todos los días en intérpretes informales debido a su proficiencia en inglés. Esta situación, conocida como **language brokering**, es común en los EE.UU. en todos los grupos lingüísticos minoritarios.

### EJERCICIO 7.13:

¿Has actuado de intérprete para tus papás u otra persona, o conoces a alguien que lo ha hecho? ¿Lo hiciste de niño/a? ¿Qué experiencias puedes compartir de haber sido intérprete?

Son muchos los niños que terminan traduciendo comunicaciones con el policía, con el médico, con los maestros de la escuela, con el propietario de la vivienda, en la tienda, por teléfono, etc., no importante el género del adulto (Orellana 2003; Reynolds y Orellana 2009:214–215). Generalmente son los hijos mayores los que actúan como intérpretes porque son los que hablan más español, además del inglés. El 48 por ciento de los jóvenes entre 16 y 25 años de edad de la primera generación son proficientes en inglés, mientras que el porcentaje entre los nacidos en los EE.UU. sube al 98 por ciento (Pew Hispanic

Center 2009), pero su proficiencia en español es más baja. Algunos beneficios de ser intérprete son el aprendizaje de nuevo vocabulario, de nuevos estilos de habla, de la escritura en español y, sobre todo, el mantenimiento del español (Reynolds y Orellana 2009).

Las consecuencias a largo plazo, sin embargo, son más negativas que positivas. Los trabajadores sociales reportan que los niños que sirven como intérpretes informales para sus padres o familiares tienden a ser más nerviosos, a estar cansados en la escuela, o a ser negligentes con sus tareas escolares (Kratochvil 2001). En el papel de intérprete, los niños están expuestos a enterarse y tener que explicar a los padres temas difíciles como enfermedades u otros temas delicados y/o personales, o a hablar de la situación legal o financiera de la familia, además de hablar sobre el comportamiento del mismo niño en la escuela, entre otros. La mayoría de estas situaciones ocasionan gran estrés en el niño y en los padres (Orellana 2003; Reynolds y Orellana 2009). Adicionalmente, estas funciones también exponen a los niños a la discriminación directa que afecta a sus identidades (Orellana 2003; Reynolds y Orellana 2009; Weisskirch y Alva 2002). Como consecuencia de estos roles, las relaciones de poder entre los padres y los hijos se ven debilitadas, e incluso se invierten. Esto lleva a que algunos niños empiecen a faltarles el respeto a sus padres y a que los problemas de disciplina se profundicen porque los jóvenes quieren ser vistos como adultos y porque la autoridad de los padres está debilitada (Kratochvil 2001). A medida que haya más intérpretes profesionales, esta situación se aliviará.

## Los museos

Por último, en un estudio reciente con organizaciones que anteriormente no se habían estudiado, Callahan (2013) analizó las prácticas lingüísticas en español de 35 museos estadounidenses (en San Francisco y en la ciudad de Nueva York). Encontró que las prácticas bilingües variaban desde inexistentes (20 museos) a tener traducciones para anunciar solo la exhibición general (dos museos) o una sola exhibición o ciertas piezas del museo (seis museos), hasta tener una traducción en español al lado del texto en inglés en casi cada pared del museo (siete museos). En ocho de los 15 museos que tenían textos en español, encontró que el español presentaba errores de ortografía (algunos quizá tipográficos) y expresiones que mostraban la influencia del inglés (tanto lexicales como gramaticales, por ejemplo: *"Usa tu mano para recoger tu pie derecho y mantenlo en equilibrio contra tu pierna izquierda"*). Sin embargo, lo que tenían en común todos los museos que tenían textos en español es que, sin querer, las prácticas en español terminaban contribuyendo a la racialización de los hispanohablantes en el país. Dice Callahan:

> Unfortunately, divergence from standard forms in written language tends to be judged by the general public as an indicator of carelessness at best, and a lack of intelligence at worst. And a lack of intelligence is the type of characteristic that is common in racialized identities.

## EJERCICIO 7.14:

Visita la página web de un museo que conozcas (o visítalo en persona). ¿Hay carteles, anuncios u otros servicios (como paseos guiados) en español?

## 7.3.2 Los lugares de trabajo

Los lugares de trabajo también son espacios donde encontramos diversidad lingüística. Esta diversidad puede ser motivo de preocupación para los jefes de que no haya harmonía entre los trabajadores y que baje la productividad. Como consecuencia, muchos lugares de trabajo enfatizan el uso del inglés mediante reglamentos internos (MacGregor-Mendoza 2009), semejante a lo que ocurrió a principios del siglo xx en muchas compañías norteamericanas (ej. Ford). Si bien estos reglamentos violan los derechos civiles de los empleados, afectan especialmente a los latinos, ya que tienden a ser la minoría lingüística más representada en los centros de trabajo (Waxer 2004). En los últimos años ha habido un alza en el número de quejas laborales basadas en el uso de la lengua (MacGregor-Mendoza 2009, 2012).

Una compañía que tiene centros de llamadas bilingües en la frontera tejana (El Paso, TX, pero también en McAllen-Edinburg-Mission y Corpus Christi, TX) contrata especialmente a empleados bilingües de la región (Alarcón y Heyman 2013). Estos centros que favorecen el uso del español entre sus empleados dan origen al término: **cambio lingüístico en reverso** (hacia el español), debido al incremento de clientes hispanohablantes. No hay duda que la existencia de estos centros reconoce la importancia de la lengua y el ofrecimiento de un servicio de interpretariado. Sin embargo, en un estudio hecho por Alarcón y Heyman (2013) se encontró que las prácticas lingüísticas eran guiadas por ideologías discriminatorias. Los autores entrevistaron a 39 empleados que eran operadores, intérpretes y supervisores. Los investigadores encontraron que los puestos bilingües se basaban en calificaciones informales (el ser bilingüe), sin entrenamiento de intérprete, ni con remuneración adicional. La selección de los empleados se basaba en su disponibilidad en la sociedad bilingüe en la que vivían. Este estudio ejemplifica cómo a medida que las compañías expanden sus mercados, así también expande la importancia de la lengua como producto para atraer a más clientes (cf. Heller 2010). Sin embargo, también ejemplifica cómo la presencia de empleados bilingües lleva a que se les obligue a hacer trabajos de traducción o interpretariado sin entrenarlos y sin pago adicional por sus habilidades lingüísticas.

Estos son problemas bastante extendidos en los EE.UU., especialmente en trabajos no especializados. Aproximadamente el 59 por ciento de los latinos trabajan en industrias con trabajos manuales y/o no-especializados, donde se suele encontrar mayor discriminación. Estos trabajos se encuentran mayormente en industrias como las que aparecen en negritas en el Cuadro 7.7.

En el 2009, el 60 por ciento de los trabajadores en cocinas de restaurantes en los EE.UU. eran hispanohablantes (cf. Bourdain 2007). Phillips (2013) encontró problemas de comunicación entre los que trabajaban en la cocina (cocineros y lavaplatos) y los que trabajaban en el comedor, especialmente con el gerente del restaurante. Mientras en la cocina solo se hablaba en español y pocos tenían conocimiento del inglés, fuera de la cocina solo se hablaba en inglés y había un conocimiento muy limitado del español. En otro estudio sobre la interacción entre gerentes anglohablantes y trabajadores hispanohablantes en la cocina de un restaurante, Barrett (2006) encontró que los gerentes daban instrucciones a los trabajadores hispanos en inglés pero con elementos tomados de *Mock Spanish* (ver el Capítulo 5).

**CUADRO 7.7.** Ocupaciones que más frecuentemente tienen los latinos (en millones)

(Basado en Motel y Patten 2013a:Cuadro 28; Brown y Patten 2013)

| Ocupación | Nacidos en los EE.UU. | Inmigrantes | Origen |
|---|---|---|---|
| Oficina, apoyo administrativo | 22.8 | 2.6 | Mx, Caribe, SudAm |
| Ventas | 17.9 | 2.6 | Mx, Caribe, SudAm |
| Puestos administrativos | 13.9 | 1.9 | Mx, Caribe, SudAm |
| Educación | 9.7 | 1.1 | Mx, Caribe, SudAm |
| **Transporte** | **9.6** | 2.5 | Mx, Caribe, CentrAm |
| **Servicio de comidas** | **8.9** | 2.3 | Mx, CentrAm |
| **Producción** | **8.6** | 2.5 | Mx, CentrAm |
| **Construcción** | **7.7** | 2.3 | Mx, CentrAm |
| **Salud, médicos** | **7.4** | 1.3 | Caribe, SudAm |
| **Personal de cuidado y servicio** | **5.6** | 1.2 | Mx, CentrAm |
| **Mantenimiento de edificios y jardines** | **5.4** | 2.4 | Mx, CentrAm |
| **Trabajadores de instalación/reparación** | **5.7** | 0.7 | Mx, Caribe, CentrAm |

Hay otros casos, sin embargo, donde la gente ha sido castigada por hablar español en el trabajo—incluso en puestos para los cuales fue contratada precisamente por saber español. Los miraremos más adelante en la sección sobre la discriminación lingüística (Sección 7.5).

## 7.3.3 La iglesia

Los EE.UU. es uno de los países en el mundo en el que más personas declaran tener una religión (86 por ciento; Marcos Marín 2008a). En los estudios sobre el mantenimiento de la lengua, la iglesia y los eventos religiosos se consideran espacios en los cuales los hispanohablantes prefieren el español. El 68 por ciento de los hispanos en los EE.UU. son católicos (U.S. Conference of Catholic Bishops 2013) y representan el 39 por ciento de los católicos en el país. Sin embargo, solo el 29 por ciento de las iglesias católicas celebra una misa al mes en una LOQI y solo el 6 por ciento celebra una misa semanal en español.

Se reporta que el 64 por ciento de los católicos latinos asiste a una iglesia católica, tanto en Latinoamérica como en los EE.UU., pero la iglesia católica ha perdido feligreses que ahora asisten a otras iglesias, especialmente la evangelista, la protestante y, en los EE.UU., también la iglesia mormona (cf. Matovina y Poyo 2000). Este alejamiento de la iglesia católica en los EE.UU. se debe a que si bien el español es una lengua oficial dentro de la iglesia católica estadounidense (Medina-Rivera 2012), hay pocos sacerdotes que hablen español. El U.S. Conference of Catholic Bishops (2013) reporta que casi el 10 por ciento

(28) de los 272 obispos en el país son hispanos y que solo el 15 por ciento de los sacerdotes ordenados en el 2013 son hispanohablantes. Estos números son insuficientes para ofrecer servicios regulares en español, especialmente en las áreas de asentamiento latino más recientes y en zonas más rurales.

El desarrollo del español en la iglesia católica de los EE.UU. empezó con la creación del Subcomité Litúrgico Hispano en 1982 y con la oficialización del español como lengua de la iglesia junto al inglés y el latín. El Comité de Obispos encargado de Asuntos Hispanos dispuso la traducción de textos religiosos del inglés, con la ayuda de textos que venían especialmente de México y España. Estos textos de otras regiones hispanohablantes no reflejaban la realidad lingüística estadounidense (Medina-Rivera 2012:155). Los textos religiosos publicados en los EE.UU. todavía presentan problemas, especialmente en el léxico y en el uso del género como genérico o específico, como lo ejemplifica Medina-Rivera (2012:161) en su estudio:

Versión latinoamericana:
*Escucha hermano la canción de la alegría . . .*
*en que los hombres volverán a ser hermanos.*

Versión de la Prensa Católica de Oregón:
*Escucha todos, la canción de la alegría*
*en que los todos volverán a ser unidos.*

## EJERCICIO 7.15:

Lee los pasajes religiosos que presenta Medina-Rivera (2012:161) de los textos en versión latinoamericana y en versión publicada por la Prensa Católica de Oregón. ¿Cuáles son las diferencias gramaticales y de referente(s) entre la lectura que contiene *hermanos* y la que contiene *todos*? ¿Cuál es más fácil de entender?

## EJERCICIO 7.16:

Busca donde vives si hay alguna iglesia que ofrezca servicios religiosos en español. ¿Cuántos servicios ofrece la iglesia y cuántos están en español? ¿A qué hora son los servicios? Muchos tienden a ser o muy temprano o muy tarde; ¿por qué crees que es así? ¿Qué más notas de la información que encuentras en línea o en el periódico? Comparte tus resultados con tus compañeros y traten de explicar las semejanzas y las diferencias.

La iglesia católica como espacio social en el que se emplea el español continuará creciendo en los EE.UU., por la continua llegada de inmigrantes de Latinoamérica, donde el catolicismo sigue siendo la religión oficial de muchos de los países. Las limitaciones se encontrarán en el número de sacerdotes que hablen español y en la disponibilidad de maestros de educación religiosa que también hablen español.

## 7.3.4 Espacios públicos

En los diferentes espacios sociales vistos en esta sección, encontramos que en los ámbitos públicos hay la necesidad de estandarizar los servicios y el uso de la lengua. Los estudios citados muestran que esta práctica es insuficiente e incluso contraproducente, llevando a la racialización. Estas prácticas se encuentran, por ejemplo, en los centros de llamadas (Alarcón y Heyman 2013), en las instituciones de salud (Martínez 2010), así como en las llamadas del censo a individuos latinos (Leeman 2013). La falta de entrenamiento y pago por estos servicios debilita la tendencia al aumento y éxito de estos servicios.

Alarcón y Heyman (2013) hacen referencia a dos modelos en el mercado económico que funcionan de manera diferente en lo que se refiere a servicios bilingües. El primero es el llamado **modelo profesional** que está dirigido a una clientela de recursos más altos, en los cuales los empleados bilingües reciben entrenamiento y remuneración adicional por sus servicios bilingües. El segundo modelo es el **modelo de masas** que se basa en las interacciones verbales de todos los días y contrata a sus mismos empleados sin ofrecerles ni entrenamiento especializado, ni pago adicional por sus servicios bilingües. Los negocios que siguen el modelo de masas sufren consecuencias negativas por la inconsistencia comunicativa con los clientes. Alarcón y Heyman (2013) encuentran tensión en el trabajo entre aquellos empleados con educación universitaria y aquellos empleados con menor educación o que hablan un español local con diversos tipos de préstamos del inglés. Los primeros se consideran autoridades en la lengua, ya que su variedad la consideran la "legítima." Sin embargo, los empleados que emplean la variedad local consideran que por el uso de la variedad local se entienden mejor con los clientes (Alarcón y Heyman 2013:11). De manera incongruente, por otro lado, los gerentes de estas compañías imponen a sus empleados bilingües que usen todos una variedad neutra o panhispánica para que puedan comunicarse con una población hispana más extensa. El conflicto entre las diferentes ideologías lingüísticas lleva a que la compañía exija el uso de ciertos términos menos empleados en la región (ej. *neumático*) en lugar de los más frecuentes (ej. *llanta, goma, tire, rine*), lo cual lleva a que los clientes no siempre entiendan estas palabras e incluso terminen sintiéndose ofendidos (Alarcón y Heyman 2013; cf. Cameron 2000:326). Es decir, el objetivo final de proveer servicios en español para satisfacer al cliente puede dar resultado contrario si las ideologías de las compañías son diferentes a las ideologías de los empleados y la población local (cf. Alarcón y Heyman 2013).

## 7.4 Los medios de comunicación

Los medios de comunicación son otro espacio en el que el español ha aumentado en las últimas décadas. En esta sección, consideramos la presencia del español en los textos escritos en espacios públicos (lo que se conoce como el paisaje lingüístico) y la prensa escrita en español, así como el español en la televisión, el cine y la música.

### 7.4.1 El "paisaje lingüístico"

El **paisaje lingüístico** se define como la visibilidad y prominencia de los idiomas en los letreros públicos y comerciales en un territorio multilingüe (Landry y Bourhis 1997:23). Algunos sociolingüistas se dedican a documentar estos patrones visuales como indicadores de la relevancia de las lenguas locales, como en las fotos de la Figura 7.1.

**Figura 7.1.** Dos ejemplos de paisaje lingüístico en Chicago

## EJERCICIO 7.17:

En grupos, busquen ejemplos y saquen fotos del español en su paisaje lingüístico local. ¿Cuáles ejemplos encuentran de la presencia del español? ¿Notaron alguna diferencia gramatical u ortográfica? Si no hay mucha presencia del español en su paisaje lingüístico local, usen un buscador de imágenes (por ejemplo, con el término "*Spanish signs*") o, usando *Google Earth*, visiten una ciudad con población hispana en los EE.UU.

En un estudio sobre los paisajes lingüísticos en los condados de Los Ángeles y Miami–Dade, Franco-Rodríguez (2008) comparó el léxico, la sintaxis, la morfología y la ortografía de los escritos con los de lugares monolingües hispanohablantes. Encontró que en general, la no-oficialidad del español en los dos lugares explicaba un porcentaje bajo de textos institucionales en español, que no superaba el 6 por ciento. Sin embargo, los textos públicos en las dos ciudades estadounidenses mostraban una preferencia por la expresión bilingüe en ambos condados. El autor analizó cuidadosamente la cantidad de palabras en español y la densidad léxica, encontrando un nivel del español que trascendía el puro uso simbólico, ya que contenía muchos usos de preposiciones, conjunciones y pronombres. Una diferencia entre Los Ángeles y Miami–Dade era que en este último la combinación de lenguas era mucho menor—es decir, había una mayor distinción entre los dos idiomas, mientras que en Los Ángeles se combinaban a mayor grado. Concluyó que hacen falta más investigaciones sobre el paisaje lingüístico en español en los EE.UU.

El ámbito de la publicidad es otro espacio público importante en el que la presencia del español y de los latinos está aumentando (Bernal Labrada 2008). Los estudios muestran que la publicidad es más efectiva si se presenta a través de la televisión. Este medio es más efectivo que la radio como medio publicitario para llegar a los latinos (Fitzgerald 2005). Sin embargo, la radio también es efectiva para anuncios de empresas nacionales como Verizon, At&T, McDonald's, Home Depot, Burger King, JCPenney, 7-Eleven, así como para empresas internacionales como Amheuser-Busch y Toyota (Albarran y Hutton 2009). Si bien la audiencia hispanoahablante radial tiene entre 18 y 34 años de edad, Albarran y Hutton enfatizan que la radio es un medio efectivo para la publicidad por la diversidad de culturas hispánicas que representa y, sobretodo, por el reconocimiento de la comunidad latina como un mercado económico viable.

Es importante reconocer que el poder de compra de la población latina en el año 2012 fue de 1.2 trillones de dólares, que representaba el 9.7 por ciento de todo el poder económico de compra del país (Schneider 2012:76) y que era el mercado hispanohablante más grande del mundo. La publicidad en español ha aumentado en la última década debido a que los estudios encuentran que los anuncios en español son más efectivos que aquellos en inglés en la comunidad latina, especialmente en aquellos que son altamente proficientes en las dos lenguas y aquellos que son dominantes en español. Según un reporte de Nielsen, en el 2012, las compañías que producen publicidad en español o con español son Procter & Gamble, Bancorp Inc. (dueños de U.S. Bank), Dish Network, McDonald's, AT&T, Verizon, Toyota, General Mills, Kraft Foods y General Motors (Costantini 2013). Otro estudio encuentra que la variedad de español que tiene más éxito en los anuncios publicitarios es aquella que incluye expresiones del inglés en el español, ya que evoca la participación en dos culturas del que escucha (Kyratzis et al. 2009). También se ha encontrado que el cambio del inglés al español es menos efectivo que a la inversa (Luna y Peracchio 2005).

Con respecto a las noticias, el 50 por ciento de los latinos escuchan noticias en inglés y español, el 32 por ciento solo en inglés y el 18 por ciento solo en español (Lopez y Gonzalez-Barrera 2013). Si bien la televisión es el medio más usado para las noticias (86 por ciento), también son espacios importantes la radio (56 por ciento), Internet (56 por ciento) y los periódicos (42 por ciento). La presencia de lo latino en estos espacios públicos puede reforzar una identidad étnica positiva. Kerevel (2011) encuentra que si una persona latina ve más programas, películas y anuncios publicitarios con otros latinos, le ayudará a estar más conectada con su "latinidad" (510).

Lingüísticamente, no está muy claro el papel de los medios en español en la posible convivencia y nivelación de los rasgos lingüísticos a nivel nacional. Fonseca y García (2010) consideran que "los medios de comunicación de habla hispana ejercen una gran influencia en la unificación del español, en sus costumbres, sus valores culturales y su unidad lingüística" (2010:147). Alegan que con el objetivo de llegar a *toda* la población latina, los medios de comunicación y los anuncios publicitarios nacionales emplean una variedad de español panhispánica, pero que respetan las diferencias dialectales cuando el origen o descendencia del personaje latino es relevante. Es decir, consideran que los medios masivos de comunicación representan un fuerza unificadora dentro de la diversidad lingüística y cultural de los latinos en los EE.UU. Sin embargo, Dávila (2000) encontró que los caribeños se sentían alejados de ciertos medios de comunicación nacionales porque estos estaban fuertemente inclinados hacia lo mexicano (en un trabajo posterior, Dávila 2012 presenta un excelente estudio de los flujos culturales, mediáticos y lingüísticos en la "creación" de la identidad latina en los EE.UU.).

### EJERCICIO 7.18:

Si hay periódicos en español donde vives, busca los folletos (*flyers*) publicitarios que vienen adentro. ¿Cuáles están en español y cuáles en inglés?

## 7.4.2 La prensa escrita

Se tiende a asumir que la prensa escrita en español puede contribuir indirectamente al mantenimiento de la lengua. Si bien muchos periódicos se leen por Internet, el Pew Hispanic Center encuentra que los latinos leen las noticias menos por este medio que otros grupos étnicos. Los periódicos diarios y semanales en español con más circulación se encuentran en el Cuadro 7.8 (véase también Gómez Font 2008).

Las revistas en español con mayor circulación son *People en español*, *Vanidades*, *Latina*, *TV y novelas*, *Ser padres* y *Siempre mujer*. La lectura de estas revistas parece ser más característico de la G1 y de los adultos. Sin embargo, necesitamos más estudios al respecto.

**CUADRO 7.8.** Periódicos diarios y semanales en español con mayor circulación

(Tomado de Pew Research Center 2011)

| Periódico diario | Sede | Periódico semanal | Sede |
| --- | --- | --- | --- |
| *El Nuevo Día* | Puerto Rico | *La Raza* | Chicago |
| *Primera Hora* | Puerto Rico | *Vida en Valle* | Sacramento |
| *La Opinión* | Los Ángeles | *Hoy* | Los Ángeles |
| *El Nuevo Herald* | Miami | *El Sentinel* | Fort Lauderdale |
| *El Visitante Católico* | Puerto Rico | *La Prensa Riverside* | Riverside, CA |
| *Hoy* | Chicago | *El Mensajero* | San Francisco |
| *El Bravo* | Brownsville, TX | *El Sentinel* | Orlando |
| *El Diario/La Prensa* | Ciudad de Nueva York | *Al Día* | Dallas |
| *Diario Las Américas* | Miami | *Rumbo* | Houston |
| | | *La Prensa* | Orlando |

## 7.4.3 La televisión

Hoy en día los sistemas de cable e Internet transmiten programas de otras partes del mundo (ej. Latinoamérica), contribuyendo a que los hispanohablantes tengan más oportunidades para ver emisiones en español. En general, el 54 por ciento de los latinos mira la televisión en español o en proporciones iguales entre el español y el inglés (Taylor et al. 2012). Sin embargo, entre los jóvenes, esta cifra baja al 26 por ciento que ve la televisión en español (6 por ciento) o en inglés o español (20 por ciento) (Hakimzadeh and Cohn 2007), mientras el otro 74 por ciento lo ve únicamente en inglés. Estos datos sugieren que pocos jóvenes ven la televisión en español.

De las tres cadenas televisivas que transmiten en español, Univisión lidera con más televidentes dentro de los EE.UU. (cf. Connor 2008). Le siguen Telemundo y Galavisión. Sin embargo, vale la pena enfatizar la falta de presencia de actores latinos en los programas en inglés en las otras cadenas televisivas. La población latina representa el 17 por ciento de la población total del país (en el 2013) y solo entre el 4 y el 6 por ciento en las series televisas (Moran 2006). Históricamente, los latinos no estaban representados en los personajes de las series televisas, ni en el reparto de actores (Mastro y Behm-Morawitz 2005; Moran 2006). Durante los años 50, los latinos representaban solo el 3 por ciento de los personajes de series televisivas (Moran 2006). Durante los años 90, el porcentaje bajó al 1.1–1.6 por ciento. Para el año 2000, la representación de latinos en la televisión volvió a subir al 3 por ciento, mientras que la población latina en el país representaba ya el 12 por ciento (Mastro y Behm-Morawitz 2005). En el 2009, ABC y Fox tenían un 11 por ciento de actores latinos en sus series televisivas, que era un aumento del 3–4 por ciento desde el 2007. Para los años 2013 y 2014, no tenemos porcentajes. En la última década, se encuentra un cierto incremento de personajes latinos en los repartos de algunas series televisivas (ej. *Dexter*, *Weeds*).

Los papeles que juegan los latinos en los programas de televisión, sin embargo, siguen siendo bastante estereotípicos, donde se representa al latino como perezoso, inculto o con poca ética laboral (Mastro y Behm-Morawitz 2005) o se le ofrece el papel de trabajadora doméstica o de criminal/narcotraficante (de Casanova 2007). Además, tienden a tener un acento muy marcado del español en el inglés (ej. Rosario en el programa *Will & Grace*, Gloria en *Modern Family*, Consuela—y no "Consuelo"—en *Family Guy*). Un ejemplo de un personaje que juega el papel de narcotraficante es Guillermo García Gómez en el programa de televisión, *Weeds*, que además de narcotraficante tiene un acento en inglés muy fuerte. Esta racialización de los latinos a través del personaje latino ocurre más frecuentemente cuando los personajes tienen papeles más estereotípicos como jardineros y criadas (Mastro y Behm-Morawitz 2005).

Más recientemente, los personajes latinos en la televisión también tienen trabajos bien remunerados, si bien solo representan el 11 por ciento (Mastro y Behm-Morawitz 2005). Además, los personajes latinos han empezado a mostrar rasgos lingüísticos propios de su país de origen. Por ejemplo hay dos personajes cubanos en el programa *Dexter* (María Laguerta y Ángel Batista) donde, además de ser profesionales, los actores exhiben rasgos del español cubano en sus hablas. Sin embargo, luego de decir algo en español, lo repiten seguidamente en inglés. En el 2013, encontramos personajes latinos en programas dirigidos a los jóvenes, como *90210*, *Gossip Girl*, *The Vampire Diaries*, *Modern Family*, *Cougar Town*, *The Office*, *Heroes*, *Mercy*, entre otros. Queda por investigar qué modelos representan estos personajes.

Casi la mitad de la población menor de 25 años es latina; sin embargo, la industria televisiva parece ser lenta en prestar atención a su audiencia. El presidente de Telemundo, James McNamara, menciona que tanto Telemundo como Univisión están creando nuevos programas dirigidos a la audiencia latina joven de los EE.UU. en lugar de importar programas de México o Sudamérica. A finales del 2013, Univisión anunció que en colaboración con ABC News iban a crear un nuevo canal de cable llamado Fusion dirigido especialmente a los jóvenes latinos, si bien se daría solo en inglés. Es probable que como el 93 por ciento de los menores de 18 años son nacidos en el país (Motel y Patten 2013a:Cuadro 10), estos funcionarios capitalicen en que la mayoría habla inglés.

Dirigiéndose a la programación infantil, Fuller (2013) nota que los programas *Dora the Explorer* y *Maya and Miguel* (y desde antes, *Sesame Street*), aunque intentan incorporar palabras en español, muestran familias que hablan solo inglés (hay un personaje en *Dora the Explorer*, la ardilla Tico, que es monolingüe en español). Sin embargo, hay que reconocer que en estos programas, el bilingüismo se presenta como un recurso positivo y los que no lo hablan se ven con ganas de aprenderlo. De modo parecido, en *Dragon Tales* y *Handy Manny*, el español se muestra como herramienta útil para hablar con dragones y con clientes, respectivamente. Concluye la autora que estos programas intentan dar modelos para los niños latinos a la vez que presentan el español como familiar y positivo a los niños no-latinos.

## EJERCICIO 7.19:

¿Es posible que programas como *Dora the Explorer* ayuden a que los jóvenes tengan menos prejuicios en contra de los latinos que en las generaciones anteriores? Fuller (2013) dice que lo duda porque no tratan críticamente el tema de la discriminación que experimentan muchos hispanohablantes. ¿Qué opinas tú?

Dávila (2000) entrevistó a jóvenes adultos hispanohablantes en la ciudad de Nueva York procedentes de varios lugares (Colombia, Puerto Rico, México y la República Dominicana) sobre la programación televisiva en español.[6] Casi todos declararon que los medios hispanos son, y deben ser, representativos de todos los latinos en los EE.UU. Sobresaltaron con orgullo el hecho de que el incremento reciente de los mismos señala los logros, el poder y la visibilidad de los latinos en general.

Sin embargo, criticaron agudamente a las emisoras por tres motivos. El primero fue la preponderancia de programación "extranjera," que según ellos era irrelevante a sus vidas cotidianas. Nota la autora que estas emisoras históricamente han funcionado como "transnacionales," intentando atraer más a los miembros de la G1 que a los nacidos en los EE.UU. También nota que es más económico importar programas de México y de Sudamérica que producir programas originales. Estos dos hechos, juntos con el dominio numérico de los

---

[6] También se analizaron sus opiniones sobre los programas en la radio; debido a cuestiones de espacio, nos limitaremos aquí a la televisión.

mexicanos en los EE.UU., explican la proporción de programación mexicana en las emisoras estadounidenses en español, a pesar de que provoca un distanciamiento del público neoyorquino. Segundo, se quejaron de una jerarquía social (parecida a la que encontró Zentella en la misma ciudad; véase el Capítulo 6) en la cual los puertorriqueños y dominicanos, a pesar de ser los grupos hispanos más numerosos de la ciudad, ocupan el lugar más bajo de estatus social. En particular, notaron una preponderancia de programación mexicana, abarcando la música ranchera, artistas mexicanos y el fútbol (*soccer*), dejando poco espacio para las noticias y los programas de sus lugares de origen y para los partidos de béisbol que más les interesaban. Por último, se manifestó un fuerte desacuerdo con la tendencia de representar a actores con tez más clara, lo cual no reflejaba sus propias características fenotípicas.

## EJERCICIO 7.20:

Entrevista a entre cinco y diez hispanohablantes entre 20 y 30 años de edad. ¿Qué programas de televisión ven con regularidad? ¿Ven algunos en español? ¿Hasta qué punto consideran que se ven reflejadas sus vidas en estas programaciones? Y si se creara un nuevo programa para su grupo demográfico, ¿cómo les gustaría que fuera?

## 7.4.4 El cine

Históricamente, en el cine estadounidense los personajes latinos han tenido papeles estereotípicos, acompañados por un acento hispano fuerte en su inglés. Los más famosos del siglo xx fueron Lupe Vélez, Dolores del Río y Rita Moreno, y los personajes que representaban eran generalmente estereotípicos y exagerados: mujeres de bajos recursos y con poca educación que contrastaban con otro personaje que ejemplificaba a la mujer ideal. Muchas de sus películas ni siquiera mostraban sus nombres en los créditos. Los personajes que representaban tenían acentos exagerados en inglés, mientras la vestimenta las presentaba como mujeres sexualizadas y los diálogos las representaban como tontas y dependientes de algún hombre, aunque atrevidas en sus respuestas. En *West Side Story*, por ejemplo, Rita Moreno representa a una puertorriqueña que tiene un inglés fuertemente acentuado, que dice lo que piensa, aunque al mismo tiempo es ingenua y débil. Los personajes latinos que eran representados por actores blancos no-hispanos también manifestaban acentos fuertes en su inglés. Esta tendencia se ve igualmente en la representación de otros grupos minoritarios, como africano-americanos, nativo-americanos y asiático-americanos.

Hoy en día, si bien todavía existen latinos estereotípicos en el cine, los actores latinos ya no están limitados a estos papeles. Algunos son contratados por su habilidad de poder representar un personaje panétnico, como son los casos de Jennifer López (puertorriqueña que representó, entre otros papeles, a la mexicana-americana Selena), Emilio Estévez, Martin Sheen, Freddie Prinze Jr., Selena Gómez y Jessica Alba, entre otros. También se están haciendo más películas que presentan contextos internacionales (como lo hizo *El norte* en el 1983), por ejemplo *Bajo la misma luna* y *No se aceptan devoluciones*.

En cuanto al uso de la lengua, Fuller (2013:73) nota que en películas como *Quinceañera* y *Real Women Have Curves* se presenta el cambio de códigos asimétrico—es decir, se mantienen conversaciones en las cuales los mayores (padres, abuelos y tíos) hablan español, a veces con subtítulos en inglés, y los jóvenes en inglés. Según la autora, aunque es una práctica muy común en muchas familias en los EE.UU., es problemático cuando el uso del español no es neutro:

> It is often the characters who are louder, poor, uneducated and socially backward (e.g. sexist) that speak Spanish and the younger, more likeable, smarter characters who answer in English . . . This portrayal positions Spanish as an encumbrance in achieving social power as opposed to a positive part of the Latin@[7] experience.

### EJERCICIO 7.21:

Encuentra un trozo de una película o de un programa de televisión que es mayoritariamente en inglés pero en el que hay una o más escenas donde se usa el español. Analiza las características de quiénes lo usan en cuanto a su edad, estatus social, etc. para ver si el ejemplo apoya la tesis de Fuller (2013).

## 7.4.5 La música

La música es otro ámbito en el cual el uso del español y los cantantes de origen hispano han aumentado, si bien pocos han obtenido gran visibilidad nacional. El 62 por ciento de los latinos en los EE.UU. escuchan música en español o igualmente en español e inglés (Taylor et al. 2012). En el 2013, algunos cantantes como Jennifer López (de origen puertorriqueño), Christina Aguilera (de ascendencia ecuatoriana), Shakira (de origen colombiano), Enrique Iglesias (de origen español), entre otros, son considerados cantantes de amplio alcance.

A aquellos artistas que son conocidos tanto dentro de la música latina como dentro del género de música que cantan (pop, rock, hip hop, etc.) se les llama **crossover artists**; es decir, son artistas que han *cruzado* la barrera étnica y lingüística. El Cuadro 7.9 muestra algunos de los *crossovers* históricos y más recientes.

Desafortunadamente, la revolución cubana en 1959 frenó la popularidad de la música latina en los EE.UU. debido a su asociación con el comunismo. Esto llevó a que muchos cantantes latinos posteriores eligieran nombres en inglés para sus grupos y cantaran en inglés para evitar la discriminación. Algunos son The Premiers, Cannibal & the Head Hunters, y Sam the Sham and The Pharaohs que hicieron famoso *Wooly Bully*. Sin embargo, la letra del coro de canciones como *Twist and Shout* y *Save the Last Dance* de The Drifters contienen líneas en español. Piezas como *Louie Louie* y *Good Lovin'* de los Young Rascals tienen el tempo basado en el cha cha.

### EJERCICIO 7.22:

Busca algunas canciones de estos artistas de los años 1930–1960 y escucha la letra y los ritmos. ¿Identificas algunos elementos *crossover* del español al inglés?

---

[7] Este término con el símbolo "@" es el que usan algunos para referirse de manera inclusiva a las latinas y a los latinos.

**CUADRO 7.9.** Artistas *crossover* tempranos

| Artista | Década | Grupo/canción |
| --- | --- | --- |
| Mario Bauzá (cubano) | 1930 | Tocaba el clarinete y la trompeta en la ciudad de Nueva York con leyendas del jazz como Chick Webb y Dizzy Gillespie (Sublette 2007) |
| Flaco Jiménez | 1940 | Cantante de música tejana, con diferentes instrumentos de la música tradicional mexicana, que era popular entre los trabajadores mexicano-americanos. Tocó el acordeón con figuras populares como The Rolling Stones y Bob Dylan (Morales 2003) |
| Tito Puente; Tito Rodríguez (puertorriqueños de Nueva York) | 1950 | Tito Puente, de fama internacional, fue uno de los músicos que trajo el mambo a los salones de baile de la Ciudad de Nueva York, especialmente al Palladium (Salazar 2002). |
| Ritchie Valens | 1960 | Nacido en San Francisco, cantaba música mexicana tradicional en sus comienzos como cantante. Luego pasó a ser uno de los fundadores del rock chicano y pionero del rock n roll. Es conocido por su interpretación de *La Bamba*. |

Carlos Santana fue quizá el que empezó a romper el hielo con su grupo Santana. Influenciado por Ritchie Valens, fue en el festival de música en Woodstock (1969) que surgió como un grupo rock con influencia del jazz, de los blues y de la música latina. Otros grupos que siguieron también ayudaron a la aceptación más amplia de cantantes y grupos latinos, como Los Lobos (responsables de la música de la película *La Bamba* que hacía tributo a Ritchie Valens). En los años 1980 y 1990, Gloria Estefan y el Miami Sound Machine agregaron el ritmo cubano a la música rock con *Conga*, que vendió miles de álbumes en los EE.UU., Europa y Latinoamérica (Morales 2003). Le siguieron Marc Anthony y especialmente Ricky Martin, cuyo gran éxito en 1999, *Livin' la vida loca*, lo llevó a la fama mundial (Morales 2003). También se han considerado como artistas *crossover* a Shakira (con *Hips Don't Lie*), Enrique Iglesias (con *Bailamos*) y a los artistas de hip hop/rap/reggaetón Daddy Yankee (puertorriqueño) y Pitbull (cubano-americano).

Otros artistas están clasificados como cantantes de música *latina* porque emplean mayormente español en sus canciones. Según RIAA (Recording Industry Association of America s.f.), la música se considera "latina" si tiene más del 50 por ciento de la letra en español. Es decir, en el género latino no se encuentra la música de artistas latinos que usan un porcentaje menor de español o cantan en inglés.[8] Por lo tanto, no tenemos datos exactos del impacto de la música cantada por latinos en los EE.UU., ni de la música latina cantada en inglés.

[8] Como veremos en el Capítulo 9, algunos consideran que a través del uso del español se puede "probar" la identidad latina. Según Fuller (2013); por este motivo hizo Christina Aguilera un disco en español.

**CUADRO 7.10.** Venta de álbumes digitales por género

(Tomado de Business Wire 2013)

| Género de música | 2012 | 2011 | Cambio porcentual |
|---|---|---|---|
| Alternativa | 26.7 | 24.4 | 9.5 |
| Cristiano/gospel | 5.3 | 4.8 | 11.1 |
| Clásico | 2.6 | 2.3 | 14.6 |
| Country | 11.2 | 8.1 | 37.8 |
| Baile/electrónico | 4.9 | 4.8 | 1.2 |
| Jazz | 2.5 | 2.6 | –3.6 |
| Latina | 1.4 | 1.1 | 23.2 |
| Metálica | 11.2 | 9.6 | 16.3 |
| New Age | 0.6 | 0.6 | 0 |
| R&B | 16.3 | 14.8 | 10.2 |
| Rap | 10.7 | 9.3 | 14.7 |
| Rock | 43.1 | 36.3 | 18.8 |

Según el reporte para el 2012 de Nielsen (Nielsen 2013), la venta de música digital fue más alta que la de álbumes físicos. Dentro del género de los álbumes digitales, la música clasificada como "latina" subió 23.2 por ciento desde el año anterior. Solo la música "country" fue más alta con el 37.8 por ciento más que en el 2011 (véase Cuadro 7.10).

Hoy en día los géneros llamados reggaetón, rap y hip-hop están dando entrada a otros cantantes latinos como Daddy Yankee, Pitbull, Calle 13 y Cypress Hill. Mientras Daddy Yankee y Calle 13 cantan en español e inglés, Pitbull y Cypress Hill cantan especialmente en inglés, representando a aquellos latinos que son más dominantes o monolingües en inglés. Otras etnicidades latinas también están entrando a la escena musical nacional, como Gaby Moreno, de ascendencia guatemalteca, que ganó el Grammy Latino como la mejor nueva cantante del año 2013, con su música del género jazz y blues. La música es un ámbito en el que el español y los latinos están dejando huella.

## 7.5  La discriminación lingüística

El temor a que el inglés no sea la lengua mayoritaria del país—a pesar de que el 80 por ciento de los estadounidenses dice hablar solo esta lengua en casa—promueve generalizaciones discriminadoras sobre los que hablan LOQI, entre ellos los hispanohablantes. El uso del español, la baja proficiencia del inglés o el inglés con acento pueden ser interpretados como una falta de deseo para integrarse a la sociedad estadounidense o para aprender el inglés (cf. Pavlenko 2002). También pueden ser interpretados como que los hablantes son personas menos inteligentes, educadas y/o fiables (Lippi-Green 2012) pudiendo dar origen al *Mock Spanish* (véase el Capítulo 5).

Abundan los ejemplos de la discriminación lingüística en los EE.UU. En un estudio con entrevistas telefónicas, Purnell et al. (1999) llamaron a personas que habían anunciado el alquiler de un apartamento en cinco ciudades en el norte de California (San Francisco y sus alrededores). Hicieron tres llamadas a cada número, cada llamada en una de tres variedades del inglés en este orden: AAE, inglés chicano e inglés estadounidense hegemónico o *"mainstream"* (sin marcadores etnolingüísticos). Encontraron que el número de veces que el interlocutor respondía que el apartamento estaba disponible para verse correlacionaba con la variedad de inglés con el que se había hecho la llamada. Es decir, recibieron más respuestas positivas e invitaciones a ver el apartamento cuando habían utilizado el inglés hegemónico, si bien en las llamadas anteriores en las variedades étnicas se les había dicho que el apartamento ya estaba alquilado. Los autores concluyeron que se trataba de un caso claro de discriminación lingüística.

En otro estudio revelador, Rubin (1992) dividió a un grupo de 62 estudiantes universitarios (monolingües en inglés) en cuatro grupos. Todos los grupos escucharon una grabación de una lección en inglés, de cuatro minutos de duración, sobre un tema básico. La mitad escuchó una grabación sobre ciencias y la otra mitad una sobre humanidades. La voz de una sola mujer, una hablante nativa del inglés, se empleó para las dos grabaciones. Mientras escuchaban la lección, los estudiantes veían la foto de una mujer que supuestamente representaba a la que hablaba. A la mitad de los estudiantes se les enseñó la foto de una mujer caucásica y a la otra mitad la de una mujer asiática. Es decir, se formaron cuatro subgrupos según las combinaciones de los dos temas y las dos fotos. Inmediatamente después de escuchar la grabación, contestaron a una serie de preguntas sobre el contenido y el acento de la hablante. Los estudiantes que habían visto la cara asiática respondieron que tenía un acento extranjero—¡pero recuerda que se usó la misma voz en las dos grabaciones, una que no tenía ningún supuesto acento! En los casos de la foto de la mujer asiática, acertaron menos preguntas, sobre todo en la lección científica. Estos resultados sugieren que las ideologías influyen en las evaluaciones étnicas y lingüísticas.

Enfocándose en el español, Gutiérrez y Amengual (2013) estudiaron cómo el acento y los rasgos físicos de un hablante pueden influir en la evaluación de la etnicidad, el acento y la proficiencia en inglés y español de un individuo. Grabaron a tres mujeres bilingües que leían un mismo texto en inglés—con diferentes niveles de "acento español"—y usaron tres fotos diferentes de mujeres jóvenes latinas que tenían rasgos físicos que variaban entre "estereotípicamente anglo" y "estereotípicamente latina." Cuarenta y ocho personas (24 monolingües en inglés y 24 bilingües, todos estudiantes universitarios) en Texas escucharon grabaciones a la vez que veían fotos en diferentes combinaciones. Es decir, algunos escucharon la Voz 1 mientras veían la Foto 2, otros escucharon la Voz 1 con la Foto 3, etc. Tenían que contestar, usando una escala de 1 a 10, a varias preguntas como estas:

- ¿Cuánto inglés sabe esta persona?
- ¿Qué tan fácil es entender a esta persona?

- ¿Tiene altos niveles de educación formal?
- ¿Cuánto te sientes identificado/a con esta persona?
- ¿Crees que esta persona habla español en casa?

La pregunta principal fue, ¿afecta más la voz o la foto en las respuestas a estas preguntas? Encontraron que entre más acento español, más bajas eran las evaluaciones actitudinales en general, sin importar la foto. También se vio que la Voz 3 era evaluada como la más difícil de entender (de nuevo, sin importar la foto) pero los evaluadores bilingües dijeron poderla entender mejor que los evaluadores monolingües en inglés. La foto influyó en las respuestas sobre si la persona usaba el español en casa, pero solo entre los evaluadores bilingües. Entonces de manera parecida a lo que encontró Rubin (1992), la presunta etnicidad influyó en la manera en que se oía el acento. Hacen falta más estudios de este tipo, sobre todo en zonas que tengan menos presencia de hispanos.

No cabe duda que los acentos se destacan en el habla y por lo tanto llevan a la categorización de las personas, muchas veces intensificando las diferencias intergrupales (Dovidio y Gluszek 2012:87). La literatura sobre este tema parece sugerir que el acento y el idioma que se emplea son más influyentes que la raza y la etnicidad en los juicios y evaluaciones que hace la gente sobre otros (Dovidio y Gluszek 2012:88). En general, los estudios también encuentran que entre más acento no-nativo en inglés tiene un individuo, más discriminación y prejuicio sufre (Giles y Marlow 2011) y tendrá menos posibilidades de encontrar trabajo (Gluszek y Dovidio 2010). Es decir, existe una ideología según la cual las personas que no hablan inglés o no lo hablan "bien" o tienen un acento no-nativo, no tienen derecho a las mismas protecciones legales que tienen los anglohablantes (Zentella 1997b). Lippi-Green (2012) describe muchos casos de discriminación lingüística por el acento que tenía la gente en inglés.

Estas ideologías subyacen al movimiento *English Only* visto antes. Sus documentos supuestamente abogan por la **democratización** del país mediante una **lengua común**, pero, como lo explica Zentella:

> English Only laws do not ensure unity, overcome differences, or safeguard national security, and as 50 years of English Only in Puerto Rico proved, they don't even teach English. (Zentella 1981)

Más bien, lo que estas propuestas han promovido es la **hispanofobia** (Zentella 1997b) que se ve no solo en la propaganda de este movimiento, sino en muchos que se adhieren a esa mentalidad. Esta ideología expresa una discriminación lingüística porque asume que todos los hablantes de otras lenguas que no sean el inglés no lo hablan, o incluso que están en el país de manera indocumentada (MacGregor-Mendoza 2009). Unos ejemplos serían las abrumadoras reacciones negativas en los medios sociales ante los eventos musicales siguientes:

- Antes de un partido de baloncesto NBA en 2013, un niño mexicano-americano de 11 años, Sebastián de la Cruz (nacido en San Antonio, TX) cantó el himno nacional en inglés, pero vestido con traje de charro.
- Un mes después, el cantante puertorriqueño Marc Anthony cantó "God Bless America" en un partido *All-Star* de béisbol.
- Durante el *Superbowl* de 2014, la empresa Coca-Cola pasó un anuncio en el cual varias personas cantaron "America the Beautiful" en ocho idiomas diferentes.

**Figura 7.2.** Manifestación pública de discriminación lingüística: calcomanía para parachoques

La Figura 7.2 ilustra uno de los muchos productos que se pueden comprar en los EE.UU.—calcomanías, tazas, camisetas, etc.—para mostrar públicamente estas ideologías.

### EJERCICIO 7.23:

Elige uno de las siguientes actividades y compara lo que encuentras con tus compañeros.

1. Busca en YouTube el video "Official Coca Cola 'Big Game' Commercial 2014." ¿Qué piensas que es lo que estaba tratando de "comunicar" la empresa con este anuncio publicitario? ¿Por qué puede haber ofendido a tantos?
2. Busca en Internet las reacciones a alguno de los casos de eventos musicales mencionados arriba. ¿Qué posiciones se encuentran en los comentarios?

### EJERCICIO 7.24:

¿Has experimentado personalmente (o conoces a alguien que haya experimentado) algún tipo de discriminación lingüística? Por ejemplo, ¿alguien te ha dicho o has escuchado decir a alguien en algún momento, "You're in America, speak English"?

Carter (2014), por ejemplo, estudió un colegio en Carolina del Norte—zona de nueva inmigración como vimos en el Capítulo 1. Encontró que el uso del español de parte de los latinos se construía como algo hermético y peligroso. Documentó el autor consistentes presiones informales contra el uso del español.

Los siguientes casos también ejemplifican cómo la ideología del *English Only* lleva a actos discriminatorios y de falta de respeto a la dignidad humana. Las consecuencias pueden llevar a la pérdida del derecho de admisión, del trabajo, de los hijos o incluso de la vida.

1. En Colorado, después de que el inglés se declaró como la lengua oficial del estado en 1988, un chofer de autobús escolar les exigió a los niños que hablaran solamente en inglés (Zentella 1997b:77).
2. En Yakima, WA, los dueños de una taberna pusieron anuncios en la puerta que solo dejaban entrar a la gente que hablaba inglés: "In the U.S.A., It's English or Adios Amigo" (Crawford 2008).
3. En Arizona, una maestra salió en las noticias por pegarles a los alumnos que hablaban español, siguiendo una norma que se seguía comúnmente en la zona en el siglo XIX (Ryman y Madrid, 2004).

4. En Kansas City, un estudiante de la escuela preparatoria (*high school*), Zack Rubio, recibió una suspensión por hablar español en el pasillo (dijo "No problema";[9] *The Washington Post*, 9 de diciembre, 2005).

5. En 1995, un juez en el estado de Texas le dijo a una madre que le hablaba en español a su hija que cometía abuso infantil y le amenazó con quitarle la custodia (Verhovek 1995).

6. Un chofer recibió una multa porque no le entendía al policía (en Yonkers, Nueva York: Crawford 2008).

7. En Nueva York, tres jóvenes fueron despedidas de su trabajo en una cadena internacional de maquillaje por hablar en español durante los descansos (Valenti 2003). Irónicamente, habían sido contratadas precisamente porque hablaban español y así podían comunicarse con la clientela hispanohablante.

8. Una mujer hispana de 43 años, madre de tres niños, murió en la sala de emergencia del Centro Médico King-Harbor de Los Ángeles el 9 de mayo, 2007. Había estado vomitando durante una hora en la sala de espera, pero el personal del hospital la ignoraba. Si bien los familiares y algunas personas en la sala trataron de persuadir a los operadores del número de emergencia 911 que enviaran ayuda, las transcripciones de la llamada muestran que los operadores insistían en que no era una emergencia (Ornstein 2007; citado en Martínez 2010).

9. Una mujer hispanohablante con poca proficiencia en inglés le dijo al personal del hospital que su hija se había "hit herself" cuando se cayó del triciclo. El médico residente la malinterpretó, entendiendo que la fractura se debió a abuso infantil, por lo que contactó al Departamento de Servicios Sociales. El DSS envió a un empleado que, sin que haya un intérprete presente, hizo que la madre firmara unos documentos por los que les pasaba al DSS la custodia de sus dos hijos (Flores 2006:229; citado en Martínez 2010:59).

Todos estos ejemplos muestran cómo una ideología de *English Only* lleva a la discriminación, que incluye indiferencia a la dignidad y vida humana (cf. Martínez 2010), lo cual Perea (1998) llama *"Death by English."* Como bien dice Zentella, criar a los hijos como individuos bilingües en los EE.UU. es un acto político de resistencia a la hegemonía estadounidense (Zentella 1998). Estas ideologías se encuentran también en las categorías de raza y etnicidad para los latinos en el censo (Leeman 2004, 2013).

**EJERCICIO 7.25:**

Busca y comparte con la clase más detalles acerca de uno de estos casos de discriminación lingüística (u otro caso diferente).

## La discriminación laboral

Estas ideologías "hispanofóbicas" (cf. Zentella 1997b) también llevan a la discriminación en el centro de trabajo. La imposición del inglés en el trabajo—es decir, la prohibición de usar otras lenguas—es ilegal bajo el Acta de los Derechos Civiles de los EE.UU. de 1964. Según esta ley federal, no se le puede negar un trabajo a una persona que no sabe inglés, a

---

[9] Notemos que esto difícilmente se puede considerar español siquiera; parece más bien un ejemplo de *Mock Spanish* (véase el Capítulo 5).

no ser que el trabajo realmente requiera destrezas en inglés (por ejemplo, para atender al público). En cuanto al acento en inglés, solo si la persona tiene un acento que ha sido evaluado de manera justa y objetiva de "interferir materialmente con la ejecución del puesto" se justificaría la negación de un puesto.

Sin embargo, hay prejuicios (a veces sutiles) en contra de ciertos acentos más que otros. Cuando un empleado hace una demanda a un empleador y llega el caso a la corte, los juzgados locales muchas veces apoyan a los empleadores. Esta situación crea disparidad en el trabajo y promueve una falta de armonía laboral (cf. MacGregor-Mendoza 2009)

Un ejemplo lo documentaron Bergman et al. (2008) en un estudio en un pueblo universitario en Texas. Los 21 participantes latinos representaban la diversidad de la población latina local y trabajaban todos en empresas bilingües. Se les entrevistó por separado según cómo se habían identificado a sí mismos con respecto a su identidad latina. Los resultados de las entrevistas mostraron que los actos discriminatorios en el lugar de trabajo estaban relacionados más al uso del español o al acento en el inglés, que a las diferencias físicas. Estos resultados sugieren (al igual que el de Gutiérrez y Amengual 2013) que los rasgos físicos pueden ser un factor más relevante en los actos discriminatorios en partes del país donde la diferenciación fenotípica es mayor. Los autores recalcan que los factores lingüísticos no aparecen mencionados generalmente en las políticas antidiscriminatorias y que, por lo tanto, merecen más atención. Encuentran que el uso del español y/o el acento en el inglés de los participantes les hace miembros de un grupo que hace que sus colegas no latinos les vean como el "otro." Agregan que además de la lengua y el acento, el nombre hispano también se usa como marcador para diferenciar a una persona en el trabajo. Concluyen los autores que estos marcadores lingüísticos de grupo resultan ser más importantes que la apariencia.

**EJERCICIO 7.26:**

El *Language Rights Project* es un proyecto del *Legal Aid Society/Employment Law Center*, una organización sin fines lucrativos que se dedica a defender los derechos de los trabajadores de bajos recursos. Busca por Internet mayor información sobre lo que hacen.

## 7.6 Conclusión

Las ideologías sobre la oficialización del inglés en los Estados Unidos se dividen en dos bandos: aquellos que promueven el respeto del uso de otras lenguas en las instituciones del gobierno (ej. juzgados, oficinas de licencias de conducir), de la salud (ej. hospitales, centros médicos financiados por el gobierno) y de la educación (ej. escuelas estatales), y aquellos que no respetan las lenguas minoritarias y sus hablantes, mediante una postura que elimina todo esfuerzo para proveer servicios multilingües. Si bien estas ideologías coexisten en la sociedad estadounidense, hay programas incipientes (ej. el español médico en la University of Texas-Pan American) e indicadores (ej. políticos y artistas latinos en la vida pública del país) en el espacio social público que cumplen una función educativa que puede llevar a la aceptación más extensa de la diversidad lingüística y cultural de los EE.UU.

## Conceptos claves

Busca en el texto las definiciones de estos conceptos y compara con tus compañeros.

Barreras lingüísticas
Discriminación lingüística
*English Only, U.S. English, English Plus*
Ideología lingüística
Intérprete, traductor
LOQI
Modelo profesional, modelo de masas
Paisaje lingüístico
Política lingüística

# 8 El español en la educación

Existen varios tipos de programas educativos en los EE.UU. que emplean la lengua española. Algunos son para niños que todavía no saben el inglés, a quienes se les suele referir como *"English Language Learners"* (ELL) o **aprendices del idioma inglés** (AII). De estos, hay programas que tienen como única meta la preparación de los estudiantes para las aulas que imparten la instrucción totalmente en inglés. Otros buscan promover el mantenimiento y el desarrollo del español. También existen programas para estudiantes de todas las edades que quieren aprender el español como segunda lengua. En este capítulo, repasamos la historia y la trayectoria de la "educación bilingüe," así como varios tipos de programa que enseñan el español a diferentes tipos de estudiantes en los EE.UU.

## 8.1 Aspectos históricos de la educación bilingüe en los EE.UU.

Bien se sabe que los EE.UU. es un país fundado y, posteriormente, poblado por numerosos grupos de inmigrantes provenientes de todas partes del mundo. Durante la época colonial, llegaban principalmente hablantes del inglés, de alemán, de francés, de español y de holandés. A partir del siglo xix y especialmente desde principios del siglo xx llegaron grandes olas de inmigrantes de todas partes de Europa.

Muchos de estos grupos establecieron sus propias escuelas. En 1839, Ohio fue el primer estado en adoptar prácticas bilingües, autorizando la enseñanza en alemán para los padres que lo pidieran. Siguió Luisiana con el francés en el 1847. Para la mitad del siglo xix, muchas escuelas públicas y privadas enseñaban en otras lenguas como el checo, el holandés, el noruego y el sueco. A finales del siglo xix muchos estados ya tenían escuelas públicas y, para 1918, todos los estados requerían que los niños completaran la escuela primaria, bien en un colegio público o en uno privado.

El suroeste representa un contexto único para el español en los EE.UU. y, en la educación bilingüe, no es excepción. Recordemos del Capítulo 1 que los territorios del suroeste estaban habitados por hispanohablantes desde el siglo xvi y que el español era la lengua en todos los aspectos de la vida: la casa, la legislatura, los medios de comunicación y la educación. En el Tratado de Guadalupe Hidalgo en 1848, por el cual México cedió la mitad de su territorio a los EE.UU., no hubo mención sobre la lengua, por lo que los hispanohablantes siguieron usando su lengua (Macías 2000). Sin embargo, cuando California escribió su constitución en 1849, el gobierno decretó que todos los actos oficiales del estado se harían en inglés y en español (del Valle 2003). Cinco años más tarde, se declaró el inglés como la lengua de instrucción en la escuela y de todos los asuntos estatales, desplazando al español.

Algo parecido ocurrió en Nuevo México, según García (2009). En 1874, el 70 por ciento de las escuelas enseñaba en español (un 33 por ciento era bilingüe) y el resto era de habla inglesa. Quince años más tarde, en 1889, un 42 por ciento de las escuelas era de habla inglesa exclusivamente, un 30 por ciento era en español y un 28 por ciento, bilingüe. Cuando el estado pasó a formar parte de los EE.UU. en 1912, se prohibió el uso del español en las escuelas, pensando que así la población hispana se asimilaría más rápidamente a la cultura angloparlante.

Como vimos en el Capítulo 7, a principios del siglo xx algunos líderes de los EE.UU. empiezan a preocuparse por el carácter multilingüe y multicultural debido a las altas tasas de inmigración. En 1906, se pasó la Ley de Nacionalidad (*Nationality Act*), que entre otras cosas requería que los inmigrantes aprendieran el inglés y que se hicieran ciudadanos del país. En 1919 se decretó que todas las escuelas, tanto públicas como privadas, enseñaran solamente en inglés. No fue hasta el Movimiento de los Derechos Civiles (*Civil Rights Movement*) de los años 60 que se volvió a ver una aceptación de la educación bilingüe, promovida por la Ley de Educación Bilingüe (*Bilingual Education Act*) aprobada en 1968. Este fue el primer reconocimiento del gobierno federal de su obligación de velar por las necesidades de los estudiantes con habilidades limitadas en inglés y de educar a los inmigrantes. Esta ley no mandó implementar la educación bilingüe, sino que destinó un presupuesto para que las escuelas que tuvieran cierta concentración de niños de lenguas minoritarias pudieran competir para recibir becas y así poder establecer programas y materiales educativos innovadores para los niños AII.

En 1974, un grupo de familias chino-americanas presentó una demanda legal en contra del distrito escolar de San Francisco, en un caso conocido como *Lau vs. Nichols*. Las familias alegaban que, debido a la falta de comprensión del inglés (idioma en el que se enseñaba en las escuelas), se les negaba el acceso a la educación a unos 1,800 estudiantes de origen chino. La Corte Suprema de los EE.UU. dictaminó que el uso de los mismos recursos, maestros y currículum con todos los niños *no* era lo mismo que proveer una educación igual para todos; por lo tanto, los niños que no entendían el inglés necesitaban apoyo adicional. El caso *Lau* entonces decretó que las escuelas públicas tienen la obligación de ofrecer ayuda a los niños AII. Entonces se volvió ilegal la práctica de "echar al niño al agua para que nade o se hunda," es decir, poner a un niño que no comprende bien el inglés en una inmersión total en esta lengua sin ningún apoyo. Sin embargo, el caso *Lau* no legisló exactamente qué forma debía tomar la ayuda para estos niños. En las secciones que siguen ofrecemos una descripción de los programas bilingües más comunes que surgieron en los EE.UU.

## 8.2 Modelos de educación bilingüe

Desde el caso *Lau vs. Nichols* en 1974, las escuelas públicas en los EE.UU. están obligadas a proveer alguna forma de apoyo a los niños AII. Se usa el término "educación bilingüe" para

**CUADRO 8.1.** Tipos de programas "bilingües" para niños All

| Tipo | Nombre | Descripción y metas |
|---|---|---|
| **ESL** (*English as a Second Language*, o Inglés como Segundo Idioma) | ESL tradicional | Se saca a los alumnos del salón principal durante cierto tiempo cada semana para recibir instrucción especializada en inglés. |
| | Inmersión estructurada (*Sheltered English Immersion*) | Se usa el inglés 100 por ciento del tiempo, pero con "intentos de apoyar su aprendizaje." |
| Programa "bilingüe" de **transición** | | Se usa la lengua de la casa solo durante cierto número de años y después el niño pasa al salón de solo inglés. La meta es que pase a recibir educación solo en inglés lo más pronto posible. La meta no incluye mantener la lengua de la casa. Muchas veces se combina con el ESL. |
| Programa bilingüe de **mantenimiento** | Programa de mantenimiento "normal" | Se usa la lengua de casa, incluso después de que el niño pueda funcionar académicamente en inglés. La meta es mantener la lengua de la casa junto con el inglés. |
| | Inmersión dual | Programa bilingüe de mantenimiento en el que se usa la lengua de la casa para impartir hasta el 90% del currículo. Aproximadamente la mitad de los alumnos son anglófonos, quienes tienen que aprender la lengua minoritaria. |

referirse a todos estos programas de apoyo, pero vemos en el Cuadro 8.1 que si bien reciben la etiqueta de "bilingüe" las metas no son las mismas.

**EJERCICIO 8.1:**

Nota que la palabra "bilingüe" aparece entre comillas cuando se refiere al conjunto de programas que aparecen en el Cuadro 8.1. Pensando en lo que quiere decir la palabra "bilingüe" y mirando las descripciones y metas de cada programa, ¿por qué crees que las autoras usamos estas comillas en este contexto?

## 8.2.1 Tipos de programas

### Inglés como segunda lengua

La mayoría de los programas "bilingües" en el país incluyen únicamente unas clases de **inglés como segunda lengua** (ESL, por sus siglas en inglés). En estos programas, la práctica más común es sacar a los niños del salón de clase principal durante cierto periodo del día para impartirles una instrucción especializada en inglés.[1] El objetivo de este programa es ayudarlos en la asimilación más rápida al "modelo común de clase" ("*mainstream classrooms*").

---

[1] Como consecuencia el joven no recibe el contenido de la clase que pierde porque tiene que asistir al programa "*pull-out*" de ESL.

Otro tipo de programa ESL es la **inmersión estructurada** (*Sheltered English Immersion*). En estas clases especiales, la instrucción de las materias se da en inglés, por maestros certificados en ESL. La inmersión suele durar de uno a tres años (dependiendo del avance del alumno), después del cual el joven pasa al programa regular. Al igual que los programas ESL, el objetivo principal es la asimilación lingüística rápida al inglés. Lamentablemente, el nivel académico de este programa es muchas veces menos exigente que el del programa regular.

## Programas "bilingües" de transición

Uno de los programas más comunes del país se conoce como programa "bilingüe" de transición. El tiempo de instrucción en inglés varía entre el 50 y el 90 por ciento. Durante el resto del tiempo, las clases se dictan en la lengua minoritaria por maestros con una certificación especial (estos programas existen en español y en muchas de las otras lenguas que se hablan en los EE.UU.). El tiempo dedicado al español va disminuyendo año tras año hasta que el niño pueda seguir con todo el currículum en inglés. Muchas veces se combina este programa con clases de ESL. Este tipo de programa bilingüe dura normalmente entre uno y tres años, a veces con un máximo de cinco años (durante la educación primaria). El objetivo principal es la asimilación lingüística al inglés pero con el uso de la lengua de la casa como apoyo para que el alumno no se atrase académicamente. Es decir, como lo dice el nombre del programa "de transición," se busca que el niño pase eventualmente a las aulas que imparten la instrucción totalmente en inglés.

## Programas bilingües de mantenimiento

El programa de educación bilingüe de mantenimiento difiere de los programas ya descritos porque, como sugiere su nombre, tiene como meta que los niños mantengan la lengua de la casa. La instrucción inicial se imparte entre un 50 y un 90 por ciento en la lengua de la casa, y va ajustándose cada año hasta llegar a un 50 por ciento en la lengua de la casa y otro 50 por ciento en inglés. Estos programas duran más que los de transición—normalmente de cinco a siete años—y suelen ir acompañados por clases de ESL. El objetivo es lograr un grado de bilingüismo funcional con lectoescritura en las dos lenguas, además del éxito académico en inglés.

Un programa particularmente interesante es el que se conoce como la "Inmersión Dual." Este programa promueve el bilingüismo y la lectoescritura en dos lenguas, no solamente entre los niños de lenguas minoritarias, sino también entre niños monolingües en inglés. Es decir, hay padres de familia que hablan solo inglés pero que quieren que sus hijos aprendan el español. Idealmente, la mitad de los estudiantes en estos programas habla inglés en casa y la otra mitad habla español en casa. De este modo, los niños sirven, unos a otros, como modelos lingüísticos. Un resultado importante de este diseño es que a los niños que todavía no saben el inglés, en lugar de verlos como deficientes (que desgraciadamente puede ocurrir en otros programas), se considera a su español como un valioso recurso, sobre todo para los otros niños que están apenas adquiriéndolo. El porcentaje de tiempo de instrucción en español puede ser entre el 50 y el 90 por ciento en los años desde preescolar hasta el segundo grado. Cada año escolar el porcentaje va ajustándose hasta llegar a un equilibrio de un 50 por ciento en cada lengua. En el 2014, según el directorio de programas de inmersión dual en los EE.UU., había unos 441 programas de inmersión dual en el país. Si bien hay programas con japonés, mandarín, coreano, alemán, francés e italiano, el 94 por ciento de ellos enseña español (Center for Applied Linguistics 2014).

### EJERCICIO 8.2:

Ve a la página web del Center for Applied Linguistics (cal.org) y busca en el "Directory dual language." ¿Hay programas en tu estado? ¿En qué ciudades?

## 8.2.2 Eficacia de los modelos

Se han hecho varios estudios para comparar la eficacia de los modelos descritos. Ramírez et al. (1991) trazaron el progreso de más de 2,000 niños hispanohablantes en cinco estados diferentes durante cuatro años. Encontraron que los niños que estaban en el programa bilingüe del cual transicionaron más tarde a las clases totalmente en inglés superaron académicamente a los que participaron en un programa de "salida rápida" (*"quick exit"*) al inglés y también a los que estuvieron en programas del 100 por ciento en inglés.

En los programas de inmersión dual, los niños latinos adquieren niveles altos de lectura, escritura y matemáticas en español.[2] Esto podría esperarse, ya que estos programas enseñan gran parte del día en español y tienen como meta que los niños acaben bilingües y alfabetizados en las dos lenguas. Por ejemplo, Howard et al. (2003) encontraron en una escuela que solo el 88 por ciento de los niños en primer año habían sido calificados como "proficientes" (*"fluent"*) en español, pero este número creció al 100 por ciento con los niños en el quinto año. También recordemos los resultados de una escuela de inmersión dual publicados por Montrul y Potowski (2007): los alumnos del quinto año mostraron los mismos niveles de concordancia entre el sustantivo y el adjetivo que los niños de primer año, lo cual, sugieren las autoras, puede deberse a un mantenimiento lingüístico apoyado por la escolarización en español que recibían (véase la Figura 4.2).

Pero ¿cómo se comparan los niveles de lectura, escritura y matemáticas de estos mismos niños AII en *inglés*? Uno podría quizá temer que, al estar expuestos a menos horas de inglés cada día, estos niños lo aprenderían menos bien que sus compañeros en programas que reciben instrucción solo en inglés. Las Figuras 8.1–8.3 presentan los resultados en lectura, escritura y matemáticas, respectivamente, de Thomas y Collier (1997) en escuelas de Houston. La primera barra representa los programas de transición; la segunda barra representa los programas de mantenimiento y la tercera barra representa la inmersión dual.

### EJERCICIO 8.3:

Mirando a las Figuras 8.1, 8.2 y 8.3, ¿en qué tipo de programa tuvieron los niños AII los niveles más altos de lectura, escritura y matemáticas en inglés? ¿Cómo podríamos explicar este resultado?

---

[2] También pueden contribuir estos programas a un sentido positivo de identidad latina y mejores relaciones con los no-latinos, quienes forman la mitad del alumnado (Potowski 2007).

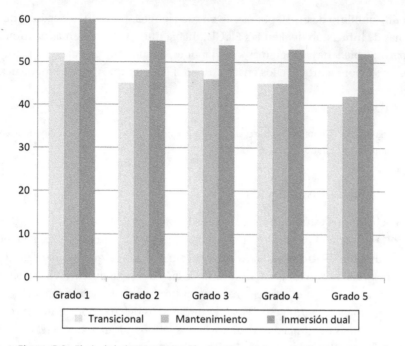

**Figura 8.1.** El nivel de lectura en inglés de niños All (tomado de Thomas y Collier (1997))

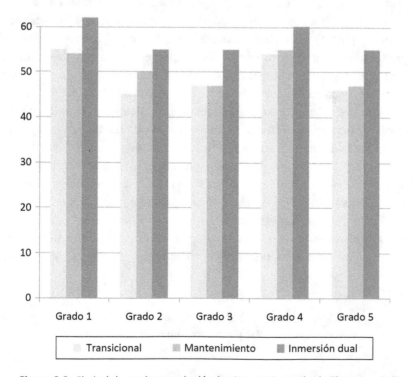

**Figura 8.2.** El nivel de escritura en inglés de niños All (tomado de Thomas y Collier (1997))

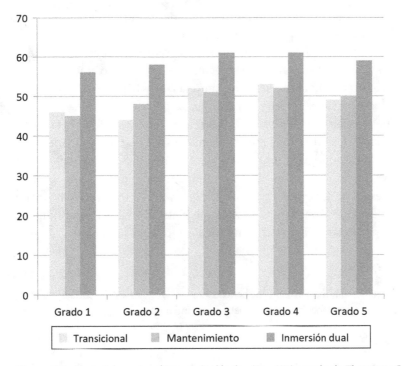

**Figura 8.3.** El nivel de matemáticas en inglés de niños AII (tomado de Thomas y Collier (1997))

En otras ciudades en el país, también hay evidencia de niños AII que adquieren los niveles más altos de inglés y de rendimiento académico a largo plazo en programas de inmersión dual (Lindholm-Leary 2001; Goldenberg 2008). También hay evidencia de programas que ofrecen un 50 por ciento de instrucción en las dos lenguas, sea el programa de transición, mantenimiento o inmersión dual; y producen mejores resultados en la lectura en inglés que los programas que solo ofrecen un 10 por ciento en la lengua minoritaria y un 90 por ciento en inglés.

A primera vista, esto puede parecer contraintuitivo. Normalmente, si queremos aprender a hacer algo como jugar al golf, tocar la guitarra o cocinar, debemos pasar tiempo haciendo esa actividad específica. Sin embargo, con respecto a la adquisición de una segunda lengua, si queremos que los alumnos AII aprendan bien el inglés, necesitan pasar tiempo estudiando en su lengua materna primero. Muchos investigadores (Thomas y Collier 2002; Hakuta 1986 y otros) sustentan que si el niño recibe instrucción en su lengua materna, entonces no se interrumpe el desarrollo cognitivo y académico del niño, lo cual lo habilita para tener una mejor capacidad para aprender la segunda lengua y para transferir lo que aprende en español al inglés. Por otro lado, cuando se obliga al niño a rendir directamente en inglés, cuando todavía no lo ha adquirido bien, se atrasa académicamente tanto en inglés como en su lengua materna. Como no ha tenido la oportunidad de desarrollar su capacidad en la lengua materna, no está preparado cognitivamente para aprender el inglés. Con cada año que pasa, sus compañeros angloparlantes avanzan más y la brecha entre ellos y los niños AII se incrementa.

Las cifras nacionales del rendimiento escolar de los latinos en los EE.UU. nos llaman la atención a la necesidad de proveer una educación formal de la manera más exitosa posible. En el 2011, casi uno de cada cuatro niños (23.9 por ciento) en la escuela pública (entre *kindergarten* y el 12° año) es hispano. Sin embargo, para el año académico 2010–2011, solo el 76 por ciento termina la escuela preparatoria (Fry y López 2012).[3] En el 2008, el 84 por ciento de los estudiantes hispanos en las escuelas públicas habían nacido en los EE.UU. y la mitad iban a escuelas en California y Texas (Fry y Gonzales 2008). De estos niños, el 70 por ciento hablaba español en casa. Es decir, la mayoría de los niños hispanos tienden a llegar a la escuela hablando solo español o siendo bilingües en español e inglés. En vista de estos porcentajes, los programas de educación bilingüe son de suma importancia, así como el entrenamiento de maestros especializados. No solo representan la mejor manera de promover la adquisición del inglés, sino que podrían también contribuir al desarrollo del español y, por lo tanto, a un país con muchos individuos bilingües.

**EJERCICIO 8.4:**

Busca por Internet información sobre los beneficios cognitivos, laborales y sociales de ser bilingüe. ¿Te parece buena idea mantener las LOQI que hablen los inmigrantes y sus hijos, además de ayudarles a adquirir el inglés?

## 8.2.3 Prohibiciones de la educación bilingüe

A pesar de estos resultados positivos sobre los beneficios lingüísticos y académicos de la educación bilingüe, sigue siendo un tema controvertido en los EE.UU. Por ejemplo, en 1998 los votantes de California aprobaron la Proposición 227. Esta ley dice que como el inglés es la lengua pública del estado, toda la instrucción en las escuelas debe de ser en inglés. Como consecuencia, explica que los AII deben pasar al currículo regular lo más pronto posible (en un año máximo). Se permiten clases especiales de transición para los AII, las llamadas *"Sheltered English Immersion,"* que deben darse también en inglés pero guiando al estudiante para que aprenda el inglés lo más rápido posible. Los padres pueden entregar una petición para que sus hijos sigan en programas bilingües, sean transicionales o de inmersión dual.

Curiosamente, tan solo un 30 por ciento de los niños clasificados como ELL/AII (*English Language Learners*/aprendices del idioma inglés) en el estado estaban en programas bilingües cuando se pasó la Proposición 227. Además, los medios de comunicación jugaron un papel clave en el voto, repitiendo constantemente afirmaciones sobre el "fracaso" de la educación bilingüe. También se llevaron a cabo sondeos preguntándoles a los padres, "¿Quieren que sus hijos aprendan inglés—o que estudien en español?" Sin embargo, esta decisión es completamente falsa; el estudiar en la lengua materna durante los primeros años de la escolarización *favorece* la adquisición del inglés *más* que si los niños entraran directamente a los programas de puro inglés. Pero como muchos no tenían

---

[3] El grupo más alto es el asiático con un 90 por ciento; le sigue el grupo blanco con 88 por ciento y el grupo afroamericano con 81 por ciento.

conocimiento de este hecho y, además, ningún padre de familia quiere arriesgar el aprendizaje del inglés de sus hijos, la proposición pasó.

Después de California, los votantes de Arizona pasaron la Proposición 203, declarando de manera parecida que toda instrucción por ley debe ser en inglés (también permite un año de **inmersión estructurada**, la *"Sheltered English Immersion"*). Otra ley similar pasó en Massachusetts en el 2002, donde fue conocida como la *"Question 2."* Otra legislación semejante se intentó en Colorado, el *"Amendment 2"* en el 2002, pero fracasó.

Lamentablemente los programas de mantenimiento ya casi no existen en estos tres estados e incluso los programas transicionales son objeto de crítica y controversia. Este ambiente dio lugar a la ley *"No Child Left Behind"* del 2001, que invalidó el *Bilingual Education Act* de 1968. La palabra "bilingüe" se expurgó de la ley, cambiando de nombre al *English Language Acquisition Act*, enfatizando el inglés únicamente. Hasta la oficina federal antes conocida como la *"Office of Bilingual Education and Minority Language Affairs"* cambió a la *"Office of English Language Acquisition, Language Enhancement, and Academic Achievement for Limited-English-Proficient Students."* Definitivamente se nota que la palabra "bilingüe" ha adquirido un matiz de subversión, casi de antiamericanidad (como vimos en el Capítulo 7).

## 8.3 La enseñanza del español como segunda lengua

Según los datos de la *Modern Language Association*, para el año 2009 el español seguía en primer lugar como la lengua extranjera más estudiada en las universidades de los EE.UU. con un total de unos 865,000 estudiantes (seguido por el francés con unos 216,000 estudiantes), lo cual representa un incremento del 5 por ciento desde el 2006 (Furman et al. 2010).

En el 2009, el español se enseñaba en el 93 por ciento de las escuelas preparatorias (*high schools*) en los EE.UU. (Rhodes y Pufahl 2010). En las universidades, en el 2009 los estudiantes universitarios que aprendían el español representaban el 53 por ciento de todos los estudiantes que estudiaban una lengua diferente del inglés en las instituciones superiores (Furman et al. 2010).

Existen también instituciones privadas que ofrecen cursos de español como lengua extranjera en los EE.UU. Por ejemplo, el Instituto Cervantes tiene sedes en Albuquerque, Boston, Chicago y Nueva York (además de cursos por Internet) y estima su número total de estudiantes en los EE.UU. en unos 7,820,000 estudiantes (Moreno Fernández y Otero Roth 2007). La Universidad Nacional Autónoma de México (UNAM) también ofrece cursos de español y sobre temas culturales mexicanos en español en diferentes lugares de los EE.UU.

### EJERCICIO 8.5:

En un buscador de Internet, localiza una sede de la UNAM en los EE.UU. Anota tres cursos diferentes ofrecidos.

Con respecto a los niños en los años escolares K–8, existen pocas oportunidades para que estudien el español como segunda lengua. El Cuadro 8.2 muestra los resultados de una encuesta hecha por el Centro de Lingüística Aplicada (cal.org) en el año 2008 (Rhodes y Pufahl 2010).

**CUADRO 8.2.** Porcentaje de escuelas primarias y secundarias que enseñaban lenguas extranjeras en el año 2008

(Tomado de Rhodes y Pufahl 2010)

|          | Primarias | Secundarias (mayoría públicas) |
|----------|-----------|--------------------------------|
| Públicas | 15%       | –                              |
| Privadas | 51%       | –                              |
| Total    | 25%       | 58%                            |

**CUADRO 8.3.** Tipos de programas que enseñan español, K–8

| Tipo | % de programas | Descripción | |
|------|----------------|-------------|---|
| *Exploración* (FLEX) | 47% | "Exposición" al español y quizá a otras lenguas. | |
| *Lengua extranjera* (FLES) | 39% | Clases que normalmente duran 20–40 minutos, varias veces por semana. | |
| Inmersión | 14% | Parcial | Hasta un 50% de las materias se enseñan en español. |
| | | Total | Todas o casi todas las materias se enseñan en español. |
| | | Dual | Entre el 50 y el 90 por ciento del día se enseña en español; la mitad o más de los estudiantes son hablantes nativos del español. |

El 88 por ciento de las relativamente pocas escuelas que enseñan lenguas extranjeras en la primaria enseñan el español, a diferencia del 93 por ciento de programas similares en la secundaria. De estos programas en la educación primaria, hay tres tipos generales, que se resumen en el Cuadro 8.3.

## EJERCICIO 8.6:

¿Cuál de los tres tipos de programas descritos en el Cuadro 8.3—exploración, lengua extranjera o inmersión—supones que resulta en los niveles más altos del español en los estudiantes?

En el programa de lengua extranjera "exploratorio" (*Foreign Language EXploration*, o FLEX en inglés), la meta es un conocimiento introductorio de una lengua extranjera o quizá de más de una. No se exige que los estudiantes lleguen a poder comunicarse. El 47 por ciento de las escuelas primarias con un programa de lengua extranjera son de este tipo.

Los programas de lengua extranjera en la escuela primaria (*Foreign Language in Elementary School*, o FLES), que constituyen otro 39 por ciento, enfatizan un mayor grado de desarrollo de la proficiencia lingüística y cultural, si bien generalmente no hay tiempo suficiente para que esto se logre. Por último, un 14 por ciento de las escuelas primarias sigue algún modelo de inmersión en el que la enseñanza del español es a través del contenido; es decir, los maestros enseñan matemáticas, ciencias, estudios sociales y otras materias en español. Por lo tanto, se espera que los estudiantes desarrollen una competencia funcional en la segunda lengua.

Los programas de inmersión en los EE.UU. se modelaron sobre los que se crearon para el francés en Canadá en los años 70. Hoy en día hay tres tipos de programas de inmersión en español en los EE.UU. En la inmersión "regular," todos los estudiantes empiezan siendo monolingües en inglés. Hay dos subtipos de inmersión regular: la inmersión parcial, en la que hasta la mitad de las materias se imparten en español; y la inmersión total, en la cual casi todas las materias se enseñan en español en los primeros años, paulatinamente incrementando las materias en inglés. El tercer tipo de programa de inmersión es el "dual" que mencionamos anteriormente, en el que aproximadamente la mitad de los niños son hablantes nativos del español.

¿Cuánto español aprenden los niños en los programas de inmersión? Para empezar, es instructivo repasar brevemente los resultados de la inmersión en Canadá, donde se llevó a cabo un programa de investigación bastante completo. Los estudiantes en programas de inmersión sacaron calificaciones significativamente más altas en las pruebas de *hablar*, *escuchar*, *escribir* y *leer* en francés que otros niños en programas de francés tipo FLES. Esto probablemente no nos sorprende, ya que estos últimos recibían instrucción en francés solamente unos 20–30 minutos por día. Pero lo que sí sorprendió a los investigadores fue el que los estudiantes de inmersión salieron con calificaciones similares en las pruebas de *escuchar* y *leer* que niños monolingües en francés (Lambert y Tucker 1972; Genesee 1978; Harley y Swain 1977), a pesar de que su producción oral y escrita en francés se consideró menos nativa.

En los EE.UU., muchos programas de inmersión no siguen formalmente el desarrollo de la segunda lengua (en nuestro caso el español)[4] porque se considera que su responsabilidad principal es el logro académico en inglés; especialmente tras verificar que estos estudiantes salen tan bien como otros niños en programas "normales" del mismo distrito escolar (Met y Lorenz 1997:263). Algunos estudios realizados en los EE.UU. han indicado que la inmersión resulta en los niveles más altos de proficiencia; más que cualquier otro tipo de programa de lengua extranjera en las escuelas primarias (Genesee 1991:186). Sin embargo, semejante a los estudios en Canadá, el español de los estudiantes en programas de inmersión no es igual al de los hablantes nativos, específicamente en cuestiones de concordancia de género y número y en el uso de la morfología del pasado, del subjuntivo y de los artículos definidos (Boyd 1975; Cohen 1975, 1976). A pesar de estas diferencias, Campbell (1984) señala que lo "correcto" del español de la mayoría de los alumnos excede por bastante lo que sea "incorrecto."

En los programas de inmersión dual, parece ser que los niños AII (que tienen el español como L1) aprenden el inglés mejor que los otros niños que aprenden el español como L2

---

[4] Existen varias maneras de medir la proficiencia lingüística del español, como las pruebas de ACTFL (*American Council on the Teaching of Foreign Languages*) y DELE (Diploma de Español como Lengua Extranjera, impartido por el Instituto Cervantes).

**CUADRO 8.4.** Proficiencia en español al salir de un programa de inmersión dual

(Potowski 2007b)

| | Tipo de estudiante | | |
|---|---|---|---|
| | Español L2 (n=16) | Español L1 (n=31) | Recién llegado (n=5) |
| Producción oral: max. 5 | 2.7 | 3.9 | 4.2 |
| Comprensión y producción oral combinadas: max. 100 | 64.9 | 85.5 | 89.5 |
| Escritura: max. 30 | 17.5 | 24.9 | 26.0 |
| Lectura: max. 100 | 58.5 | 66.7 | 77.4 |

(y tienen el inglés como L1). Christian et al. (1997), al estudiar tres escuelas de inmersión dual en diferentes regiones del país, notaron que el 95 por ciento de los estudiantes "español L1" sacaban la calificación de "proficiente" en inglés en una escala de evaluación oral ("*Language Assessment Scales—Oral*") cuando ya estaban en el tercer o cuarto año escolar. En la escuela de California, el 95 por ciento de los niños "español L2" habían sacado esta calificación en español para el cuarto año escolar, pero en la escuela de Virginia, solo el 65 por ciento lo había logrado. Esta diferencia entre niños L1 español y L2 español sin duda se debe a que los niños AII también reciben *input* en inglés en muchos contextos de su vida diaria (dentro y fuera de la escuela) porque viven en los EE.UU., mientras que los niños de "español L2" reciben el *input* en español solo de sus maestros (y otros compañeros de clase).

Potowski (2007a, 2007b) estudió con detalle la lectura, la escritura, la producción y comprensión oral y la producción del presente del subjuntivo en un grupo de 52 alumnos de octavo año (entre 13 y 14 años de edad) que habían salido de un programa de inmersión dual de nueve años de duración en Chicago, IL. Un total de 16 estudiantes eran "español L2," 31 estudiantes eran "español L1" y cinco estudiantes recién habían llegado de Latinoamérica.[5] Los resultados de las pruebas generales se encuentran en el Cuadro 8.4. Los estudiantes de español L2 salieron más bajo que los estudiantes L1 (estadísticamente más bajo en la producción y comprensión oral y en la escritura), pero estos resultados en conjunto indican que todos los estudiantes eran capaces de cumplir con las tareas comunicativas que pedían las pruebas. Aunque todavía no se ha hecho una comparación controlada entre estos estudiantes de español L2 con los que estudian en programas de FLES o FLEX, es de suponer que los estudiantes en programas de inmersión dual saldrán mucho más alto. Es una pregunta abierta cómo se compararían con los niños en programas de inmersión "regular."

---

[5] Había tan pocos estudiantes recién llegados que no se les aplicó un análisis estadístico. Sobre este grupo, Potowski (2007b) nota que es problemático que no lograran calificaciones del límite superior, ya que eran casi monolingües en español. Este resultado es bastante común con hablantes nativos cuando se intenta medir su proficiencia lingüística. Los resultados reflejan el enfoque en el lenguaje académico de estas medidas.

**CUADRO 8.5.** Producción del presente del subjuntivo en preguntas abiertas escritas

(Tomado de Potowski 2007b)

| | Español L2 | Español L1 | Recién llegados |
|---|---|---|---|
| 1. "En la escuela, no me gusta que los maestros ..." | 0 (0%) | 28 (90%) | 5 (100%) |
| 2. "Mi mamá siempre me pide que ..." | 1 (6%) | 25 (81%) | 5 (100%) |
| 3. "Voy a estar feliz cuando ..." | 1 (6%) | 17 (55%) | 5 (100%) |
| 4. "Es imposible que este año mis amigos ..." | 0 (0%) | 21 (68%) | 5 (100%) |
| 5. "Los papás trabajan para que sus hijos ..." | 1 (6%) | 26 (84%) | 5 (100%) |
| 6. "Busco un novio/una novia que ..." | 2 (13%) | 19 (61%) | 5 (100%) |

Entre paréntesis, el porcentaje de estudiantes que produjeron la forma esperada.

## EJERCICIO 8.7:

Esta pregunta es una extensión de la anterior. Mira los tres tipos de inmersión en el Cuadro 8.3—la parcial, la total y la dual: ¿Qué tipo de inmersión crees que resulta en los niveles más altos de español en los estudiantes de español L2?

Los resultados en otra actividad en la que los estudiantes tenían que completar oraciones con el subjuntivo (que se compone de solo seis ejemplos, que son bastante pocos) se presentan en el Cuadro 8.5 (Potowski 2007b).

Como se vio en los Capítulos 4 y 5, el subjuntivo representa un área de inestabilidad en el español. Sin embargo, en los contextos pragmático-sintácticos representados por estas seis preguntas, los alumnos recién llegados de Latinoamérica usaron el presente del subjuntivo un 100 por ciento de las veces. Los estudiantes de español L1 mostraron variabilidad en el uso del subjuntivo, desde un 55 por ciento en el contexto de la futuridad (Pregunta 3) hasta un 90 por ciento con el verbo *gustar* (Pregunta 1). Sin embargo, parece razonable concluir que muy pocos de los estudiantes L2 adquirieron el presente del subjuntivo; un máximo de dos de estos estudiantes, del total de 16, produjeron el subjuntivo en alguna pregunta del ejercicio. En el futuro, los estudios necesitan trabajar con un número mucho mayor de ejemplos y así poder explorar una variedad de contextos semánticos que se relacionan con el subjuntivo.

En su conclusión, Potowski (2007b) caracterizó el nivel general de español de los alumnos de inmersión dual como "respetablemente" alto: todos menos unos cuantos estudiantes de español L2 podían comunicar sus ideas exitosamente en español (si bien no siempre de manera completamente gramatical).

## 8.4 La enseñanza del español como lengua "de herencia"

Hemos visto en este capítulo que se ofrecen programas de español como L2 en las escuelas primarias, en las preparatorias y en las universidades. En los últimos 20 años, debido al incremento en la población hispanohablante (que se describió en el Capítulo 1), se ha visto un aumento en los programas para los llamados "estudiantes de herencia" ("*heritage learners*"). Como se vio en el Capítulo 4, un estudiante de herencia en los EE.UU. se define como alguien que se crió en un contexto donde recibió *input* en una lengua que no es el inglés y que, por ende, desarrolló algo de proficiencia en esa lengua (Valdés 2000). Esta definición ahora se conoce como la definición "estrecha" porque excluye a aquellos individuos que tienen una conexión cultural fuerte con la cultura minoritaria—es decir, los que tienen una "motivación de herencia"—pero quienes no comprenden ni hablan la lengua de herencia. Estos otros individuos caben dentro de una definición "amplia" de "estudiante de herencia" a pesar de ser muchas veces lingüísticamente indistinguibles de los alumnos de L2. Tanto la definición estrecha como la amplia excluye a los individuos que inmigran después de la edad de 12 años, quienes típicamente poseen conocimientos lingüísticos adultos (Silva-Corvalán 1994; Montrul 2008) y se consideran hablantes **nativos** de la lengua minoritaria.

Los programas de español para los individuos de herencia se conocen como **español para hablantes de herencia** (EHH), **español para estudiantes de herencia** (EEH, las siglas que usaremos en este libro), **español para hablantes nativos** (SNS por sus siglas en inglés, o EHN en español, a pesar de lo anteriormente mencionado del uso del término nativo) o **español para hablantes bilingües**. El término **herencia** se empezó a difundir luego de aparecer en los Estándares de Enseñanza de Lengua Extranjera ("*Standards of Foreign Language Teaching*") publicado por ACTFL (1996).[6] Cada vez más alumnos y estudiantes de herencia hispana, china, coreana, vietnamita, rusa, etc. en los EE.UU. se han encontrado con la posibilidad de estudiar su lengua de casa dentro de programas escolares que toman en cuenta sus conocimientos lingüísticos y culturales. Existen estos programas en muchas preparatorias y universidades por todo el país (adelante veremos esto con mayor detalle).

¿Cómo se difieren los cursos EEH de los cursos de español L2? En el caso de los estudiantes L2, todos parten de una base de cero; es decir, suelen ser bastante homogéneos en que desconocen casi completamente el español cuando empiezan su estudio formal de la lengua. Los programas se enfocan en que adquieran primero unas destrezas básicas, para irlas desarrollando en los niveles más avanzados. Los estudiantes de herencia, en cambio, por definición ya adquirieron algo del español antes de llegar al salón de clase (en la casa y/o comunidad). Cuando empiezan su estudio formal de la lengua, algunos pueden hablar y entender oralmente la lengua pero sin poder escribirla bien; otros pueden solamente entenderla sin poder hablarla; y aun otros pueden tener habilidades desarrolladas en todas las destrezas comunicativas. Es decir, los hablantes de herencia suelen ser un grupo muy heterogéneo en cuanto a sus niveles de conocimiento y uso del español. El Cuadro 8.6 muestra los perfiles de cinco estudiantes de 15 años de edad (basados en Potowski 2005) que estaban en la misma clase de español. Todos caben dentro de la definición de "hablante de herencia."

### EJERCICIO 8.8:

De los estudiantes del Cuadro 8.6, ¿cuál probablemente tendrá un nivel de español más fuerte? ¿Menos fuerte? ¿Qué papeles pueden jugar los diferentes factores del perfil social en el nivel de español?

---

[6] No todos están de acuerdo con el término "*heritage*" para estos estudiantes. Por ejemplo, García (2008a) prefiere el término *bilingüe* y rechaza "*heritage*" como algo de "un pasado lejano."

**CUADRO 8.6.** Perfiles de cinco estudiantes hispanohablantes

(Potowski 2005)

| Nombre | Lugar de nacimiento | Edad de llegada a los EE.UU. | Nivel de escolarización, papás | Otros factores |
|---|---|---|---|---|
| Marta | México | 7 | bajo | Vivió en un rancho rural, donde asistió a la escuela de manera intermitente. Participó 3 años en un programa bilingüe de transición en los EE.UU. |
| Luis | Puerto Rico | 3 | mediano | Iba y venía con frecuencia a Puerto Rico. No cursó ningún programa bilingüe. |
| Roberto | Argentina | 10 | alto | Vive con su mamá (quien es cirujana) y su hermano. Asistió a una escuela de inmersión dual. |
| Carolina | EE.UU. | – | alto | Los papás se criaron en los EE.UU. Solo la abuela, que vive con la familia, habla español con ella. |
| José | EE.UU. | – | mediano | Sus papás inmigraron de adultos. Empezó la escuela casi monolingüe en español; participó 2 años en un programa bilingüe de transición. Para los 10 años de edad, su inglés era más fuerte que su español. |

## Objetivos de un curso EEH

A pesar de la gran variedad de los conocimientos de español de los estudiantes, Valdés (1997) propone cuatro objetivos generales para los cursos de EEH:

1. **El mantenimiento del español**, ya que cada generación en el país lo habla menos. Aunque no hay todavía pruebas de ello, el estudiar un idioma formalmente podría contribuir a su mantenimiento.
2. **La adquisición de un español estándar**, aunque como mencionamos en el Capítulo 3, resulta imposible identificar una sola variedad de prestigio en los EE.UU. debido a los múltiples países de origen de los principales grupos inmigrantes y un sinnúmero de factores sociales, políticos, económicos y culturales que afectan a estos grupos. Sea como sea, la meta definitivamente *no* es eliminar la variedad que hablan los alumnos, aunque tenga influencias del inglés o características coloquiales, sino mostrarles que en determinados contextos se habla y se escribe de manera más formal (véase Potowski 2005 para más sobre este tema).
3. **La expansión del *espectro bilingüe***, de modo que el alumno pueda realizar un mayor número de actividades comunicativas en español. El espectro bilingüe es el continuo de habilidades lingüísticas y estrategias comunicativas que posee un individuo en cada idioma y que suelen variar según factores como el interlocutor, el tema y el ambiente. Por ejemplo, una joven que habla sobre sus estudios con una compañera de la universidad puede ser dominante en inglés, mientras que cuando va a la iglesia con su madre se expresa mejor en

español. El concepto del espectro bilingüe abarca las competencias gramaticales, textuales y pragmáticas.

4. **La transferencia de las destrezas de lectura y escritura** aprendidas en inglés al aprendizaje formal del español.

Hay otras metas importantes para que un curso de EEH abarque todas las necesidades de los alumnos. Quizá las más importantes entre ellas son las necesidades afectivas. Muchos de los jóvenes bilingües muestran inseguridad sobre su español y miedo ante la idea de estudiarlo formalmente. Esto se debe a varios factores. Muchos han sufrido críticas de hispanohablantes monolingües por el español que hablan, sobre todo por las influencias del inglés mencionadas en el Capítulo 5. Como resultado, muchos sufren de profundas inseguridades lingüísticas que pueden impedir su deseo de seguirlo usando (Carreira 2000; Rodríguez Pino 1997). Por ejemplo, Zentella (1994) notó que muchos latinos, al ser criticados por el español que hablaban, rápidamente lo abandonaban para el inglés. Como vimos en el Capítulo 2, algunos inmigrantes latinos están abandonando el español en la segunda generación, lo cual es más rápido que el patrón de tres generaciones seguido por los inmigrantes europeos a principios del siglo xx. Otros hispanos rechazan el español porque han interiorizado mensajes de su posición de inferioridad con respecto al inglés (descritos en el Capítulo 2—Bills 1997—y el 7).

Otra meta importante es la competencia cultural (Aparicio 1997), que se comprende por al menos tres niveles de conocimiento: (1) el **autocultural**, es decir, sobre la cultura propia del grupo étnico de uno; (2) el **intracultural** o **panlatino**, sobre otros grupos latinos en los EE.UU. y en otras partes del mundo (el proyecto *Hispanidades* de la University of Arizona es un excelente ejemplo de un currículo intercultural—véase asunews.asu.edu/20120914_hispanidades) y (3) el **intercultural**, que abarca las relaciones entre los grupos latinos y otros grupos raciales y culturales en los EE.UU. y en otras partes del mundo. Por último, algunos abogan por la importancia de un "currículum crítico" que explore las funciones, la distribución y la evaluación de las diferentes maneras de hablar una lengua, lo cual incrementa la conciencia de las conexiones entre la lengua, el poder y la inclusión social (Leeman 2005; Martínez 2003; Webb y Miller 2000).

En cuanto a las metas de los propios estudiantes, una encuesta de casi 400 universitarios EEH en California reveló que la mayoría (71 por ciento) buscaba mejorar su español para propósitos profesionales, mientras que aproximadamente la mitad de los estudiantes eligió todas las opciones siguientes: querer comunicarse mejor con su familia y amigos en los EE.UU., aprender sobre sus raíces culturales y lingüísticas y cumplir con un requisito de lengua (Carreira y Kagan 2011).

La Asociación Americana de Profesores de Español y de Portugués (AATSP, por sus siglas en inglés) también ha propuesto metas para los cursos de EEH, señalando que deben proporcionar a los alumnos un conocimiento de los diferentes niveles de formalidad en la lengua y de la diversidad lingüística social y regional. Siguiendo este tema, Valdés (1981) y Potowski y Carreira (2004) insisten en que los cursos EEH deben parecerse más a los cursos de artes del lenguaje (como las clases de inglés que todo estudiante estadounidense recibe durante sus cuatro años de preparatoria, similares a los cursos de lengua española en la enseñanza primaria en un país hispanohablante) que a los cursos de español como lengua extranjera. Los cursos de artes del lenguaje se centran en el desarrollo de la escritura, la lectura, la expresión y los conocimientos gramaticales de los alumnos que ya hablan el idioma. Bajo esta perspectiva, se les debe dar a estos hablantes la oportunidad de interactuar con textos e interlocutores variados y para diversos fines comunicativos.

### EJERCICIO 8.9:

Piensa en las clases de lengua o artes de lenguaje que tomaste en la escuela preparatoria—es decir, tu clase de inglés en los EE.UU. o tu clase de español en Latinoamérica/España. ¿Qué temas se estudiaron? ¿Cómo eran estos temas diferentes de lo que se hace en una clase de lengua extranjera?

Según Villa (1996), la meta principal de la instrucción EEH debe ser el desarrollo de la comunidad y el sentido de identidad personal del alumno, los cuales brotan de la cultura nativa. Por lo tanto, considera que la imposición de una variedad oral del español de otro país hispanohablante es inútil. También rechaza el argumento de que el español de los hablantes bilingües pueda perjudicarlos a la hora de buscar empleo, ya que la gran mayoría de ellos trabajarán en los EE.UU. incluso, probablemente, en su propia comunidad. Además, los malentendidos que puedan surgir cuando estos individuos se encuentran en contacto con hablantes de otras comunidades hispanohablantes se resuelven fácilmente a través del diálogo, según Villa.

Otro propósito importante para los cursos EEH tiene que ver con los retos académicos que enfrentan muchos jóvenes latinos. El potencial académico de este grupo a veces se ve dificultado a causa de varios factores socioeconómicos demostrados en el Cuadro 8.7. Por ejemplo, se ha demostrado que aquellos niños a quienes los padres les leían durante la infancia se convierten en mejores lectores y sacan notas más altas en la escuela (Snow et al. 1998), pero a solo el 39 por ciento de los niños hispanos se les leía de pequeños. Esto puede deberse a las muchas horas diarias que trabajan los padres, sus propios niveles de lecto-escritura y la falta de libros en español.

**CUADRO 8.7.** Rasgos socioeconómicos y familiares de los hispanos en los EE.UU. (porcentajes)

|  | Hispanos | Anglos | Afroamericanos |
|---|---|---|---|
| Vivir en estado de pobreza, menores de 18 años (Motel y Patten 2013a:Cuadro 37, para el 2011) | 34.1 | 13.6 | 39 |
| Deserción escolar (Motel y Patten 2013a:Cuadro 25, para el 2011) | 7.9 | 3.7 | 6.6 |
| Escuchar lecturas diariamente durante infancia (Llagas y Snyder 2003:25) | 39 | 64 | 44 |
| Padres con escuela preparatoria (Motel y Patten 2013a:Cuadro 22, para el 2011) | 63.1 | 91 | 82.8 |

En cuanto a la deserción escolar, Motel y Patten (2013a:Cuadro 25) notan que los hispanos nacidos al extranjero son dos veces más probables de abandonar la preparatoria (15.3 por ciento) que sus compañeros nacidos en los EE.UU. (6.2 por ciento). Carreira (2007) nota que el grado de dominio en inglés es un factor primordial en la deserción escolar. Otro factor importante es el desconocimiento por parte de las familias hispanas inmigrantes de los varios aspectos del sistema educativo estadounidense. La autora propone varias maneras en las que los maestros de español como lengua de herencia pueden contribuir a mejorar el rendimiento académico de los estudiantes; entre estas subraya la importancia de esta población, no solo para el futuro del campo de la enseñanza de la lengua española, sino también para el futuro económico del país.

Aun cuando en el 2011 el 32.9 por ciento de los jóvenes latinos entre 18 y 24 años de edad llegan a la universidad (Motel y Patten 2013a:Cuadro 26), estos jóvenes se enfrentan a una serie de retos. Muchas veces son los primeros de su familia en asistir a la universidad y, por lo tanto, carecen de sistemas de apoyo en la casa. Muchas veces asisten a la universidad a tiempo parcial mientras que trabajan; su edad promedio es mayor a la de los otros estudiantes y, además, muchos eligen asistir a instituciones superiores de dos años (en los Estados Unidos *two-year colleges*), en lugar de universidades formales (Fry 2002:3).

Como fácilmente se puede apreciar, estas metas para los estudiantes EEH divergen bastante de las típicas metas de los programas de español L2. Al considerar otra vez los datos demográficos, se revela el crecimiento del estudiantado latino en las escuelas públicas. De cada cuatro jóvenes en la escuela pública, uno es hispano. Sin embargo, en el año 2006, los hispanos constituían el 35.2 por ciento del estudiantado de los 100 distritos públicos escolares más grandes del país (National Center for Educational Statistics 2008). En las zonas urbanas, la proporción de alumnos hispanos es aún más alta. Según Sterns y Watanabe (2002), los EE.UU. tiene casi 7,000 escuelas públicas con un porcentaje de alumnos latinos entre el 50 y el 100 por ciento; entre ellas, Los Ángeles, CA (el 71 por ciento de escuelas públicas), el condado de Miami–Dade, FL (46 por ciento de escuelas), la ciudad de Nueva York (34 por ciento) y Chicago, IL (33 por ciento de las escuelas).

Esta realidad demográfica, sin embargo, no cuadra con la programación de muchos programas de enseñanza del español. En el 2008, solo el 8 por ciento de las escuelas preparatorias encuestadas ofrecía un curso de EEH (Rhodes y Pufahl 2010). En las universidades, se encontró en el 2000 que un 18 por ciento ofrecía cursos de EEH (Ingold et al. 2002), pero un estudio más reciente del 2012 encontró que este número había subido al 40 por ciento (Beaudrie 2012). A veces la falta de instrucción especializada para los hablantes bilingües se debe a los pocos recursos de que dispone una escuela. Pero en otras ocasiones, se debe a una resistencia por parte de los administradores, quienes piensan que los alumnos "ya saben el español" y por lo tanto deben estudiar el francés u otro idioma. A veces los mismos padres se resisten a que sus hijos estudien el español, insistiendo que el inglés es más importante. Sobre todo si ellos mismos han sufrido los efectos negativos de no saber manejar bien el inglés, entonces ponen más énfasis en que sus hijos lo aprendan lo más rápido posible.

Continuamos la discusión sobre los cursos EEH dividiéndolos entre las preparatorias y universidades y los programas EEH a nivel primario.

### 8.4.1 En las preparatorias y universidades

Los estudiantes EEH en las preparatorias y universidades suelen encontrar como irrelevantes los cursos de español como lengua extranjera. Estos cursos están diseñados para desarrollar un sistema gramatical simple y habilidades comunicativas básicas, pero muchos estudiantes latinos ya poseen estas habilidades. De manera similar, un hablante nativo del inglés encontraría aburrido un curso de inglés como segunda lengua.

Los cursos bien diseñados y enseñados pueden ayudar a los hablantes de herencia a desarrollar habilidades comunicativas formales en español (véase Beaudrie et al. 2014 para un resumen de las metas y aproximaciones recomendadas en estas clases). Por ejemplo, en Sánchez-Muñoz (2013), un grupo de 25 hispanohablantes universitarios reportaron sentir que había un incremento en su confianza hacia sus habilidades de producción oral, comprensión auditiva, comprensión de lectura y producción escrita en español (el incremento fue más alto en este último).

En muchos casos, el hablante bilingüe entra al programa de estudio con un nivel comunicativo ya superior al nivel que alcanzan los alumnos que estudian el español como segunda lengua L2 después de varios años. Como resultado, los alumnos L2 se pueden sentir intimidados por las destrezas de sus compañeros bilingües si se encuentran en la misma clase. Pero en un estudio con esta misma situación en una universidad grande en el mediooeste del país, Potowski (2002) encontró que los alumnos bilingües también se sentían intimidados por los conocimientos formales del español que poseían sus compañeros L2. Por ejemplo, los estudiantes L2 sabían responder cuando se les pedía la forma de tal verbo en el presente del subjuntivo o en el imperfecto, ya que en sus estudios previos habían visto esta terminología. Sin embargo, y a pesar de utilizar dichas formas frecuente y correctamente al hablar, los jóvenes bilingües no sabían la terminología gramatical, y les costaba trabajo ligar el nombre técnico a la forma. Sentían vergüenza cuando el instructor asumía que ya dominaban el material, cuando sus compañeros L2 les preguntaban "¿No sabes lo que es el subjuntivo?" y cuando estos últimos sacaban notas más altas que ellos. De hecho, algunos bilingües concluyeron que el español de sus compañeros era "más correcto" a raíz de esos conocimientos gramaticales y porque parecía ser lo que esperaba el maestro y lo que permitía ser exitoso en el curso. Cabe mencionar que algunos estudiantes bilingües se inscriben en cursos L2 porque piensan que será un curso facilísimo. Para algunos lo será y se aburrirán y se desconectarán del curso, mientras que otros se llevarán una decepción tremenda al sacar notas bajas, lo cual no aporta ningún efecto positivo sobre su autoestima lingüística.

Otros estudiantes en el estudio de Potowski (2002) indicaron que se sentían ofendidos por algunos comentarios de sus profesores. Según una alumna, "El instructor me corregía constantemente y me empecé a inhibir. ¿Con qué derecho? Aprendí a hablar de mis padres … ¿cómo me va a decir que toda mi familia habla mal?" Los instructores y los alumnos no tienen necesariamente que compartir el mismo dialecto para una enseñanza eficaz (Bills 1997:278), pero este estudio indica que los instructores, además de estar abiertos a los dialectos de los estudiantes, deben vigilar sus propias actitudes y comentarios hacia los mismos, ya que provocar que un estudiante se inhiba o se ofenda no forma parte de una buena pedagogía.

De manera parecida, Lynch y Potowski (2014) consideran que varias publicaciones de la misma Academia Norteamericana de la Lengua Española (ANLE) constituyen burlas ofensivas de las maneras de hablar español en los EE.UU. (Señalamos aquí que la ANLE está estrechamente ligada a la Real Academia Española y es una de sus *Academias Correspondientes*.)[7] Los dos tomos de *Hablando bien se entiende la gente* (Piña-Rosales et al. 2010 y Piña-Rosales 2014) dicen tener como meta

> proporcionar una guía a esos millones de hablantes del español—especialmente a quienes viven en los Estados Unidos, Canadá, Puerto Rico y a todos aquellos que sienten una influencia desproporcionada del inglés sobre su modo de expresarse—y para despejar dudas ortográficas y gramaticales

y describen el libro como un "esfuerzo de servicio comunitario realizado en aras del buen decir" (2010:2). Sin embargo, según Lynch y Potowski (2014), estas obras sufren de por lo menos dos problemas. Primero, no siguen ningún criterio cuando declaran que ciertas cosas no se deben decir. Los autores proponen que el argumento con respecto a la aceptabilidad de las innovaciones léxicas es circular: un vocablo puede ser aceptable una vez que entra al *Diccionario Real de la Academia Española* (*DRAE*) y entra al *DRAE* una vez que se considera aceptable. También insisten en que ciertas formas "no existen" a pesar de que muchos millones de hispanohablantes dentro y fuera de los EE.UU. las usan (como *tuitear*).

El segundo problema según estos autores (2014) es que estos libros caracterizan a los hablantes del español en los EE.UU. como poco meticulosos, "apresurados" y "despreocupados" y, consecuentemente, sugieren que las particularidades de su habla son "dañinas" para el bienestar del español. Agregan que la caracterización negativa de las personas que usan la lengua y que intentan mantenerla viva en un contexto nacional en el que impera el inglés, a veces bajo circunstancias plenamente xenófobas y antihispanas, será contraproducente para los esfuerzos de la ANLE de validar y normativizar el uso del español en los Estados Unidos. Enfatizan que son demasiados los estudiantes que comienzan sus cursos de español afirmando que "no saben hablar español" o lo "hablan mal," y que estos libros siguen inculcándoles la idea de que lo hablan mal—lo cual más probablemente les llevará a hablar solo inglés. Así lo expresó Zentella (2008): "charging them with corrupting the heritage language and culture prove counterproductive. Instead of encouraging bilinguals to develop their languages, guilt may lead them to abandon one of them, usually the less widely esteemed code" (6). García et al. (1988) también sugieren que la estigmatización del español que hablan los bilingües en los Estados Unidos conlleva al desplazamiento de ese idioma por el inglés. Lynch y Potowski (2014) proponen en conclusión que un mejor uso de la influencia de la ANLE sería un libro práctico que animara a la gente a hablar la lengua con más frecuencia, o una guía que ofreciera a los padres y los abuelos consejos en cómo fomentar el uso del español en casa y la importancia de la educación bilingüe.

---

[7] Del Valle (2007) ya había trazado las motivaciones de la Real Academia en su promoción de la unidad de la lengua española: su miedo a la fragmentación del español y a la resultante divergencia ideológica que posiblemente acabaría con el lugar dominante que se imagina tener la misma Academia.

## EJERCICIO 8.10:

El siguiente texto viene de la introducción del libro criticado por Lynch y Potowski (2014). ¿Qué insinúa sobre el español de los EE.UU.? ¿Lo consideras humorístico u ofensivo? ¿Por qué?

> Tarzán, el hombre-mono, podía comunicarse con Jane a la manera tarzanesca: "Yo ser fuerte." Y no faltará quien argumente que baste con que uno comprenda el mensaje para que resulte suficiente. Sin embargo el lenguaje primitivo y balbuceante no es el vehículo más adecuado para la comunicación . . .
>
> (Piña-Rosales et al. 2010:1–2)

## EJERCICIO 8.11:

Busca por Internet "¿Quieren que sus hijos hablen el inglés y el español?: Un manual bilingüe" para ver la guía preparada por Zentella (1998). ¿Qué otros esfuerzos se te ocurren que podría emprender la ANLE y otros grupos para promover el uso del español en los EE.UU.?

La siguiente metáfora es útil para aproximarse a una manera sociolingüísticamente más apropiada de considerar los usos de la lengua. Cuando nos vamos a la playa, nos ponemos un traje de baño y unas sandalias. Para ir a una boda, nos ponemos un traje formal con corbata o un vestido largo con tacones. El que se ponga la ropa de la playa para ir a una boda estará incómodo y se verá ridículo, tanto como el que se ponga un traje con corbata para ir a la playa. No es que una ni la otra prenda de ropa sea inherentemente mala, incorrecta o inferior; simplemente es inapropiada para un evento determinado. Lo mismo con las formas de hablar. Tal vez sería justo decir que muchos estudiantes bilingües llegan al aula con un español "de la playa," y la meta educacional es ampliarles el vestuario para que puedan vestirse apropiadamente para los eventos más formales. Es decir, queremos ayudarles a expandir y a expandir el español que ya traen consigo. La meta nunca debe ser la de borrarles el español que tienen, aunque el instructor considere que tiene mucha influencia del inglés o rasgos estigmatizados, ya que esa es su variedad, les pertenece a ellos, a sus familias y a sus comunidades y lo necesitan para comunicarse con ellos.

Ahora bien, ¿quién decide si una forma lingüística es apropiada para cierto evento comunicativo o no? Por ejemplo, si un alumno dice "felonía" en vez de "delito mayor" (del inglés "felony"), ¿cuál debe ser la reacción de los instructores de español? Si bien es cierto que no debemos criticar las formas de hablar, ¿hay que aceptar en todo contexto cualquier cosa que produzcan los estudiantes? ¿Cómo sabemos si "felonía" es un auténtico uso de una comunidad bilingüe determinada, si incluso tiene una difusión notable a través del país, o si simplemente lo inventó el alumno? El profesor debe averiguarlo preguntándoles a los alumnos y a sus colegas. Pero también debe decirles a los alumnos que les va a presentar otra manera de decirlo, que probablemente sea comprendido por un mayor número de personas en el mundo hispanohablante. Como no podemos esperar poder producir una lista de vocablos y estructuras que sean aceptados por todos en todo contexto, el maestro de EEH debe usar su juicio, respaldado por conocimientos de la comunidad del alumno y de los fenómenos de las lenguas en contacto, y también por una apreciación de la creatividad lingüística, a la hora de decidir si le sugiere al alumno que emplee otra manera de expresarse en un determinado contexto.

Para concluir esta sección, para muchos trabajos en los Estados Unidos, como lo señala Villa (1996), los hispanos necesitan dominar la norma local para poder comunicarse con los hispanos del país, y no una norma formal de otro país hispanohablante. Por lo tanto, Carreira (2004) recomienda que se decida qué español se debe enseñar en los cursos EEH según el objetivo de los mismos estudiantes. Si lo que buscan es poderse comunicar con familiares o en trabajos locales, entonces el enfoque debe ser en practicar la norma local, pero si quieren comunicarse más allá de su ambiente inmediato, el estudio debe ser la de una norma formal. Según ella:

> ... hay una fuerte discusión sobre que los cursos EHN deben ser lingüísticamente híbridos, incorporando varias variedades que tienen valor para los latinos estadounidenses, incluyendo el español académico y las variedades locales bilingües y monolingües. Para una clase determinada, la importancia relativa de estas variedades junto con otros temas lingüísticos deben determinarse, así como consideraciones internas y externas a la clase.

Debido a que no sería posible crear textos para cada situación, es importante que los maestros reciban entrenamiento en diferencias lingüísticas para guiarlos en su toma de decisiones. En muchos casos los maestros son de la misma comunidad y conocen las variedades locales de los estudiantes muy bien, pero no las otras.

## 8.4.2 En las escuelas primarias

En la Sección 8.2.1 hablamos de los programas bilingües de mantenimiento, incluyendo los de inmersión dual, en los cuales aproximadamente la mitad de los estudiantes son EEH. Estos dos programas constituyen tipos de enseñanza del español como lengua de herencia en los años de la primaria. Hay un escenario adicional que merece mención. En las escuelas con alta población hispana, los maestros contratados para enseñar el español en un programa de FLES se pueden encontrar con un alumnado que ya tiene habilidades comunicativas en la lengua. Es decir, su clase ya no es de español L2 sino una clase *de facto* de EEH. El currículum y los materiales de L2 no van a ser muy útiles en este contexto; hacen falta materiales semejantes a los de Potowski et al. (2008) que fueron desarrollados por un grupo de maestros y el Departamento de Lenguas Mundiales de las Escuelas Públicas de Chicago.[8] Abundan las oportunidades en otras ciudades grandes para convertir los programas de FLES en programas de EEH.

Desafortunadamente, la mayoría de los distritos escolares en los EE.UU. no tienen programas para ningún tipo de lengua segunda durante los años K–8. Los jóvenes tienen que esperar hasta la escuela secundaria (la edad de 13 años) para tener la oportunidad de desarrollar habilidades orales y de lectoescritura en lenguas que no sean el inglés. Sin embargo, tendría mucho más sentido empezar en las escuelas primarias, periodo en el que se ha comprobado empíricamente que se aprenden mejor las lenguas. Además, los niños hispanohablantes podrían fortalecer su español durante los años escolares críticos, en lugar de que posiblemente se erosionen sus sistemas lingüísticos (como vimos en el Capítulo 4).

---

[8] Estos se pueden encontrar en potowski.org/k-8-sns-curriculum.

La adquisición del inglés no tiene que ir de la mano con la pérdida del idioma étnico. Muchos han sido los estudios (Hakuta 1986 es posiblemente el más citado) que demuestran que el bilingüismo conlleva ventajas cognitivas, para no mencionar las sociales y laborales. Además, nos parece una política completamente ilógica de "borrar" el español de los niños latinos durante sus años tempranos de escolarización, para después exigirles que lo estudien como idioma extranjero cuando llegan a la escuela secundaria. Tendría mucho más sentido permitirles que lo sigan desarrollando durante los años tempranos. Algunos distritos escolares, como los del estado de Nueva Jersey, y también las escuelas públicas de Chicago, tienen la suerte de contar con cursos de un programa de FLES que, cuando incluyen jóvenes latinos, se vuelven cursos EHN *de facto* (Potowski et al. 2008). Un programa de FLES con un buen enfoque en EHN para los chicos latinos tiene un fuerte potencial para contribuir al mantenimiento del idioma en el país.

## 8.5 Conclusión

Según el censo del 2010, uno de cada cuatro niños en edad escolar en los EE.UU. es de origen hispano, y muchos de ellos hablan español en la casa. En las escuelas primarias, las opciones escolares que más frecuentemente llevan a estos alumnos a fuertes niveles de bilingüismo y rendimiento académico son los programas de inmersión dual, pero tanto este como los demás tipos de "educación bilingüe" sufren de muchas críticas y hasta represión en los EE.UU., por varios motivos expuestos aquí y en el Capítulo 7. Tampoco son muchas las escuelas primarias que ofrezcan lengua extranjera.

Para los estudiantes a nivel de preparatoria y universitaria, los cursos de español para los estudiantes de herencia (EHH) encajan mejor con las necesidades lingüísticas, académicas y afectivas de los estudiantes hispanohablantes. Sin embargo, no todas las instituciones los ofrecen, y los estudiantes acaban en cursos de español como lengua extranjera. Incluso en los lugares que sí ofrecen estos cursos, existe la errónea idea de que los maestros preparados en la enseñanza del español como L2 pueden enseñar EEH sin ningún adiestramiento adicional. Desgraciadamente, los maestros que buscan una formación profesional en la enseñanza de EEH no tienen muchas posibilidades. En pocas universidades se menciona el campo de EEH en cursos de metodología de la enseñanza de lenguas y son aun menos los programas que ofrecen cursos especializados de métodos para la enseñanza de EEH. Un par de recursos se encuentran en la *Alliance for the Advancement of Heritage Languages* (Alianza por el Progreso de los Idiomas de Herencia), las actividades en línea del Centro Nacional de Recursos para Lenguas de Herencia (NHLRC, por sus siglas en inglés)[9] y en Beaudrie et al. (2014).

Varios investigadores han enfatizado el crítico papel del español en los ámbitos educativos. Lynch (2013) considera que uno de los factores que contribuye más fuertemente al desplazamiento del español en niños hispanos en los EE.UU. es la falta de escolarización en esa lengua en programas que realmente promueven su mantenimiento, insistiendo que

---

[9] startalk.nhlrc.ucla.edu/default_startalk.aspx

"Hasta que no se normalice la educación formal en español en los Estados Unidos, no se va a estabilizar su uso entre los jóvenes bilingües" (80).

**EJERCICIO 8.12:**

Busca por Internet información sobre el documental *Speaking in tongues* (speakingintonguesfilm.info). ¿Cuáles son los debates que considera, y qué postura al respecto toman las familias de los cuatro jóvenes representados?

## Conceptos claves

Busca en el texto las definiciones de estos conceptos y compara con tus compañeros.

Aprendices del idioma inglés (AII) (*English Language Learners*, ELL)
*Bilingual Education Act*
*Lau vs. Nichols*
Tipos de programas bilingües (de mantenimiento, de transición)
Tipos de programas de segunda lengua (FLES, FLEX)
Cursos de español como lengua de herencia

# 9 El español y la identidad

Las conexiones entre la lengua y la identidad han sido objeto de estudio durante mucho tiempo. En este capítulo nos enfocamos en las conexiones entre el empleo de la lengua española y las identidades de los grupos hispanohablantes en los Estados Unidos. Primero, ofrecemos un breve resumen de varias aproximaciones teóricas al estudio de la identidad, antes de pasar a contemplar varias manifestaciones de identidades hispanas/latinas en los EE.UU. y el papel que juega el español en su ejecución. Se notará cierto grado de solapamiento con los temas del Capítulo 7 (el español en la vida pública) y del Capítulo 8 (el español en la educación).

## 9.1 ¿Qué es la identidad?

La **identidad** es una afiliación que los seres humanos adquirimos a partir de las interacciones que tenemos con otros individuos y con otros grupos de individuos. Es decir, la identidad es un fenómeno social. Debemos recordar que los individuos no vivimos solos; participamos en diferentes grupos que forman nuestra identidad y nuestra conexión a un grupo social (Tajfel y Turner 1986). Algunas de estas agrupaciones sociales a las que pertenecemos son nuestra familia nuclear o extendida, los compañeros de trabajo o de estudio, los amigos del mismo sexo o edad o del mismo barrio, iglesia o pueblo, los amigos con los que compartimos la práctica de un deporte o de alguna otra actividad, etc. La membresía a estos grupos se refleja en nuestra manera de vestir, las personas con las que socializamos, así como la manera de hablar. La identidad es por lo tanto una **práctica social**.

Estos grupos sociales a los que pertenecemos no son siempre los mismos a lo largo de nuestras vidas. Pueden cambiar según la edad, la ocupación, los intereses o la composición del grupo de amigos. Las personas con las que interactuamos en los diferentes ámbitos en los que nos movemos ayudan a formar las identidades que reflejamos y expresamos. Es decir, no solo adquirimos una identidad específica según la familia y comunidad en la que nacemos, sino que además podemos adquirir otras identidades a lo largo de nuestra vida. Como enfatizan Bucholtz y Hall (2005):

> Identity [is] not simply a psychological mechanism of self-classification that is reflected in people's social behavior, but rather something that is constituted through social action, and especially through language.
>
> (588)

**CUADRO 9.1.** Tipos de identidad individual y colectiva

(Block 2007; cf. Alcoff y Mendieta 2003)
Estos no son los únicos tipos de identidades. También existen las identidades religiosas, etarias, etc. Sin embargo, las que se consideran como las más importantes son la étnico-cultural, la nacional y la de género (véase Alcoff y Mendieta 2003).

| Afiliación | Se basa en: |
| --- | --- |
| Identidad étnica | Historia compartida, ascendencia, sistemas de creencias, prácticas, religión |
| Identidad "racial"* | Compostura biológica, fenotipo |
| Identidad nacional | Historia y prácticas compartidas dentro de una nación–estado |
| Identidad migrante | Maneras de vivir en un país nuevo; varía de "inmigrante clásico" a "transmigrante" |
| Identidad de género | Tipo de conformidad a las nociones socialmente construidas de la feminidad y la masculinidad |
| Identidad de clase social | Nivel de ingresos, ocupación, nivel de educación formal y comportamientos simbólicos |
| Identidad lingüística | Relación entre el sentido de uno mismo y los diferentes modos disponibles de comunicarse |

* Los científicos confirman que el concepto de "raza" no tiene ninguna base biológica—de hecho hay más variación genética dentro de los supuestos grupos raciales que entre grupos—pero a pesar de ello, mucha gente utiliza el concepto de raza como una categoría social significativa.

El Cuadro 9.1 presenta siete dimensiones que se consideran como las más importantes en el mundo contemporáneo en la expresión de nuestras identidades y que generalmente se incluyen en el estudio de la identidad.

Además de las categorías diferenciadas en el Cuadro 9.1, las conceptualizaciones modernas de la identidad utilizan varios términos claves. Uno de ellos es la **performatividad**, la cual refiere a una identidad que se puede representar constantemente. Por ejemplo, aunque nacemos todos (con algunas excepciones) con un sexo biológico claro como mujer u hombre, nos representamos como mujer u hombre constantemente a través de nuestras acciones, incluyendo el peinado, la forma de caminar y de sentarnos, la ropa y la manera de hablar. Es decir, la identidad no se trata de algo fijo e inmutable que pertenece a alguien, sino de las acciones que llevamos a cabo para indicar quiénes somos y a cuáles **comunidades de práctica** pertenecemos. Una comunidad de práctica es un grupo que comparte experiencias alrededor de alguna actividad que ejecutan comúnmente.

Consideremos el caso de un hombre de 50 años de edad que por primera vez compra una motocicleta y se afilia a un grupo de motociclistas. Podemos decir que ha adquirido una identidad como motociclista a través de su participación en esta comunidad de práctica. Sin embargo, cuando se hace tatuar como hacen los demás de su grupo, diríamos que lo hizo no *porque* es motociclista, sino que *se vuelve* motociclista a través del acto de tatuarse (y de otros actos). De hecho, pertenecer a una comunidad de práctica, como a un grupo de motociclistas o de jugadores de póker, o a un club de pesca, puede influenciar más en la manera de hablar de la gente que su edad o género (Eckert 2000; Mendoza-Denton 2008).

Otro concepto clave en la identidad, relacionado con su performatividad, es el hecho de que para identificarnos deben de haber otros grupos de los cuales distinguirnos. No es suficiente declarar que "Somos X"; también hemos de diferenciarnos de los grupos a los cuales no pertenecemos (Rickford y Eckert 2001). De ahí que las mujeres cuenten chistes sobre los hombres, o que los *fans* de cierto equipo se burlen de los del otro equipo. Entonces, en realidad construimos nuestras identidades siempre en relación con otros grupos sociales, tanto con los a que pertenecemos como con los a que no, y todos ellos forman nuestros públicos.

## EJERCICIO 9.1:

Además de las identidades que aparecen en el Cuadro 9.1, hay otras identidades que también se estudian. Son las identidades referidas a la religión, la orientación sexual y la (dis)capacidad física. Considerando todas las mencionadas en el Cuadro 9.1 y aquí, responde a las preguntas y luego compara con tus compañeros.

1. ¿Qué identidad(es) es/son la(s) más importante(s) para ti?
2. ¿A qué comunidades de práctica perteneces?
3. ¿Cuáles son iguales a las que pertenecías cuando eras niño?
4. ¿Cuáles han cambiado ahora que eres adulto?

Un punto de gran importancia es el hecho de que, a diferencia de los tatuajes, la ropa, el peinado y la forma de caminar, adquirir otro sistema lingüístico no es nada fácil. Por eso el idioma juega un papel importante en la construcción y la percepción de las identidades. Por ejemplo, sería difícil que un día alguien pudiera representar exitosamente una identidad de tokiota sin hablar nada de japonés. De hecho, a pesar de que la "identidad lingüística" tiene su propia categoría en el Cuadro 9.1, la lengua puede cumplir diversas funciones en los demás tipos de identidad.

Consideremos una serie de anuncios publicitarios que televisó Citibank en 2003 para promover la conciencia sobre el "robo de la identidad" financiera (es decir, cuando alguien usa los datos personales de otra persona para servirse de sus tarjetas de crédito y comprar cosas ilegalmente). Cada comercial presenta a una víctima ficticia del robo de identidad mientras esta desarrolla alguna actividad normal de su vida: una dentista asiática-americana de unos 40 años de edad atiende a un paciente; un hombre calvo afroamericano de unos 30 años levanta pesas en el gimnasio; unas señoras angloamericanas setentonas toman café sentadas en un sofá. Sin embargo, estos individuos hablan con voces de los ladrones, recontando los lujos que adquirieron con el dinero de las víctimas. Las compras hechas por los ladrones representan una graciosa incongruencia con lo que normalmente asociaríamos con las víctimas: la dentista compró una crema autobronceadora y un trasplante de cabello para volverse "atraemuchachas" en un retiro para solteros; el hombre calvo se hizo extensiones de cabello e inyecciones en los labios para despegar su carrera en Hollywood como cantante; y las señoras mayores se jactaron de lo ruidosas que eran sus nuevas motocicletas. Más incongruente y chistoso aún son las voces con las que hablan: una voz ronca y masculina sale de la diminuta dentista; el musculoso hombre afroamericano tiene un acento *Valley Girl* (habla atribuida a jóvenes mujeres de clase acomodada del Valle de San Fernando, en las afueras de Los Ángeles, que se ha extendido a otras jóvenes de igual clase socioeconómica en el país); y las refinadas señoras hablan con palabras y acento *hillbilly* (habla de áreas rurales y montañosas de ciertas partes de los EE.UU.). Citibank demostró eficazmente el papel crítico que juega la lengua en la representación de la identidad; dependemos de ella para identificar el género, la edad, la etnicidad, el estatus socioeconómico y otros factores.

## EJERCICIO 9.2:

Busca en YouTube alguno de los comerciales de "*Citibank identity theft.*" ¿Cuál te parece más interesante y por qué? ¿Cuál es la yuxtaposición que se presenta entre los rasgos sociales de la víctima y la forma de hablar del ladrón/la ladrona?

Muchos estudios importantes han explorado las conexiones entre la variedad del inglés y la identidad étnica/racial (Rickford y McNair-Knox 1994; Wolfram et al. 1999; Schilling-Estes 2004; para un buen resumen, consúltese Fought 2006). Recientemente, dos estudios etnográficos han señalado la importancia de los rasgos lingüísticos para representar la identidad étnica. Alim (2004) analizó el **cambio de estilo** ("*style shifting*") de jóvenes afroamericanos en California que hablaban el inglés afroamericano. Bucholtz (2011), también en California, estudió los usos del inglés que empleaban estudiantes angloamericanos en una escuela preparatoria de California para distinguirse unos de otros. Más adelante, describiremos estudios parecidos que se han hecho con diferentes grupos de latinos en los EE.UU.

Si bien hay muchas maneras en las cuales una sola lengua puede emplearse para señalar diferentes identidades sociales, tener acceso a más de una lengua expande las opciones aún más. En un estudio cuantitativo que buscaba correlaciones entre la proficiencia en una lengua minoritaria en los EE.UU. y la identidad étnica, Phinney et al. (2001) administraron un cuestionario a más de 200 familias en el sur de California. Quisieron determinar la fuerza de los tres factores de su modelo (Figura 9.1), que incluyen la proficiencia lingüística en la lengua minoritaria, así como las actividades en las que los padres participaban con sus hijos que, a su vez, promovían el mantenimiento de la cultura y la interacción social con amigos del mismo grupo étnico.

Participaron 81 familias armenias, 47 vietnamitas y 88 mexicanas. A pesar de algunas diferencias significativas entre los tres grupos en cuanto a la fuerza de las relaciones entre los factores, lo que tuvieron en común fue lo siguiente: (1) la proficiencia en la lengua étnica tuvo un impacto positivo sobre la identidad étnica; (2) la interacción social con amigos del mismo grupo étnico también tuvo un impacto positivo sobre la identidad étnica (lo cual ya habían encontrado anteriormente Kondo 1997 y Maloof et al. 2006, entre otros) y (3) las actividades culturales que promovieron los padres para sus hijos tuvieron un efecto positivo significativo en la proficiencia lingüística. El segundo resultado, sobre la interacción con amigos del mismo grupo étnico, hace eco del estudio de García Bedolla (2003), que encontró que muchos hijos de inmigrantes "se desasocian selectivamente" de su lengua de herencia y de su grupo étnico cuando son parte de una pequeña minoría y cuando el grupo mayoritario les adscribe asociaciones negativas. En cambio, si el grupo

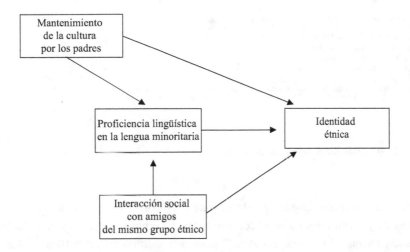

**Figura 9.1.** Modelo de influencias en la identidad étnica (tomado de Phinney et al. (2001))

goza de un estatus más positivo, desean una identificación más fuerte con él. Asimismo, cuando había números altos de miembros del grupo étnico, era más probable que pudieran combatir cualquier asociación negativa que la mayoría les podía imponer y que pudieran promover una imagen más positiva.

Particularmente entre los jóvenes mexicanos del estudio de Phinney et al. (2001), se notaron correlaciones altamente significativas entre la promoción parental del mantenimiento cultural y la proficiencia en español que, junto con las interacciones sociales con amigos mexicanos, influenciaron en la identidad étnica.[1] Por tanto, la proficiencia en español contribuyó a su sentido de identidad étnica. Esto nos lleva a una pregunta particularmente importante en la cual nos enfocamos en este capítulo: ¿Qué papel juega la lengua española en la identidad latina/hispana en los EE.UU.?

## 9.2 La identidad hispana en los EE.UU.

Como se ha mencionado en capítulos anteriores, la comunidad latina en los EE.UU. es muy diversa. Tiene orígenes en todos los países de Latinoamérica y un 61 por ciento nació en los EE.UU. También hay comunidades transnacionales, formadas por individuos que participan en redes sociales que traspasan las fronteras nacionales. En esta sección se consideran varias facetas de la identidad entre estos diversos grupos.

### 9.2.1 Términos identitarios

La diversidad en la comunidad latina/hispana se refleja en el hecho de que ni siquiera hay acuerdo entre ellos sobre las etiquetas que se deben emplear para identificarse étnicamente.

---

[1] No está claro si los autores no encontraron, o no buscaron, una influencia de la identidad étnica sobre la proficiencia lingüística.

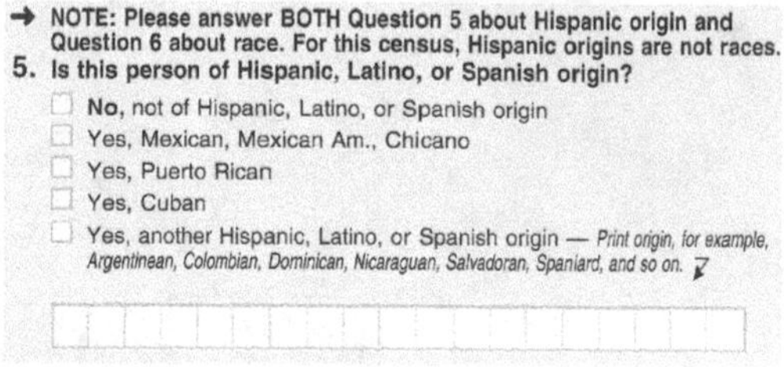

→ NOTE: Please answer BOTH Question 5 about Hispanic origin and Question 6 about race. For this census, Hispanic origins are not races.

5. Is this person of Hispanic, Latino, or Spanish origin?

- ☐ No, not of Hispanic, Latino, or Spanish origin
- ☐ Yes, Mexican, Mexican Am., Chicano
- ☐ Yes, Puerto Rican
- ☐ Yes, Cuban
- ☐ Yes, another Hispanic, Latino, or Spanish origin — *Print origin, for example, Argentinean, Colombian, Dominican, Nicaraguan, Salvadoran, Spaniard, and so on.*

**Figura 9.2.** Pregunta no. 5 del censo del 2010

Se introdujo el término *hispano* en el censo de 1970 con la idea de poder cuantificar, juntar las voces de y servir mejor a estas comunidades. La pregunta del censo del 2000 decía, "*Is this person Spanish / Hispanic / Latino?*" pero se modificó en el 2010 a "*Is this person of Hispanic, Latino, or Spanish origin?*" como se señala en la Figura 9.2.

Sin embargo, mucha gente rechaza fuertemente el término *Hispanic*, considerándolo conectado a España y, por tanto, un residuo de la colonización latinoamericana. Por ejemplo, la poeta y novelista mexicano-americana Sandra Cisneros inicialmente negó aparecer en la portada de la revista *Hispanic*, debido al nombre de la misma, y cedió solo después de que los editores accedieron a dejarla posar con un enorme tatuaje en su bíceps que decía *Pura Latina*. Posteriormente rechazó un premio de una organización que empleaba el término *hispano*. Muchos que prefieren el término *latino* insisten que identifica correctamente a la gente que tiene sus orígenes en Latinoamérica, pero otros lo rechazan porque excluye a la Península Ibérica.[2] Estas preferencias pueden variar según la región del país, la clase socioeconómica y las tendencias políticas (conservadoras vs. progresistas) de los individuos.

El Pew Hispanic Center hizo dos encuestas recientes sobre este tema. En el año 2009 preguntó a jóvenes latinos entre los 16 y 25 años, nacidos en los EE.UU., qué etiqueta preferían emplear para autoidentificarse étnicamente. En el 2011, les preguntó esta misma pregunta (y otras) a 1,220 adultos de todos los estados del país. El Cuadro 9.2 muestra los resultados. Entre los jóvenes, notamos que el 52 por ciento prefirió autoidentificarse primero con el país de origen de la familia, sea "mexicano" o "salvadoreño," etc. seguido de la palabra "-americano" después. Un 20 por ciento emplearon el término "hispano" o "latino" y el 24 por ciento restante prefirió emplear el término "americano" primero. Estos resultados sugieren que más de la mitad de los jóvenes latinos se identifican fuertemente con la región de origen de sus padres para definir su identidad étnica.

Las respuestas de los adultos fueron muy parecidas: el 51 por ciento describió su identidad empleando el país de origen de su familia, el 24 por ciento eligió el término "hispano" o "latino" y el 21 por ciento prefirió el término "americano." Cuando se les pidió que escogieran entre "hispano" o "latino," el 51 por ciento dijo que no tenía una preferencia

[2] Otros consideran que el término *latino* también incluye a hablantes de otras lenguas provenientes del latín, como el portugués y el francés, que también se hablan en países latinoamericanos.

**CUADRO 9.2.** Términos empleados para identificarse (en porcentajes)

(Pew Hispanic Center 2009 y Taylor et al. 2012)

| Edad | País de origen de la familia | "Hispano/ Latino" | "Americano" | Decidir entre "hispano" y "latino" |
|---|---|---|---|---|
| 16–25 años | 52 | 20 | 24 | No se preguntó |
| Adultos | 51 | 24 | 21 | 51 no tiene preferencia |
| | | | | 33 "hispano" |
| | | | | 14 "latino" |

particular entre los dos términos.[3] Pero para los que tenían una preferencia, el 33 por ciento eligió el término "hispano" y el 14 por ciento eligió "latino."

Además, en el estudio con los adultos, el 69 por ciento consideró que los latinos en los EE.UU. tienen diferentes culturas, mientras que el 29 por ciento respondió que los latinos comparten una cultura común. Finalmente, mientras el 47 por ciento se considera un *americano típico*, el otro 47 por ciento se considera muy diferente de un *americano típico*.

### EJERCICIO 9.3:

Entrevista a entre ocho y diez personas que piensas que se identifican como hispano/latino. La mitad de ellos deben pertenecer a la G2 (nacidos en los EE.UU. o llegados a los EE.UU. antes de los seis años de edad, ambos con padres G1) y la otra mitad a la G3 (nacidos en los EE.UU. con uno o dos padres G2). Pregúntales qué termino usan para identificarse y, si rechazan otros términos, por qué. Si tú usas uno o más de los términos "latino," "hispano," etc. para identificarte, ¿por qué prefieres ciertos términos y no otros? Nota que este ejercicio se puede combinar con el Ejercicio 9.7.

A pesar de estos debates, algunos consideran que este desacuerdo es insignificante cuando se considera la existencia de problemas más serios, como los económicos, educativos y de salud, que afectan a las comunidades latinas, así como también la discriminación de la que sufren. Olson (2009), por ejemplo, encontró que casi el 40 por ciento de los jóvenes latinos reportaban que ellos mismos, un familiar o un amigo cercano habían sufrido de la discriminación étnica. De modo parecido, García Bedolla (2003) se sorprendió ante la consistencia de las respuestas en un grupo de casi 100 estudiantes latinos en California sobre el tipo de imágenes que pensaban que los angloamericanos mantenían sobre los latinos, incluyendo *pandillero, mojado, sucio, sin educación formal* y *perezoso*. Estas experiencias y estereotipos negativos obviamente pueden afectar el desarrollo de la autoidentificación y de la identidad.

---

[3] El porcentaje que falta para llegar al 100 por ciento hace referencia a aquellos que no respondieron.

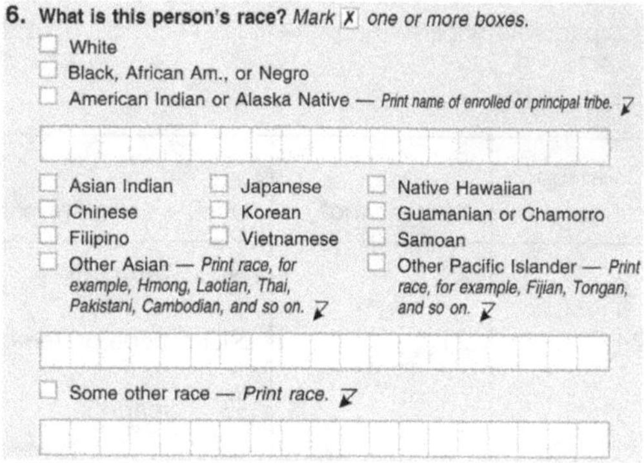

**6. What is this person's race?** *Mark X one or more boxes.*

☐ White
☐ Black, African Am., or Negro
☐ American Indian or Alaska Native — *Print name of enrolled or principal tribe.* ⬁

[ ][ ][ ][ ][ ][ ][ ][ ][ ][ ][ ][ ][ ][ ][ ][ ][ ][ ]

☐ Asian Indian ☐ Japanese ☐ Native Hawaiian
☐ Chinese ☐ Korean ☐ Guamanian or Chamorro
☐ Filipino ☐ Vietnamese ☐ Samoan
☐ Other Asian — *Print race, for example, Hmong, Laotian, Thai, Pakistani, Cambodian, and so on.* ⬁ ☐ Other Pacific Islander — *Print race, for example, Fijian, Tongan, and so on.* ⬁

[ ][ ][ ][ ][ ][ ][ ][ ][ ][ ][ ][ ][ ][ ][ ][ ][ ][ ]

☐ Some other race — *Print race.* ⬁

[ ][ ][ ][ ][ ][ ][ ][ ][ ][ ][ ][ ][ ][ ][ ][ ][ ][ ]

**Figura 9.3.** Pregunta no. 6 del censo del 2010

Otra pregunta relevante se trata de la "raza" de los hispanos. Ya que los individuos hispanos pueden tratarse de amerindios, de caucásicos, de asiáticos, de origen africano, de mestizos, de otros grupos "raciales" y de varias combinaciones de todo lo anteriormente nombrado, el censo no asigna ninguna raza a la categoría *hispano*, la cual trata como categoría étnica. Cada individuo hispano debe elegir su categoría racial en el censo, como lo indica la Figura 9.3.

En el censo del 2010, el 53 por ciento de los individuos que se identificaron como hispanos/latinos en la Pregunta 5 (Figura 9.2) seleccionaron "*White*" en la Pregunta 6, mientras el 38 por ciento eligió "*Other Race*" (Humes et al. 2011).[4] Esto puede deberse a diferencias fundamentadas o tal vez a diferencias en la interpretación de la Pregunta 6. Por ejemplo, muchos estudiantes universitarios de origen mexicano en Chicago indicaron confusión ante la Pregunta 6, sin saber cómo debían responder (Potowski 2010).

## EJERCICIO 9.4:

Formen grupos y traten de responder a las siguientes preguntas: ¿Por qué considerarían algunos latinos que estas clasificaciones en la Pregunta 6 son confusas? ¿Cómo explicarían ustedes su elección mayoritaria entre "*White*" y "*Other Race*"?

Un grupo latino que merece mención especial son los individuos **transnacionales**, quienes desarrollan algunos aspectos de su vida en los EE.UU. y otros en su país de origen. Los grupos hispanos transnacionales más estudiados son los mexicanos y los puertorriqueños. Por ejemplo, Stephen (2007), R. Smith (2006) y Farr (2006) presentan cuadros etnográficos sobre comunidades transnacionales mexicanas en California y Oregón, la ciudad de Nueva York, y Chicago, respectivamente. Zúñiga et al. (2009) documentan algunas de las dificultades sociales y lingüísticas enfrentadas por los jóvenes mexicanos

[4] Para datos del American Community Survey para el 2011, véase Motel y Patten (2013a), en el cual encuentran porcentajes del 65 y 27 por ciento respectivamente. Véase también Dowling (2014) para un estudio basado en entrevistas con mexicanos en Texas, en el cual encuentra el mismo patrón en las respuestas sobre raza.

criados en los EE.UU., cuyas familias regresan a México y se ven obligados a incorporarse a las escuelas mexicanas. En cuanto a los puertorriqueños, Pérez (2004) en Chicago y Clachar (1997) en la isla documentan las vidas transnacionales de grupos puertorriqueños. Parecido al trabajo de Zúñiga et al. (2009), Clachar (1997) explora las dificultades que tienen los puertorriqueños criados en los EE.UU. cuando intentan integrarse al sistema escolar en Puerto Rico.

Romaine (2011) postula que el transnacionalismo, con la comunicación facilitada por los viajes e Internet, abre nuevas avenidas para el mantenimiento de la lengua, la cultura y la identidad y, por lo tanto, juega un papel importante en las discusiones actuales sobre la identidad. Queda claro que la discusión incluye las dificultades lingüísticas y sociales que se encuentran en los estudios.

## 9.2.2 El papel de la proficiencia en español

Como indicamos al principio del presente capítulo, tener conocimiento de otra lengua es también un fuerte indicador de identidad, ya que saber una lengua, así como sus normas sociales y pragmáticas, requiere considerable tiempo y exposición al grupo que la habla. En el Capítulo 2 (Cuadro 2.3), vimos que el español se ve desplazado por el inglés cada vez más en cada generación en los EE.UU.: los que dicen hablarlo "bien" o "muy bien" baja del 91 por ciento en la G1 al 82 por ciento en la G2 y solo al 47 por ciento en la G3. En el Capítulo 4, exploramos algunos de los factores que intervienen en los diferentes niveles de proficiencia en español que pueden tener los latinos en los EE.UU. Uno de ellos fue el uso del español que se da en la casa con la familia. Un caso bien conocido es el del autor Richard Rodríguez, cuyos padres cambiaron al inglés en casa debido al consejo de las maestras en la escuela de los niños.

**EJERCICIO 9.5:**

Busca el libro de Richard Rodríguez *Hunger of Memory* (o unos extractos disponibles en línea). ¿Qué asociaciones hace Rodríguez entre la lengua española y su identidad? ¿Cuál fue el precio que pagó la familia al cambiar al inglés?

Nuestra pregunta general en este capítulo es: ¿Juega el español algún papel en la construcción de la identidad hispana? La respuesta parece ser que sí. Para algunos, el español está ligado a una identidad "válida" latina. Por ejemplo, en el 2012, el alcalde de San Antonio, Texas, Julián Castro, salió en las noticias nacionales por ser el primer orador invitado latino a la Convención Nacional Demócrata. Sin embargo, muchos lo criticaron como "latino falso" porque no habla español. Otro caso en la esfera política documentado por Koike y Graham (2006) se trata de un debate entre dos candidatos hispanos para el puesto de gobernador de Texas. Uno apeló a su proficiencia en español para subrayar su autenticidad cultural, mientras que el otro, con un español más débil, intentó desasociar la lengua española de la etnicidad hispana.

Otros estudios académicos también han indicado casos en los cuales la lengua española parece otorgar mayor "autenticidad" a quienes lo hablan. Por ejemplo, en la ciudad de

Chicago, de Genova y Ramos-Zayas (2003) mostraron que los mexicanos gozaban de un estatus como "culturalmente más auténticos" que los puertorriqueños, debido a que solían mantener mayor proficiencia en español en la segunda generación.[5] Otro caso interesante es el que reportó Bailey (2000) sobre los dominicanos en Nueva York. Muchos de los que se parecían físicamente muy semejantes a los afro-americanos invocaban su habilidad de hablar el español para distinguirse de ellos. De manera parecida, Toribio (2003) encontró evidencia de que la lealtad lingüística de los dominicanos correlacionaba con su apariencia física: los que tenían la piel más oscura usaban más el español para diferenciarse de sus vecinos afroamericanos, pero entre algunos que tenían la piel más clara, existía la ideología que el español podía dificultar su aculturación a la estructura social dominante.

## EJERCICIO 9.6:

Estudia uno o ambos de los temas siguientes:

1. Busca por Internet algún artículo sobre el debate que inició el caso de Julián Castro, particularmente los comentarios públicos que aparecieron después de la noticia. ¿Qué opiniones se expresan?
2. Univisión transmitió un video de cinco minutos de duración sobre los latinos en Texas que no hablan español (busca "Primer impacto—gente—Texas no habla español"). ¿Qué te llama la atención de este segmento?

Mendoza-Denton (2008) hizo un estudio etnográfico sobre un grupo de jóvenes latinas que asistían a la misma escuela preparatoria en California pero que pertenecían a dos pandillas diferentes—cuyos "territorios" no eran físicos, sino filosóficos. Las "Norteñas" se orientaban más hacia los EE.UU. y el uso del inglés, tendían a pertenecer a un nivel socioeconómico más estable y se vestían de rojo, mientras que las "Sureñas" se orientaban hacia México y el uso del español, tendían a ser inmigrantes más recientes en condiciones económicas más precarias y se vestían de azul. La autora documentó las maneras en que los usos del español y del inglés, particularmente los usos de los marcadores de discurso y ciertas vocales, marcaban las identidades, como miembros centrales o periféricos, en cada pandilla.

Dado que por lo menos el 21 por ciento de los latinos en los EE.UU. no hablan español (véase el Capítulo 1),[6] no es de extrañarse que muchos insistan en que *no* hace falta saber el español para ser hispano. Uno de los primeros estudios que mostró esta tendencia fue el de Pedraza (1985), quien encontró que los latinos en el noroeste de Indiana insistían menos en que el español era parte de su identidad que sus contemporáneos en la ciudad de Nueva York. En otro estudio, Rivera-Mills (2001) encuestó a 50 hispanos de varias nacionalidades en el norte de California, representando tres generaciones. Encontró que solo el 30 por ciento estuvo fuertemente de acuerdo con la idea de que una persona necesita hablar español para ser hispano; otro 30 por ciento dijo estar "moderadamente" en desacuerdo

---

[5] Como se mencionó en el Capítulo 6, Potowski y Torres (en progreso) encontraron que los mexicanos en Chicago solían mantener más proficiencia en español que los puertorriqueños en la segunda y la tercera generación.

[6] De los 46.8 millones de hispanos mayores de cinco años, el 34.7 de ellos hablan español en la casa, según el American Community Survey del 2011 (Ryan 2013). Es decir, el 79 por ciento dice hablar el español en casa.

con esa idea. En California, Pease-Alvarez (2002) encontró que el bilingüismo se valoraba de diferentes maneras; incluyendo el hecho de que no se requería el español para poder ser considerado mexicano-americano. Phinney et al. (2001), cuyo modelo se presentó en la Figura 9.1, documentaron que entre los adolescentes mexicano-americanos la proficiencia en español no correlacionaba de manera fuerte con la identidad étnica. Toribio (2003), en Nueva York, encontró también que aunque todos los padres inmigrantes dominicanos consideraban el español como parte importante de la identidad dominicana, varios de los participantes nacidos en los EE.UU. expresaron que la lengua no era necesaria para ser dominicano. En Chicago, la mayoría de los 125 mexicanos, puertorriqueños y mexirrique-ños entrevistados por Potowski y Torres (en progreso) dijeron que aunque sí era *importante*, no era *necesario* hablar español para ser latino. Curiosamente, al principio de la entrevista algunos respondieron que sí era necesario, pero cuando se les preguntó directamente si alguien que sabía español era "más latino" que otro que no lo sabía, muchos parecían cambiar de opinión y dijeron que no.

Muchos hispanos no parecen estar dispuestos a requerir cierta proficiencia en español para admitir a una persona al grupo étnico. Es interesante notar que, para algunos, saber el español tampoco es *suficiente* para la identidad latina. Valdés (2011) documentó el caso de sus nietas, quienes asistían a una escuela de inmersión dual (que se describe en mayor detalle en el Capítulo 8). A pesar de que hablaban bien el español y de ser de ascendencia mexicana, una de ellas no fue totalmente aceptada por sus compañeros latinos por ser "una muchacha de piel clara que personificaba todas las características de un contexto de clase media, *nerdy* y política y ecológicamente correcta" (139). Otra extrapolación de lo anterior sugiere que aunque una persona estudie el español y lo llegue a aprender muy bien, el uso del español no le convierte en latino/hispano.

### EJERCICIO 9.7:

Pregunta a cinco o más individuos que se identifican como hispano/latino si creen que hace falta saber el español para ser hispano/latino. ¿Por qué sí o no? Nota que este ejercicio se puede combinar con el Ejercicio 9.3.

En un estudio con tres jóvenes latinos de origen mexicano, Schenk (2007) analiza los elementos que emplean los jóvenes amigos (a quienes les puso los pseudónimos "Lalo," "Bela" y "Rica") para construir su identidad étnica. Presentan diferencias con respecto a dónde nacieron y a si los dos padres son mexicanos o solo uno. Rica y Lalo nacieron en los EE.UU., ambos de padres mexicanos. Bela, en cambio, nació en México de un padre mexicano y una madre anglo. Schenk encuentra que los jóvenes emplean (1) el lugar de nacimiento, (2) la herencia genética y (3) la competencia en español para construir su propia identidad. También emplean (4) la región en México donde nacieron sus padres para expresar su identidad mexicana como *auténtica*.

### EJERCICIO 9.8:

Lee el siguiente extracto de Schenk (2007) e identifica qué criterios emplea cada joven (Bela y Lalo) para expresar su identidad mexicana como *auténtica*.

### Aztec Blood

1 Bela:Por qué no la presentas.

2 Lalo:Cause fool.

3 . . . Ya ves como son las Latinas de celosas.

4 Bela:(risa)

5 Lalo:You would know.

6 Bela:She'd be like, who the fuck is this

7 Lalo:Partly, partly

8 Bela:Este, mira, mira,

9 Lalo:(risa)

10 Bela:Tú ni siquiera eres original.

11 Lalo:Más original que tú.

12 . . . Both of my parents are—

13 Bela:Más original?

14 Lalo:. . . are Aztec BLOOD.

15 Bela:Ay, cálmate.

16 Lalo:(risa)

17 Bela:Tú? dónde naciste?

18 Lalo:Soy PURO.

19 Bela:En dón-

20 Lalo:Yo soy PURO.

21 Bela:Cuál PURO.

22 Lalo:Soy nacido—Soy nacido aquí pero, soy PURO.

24 Bela:<MOCK:> Ay sí, mira, mira.

25 Lalo:Please, man.

31 Bela:Dónde nacieron tus papás.

32 Lalo:Zacatecas Jalisco, that's like the HEART.

33 Bela:Ye. <MOCK:> Zacatecas Jalisco.[7] (Exhalación con risa), no empieces.

34 Lalo:Yeah,

35 my mom's from Zacatecas,

36 my dad's from—from Los Altos.

37 . . . That's the HEART, fool.

38 That's where the REAL Mexicans come from.

39 Bela:Ay mira, y tú ? . . . De dónde saliste.

40 Lalo:Psh that's—that's my land, fool.

41 I came from my mother's WOMB

42 Bela:(risa)

Carreira (2013) cita varios ejemplos de la revista popular estadounidense *Latina* donde se perfila a personajes famosos como Selena Gómez y Jessica Alba que dicen querer mejorar su español. También cita lo siguiente del blog de Chantilly Patiño:

---

[7] La región de Los Altos, Jalisco, tiene el estereotipo de ser el lugar de origen de hombres valientes y fuertes y se les conoce en el discurso popular mexicano como "*los machos de Jalisco.*" La región de Zacatecas fue la región en la que se llevó a cabo numerosas batallas de la revolución mexicana en la que participó Pancho Villa.

> As a family, we're facing another challenge together: how to raise a confident, bilingual, Latina daughter. Sounds easy, right? . . . But how do you teach your child Spanish when you're not fluent yourself? How do you include Mexican heritage in your daily life when you've missed out on so much of it? How do you raise your daughter to be confident and shake off criticism when you struggle with it so much in your own life?
>
> (Patiño 2011)

La autora propone que estos ejemplos constituyen una tendencia positiva del creciente interés de parte de los latinos en los EE.UU. por desarrollar y mantener la lengua española.

### 9.2.3 El papel de la variedad del español

Como se ha presentado a lo largo de este libro, los dialectos del español en los EE.UU. varían tanto como su hablantes. Entonces, se puede inferir que los dialectos también pueden influenciar, de distintas maneras, la construcción de la identidad.

Zentella (1990a) encontró una jerarquía de dialectos en la ciudad de Nueva York, donde el español hablado por los cubanos y los colombianos tenía más prestigio que el de los dominicanos y los puertorriqueños. La autora atribuyó esto al hecho de que estos últimos grupos se encontraban en condiciones de menor estatus social, además de sufrir de la discriminación racial por tener la piel más oscura. No solo eran los cubanos y los colombianos quienes decían que el español dominicano y puertorriqueño eran inferiores; estos grupos parecían también haber internalizado este estigma al declarar que su español no era "correcto." Es probable, entonces, que estos dos últimos grupos muestren mayor tendencia a separar la lengua española de su identidad que los cubanos y los colombianos.

De Genova y Ramos-Zayas (2003) exploraron las relaciones entre los mexicanos (todos G1) y puertorriqueños (todos G2) en Chicago. Encontraron que a pesar de que los dos grupos sufrían de discriminación en la sociedad en general, también se discriminaban entre ellos. Los puertorriqueños acusaban a los mexicanos de ser "inmigrantes ilegales," de "robarse" todos los trabajos y de ser demasiado sumisos, atrasados o excesivamente tradicionales. Los mexicanos criticaban a los puertorriqueños por ser "perezosos" (sobre todo si recibían prestaciones gubernamentales, ya que los puertorriqueños son ciudadanos y pueden trabajar legalmente), por tener familias separadas debido al divorcio, por no asistir a la iglesia y por ser muy ruidosos y groseramente directos. Desgraciadamente, parece ser el caso que estos dos grupos no solo sufren de los estereotipos negativos que reciben por parte de la población mayoritaria anglo (**discriminación externa**), sino que, además, se aplican estereotipos negativos entre ellos (**discriminación interna**). Los autores señalan que, en gran parte, estos dos grupos articulan sus identidades a través del énfasis en su diferencia del otro grupo.

La lengua española resultó ser "an especially salient object around which to produce difference" (de Genova y Ramos-Zayas 2003:145) entre los dos grupos. Los G1 mexicanos esperaban que todos los mexicanos supieran el español, incluyendo los criados en los EE.UU., y expresaban cierto sentido de traición cuando no lo hacían. También describían el español puertorriqueño como inferior, parecido a lo que encontró Zentella (1990a) en

Nueva York. En Chicago, también los puertorriqueños parecían haber internalizado esta idea de que su español no era "correcto," lo cual retaba su concepto de autenticidad cultural. Ghosh Johnson (2005) también encontró animosidad entre los estudiantes puertorriqueños y mexicanos que asistían a la misma escuela preparatoria en Chicago, así como los mismos discursos sobre el "mejor" español de los mexicanos.

Un estudio más reciente, sin embargo, mostró algunos patrones un poco diferentes. Potowski (2014a) hizo un análisis de un subgrupo de 43 individuos del corpus de Chicago de Potowski y Torres (en progreso)—18 mexicanos y 25 puertorriqueños en Chicago que pertenecían a tres grupos generacionales. Encontró los mismos estereotipos identificados anteriormente por de Genova y Ramos-Zayas (2003), pero sobre todo en la G1. Los miembros de la G2 y la G3 más frecuentemente citaban que "habían escuchado" hablar de tensiones entre los mexicanos y los puertorriqueños en la ciudad, pero que ellos mismos ni las habían experimentado, ni tenían opiniones negativas sobre el otro grupo. Los resultados parecen ser diferentes al de de Genova y Ramos-Zayas (2003) porque incluyeron tres generaciones de hablantes.

Las ideologías lingüísticas de los G2 y G3 también fueron diferentes a las de los G1, especialmente las de la G2. Se les pidió a un subgrupo de 66 participantes (34 puertorriqueños y 32 mexicanos, distribuidos igualmente en los tres grupos generacionales) sus opiniones sobre el español del otro grupo. Una tercera parte de estos individuos (20 de ellos) describieron el español del otro grupo criticándolo. Por ejemplo, en vez de notar de manera neutral que los puertorriqueños debilitan la /s/ en posición de coda, insistieron en que estos hablantes pronunciaban "mal" las palabras. De las 20 críticas, 19 eran sobre el español puertorriqueño y eran los puertorriqueños mismos quienes con más frecuencia criticaron su propio dialecto. Solo siete de los 32 mexicanos criticaron el español puertorriqueño. Los comentarios de los dos grupos incluían los siguientes:

> Lo hablan muy like choppy, o muy rápido ... Y siempre odio cuando dicen, *Dame ma' arro'*, and I'm like what the hell? (se ríe) And I'm like, it's *arroz, arroz*, no *arro'*. Or, *¿Cómo ehtá?* No me gusta. (Mexicano, G2)

> Muchos, muchos amigos mexicanos me dicen que los puertorriqueños no saben hablar. (Puertorriqueño, G3)

> Nosotros también decimos, los puertorriqueños, palabras que no están en el diccionario. (Puertorriqueño, G1)

> Los puertorriqueños no pronuncian bien las palabras. Las cortamos mucho. Decimos muchas palabras en inglés en español. (Puertorriqueño, G3)

Solo dos mujeres puertorriqueñas rechazaron la idea de que su dialecto fuera inferior:

> Me molesta mucho cuando gente dice que ... mucha gente ha dicho que los puertorriqueños no hablan español bien. Que no saben hablar español. Pero no creo que ... es que lo hablamos diferente. No es que uno lo habla mejor que el otro ni que uno lo habla bien y uno lo habla mal, es que es diferente.

(Puertorriqueña, G1)

Mientras solo tres individuos de la G1 expresaron evaluaciones negativas sobre el español del otro grupo, el resto de las 20 críticas venían de la G2 (la mitad eran mexicanos y la otra mitad puertorriqueños). Es probable que los de la G1 se sientan más seguros de su español (como hablantes nativos) y quizá por eso no sientan la necesidad de criticar los demás dialectos. Así lo dijo un participante:

> Cada quien tiene su estilo, y de ninguna manera pienso que ninguno es mejor que otro, sino que es diferente.
>
> (Mexicano, G1)

La diferencia entre la proficiencia en español de la G1 y la G2 (menor para la G2) obtuvo significancia estadística. En general, los hablantes de la G2 también expresaron más inseguridad sobre su español (que es el patrón en todo el país). Posiblemente esto les hace más proclives a aceptar los discursos dominantes sobre las jerarquías del español (como que el español puertorriqueño sea inferior).

Pero ¿por qué *bajaron* las críticas del español entre los mexicanos de la G3? Puede ser porque esta lengua ya no es parte de la identidad hispana de manera tan fuerte entre los miembros de esta generación (como en las generaciones anteriores). En otras palabras, para ellos menos estaba en juego para marcar la autenticidad cultural. Entre los puertorriqueños de la G3, sin embargo, la mitad seguía criticando el español puertorriqueño.

La última pregunta que hizo Potowski (2014a) fue, ¿Qué relaciones había entre las opiniones negativas sobre el otro grupo (a través de los estereotipos) y los prejuicios lingüísticos contra ellos? Es decir, semejante a lo que encontró Zentella (1990a), los prejuicios sociales pueden influir en las ideologías lingüísticas de tal manera que si a un grupo se le discrimina, entonces también se discrimina a su forma de hablar. Sin embargo, como se vio arriba, las opiniones sociales negativas se expresaron más entre los de la G1 y cada vez menos entre los de la G2 y la G3, mientras que las opiniones lingüísticas negativas fueron más altas entre los de la G2. Esta relación se muestra en la Figura 9.4.

No se encontró evidencia de que las evaluaciones negativas del español puertorriqueño fueran de la mano con las evaluaciones sociales negativas de los puertorriqueños. Los de la G1 mostraron más fricción social y menos fricción lingüística; los de la G2 mostraron menos fricción social pero más fricción lingüística; y los de la G3 mostraron poca fricción de cualquier tipo. Las críticas sobre que los puertorriqueños "maltrataban la lengua" y lo hablaban "machucado" se relacionan a una ideología de estandarización (Milroy 2001), pero esta parece estar perdiendo territorio entre los de la G3, probablemente debido a un debilitamiento del lazo entre la lengua española y la identidad latina. En resumen, estos sentimientos sociales y lingüísticos entre los mexicanos y puertorriqueños en Chicago, a pesar de ser más positivos que los que encontraron de Genova y Ramos-Zayas (2003), presentan un cuadro de identidad latina que incluye estereotipos negativos (sobre todo entre los de la G1) y evaluaciones negativas del español (sobre todo entre los de la G2).

## EJERCICIO 9.9:

Si conoces a varios hablantes de dos dialectos diferentes (no necesariamente el mexicano y el puertorriqueño), hazles preguntas acerca de sus opiniones del otro dialecto.

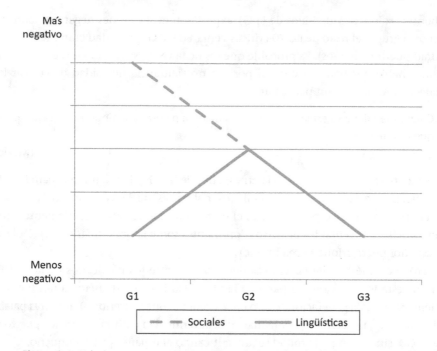

**Figura 9.4.** Relaciones entre mexicanos y puertorriqueños en Chicago (Potowski 2014a)

En otro estudio sobre la relación entre el español y la identidad latina, Urciuoli (2008) presenta un análisis revelador sobre un grupo de estudiantes bilingües latinos provenientes de barrios de clase trabajadora en la ciudad de Nueva York quienes, tras incorporarse a una universidad "élite," sintieron la necesidad de rehacer su identidad latina para "reflejar las personas en las que se están convirtiendo como estudiantes universitarios, que probablemente incluirá una reconfiguración del español" (261). Es decir, muchos creían que sus habilidades en español y sus variedades de español no estaban en la misma *categoría* que su nueva posición social de estudiantes en ese ámbito formal; habían internalizado la idea de que su identidad y su variedad de español eran inferiores.

Los rasgos lingüísticos dialectales también pueden jugar un rol importante en las identidades de los individuos de herencia latina mixta, como en el caso de los "mexirriqueños." Potowski (2008a) encontró que los mexirriqueños de Chicago se autoidentificaban *igualmente* como mexicanos y como puertorriqueños. Sin embargo, el 74 por ciento de ellos hablaba una variedad de español que convergía (en los rasgos estudiados) más con un solo dialecto, generalmente el de la madre. Los otros mostraban rasgos de los dos dialectos de sus padres. Es decir, a pesar de su identificación etnocultural fuerte con las dos etnicidades, los acentos en español de los mexirriqueños los marcaban claramente y fuertemente ya sea como mexicanos o como puertorriqueños. Bien nota Urciuoli (2008) que:

> Accents are not simply phonetic variation produced by a speaker's place or language of origin. Accents are semiotic complexes through which people locate each other.

(271)

Los Capítulos 4 y 5 ofrecieron varias perspectivas sobre las influencias del inglés en el español de los EE.UU.; aquí indagamos un poco más sobre lo que significan estas combinaciones para las personas que las emplean. Hace mucho que los investigadores han documentado estas prácticas lingüísticas que permiten que los individuos representen identidades como hablantes del español estadounidense. Por ejemplo, Zentella (1997a) enfatizó que el cambio de códigos permite a los hablantes cumplir no solo con sus necesidades comunicativas, sino también con la importante tarea de representar una identidad bilingüe. Los textos de Anzaldúa (1999) se citan con frecuencia sobre la inherente hibridad del español de los EE.UU.:

> For a people who are neither Spanish nor live in a country in which Spanish is the first language; for a people who live in a country in which English is the reigning tongue but who are not Anglo; for a people who cannot entirely identify with either standard (formal, Castilian) Spanish nor standard English, what recourse is left to them but to create their own language? A language which they can connect their identity to, one capable of communicating the realities and values true to themselves—a language with terms that are neither *español ni inglés*, but both. We speak a patois, a forked tongue, a variation of two languages.

(1999:77)

Dentro de la cultura popular, el comediante neoyorquino Bill Santiago escribe, "Spanglish[8] is very pro-Spanish. I wage it as an act of *resistencia* against the assimilate-or-else mentality *todavía bastante presente* in a land where Spanish is far from the official *idioma*" (2008:7).

**EJERCICIO 9.10:**

Busca la página para el "SpinTX Video Archive" del *Spanish in Texas Project* de la University of Texas at Austin. Allí encontrarás muchos *videoclips* sobre el uso del inglés mezclado con el español. Elige uno y presenta un resumen y un análisis de lo que dice el hablante sobre este tema.

## 9.2.4 El valor cultural del español

Ya se mencionaron algunas funciones discursivas y de identidad que parece cumplir el cambio de códigos entre el español y el inglés para marcar la identidad latina. También se describieron en el Capítulo 7 algunos contextos culturales en los que se emplea el español (y el inglés), como en la literatura y la producción y consumo musical en los medios de comunicación en los EE.UU.

En otros ámbitos culturales, el español también tiene un papel importante. Por ejemplo, Potowski y Gorman (2011) estudiaron el uso del español en las celebraciones de *quinceañeras* (celebración cultural y religiosa que se festeja cuando una joven cumple los 15 años) en la ciudad de Chicago, IL. Encuestaron a unos 380 estudiantes en nueve escuelas preparatorias diferentes. En total, el 58 por ciento de las jóvenes habían tenido

---

[8] Recuerda del Capítulo 5 los debates sobre el término *"Spanglish."*

o pensaban tener pronto una celebración quinceañera, pero este porcentaje disminuyó según la generación:

75 por ciento de las muchachas G1 y G1.5
59 por ciento de las G2
41 por ciento de las G3

En total, el 79 por ciento de las jóvenes que ya habían tenido una quinceañera indicaron que saber español había sido útil en su celebración, sobre todo para la misa. Solo dos muchachas de la G3 tuvieron la misa en inglés, y aunque todas indicaron que habían asistido a una misa quinceañera en inglés, hacerla en esa lengua le quitaba un "toque especial." Especificaron que en su opinión, era aceptable si una joven lo hacía en inglés porque no hablaba bien el español, pero si lo hacía en inglés por vergüenza de sus raíces, entonces no les parecía bien.

Concluyeron las autoras que las quinceañeras en esa ciudad aumentan y reflejan simultáneamente el uso del español en la familia, a pesar de cierto grado de uso del inglés en algunos dominios relacionados con la celebración (ej. con el DJ, y con el alquiler del salón y de la limusina).

## EJERCICIO 9.11:

¿Tuviste o has asistido a una quinceañera? ¿Qué recuerdas del uso del español y del inglés en la celebración?

El español cumple un papel importante en otros aspectos de la vida cultural de los latinos en los EE.UU., como la televisión, la música y el cine (véase el Capítulo 7). Varias antologías documentan la cultura popular latina de los EE.UU., como la de Habell-Pallán y Romero (2002). También hay literatura escrita en español en los EE.UU. Por ejemplo, el escritor tejano Tomás Rivera tiene un cuento sobre un niño que hace la primera comunión, y Erlinda Gonzales-Berry (nuevomexicana) escribió *Paletitas de guayaba*, la historia de "Marina" y su viaje en tren desde Nuevo México a la Ciudad de México en busca de su identidad. Algunos textos escritos en inglés incorporan el español también,[9] como el trabajo de Junot Díaz, Giannina Braschi, Susana Chávez-Silverman y José Antonio Burciaga. Junot Díaz (ganador en el 2008 del Premio Pulitzer de Ficción) en especial ha expresado públicamente sus opiniones sobre el uso del español en la vida diaria y en la literatura estadounidense, abarcando también observaciones sobre los dialectos en contacto (explorados en el Capítulo 6):

We also have to understand that en los Estados Unidos we have a Spanish that is deeply affected by each other's Spanishes. That un dominicano puede usar palabras mejicanas, palabras cubanas, palabras boricuas ... I think that one of the most terrible inheritances of the colonial experience for us Latinos has been our fragmentation. We don't consider each other's Spanishes as anything more [than] idiosyncratic local peculiarities that are wonderful

---

[9] Callahan (2004) documenta el uso del cambio de códigos en varios textos escritos.

to make jokes about, but we don't see them as sources of knowledge and experiences. We see them somehow as signifying cultural essences or being part of a moral code or calculus, some sort of moral metric ... when we should be thinking of each other's Spanishes as enormously rich bodies of knowledge, bodies of histories, bodies of experience, and inside of them, embedded in them, there's an enormous amount of political apparatus. It's the heartbreak of those of us who work in languages to understand this and to try to find a way to fight it. It's almost 20 years since *Drown* was published and I still have people saying to me: "Listen, you used a Puerto Rican word here. That's not Dominican and therefore you're not Dominican."

(Cresci 2013)

**EJERCICIO 9.12:**

Busca el libro *The Brief Wondrous Life of Oscar Wao* (Díaz), *Yo Yo Boing!* (Braschi), *Killer Crónicas* (Susana Chávez Silverman) o *Drink cultura* (Burciaga). ¿Qué usos del español encuentras?

Otro aspecto de la identidad en los seres humanos es la identidad sexual. Cashman (2014) exploró las consecuencias sociolingüísticas del acto de "salir del *closet*" (afirmar una identidad sexual no-normativa) entre un grupo de cuatro jóvenes hispanos en Phoenix, AZ. Nota la autora que para muchos latin@s, los abuelos y papás son quienes constituyen los interlocutores hispanohablantes de más influencia en sus vidas, pero precisamente también suelen ser quienes rechazan una identidad gay, sobre todo cuando todavía mantienen valores muy tradicionales. Entonces para algunos individuos, cuando el salir del *closet* resultó en una ruptura de los lazos con estos familiares, también se vio cortada la conexión con la lengua española. Hace falta más investigación sobre las intersecciones entre las identidades étnica, lingüística, cultural y sexual.

## 9.3 La identidad en la clase de español para hablantes de herencia

El Capítulo 8 se enfocó en temas educativos, pero aquí mencionamos brevemente el impacto de algunos temas de identidad dentro del contexto escolar, particularmente en la clase de español para hablantes de herencia.

Agnes He (2006), en un texto seminal sobre la identidad de los estudiantes de herencia, propuso que la identidad de estos estudiantes es "el centro de mesa y no el trasfondo del desarrollo de la lengua de herencia" y que "la formación y la transformación de la identidad es simbiótica con el desarrollo" de la lengua (2006:7). Según Hornberger y Wang (2008), los educadores deben comprender "quiénes son los estudiantes de herencia en varios contextos y cómo ven, perciben, interpretan, presentan y se representan a sí mismos en esos contextos" antes de poder desarrollar teorías y aproximaciones pedagógicas apropiadas (2008:6).

Dando un paso hacia esa meta, Showstack (2012) examinó la construcción de identidades culturales y lingüísticas en un grupo de estudiantes hispanos bilingües, así como sus conceptos de diferentes tipos de hispanos e hispanohablantes en un salón de clase para hablantes de herencia en el centro de Texas. Encontró que los estudiantes representaban posiciones en conflicto sobre el valor de su propio español. Por una parte, algunos hicieron referencia tanto a la importancia de su conocimiento de español en el ambiente laboral, como al valor de sus experiencias culturales híbridas. Una estudiante, por ejemplo, describió cómo el español le ayudaba a comunicarse con los clientes hispanohablantes en un farmacia, y otra estudiante habló de la belleza de "estar entre dos culturas." Pero por otra parte, otros estudiantes representaron una "ideología monoglósica de lenguas" (García 2009, 2013) que valorizaba el español "monolingüe." Tal ideología menosprecia la variación contextual y dialectal, así como la combinación de elementos de diferentes idiomas (lo que García llama "translanguaging," 2013). Una estudiante expresó esta postura negativa hacia la mezcla del inglés y el español.

> … especialmente viviendo en la frontera, empiezas a … hablar el español que es como Tex-Mex, Spanglish, empiezas a revolujar [revolver] las palabras si estás hablando en inglés y en español y entonces, me gustaría hablar ah, español, correcto, académico, más mejor.
>
> (Showstack 2012:15)

Además, representaron ideas bastante simplificadas sobre la identidad lingüística y cultural y marginaron a los individuos que no cabían dentro de sus categorías. Por ejemplo, otra estudiante sugiere que se tiene que ser cien por ciento hispano para poder hablar bien el español.

> Yo trabajo en *Victoria's Secret*, y, este, yo no soy la única que hablo el español, pero yo lo hablo más mejor que las otras muchachas. Porque unas de ellas son mitad hispanas y mitad blancas. Este, la mayoría que yo he conocido son mixtas. Y yo, siendo de Laredo, este, allá somos 98 por ciento hispanos.
>
> (Showstack 2012:17)

Showstack (2012) revela que las ideologías hegemónicas sobre la lengua y el bilingüismo se refuerzan dentro del aula, en algunas de las clases para los estudiantes de herencia, y sugiere que en ciertos momentos de interacción en la clase, los estudiantes incluso desafían estas mismas ideologías de maneras sutiles. Sostiene que se debe analizar y discutir tales discursos durante la clase como parte del currículo para que haya conciencia de estas ideologías.

Como se mencionó en el Capítulo 8, los esfuerzos educativos deben promover actitudes positivas hacia el español y sus hablantes. Un libro y/o un maestro que avergüenza a los latinos por su forma de hablarlo no podrá logar mucho en ayudarles a expandir su repertorio comunicativo. La misma familia a veces, aun sin querer, puede hacer que una persona se sienta avergonzada de su español.

## EJERCICIO 9.13:

Mira el corto video en potowski.org/meneses_clip. ¿Qué te parece lo que le dijo la mamá a esta mujer? ¿Lo tomó demasiado a pecho, o te parece una reacción normal? Explica.

Un artículo de Edstrom (2005), titulado "'A *Gringa* is Going to Teach me Spanish!': A Nonnative Teacher Reflects and Responds," ofrece reflexiones perspicaces sobre la necesidad de tener muy en cuenta tanto la autoridad que ejerce el maestro en un salón de clase, como la humildad y el respeto que debe manifestar este hacia los estudiantes de herencia, sobre todo si el maestro no comparte el mismo trasfondo cultural, social y étnico que sus estudiantes. Dice que logró un ambiente educativo positivo al reconocer las "implicancias ofensivas si hubiera presumido corregir" el español de los estudiantes y que el salón de clase se volvió un lugar para hablar sobre el por qué detrás de las formas gramaticales, área en la cual ella tenía bastante conocimiento para impartir.[10]

### EJERCICIO 9.14:

Edstrom (2005) cuenta lo siguiente:

On one occasion I omitted a reflexive pronoun from an example on a handout, a typically nonnative error, and until a student signaled the problem, I was oblivious to it . . . Embarrassed, I acknowledged the missing pronoun . . . Later I wondered if my students saw my omission as an oversight, a random error, or evidence of a flawed understanding of Spanish grammar . . . This is not to say that my students were disrespectful, that they picked at every piece of language I produced, or that they inappropriately questioned my qualifications. The atmosphere in our classroom was positive, energetic, and polite . . . While on the one hand I felt somewhat threatened, on the other I was thrilled that students felt comfortable enough to correct me and that they were attuned to the language used in handouts, exams, and transparencies as sources of grammatical data.

(29)

¿Qué ventajas ofrece el acercamiento pedagógico de Edstrom en la enseñanza del español para hispanohablantes? ¿Qué retos presenta para el maestro y para los estudiantes?

## 9.4 Conclusión

Los jóvenes latinos en los EE.UU. enfrentan temas complejos al construir una identidad etnolingüística dentro de una sociedad predominantemente angloparlante. Basándose en el modelo tripartita que desarrollaron Leung et al. (1997:555), Klee (2011) propone que muchos hispanos cuentan con una *herencia* lingüística, pero que muchos no tienen *experiencia* suficiente con la lengua y, por lo tanto, pueden tener un grado débil o fuerte de *afiliación* con el español. Los estudios parecen señalar que, con el desplazamiento del español al inglés en las generaciones posteriores, también se ve desplazada la necesidad de hablar el español para ejercer una identidad como latino/hispano.

Hacen falta más estudios en las clases de español para hablantes de herencia (incluyendo los que tienen lugar en el extranjero durante programas de *study abroad*) para entender su posible contribución al desarrollo positivo de la identidad de los estudiantes, sobre todo considerando el argumento de Agnes He (2006) que el estudiar una lengua de herencia

---

[10] Como mencionamos en el Capítulo 8, Beaudrie et al. (2014) ofrecen sugerencias adicionales para los maestros de español a hispanohablantes.

significa "no solamente heredar la lengua y mantener la identidad cultural, sino también [significa] transformar la lengua y recrear la identidad" (7).

## Conceptos claves

Busca en el texto las definiciones de estos conceptos y compara con tus compañeros.

Identidad etnolingüística
"Latino" vs. "hispano"
Otros términos identitarios
El papel de la proficiencia en español en la identidad
El papel de la variedad de español en la identidad
Performatividad
Las quinceañeras

# 10 Vitalidad etnolingüística y una mirada hacia el futuro

La vitalidad etnolingüística de una lengua se evalúa tradicionalmente a partir de la evidencia de la transmisión de la lengua a través de las generaciones. Fishman (1966) mostró cómo diversos grupos de inmigrantes en los EE.UU. en el siglo XX no transmitían su lengua étnica después de la segunda generación y, consecuentemente, la tercera generación era monolingüe en inglés.[1] Estas tendencias llevaron a la propuesta de Veltman (1983) que, para el caso del español, el desplazamiento del español por el inglés se refiere a la transición del monolingüismo en español al monolingüismo en inglés, con el bilingüismo como una etapa intermedia.

En este libro, sin embargo, hemos mostrado cómo la sociohistoria del español y de los latinos en los EE.UU. es mucho más compleja que la de otros grupos minoritarios estudiados a finales del siglo XX en el territorio estadounidense. Algunas diferencias importantes se deben a la continuidad de la inmigración (y sus diferentes olas) y a la diversidad dialectal y sociolectal, así como al contacto de dialectos y el contacto de lenguas.

Este capítulo recoge varias temáticas que hemos trazado a lo largo del libro. Pretende reexaminarlas a través de varios criterios que consideramos relevantes para medir la vitalidad actual del español en los EE.UU. La pregunta que guía este capítulo es ¿se puede postular la existencia del "español de los Estados Unidos?" Nuestra posición es que sí se puede hablar del "español de los Estados Unidos," si bien está representado en varias variedades de español habladas en el país.

## 10.1 La vitalidad del español en los EE.UU.

El estudio de la vitalidad etnolingüística consiste en poder entender mejor las dinámicas que tienen lugar en el mantenimiento de una lengua. Una serie de factores son relevantes en la evaluación de la vitalidad de una lengua como los demográficos, que incluyen la fuerza numérica y la representación geográfica de la población de hablantes; los sociales, como el estatus socioeconómico, el estatus social percibido y el estatus de la lengua; y los institucionales, como la presencia de los hablantes y el español en las escuelas, el gobierno,

---

[1] Si bien Carlock y Wölck (1981) encontraron que los inmigrantes polacos e italianos de la G3 en Buffalo, NY, mostraban rasgos lingüísticos que los distinguían como pertenecientes al comunidad polaca o italiana respectivamente, dando origen al término **etnolecto**.

las cortes y los medios de comunicación, entre otros.[2] Repasaremos aquí las consideraciones relevantes propuestas por Giles et al. (1977) y por Fishman (1966, 1972, 1991).

Desde la introducción del concepto de vitalidad etnolingüística por Giles et al. (1977), tenemos a nuestra disposición una metodología de investigación que nos permite estudiar los factores socioestructurales que afectan la vitalidad de las lenguas en contextos multilingües. La metodología que proponen nos permite medir la vitalidad mediante medidas objetivas (factores sociodemográficos y de apoyo institucional) y medidas subjetivas (las percepciones de los hablantes sobre el estatus social de las lenguas).

Según Fishman, el factor más importante cuando medimos la vitalidad de una lengua es la transmisión intergeneracional (1966, 1972, 1991), ya que mediante la transmisión intergeneracional la lengua pasa de padres a hijos, manteniéndose la lengua de los padres en la siguiente generación, si bien los hijos también hablarán la lengua del país. Como punto principal, considera que la relación entre la familia, el hogar y la comunidad étnica inmediata es la fuerza social que contribuye a que haya mantenimiento intergeneracional de la lengua y del bilingüismo (Fishman 2013:473). Según Grenoble y Whaley (2006), en caso contrario:

> A language is endangered when one language is replaced by another one. That is, when there is language shift in a speech community.
>
> (2006:14–15)

Una lengua está en peligro, entonces, cuando la transmisión intergeneracional se reduce a través de las generaciones, como algunos estudiosos postulan que es el caso para el español en los EE.UU. (como vimos en el Capítulo 2).

Según Fishman, otros factores que favorecen la sustitución de una lengua con otra están conectados, primordialmente, a números bajos de monolingüismo en la lengua y a números altos de bilingüismo, que sugeriría un cambio hacia la otra lengua. También hay la alta diversidad regional que no permite la comunicación, debido a la falta de una norma, las actitudes lingüísticas negativas hacia la propia lengua y su uso limitado en dominios de la vida diaria. La alta urbanización y la alta migración interna también son otros factores que se presentan como inhibidores de la vitalidad de una lengua.

Por otro lado, aquellos factores que promueven el mantenimiento de una lengua son una presencia numérica alta, su presencia y difusión geográfica (véanse los Capítulos 1 y 2), así como la autoidentificación étnica (véase el Capítulo 9). Otros factores describen usos oficiales de la lengua en contextos públicos y gubernamentales (véase el Capítulo 7). Estos factores se resumen en el Cuadro 10.1.

Seguidamente nos centramos en estos factores sociodemográficos, culturales y sociopolíticos aplicados al caso del español en los EE.UU. Veremos que aunque muchos estudios documentan la pérdida del español más allá de la tercera generación, ciertos factores sugieren una vitalidad latente y emergente en el siglo XXI, que ya no parece estar condicionada por la inmigración latinoamericana (si bien esta la favorece).

---

[2] Véase el mapa interactivo de "Lenguas en peligro" de la UNESCO que está basada en una propuesta de evaluación de vitalidad etnolingüística hecha por lingüistas y antropólogos para evaluar las lenguas del mundo. También véase una propuesta alternativa de Escobar (en progreso) para el caso de lenguas amerindias en Latinoamérica.

**CUADRO 10.1.** Factores que favorecen el desplazamiento y el mantenimiento lingüísticos

(Adaptado de Fishman 1991)

| Desplazamiento | Mantenimiento |
|---|---|
| Sociodemográficos | |
| Monolingüismo bajo | Fuerza numérica |
| Bilingüismo alto | Extensión y difusión geográfica |
| Alta diversidad dialectal | |
| Culturales | |
| Reducción de la transmisión intergeneracional | Autoidentificación con el grupo étnico |
| Actitudes lingüísticas negativas | Actitudes lingüísticas positivas |
| Sociopolíticos | |
| Reducción de dominios de uso | Programas de educación bilingüe y entrenamiento de maestros |
| Alta urbanización | Uso de la lengua en los medios de comunicación y en la lengua escrita |
| Migración a otras regiones lingüísticas | Reconocimiento oficial y su empleo en las cortes judiciales |

## 10.1.1 Representación numérica

La población latina consta de un grupo mayoritario que nació en el país (64 por ciento), y de otro que nació fuera de los EE.UU. (36 por ciento; Cuadro 10.2). Es decir, los nacidos en los Estados Unidos constituyen el grupo mayoritario (64 por ciento) y, de estos, el 52 por ciento pertenece a la segunda generación (Fry y Passel 2009). Los hispanohablantes inmigrantes son considerados los depositarios de los **dialectos referenciales** (Capítulo 3), especialmente aquellos que vinieron después del 2000 como adultos y que serían más dominantes en español. Los hispanohablantes nacidos en el país son los depositarios de los **dialectos de contacto** (Capítulo 5) y, como acabamos de subrayar, forman el 64 por ciento de los hispanos en el país.

Sin embargo, recordemos que no todos los latinos nacidos en los EE.UU. hablan español. Según datos del American Community Survey del 2011 para latinos mayores de cinco años (Motel y Patten 2013a:Cuadro 10), el 39 por ciento de los latinos nacidos en los EE.UU. habla solo inglés en el hogar. Es decir, el otro 61 por ciento habla español (solo o con el inglés) en casa. Entonces tenemos los datos siguientes:

- El 36 por ciento de todos los latinos en los EE.UU. nació en el extranjero (Cuadro 10.2). El 100 por ciento de ellos habla español (pero regresaremos a este punto más adelante). El Cuadro 10.3 incluye solo los mayores de cinco años, quienes suben la proporción de hispanohablantes del 36 al 40 por ciento de todos los latinos en los EE.UU.

**CUADRO 10.2.** Población latina en los EE.UU. según tiempo de estancia

(Motel y Patten 2013a:Cuadros 6 y 8 con datos del 2011)

| Características | Porcentaje latinos | Número |
|---|---|---|
| Nacidos fuera de los EE.UU. | 36 | 18,788,300 |
| Nacidos en los EE.UU. | 64 | 33,138,858 |
| **Total de latinos** | **100** | **51,927,158** |

| | | |
|---|---|---|
| Llegaron después del 2006 | 5.2 | 2,712,635 |
| Llegaron entre el 2000 y 2005 | 9.2 | 4,796,856 |
| Llegaron antes del 2000 | 21.7 | 11,278,809 |
| Nacidos en los EE.UU. | 63.8 | 33,138,858 |
| **Total de latinos** | **100** | **51,927,158** |

**CUADRO 10.3.** Población latina (de mayores de cinco años de edad) en los EE.UU. según origen y uso del español en la casa

(Adaptado de Motel y Patten 2013a:Cuadros 6, 10 y 20)

| Número | | | Porcentaje por grupo | Porcentaje total |
|---|---|---|---|---|
| Nacidos en el extranjero | | 18,710,514 | 40 | 40 |
| Nacidos en los EE.UU. | Hablan español | 17,090,327 | 61 | 37 |
| | No hablan español | 10,985,095 | 39 | 23 |
| | Total nacidos en los EE.UU. | 28,075,422 | 60 | – |
| **Total: latinos mayores de 5 años de edad** | | **46,785,936** | **100** | **100** |

- El 64 por ciento de todos los latinos nació en los EE.UU. (Cuadro 10.2). De nuevo, si nos enfocamos únicamente en los que tienen más de cinco años de edad (Cuadro 10.3), el 61 por ciento de los nacidos en los EE.UU. habla español en casa. Este grupo representa entonces el 37 por ciento de todos los latinos en los EE.UU. mayores de cinco años de edad.
- De los latinos nacidos en los EE.UU., el 39 por ciento no habla español en casa. Este porcentaje representa el 23 por ciento de todos los latinos en los EE.UU.

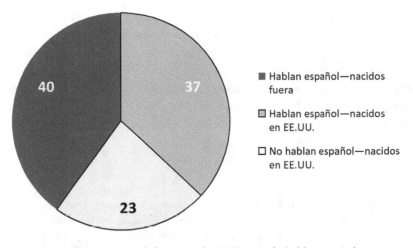

**Figura 10.1.** Proporciones de latinos en los EE.UU., según hablen español en casa o no

Estas proporciones se ven en el Cuadro 10.3. En la Figura 10.1 se ve gráficamente que en los EE.UU. hay proporciones casi iguales de hispanohablantes nacidos fuera y que hablan los dialectos referenciales (40 por ciento), y los nacidos en los EE.UU. y que hablan los dialectos de contacto (37 por ciento).

Los datos del Cuadro 10.3 y de la Figura 10.1 incluyen solo a latinos mayores de cinco años de edad. Sin embargo, recordemos que los niños que llegan a los EE.UU. antes de los seis años de edad, aproximadamente, si bien son monolingües probablemente en un dialecto referencial, casi siempre adquieren el inglés al mismo tiempo que están aprendiendo el español, reduciéndose consecuentemente el porcentaje de exposición al español y las oportunidades de usarlo (véase el Capítulo 4). Es decir, muy posiblemente serán hablantes de los dialectos de contacto. No sabemos a ciencia cierta qué proporción de los nacidos fuera de los EE.UU. eran niños al llegar, pero del total de latinos menores de cinco años de edad en el 2011 (Motel y Patten 2013a:Cuadro 10) tenemos ciertos datos. De todos los latinos nacidos fuera de los EE.UU., el 0.2 por ciento (77,786) era menor de cinco años. De los nacidos en los EE.UU. y el 7.5 por ciento (5,063,436) era menor de cinco años. Es decir, el porcentaje número son menores en los nacidos fuera del país. (Veremos más adelante que el 91 por ciento de los latinos menores de 19 años en el país nacieron en los EE.UU.)

Por otro lado, recordemos que hay dos grupos adicionales que no están incluidos en estos cálculos. Primero son los 11 millones de hispanohablantes indocumentados. De este grupo, el 12.6 por ciento eran niños indocumentados en el 2008 (Passel y Cohn 2009). Luego hay los 2.8 millones de no-latinos que hablan español en el hogar (véase el Capítulo 1), sobre quienes difícilmente se podría determinar si lo que hablan son dialectos depositarios o de contacto. Tomando en consideración al grupo numeroso que constituyen los indocumentados (11 millones), sumados a los otros inmigrantes (18.7 millones), el total de latinos hispanohablantes nacidos en el extranjero llega a 29.7 millones. Los latinos nacidos en los EE.UU. que hablan español suman 17 millones, mientras que los que no hablan español suman 11 millones. La balanza de hablantes de español parece inclinarse hacia los dialectos referenciales, subiendo la proporción de latinos en los EE.UU. a 52 por ciento, mientras los latinos nacidos en los EE.UU. que hablan español bajan al 29 por ciento y los latinos que no hablan español bajan al 19 por ciento. No hay que olvidar, sin embargo, que de los latinos nacidos en el extranjero, hace falta considerar también la edad a la que llegaron a los EE. UU. y el grado de contacto que tuvieron con el inglés.

Estos porcentajes sugieren una vitalidad alta del español en los hogares latinos.[3] El que el 61 por ciento de los latinos nacidos en los EE.UU. hable español sugiere que el mantenimiento de la lengua es más del 50 por ciento y, por ende, que su vitalidad en los EE.UU. es fuerte (si bien más en la G2 que la G3).

## EJERCICIO 10.1:

El Cuadro 10.4 presenta los estados con el mayor porcentaje de jóvenes latinos menores de 18 años. El suroeste tiene los porcentajes más altos. ¿En cuáles otras regiones sociolingüísticas están los estados con porcentajes entre el 15 y el 30 por ciento de jóvenes latinos menores de 18 años? ¿Qué impacto sociolingüístico puede tener este hecho?

**CUADRO 10.4.** Estados con el mayor porcentaje de menores de 18 años latinos según el censo del 2010

(Basado en Passel et al. 2011:Cuadro 7)

| Suroeste | Porcentaje | Otras regiones | Porcentaje | Región sociolingüística |
|---|---|---|---|---|
| Nuevo México | **58.2** | Florida | **27.6** | |
| California | **51.2** | Illinois | 23.1 | |
| Texas | **48.3** | Nueva York | 22.5 | |
| Arizona | **43.2** | Nueva Jersey | 22.3 | |
| Nevada | **39.4** | Oregón | 20.8 | |
| Colorado | **30.5** | Rhode Island | 20.5 | |
| | | Connecticut | 19.6 | |
| | | Washington | 18.9 | |
| | | Idaho | 17.0 | |
| | | Kansas | 16.8 | |
| | | Utah | 16.5 | |
| | | Nebraska | 15.1 | |

[3] Si consideramos que muchos latinos son bilingües, los porcentajes de uso del español se deben de estudiar dentro de este contexto. Si usan las dos lenguas frecuentemente, un 50% debe de considerarse como alto.

## EJERCICIO 10.2:

En el Cuadro 10.5 se presentan en orden descendiente los estados con el mayor incremento porcentual de jóvenes latinos menores de 18 años desde el censo del 2000. ¿Qué regiones sociolingüísticas están representadas? Y ¿cómo se compara a lo que encontraste en el Cuadro 10.4? ¿Qué impacto puede tener este hecho en las comunidades de la región?

Como nuestro interés aquí es especialmente en los dialectos de contacto que se hablan en los EE.UU. y la posible formación de un dialecto estadounidense, distinguimos tres poblaciones que hablan diferentes dialectos del español de los EE.UU. según su sociohistoria (Capítulo 1). Estos tres grupos incluyen uno que teóricamente hablaría dos tipos de dialectos, el referencial y el de contacto (Cuadro 10.6).

El primer grupo son los llegados después del 2000 que hablan varios dialectos referenciales y representan el 21 por ciento de la población hispanohablante en los EE.UU. El grupo intermedio son los inmigrantes llegados antes del 2000 y que han residido en los EE.UU. durante más de 14 años. Su español no solo tiene rasgos de los dialectos referenciales, sino también incluye rasgos de los dialectos de contacto estadounidenses. No sabemos si todos los inmigrantes de larga residencia en los EE.UU. son bidialectales (que

**CUADRO 10.5.** Incremento porcentual mayor del 100 por ciento de menores de 18 años latinos (Basado en Passel et al. 2011:Cuadro 7)

|  | Incremento porcentual entre los censos del 2000 y del 2010 | Región sociolingüística |
|---|---|---|
| Carolina del Sur | 192 | |
| Tennessee | 178 | |
| Alabama | 170 | |
| Kentucky | 165 | |
| Carolina del Norte | 156 | |
| Arkansas | 134 | |
| Georgia | 131 | |
| Mississippi | 120 | |
| Maryland | 106 | |
| Dakota del Sur | 104 | |
| Indiana | 103 | |
| Delaware | 100 | |
| Virginia | 100 | |

**CUADRO 10.6.** Hispanohablantes en los EE.UU. según dialecto que emplean

(Adaptado de Motel y Patten 2013a:Cuadros 6, 8 y 20 con datos del 2011)
Los datos para los nacidos fuera del país no diferencian a los individuos por edad, por lo que están incluidos en estos números los 77,786 niños menores de cinco años de edad nacidos fuera de los EE.UU. Los datos de los nacidos en los EE.UU. sí incluyen a los mayores de cinco años de edad. De allí que el total no coincida con la suma de los hablantes de español en el Cuadro 10.3.

| Grupo | | Dialecto que hablan | | Porcentaje | Número |
|---|---|---|---|---|---|
| | | Referencial | De contacto | | |
| Nacidos al extranjero | Llegados después del año 2000 | + | - | 21 | 7,509,491 |
| | Llegados en el 2000 o antes | + | + | 31 | 11,278,809 |
| Nacidos en los EE.UU. | | - | + | 48 | 17,090,327 |
| **Total** | | | | **100** | **35,878,627** |

pueden producir una variedad referencial cuando están visitando su país y la de contacto cuando están en los EE.UU.), pero sí sabemos que su español tiene rasgos de estos dos tipos de dialectos (cf. Otheguy y Zentella 2012; Shin y Otheguy 2013). Los datos censales no nos dicen la edad que tenían los individuos que llegaron después del 2000. No hay duda que aquellos que tenían menos de seis años en el 2001 se parecerán más a los nacidos en los EE.UU. (es decir, hablarán dialectos de contacto). Sin embargo, como los nacidos fuera de los EE.UU. y menores de 19 años representaron en el 2011 solo el 9 por ciento de todos los latinos en el país (Motel y Patten 2013a; véase el Cuadro 10.18 más abajo), para los propósitos de la argumentación nos centramos aquí en los porcentajes como aparecen en el Cuadro 10.6.

En el caso de los hispanohablantes nacidos en los EE.UU., ellos serían los depositarios de los dialectos de contacto (Otheguy y Zentella 2012), especialmente los de la G2, ya que en la G3 hay mayor variación en su proficiencia en el español (véase el Capítulo 4). Sin embargo, debemos recordar que el español de la G2 también tiene rasgos de variedades referenciales, en algunos casos de más de una variedad, según estén en contacto con alguna variedad en particular (ej. los salvadoreños en Houston: Hernández 2009) o hayan crecido con padres que hablan diferentes dialectos referenciales (ej. los mexirriqueños en Chicago: Potowski 2008a).

## 10.1.2 Diversidad geográfica y dialectal

Si una lengua está relegada a una región pequeña, específica o periférica, esto podría afectar negativamente su vitalidad a largo plazo. Sin embargo, si los números de hablantes son altos y se encuentran concentrados en diferentes partes del país, entonces se considera que la lengua tiene vitalidad. En el Capítulo 4, por ejemplo, vimos los resultados de Alba et al. (2002) según los cuales la probabilidad de que un niño cubano G3 que vive en Miami sea

**CUADRO 10.7.** Los rasgos dialectales más representados en cada región sociolingüística

| Regiones sociolingüísticas | Rasgos de variedades referenciales | | | | | | Rasgos de contacto |
| --- | --- | --- | --- | --- | --- | --- | --- |
| | Mexicano | Centro-americano | Caribeño | Andino | Cono Sur | "Otros" | |
| Tradicionales | | | | | | | |
| Suroeste | + | + | | | | | + |
| Noreste | | | + | (+) | | + | + |
| Sureste | | | + | | | + | + |
| Medioooeste | + | (+) | (+) | | | | + |
| Nuevas | | | | | | | |
| Medio-Atlántico | + | (+) | (+) | | | + | + |
| Centrosur | + | | | | | + | + |
| Noroeste | + | | | | | + | + |

bilingüe es 20 veces mayor que la de otro niño que vive en una zona con tan solo un 5 por ciento de hispanohablantes (cf. Lynch 2013).

En los Capítulos 2 y 5 vimos que si bien hay diferentes dialectos referenciales del español en los EE.UU., estos están en contacto entre ellos y con los dialectos de contacto, sin afectar negativamente la vitalidad de la lengua. En el Cuadro 10.7 se resumen los perfiles dialectales (incluyendo los rasgos dialectales más salientes) que se presentaron para cada región sociolingüística en los Capítulos 2, 3 y 5.

Si bien el español está presente en todas las regiones sociolingüísticas, especialmente en las ciudades (aunque más recientemente también en zonas semiurbanas y rurales), el Cuadro 10.7 sugiere cierta diversificación en la presencia de hispanohablantes en el país y, por ende, de los rasgos dialectales más extendidos en cada región. Está claro que los rasgos de contacto y del dialecto mexicano representan las variantes mayoritarias en el español que se habla en los EE.UU. Sin embargo, el panorama es más complejo. Por ejemplo, los dialectos del español de las regiones noreste y sureste tienen más rasgos caribeños que otras regiones. Las regiones sociolingüísticas nuevas y las regiones tradicionales del este del país (noreste y sureste) también tienen más rasgos de la categoría "Otros."[4]

Otra consideración es que las tendencias en el Cuadro 10.7 no muestran los perfiles dialectales en las ciudades mismas, ni en las partes específicas de la ciudad (véase el

---

[4] Siguiendo los datos del censo, la categoría "Otros" incluye las variedades con menos hablantes. Estas tienden a incluir las variedades andina y del Cono Sur, así como cualquier otra que no sea mayoritaria en la región.

**CUADRO 10.8.** Origen de los inmigrantes hispanohablantes según cuándo llegaron
(Tomado de Motel y Patten 2013b:Cuadro 8)

| Origen | antes de 1990 | 1990–1999 | 2000–2005 | 2006 y después | Total |
|---|---|---|---|---|---|
| Mexicano | 34.7 | 30.8 | 23.4 | 11.0 | 100 |
| Caribeño | 44.8 | 23.8 | 16.5 | 14.9 | 100 |
| Centroamericano | 34.4 | 26.2 | 24.0 | 15.4 | 100 |
| Sudaméricano | 33.8 | 26.2 | 25.8 | 14.3 | 100 |

Capítulo 2). Por ejemplo, en el suroeste, además de la prominencia de la variedad mexicana, la categoría "Otros" es importante en ciudades como Denver, Dallas, San Francisco y San Diego. La presencia caribeña también es importante en Las Vegas y San Diego; así como la salvadoreña es especialmente importante en Houston y Los Ángeles.

En otras regiones sociolingüísticas, encontramos patrones diferentes también. En el noreste, la variedad salvadoreña, en particular, y la categoría "Otros" son importantes en Washington, DC, mientras la mexicana está bastante extendida en Filadelfia y parte de Nueva Jersey, así como la andina también es importante en parte de Nueva Jersey. En el sureste, la variedad mexicana y la categoría "Otros" son importantes en Orlando, así como también la categoría "Otros" en Fort Lauderdale. Por último, en Atlanta (medio-Atlántico), la variedad puertorriqueña también compite fuertemente con la variedad mexicana.

El Cuadro 10.7 tampoco nos dice cuáles son los rasgos de los dialectos referenciales que usan más los inmigrantes, especialmente aquellos que llegaron después del año 2000. Por lo tanto es importante distinguir a los inmigrantes según su tiempo de residencia en el país, como hicieron Otheguy y Zentella en su estudio de la ciudad de Nueva York (2012). En el Cuadro 10.8 están representados los inmigrantes latinos según cuándo llegaron a los EE.UU. y el origen que reportan. Como dijimos arriba, en términos generales los hablantes de los dialectos referenciales en este libro son los que llegaron después del 2000 (si bien aquellos que llegaron después del 2000 pero con menos de seis años de edad serán hablantes de dialectos de contacto).

Considerando lo visto hasta ahora, los patrones lingüísticos en el país muestran un perfil complejo en todas las regiones sociolingüísticas y en las ciudades (Capítulo 2). Por lo tanto, el estudio sobre el español de los EE.UU. necesita ser un estudio sobre el contacto entre dialectos del español, además de un estudio sobre el contacto entre el español y el inglés, para entender mejor la posible formación de normas en cada ciudad y región respectiva. Los estudios de contacto de dialectos (véase el Capítulo 6) muestran cómo los rasgos de las variedades referenciales y los rasgos de contacto, juntos, forman parte de estas nuevas variedades que constituyen las variedades del español de los EE.UU. Solo el tiempo nos dirá qué forma tomarán estas variedades y si estas se convertirán en normas dialectales. En el entretanto, es importante estudiar el proceso.

**CUADRO 10.9.** Aumento porcentual de inmigrantes por región de origen

(Basado en Motel y Patten 2013b:Cuadro 4)

| Región de origen | Censo 2010 (millones) | Censo 2000 (millones) | Porcentaje 2010 | Aumento porcentual |
|---|---|---|---|---|
| México | 11.7 | 9.2 | **55.4** | 28.2 |
| Centroamericano | 3.0 | 2.0 | 14.2 | **48.2** |
| Caribeño | 3.7 | 2.9 | 17.5 | 26.3 |
| Sudamericano | 2.7 | 1.9 | 12.8 | **42.7** |

La diferenciación de generaciones sociolingüísticas (véanse los Capítulos 2 y 4) nos permite reconocer que las variedades de español de la G1 van a ser diferentes de las de la G2 y G3. Sin embargo, cuándo llegaron los inmigrantes y su tiempo de residencia en los EE.UU. tendrá impacto sobre su uso del español y los rasgos que contiene. Además, el incremento de los inmigrantes entre los censos del 2000 y del 2010 (Cuadro 10.9) señala no solo que el dialecto mexicano es el más representado, sino que son los dialectos centroamericanos y sudamericanos (andino y del Cono Sur) que más han aumentado en el último censo.

Es decir, en los EE.UU. hay dialectos referenciales de todas las variedades de español. Sin embargo, como vemos en los Cuadros 10.8 y 10.9, hay un aumento porcentual fuerte de nuevos dialectos que no son mexicanos ni caribeños, agregando más variantes regionales a la competencia de rasgos lingüísticos en las situaciones de contacto dialectal.

Según el censo del 2010, la edad promedio de los latinos nacidos en los EE.UU. es de 18 años de edad, mientras que la de los inmigrantes hispanohablantes es de 38 años de edad; es decir, 20 años mayor. Entonces la representación de los dialectos referenciales se encuentra especialmente entre los mayores y la de los dialectos de contacto entre los más jóvenes.

Recordemos también que no todos los latinos nacidos en los EE.UU. hablan español y que no todos los hispanohablantes son latinos (véase Capítulo 1). Según datos del American Community Survey, en el 2011 el 61 por ciento de los latinos nacidos en los EE.UU. entre cinco y 17 años de edad hablaba español en casa (Cuadro 10.10).[5]

No obstante, estos porcentajes sugieren una vitalidad alta del español en la generación joven y en la transmisión intergeneracional en los hogares latinos.[6]

Hemos establecido la vitalidad del español en los EE.UU., por su uso mayoritario entre los latinos del país y en los jóvenes de entre los cinco y los 17 años. El Cuadro 10.7 nos recuerda que también hay diferentes tipos de hablantes y que estos tienen a su disposición

---

[5] Recordemos que aquí no están incluidos los 11 millones de indocumentados hispanohablantes y los 2.8 millones de no-latinos que hablan español en el hogar (véase el Capítulo 1).

[6] Los porcentajes de uso del español se deben de estudiar dentro del contexto del bilingüismo de muchos latinos, en el cual un 50% debe de considerarse como alto. Es decir, si hay dos lenguas y el 100 por ciento es el tiempo total que se puede dar al uso de una lengua, entonces si se usan dos lenguas y con igual frecuencia, el 50 por ciento es el máximo que se puede emplear cada lengua.

**CUADRO 10.10.** Latinos nacidos en los EE.UU. según lengua que emplean en la casa en el 2011

(Adaptado de Motel y Patten 2013b:Cuadro 20)

| Nacidos en los EE.UU. | Hablan solo inglés en casa | Hablan español en casa | Total |
|---|---|---|---|
| De 5 a 17 años | 4,288,168 | 6,765,817 | 11,053,985 |
| | **39%** | **61%** | **100%** |
| Más de 17 años* | 6,696,927 | 10,324,510 | 17,021,437 |
| | **39%** | **61%** | **100%** |
| Total | 10,985,095 | 17,090,327 | 28,075,422 |
| | **39%** | **61%** | **100%** |

\* La semejanza entre los porcentajes en los patrones de uso de los menores de 17 años y los de los mayores de 17 años de edad se puede deber al hecho de que son los padres los que responden a estas encuestas.

diferentes rasgos lingüísticos. Los rasgos de todos estos dialectos constituyen parte del **español de los EE.UU**. Sin embargo, son los rasgos de contacto (tanto con el inglés como con otros dialectos del español) los que distinguen más al español estadounidense de las otras variedades de español en el mundo. Recordemos que Silva-Corvalán (1994) llama la atención también a aquellos rasgos que se encuentran en otras variedades de español fuera de los EE.UU. pero que son más frecuentes en el español estadounidense; algunos ejemplos son los clíticos preverbales (Capítulo 5). Hacen falta más estudios para descubrir otros rasgos semejantes. Sin embargo, la presencia de diferentes comunidades que hablan el español en diferentes partes del país es un factor que favorece su mantenimiento, como proponen los estudios de vitalidad lingüística (cf. Fishman 1991).

## 10.1.3 Bilingüismo y el inglés

Los estudios sobre la vitalidad de las lenguas incluyen el alto bilingüismo como evidencia de que la lengua minoritaria se está debilitando. Como vimos en el Capítulo 7, la Oficina de Censo de los EE.UU. recoge datos que dan cierta información sobre el conocimiento del inglés en la población inmigrante en el país. El cuestionario censal tiene una sección donde se pregunta qué lengua se emplea en el hogar y el grado de conocimiento del inglés de cada persona que vive en la misma casa. La pregunta del censo aparece en la Figura 10.2.

El Cuadro 10.11 presenta los datos del American Community Survey para el 2011. Incluye el conocimiento de inglés de los inmigrantes, según ascendencia, y el de los nacidos en los EE.UU. Los datos muestran que hay variación con respecto a las habilidades en inglés en la población inmigrante hispanohablante. Los nacidos en los EE.UU. usan solo el inglés en casa en porcentajes mucho más altos. Sin embargo, si sumamos las columnas donde se reportan los porcentajes de "solo inglés en casa" con los que hablan el inglés "muy bien" y "bien," encontramos que en todos los grupos se habla el inglés muy bien o

**CUADRO 10.11.** Conocimiento del inglés en la población inmigrante y nacida en los EE.UU.

(Adaptado de Ryan 2013:Figura 12; para los nacidos en los EE.UU., tomado de Motel y Patten 2013b: Cuadro 21)

| Origen | Solo inglés en casa | Habla español en casa. Habla inglés: | | | |
|---|---|---|---|---|---|
| | | Muy bien | Bien | No muy bien | No lo habla |
| Mexicano | 3.2 | 24.7 | 22.2 | 30.9 | 18.9 |
| Centroamericano | 6.7 | 25.6 | 22.4 | 28.7 | 16.6 |
| Sudamericano | 15.4 | 38.1 | 23.2 | 17.4 | 5.9 |
| Caribeño | 31.9 | 24.7 | 15.9 | 16.5 | 10.9 |
| Nacidos en los EE.UU. | | | | | |
| 5–17 años | 38.8 | 48.9 | 12.3 | | |
| ≥ 18 años | 39.3 | 49.1 | 11.5* | | |

* Los porcentajes sobre la autoevaluación de la proficiencia en inglés para los nacidos en los EE.UU. muestran que hay un porcentaje cerca al 10 por ciento que no se considera altamente proficiente en el inglés. Todos los que respondieron a esta pregunta "bien, no muy bien o no lo habla" están presentados como un solo grupo en el documento del Pew Hispanic Center (Motel y Patten 2013b:Cuadro 21). Los porcentajes son ligeramente menores en el grupo mayor, probablemente porque el grupo menor incluye a los G2, que todavía viven con sus padres de la G1. Es decir, es probable que el español sea su lengua dominante. Para el grupo mayor, puede ser que vivan en regiones donde el español se emplea extendidamente. Podría también ser una subestimación de sus habilidades en inglés, lo que es bastante común en bilingües.

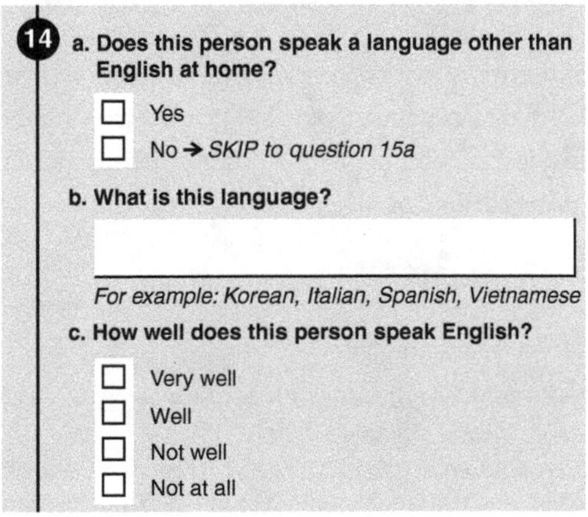
14 a. Does this person speak a language other than English at home?
☐ Yes
☐ No → *SKIP to question 15a*
b. What is this language?
*For example: Korean, Italian, Spanish, Vietnamese*
c. How well does this person speak English?
☐ Very well
☐ Well
☐ Not well
☐ Not at all

Source: U.S. Census Bureau, 2011 American Community Survey.

**Figura 10.2.** Pregunta sobre el uso del inglés en el American Community Survey del 2011 (tomado de Ryan 2013)

**CUADRO 10.12.** Porcentaje de los que responden "muy bien" a la pregunta sobre el inglés que hablan, según grupo dialectal

(Tomado de Motel y Patten 2012)

| Grupo dialectal | Origen | Porcentaje |
|---|---|---|
| Mexicano | Mexicano | 65 |
| Caribeño | Puertorriqueño | 82 |
| | Cubano | 58 |
| | Dominicano | 55 |
| Centroamericano | Salvadoreño | 46 |
| | Hondureño | 42 |
| | Guatemalteco | 41 |
| Sudamericano | Colombiano | 59 |
| | Peruano | 59 |
| | Ecuatoriano | 50 |
| **Total** | | **65** |

bien en más del 50 por ciento. Mientras los grupos caribeños (72.5 por ciento) y sudamericanos (76.7 por ciento) tienen los porcentajes más altos, los centroamericanos (54.7 por ciento) y los mexicanos (50.1 por ciento) tienen los porcentajes más bajos. En la Sección 10.2 veremos que esto también está conectado a los perfiles socioeducativos dentro de cada grupo. Mientras el perfil social del grupo mexicano es más diverso, los otros grupos tienden a favorecer cierto perfil social más específico.

Cuando miramos más detenidamente a los porcentajes de la proficiencia más alta del inglés ("muy bien": Cuadro 10.12) y nos centramos en los grupos más recientes, el grupo centroamericano tiene los porcentajes más bajos y los sudamericanos tienen porcentajes más altos, incluso cercanos a algunos caribeños.

## EJERCICIO 10.3:

Analiza el Cuadro 10.12 y responde a las siguientes preguntas.

1. ¿Qué grupo tiene el porcentaje de conocimiento del inglés más alto y cuál lo tiene más bajo? En vista de lo discutido hasta ahora, ¿cómo podrías explicar estas diferencias?
2. ¿A qué se pueden deber las grandes diferencias en el grupo caribeño? (El grupo puertorriqueño se refiere solo a los puertorriqueños en el continente.)

Si bien el bilingüismo es bastante extendido en los EE.UU. y los hablantes parecen mantener las dos lenguas (sobre todo de la G2), el porcentaje de conocimiento alto del inglés

**CUADRO 10.13.** Conocimiento del inglés de la población latina por edad (mayores de cinco años) (Tomado de Ryan 2013:Cuadro 3)

|            | Hablo el inglés muy bien | Hablo el inglés menos de muy bien |
|------------|--------------------------|-----------------------------------|
| 5–14 años  | 76.2                     | 23.8                              |
| 15–19 años | 82.7                     | 17.3                              |
| 20–39 años | 55.3                     | 44.7                              |
| 40–59 años | 42.9                     | 57.1                              |
| 60+ años   | 38.7                     | 61.3                              |

baja a mayor edad tiene el individuo (Cuadro 10.13). No obstante, debemos recordar que los inmigrantes son hablantes del inglés como segunda lengua y, por lo tanto, pueden estar expresando también inseguridades sobre su proficiencia en el inglés, aunque lo usen en el trabajo. Por otro lado, los porcentajes altos de "hablo el inglés menos de muy bien" en los grupos de mayor edad también pueden incluir a aquellos inmigrantes que vinieron a trabajar o trabajan en ocupaciones que no requerían o no requieren el uso del inglés por todos.

Con respecto al grupo de los latinos nacidos en los EE.UU., este usa el inglés en porcentajes mucho más altos que los inmigrantes.[7] El Cuadro 10.13 sugiere que entre los que hablan el inglés muy bien (en que categoría estarían los nacidos en los EE.UU.) son las generaciones menores de 40 años, especialmente las menores de 20 años, las que tienen los porcentajes más altos de proficiencia alta en inglés. Podemos concluir, entonces, que el bilingüismo en inglés es alto en las comunidades latinas, pero el uso del español también es alto dentro del país. Esto significa que el bilingüismo en inglés no debe necesariamente verse como dañino para la vitalidad del español en los EE.UU. Como vimos en el Capítulo 9, el ser bilingüe es una parte importante de la identidad de la mayoría de los latinos. Es decir, ser bilingüe no debe interpretarse como pérdida del español.

## 10.1.4 Autoidentificación con el grupo étnico

La autoidentificación del individuo como parte o no del grupo étnico del que proviene es importante para saber cuáles son sus actitudes hacia ese grupo étnico. Generalmente, si un individuo se identifica con su grupo étnico, también expresa la cultura y la lengua de este. Sin embargo, algunos grupos étnicos minoritarios promueven su cultura pero sin incluir la lengua. En el Capítulo 9 vimos que no todos los grupos latinos consideran que para ser latino hay que hablar español.

Como también vimos en el Capítulo 9, el Pew Hispanic Center hizo dos encuestas en los últimos años sobre la etiqueta que prefieren emplear los latinos para autoidentificarse. Una

---

[7] Los porcentajes de 11.5 por ciento en los latinos mayores de 18 y del 12.3 por ciento en los jóvenes menores de 17 años parecen expresar ya sea ambivalencia con respecto a su uso del inglés o pueden deberse a que ellos crecieron en hogares y comunidades donde el uso del español era alto (en el caso de los jóvenes, especialmente).

**CUADRO 10.14.** Término empleado para identificarse (porcentajes)

(Adaptado de Pew Hispanic Center 2009 y de Taylor et al. 2012)

| Edad | País de origen de la familia | "Hispano/latino" | "Americano" | Preferencia entre "hispano" y "latino" |
|---|---|---|---|---|
| 16–25 años | 52 | 20 | 24 | No se preguntó |
| G1 | 72 | 22 | 3 | |
| G2 | 41 | 21 | 33 | |
| G3+ | 32 | 15 | 50 | |
| Adultos | 51 | 24 | 21 | 51 no tiene preferencia |
| | | | | 33 "hispano" |
| | | | | 14 "latino" |

encuesta fue hecha a jóvenes latinos entre los 16 y 25 años, nacidos en los EE.UU., y la otra a adultos. Las categorías en el Cuadro 10.14 incluyen las respuestas de cada grupo, pero presentamos aquí las respuestas de los jóvenes según generación.

Más de la mitad de los jóvenes latinos se identifican fuertemente con la región de origen de sus padres para definir su identidad étnica. Sin embargo, si dividimos a estos jóvenes por la generación a la que pertenecen, vemos algunas diferencias. Mientras la G1 prefiere identificarse con el lugar de origen de su familia en un 72 por ciento, el porcentaje baja al 32 por ciento para la G3. Estos últimos prefieren identificarse como *americanos* en un 50 por ciento, mientras el grupo G1 solo lo hace en un 3 por ciento. Mientras más del 62 por ciento de los jóvenes de la G1 y G2 se distinguen étnicamente según el país de origen de la familia o el término *latino* o *hispano*, en la G3 la mitad prefiere identificarse étnicamente y la otra mitad prefiere el término general de *americano*.

Las respuestas de los adultos fueron parecidas a los datos generales de los jóvenes, pero fueron diferentes a las de los jóvenes cuando distinguimos a estos últimos por generación. En términos generales, sin embargo, los latinos jóvenes y adultos tienen actitudes positivas hacia su etnicidad y su autoidentificación con ella.

**EJERCICIO 10.4:**

Vuelve a mirar las respuestas que recogiste en el Ejercicio 9.3. Ahora compara las respuestas provenientes de las diferentes generaciones. ¿Hay alguna diferencia?

## 10.1.5  Actitudes lingüísticas

Las actitudes que tienen los hablantes hacia su lengua y hacia las variedades de su lengua son importantes para la vitalidad de la lengua (Bourhis et al. 1981). Bills y Vigil (2008; Bills 1997, 2005; véase el Capítulo 2), en sus muchos años de estudio del español de Nuevo

México, encontraron que la **discriminación lingüística** latente en la región impedía el mantenimiento de la lengua. Describen dos tipos de discriminación lingüística: la **externa** y la **interna**. La discriminación lingüística externa hace referencia a aquella que reciben los latinos e hispanohablantes de otros grupos por el uso de su lengua. El uso del *Mock Spanish*, visto en el Capítulo 5, haría parte de esto tipo de discriminación.

Las actitudes negativas que vienen desde la misma comunidad latina se consideran una **discriminación lingüística interna**.[8] Los autores consideran que estas últimas incluyen tres tipos de actitudes negativas. La primera está dirigida a las diferencias históricas y culturales entre los latinos (véanse los Capítulos 1 y 2). Esta discriminación se dirige especialmente hacia los descendientes de las poblaciones que poblaron el suroeste antes del siglo xx, pero también a los inmigrantes que llegaron durante los siglos xx y xxi, así como a sus descendientes. Ciertos grupos discriminan específicamente a otros en su comunidad (véase el Capítulo 9).

Otras actitudes negativas están dirigidas a la diversidad dialectal del español (véanse los Capítulos 2, 3, 4 y 5). Las rivalidades entre los grupos étnicos latinos se expresan en la discriminación de ciertos dialectos referenciales o de los dialectos tradicionales o de los dialectos de contacto. Esta discriminación puede basarse en ideologías preexistentes sobre el valor social de ciertas variedades de español que los inmigrantes traen consigo, así como también en la creación de ideologías entre los nacidos en los EE.UU. Recordemos lo que encontró Zentella (1990a) en la ciudad de Nueva York con respecto a la discriminación del léxico dominicano y puertorriqueño y el alto valor social que se daba al léxico colombiano, que tenía un estatus social más alto en la ciudad. De manera parecida, los estudios de Dávila (2000) y García et al. (1988) en la misma ciudad que encontraron actitudes negativas hacia la programación televisiva que según algunos participantes del estudio favorecía a la comunidad mexicana de estatus social más bajo, y no así a las comunidades cubana y colombiana de estatus social más alto. En otro estudio en Lorain, OH, Ramos-Pellicia (2004) también encuentra que aunque la población puertorriqueña es la mayoritaria, los mexicanos no emplean las variantes caribeñas porque tienen menos prestigio, si bien los dos grupos ocupan el mismo nivel social. De Genova y Ramos-Zayas (2003) en Chicago encontraron que tanto los mexicanos como los puertorriqueños ofrecían evaluaciones negativas del español puertorriqueño.

Por último, los investigadores hacen referencia a las actitudes negativas hacia las diferencias en la proficiencia del español (véase el Capítulo 4) y las variantes de contacto (véase el Capítulo 5). Recordemos del Capítulo 9 varios casos de latinos que criticaban a otros por no ser "hablantes auténticos" debido a su falta de español y, del Capítulo 8, el hecho de que muchos maestros y otros critican ciertos rasgos del español de los EE.UU.

Bills y Vigil (2008) explican que esta discriminación interna es por hispanohablantes y por latinos hacia otros hispanohablantes (sean latinos o no) y hacia otros latinos (sean hispanohablantes o no). Consideran que hasta que no disminuyan estas actitudes negativas, las variedades tradicionales y los hispanohablantes de estatus social bajo dejarán de

---

[8] Torres (1997) lo llama "internalized racist ideology."

mantener su lengua y optarán por usar solo el inglés con sus hijos. Proponen que una mayor difusión de la diversidad dialectal del español y de la diversidad de los latinos y de sus sociohistorias, así como un mayor conocimiento y apreciación de las mismas, ayudará a cambiar estas actitudes, como sugerimos al final de este capítulo. Consideran que la erradicación de esta discriminación interna debe ser la prioridad de todos los hispanoha-blantes y latinos de los EE.UU.

No hay duda que el ámbito de la actitudes (socio)lingüísticas es un área en el que hace falta más trabajo.

### 10.1.6  Rasgos sociopolíticos

Vimos en el Capítulo 7 que el español, como lengua minoritaria y minorizada en el país, todavía no tiene el apoyo gubernamental necesario para promover el mantenimiento de la lengua, especialmente en las escuelas. Vimos también que a pesar de la ley EO 13166 del año 2000 (véase la Sección 7.3.1) , mediante la cual se obliga—por lo menos teóricamente—a las instituciones que reciben dinero federal a proveer materiales escritos e intérpretes para los clientes que tienen proficiencia baja en inglés, hay una falta de intérpretes y traductores especializados y remunerados en las instituciones sociales públicas.

En términos generales, sin embargo, vimos que el español sí se está expandiendo en los ámbitos sociales de las instituciones privadas, así como lo está haciendo en los medios de comunicación (prensa escrita, televisión, radio, música, etc.), la publicidad y los centros religiosos. No obstante, todavía se necesita más apoyo de los gobiernos locales (véase el Capítulo 7 para más información).

## 10.2  Normas orales del español de los EE.UU.

Nuestra posición en este libro es que las variedades de español descritas aquí constituyen parte de lo que llamamos **el español DE los Estados Unidos**. Lo que no está claro es que existan **normas orales** en las diferentes ciudades y regiones del país. En esta sección reflexionamos sobre posibles procesos de formación de normas orales del español de los EE.UU. El término **norma lingüística** se define como las prácticas lingüísticas que son típicas o representativas de un grupo (Swann et al. 2004:225). Entonces, queremos enten-der ¿qué se requeriría para que se pueda decir un día que existe el "español de Nueva York," el "español de Chicago" o el "español de Los Ángeles" y así sucesivamente, como se dice de otras ciudades en el mundo hispanohablante? Empezamos reflexionando sobre si hay algún tipo de evidencia que sugiera el comienzo de estos procesos.

### 10.2.1  Cambio lingüístico

En los estudios sobre el contacto de lenguas, varios investigadores (Thomason y Kaufman 1988; Thomason 2001; Matras 2010) proponen jerarquías con respecto a los tipos de expresiones y niveles de la lengua que pueden recibir influencia de la otra lengua, ya sea en la forma de préstamos o de influencias gramaticales (Cuadro 10.15).

**CUADRO 10.15.** Jerarquía de factores lingüísticos que favorecen el préstamo

(Basado en Matras 2010)

| Nivel de lengua | Jerarquía | Ejemplos del español en contacto con el inglés en los EE.UU.* |
|---|---|---|
| 1. Léxico | sustantivos > verbos, adjetivos > expresiones discursivas, conjunciones, preposiciones, etc. | *boiscaut, mopear, so, you know* |
| 2. Fonología | entonación (prosodia) > sonidos propios de la lengua | Valley Girl (Holguín-Mendoza 2011), *j*ean, [v]*alor* |
| 3. Sintaxis | orden de palabras | *una real moneda, mi grande hermana* |
| 4. Morfología | morfemas libres > morfemas ligados | no hay en el español de los EE.UU. |
| | morfología derivativa > morfología flexiva | no hay en el español de los EE.UU. |
| | afijo aglutinante > afijo fusional | no hay en el español de los EE.UU. |

* Véase el Capítulo 5.

Según Thomason y Kaufman (1988:35–57), ciertas situaciones bilingües favorecen el préstamo del léxico primero; otras situaciones favorecen primero la sintaxis y la fonología. En ambos, la morfología es la menos afectada. En el primer escenario (cf. Muysken 2010), se encuentran hablantes bilingües que hablan las dos lenguas, pero pueden ser un grupo pequeño con respecto a la lengua mayoritaria. En estos casos, se ve afectado primero el léxico de la lengua minoritaria. Si el contacto se intensifica, es seguido de la fonología, luego la sintaxis y por último la morfología. En el segundo escenario, hay un grupo más grande de hablantes bilingües que mantienen las dos lenguas en su vida diaria por un periodo más largo e intenso. En estos casos, la fonología, la sintaxis y la morfología de la lengua mayoritaria pueden verse afectadas (Thomason y Kaufman 1988:74–76).

Por causa de la diversidad en los tipos de hablantes que encontramos en los EE.UU. (véase el Capítulo 4) no está claro cuál es el caso del español y el inglés en los EE.UU., ni está claro si representa un solo tipo de escenario durante su historia en el país. Quizá hay necesidad de diferenciar a las comunidades específicas y/o a las regiones sociolingüísticas. Los estudios lingüísticos del español de los EE.UU., sin embargo, parecen sugerir que hay una mayor influencia del inglés en el español en el nivel léxico que en el nivel fonológico, sintáctico o morfológico (véanse los Capítulos 4 y 5).[9] La pregunta es, entonces, ¿es suficiente la influencia en el nivel léxico para que ya se diga que hay una nueva norma oral? Si la respuesta es "no" y se insiste en que haya diferencias en los otros niveles del sistema lingüístico, ¿son los rasgos fonológicos y morfosintácticos presentados como posibles variantes de contacto (en el Capítulo 5) evidencia de que ha surgido una nueva norma oral? ¿Hacen también parte de esta norma aquellos rasgos mencionados por

---

[9] Tampoco está claro si la jerarquía del Cuadro 10.15 puede aplicarse también al contacto de dialectos.

Silva-Corvalán (2000), es decir los patrones de uso minoritarios en otras variedades de español que son mayoritarios en el español de los EE.UU. (ej. los clíticos preverbales)? Necesitamos más estudios lingüísticos para poder responder a estas preguntas.

## 10.2.2 Contacto de dialectos y contacto de lenguas

La situación del español en los EE.UU. es compleja pues está inmersa en una situación de contacto con el inglés (Capítulo 5) y otra de contacto con dialectos del español (véase el Capítulo 6), ambas intensas. En el estudio del cambio lingüístico en situaciones de contacto de lenguas, el interés es de centrarse en cómo surgen los rasgos lingüísticos de los dos tipos de contacto y quiénes son los agentes que promueven estos cambios. Dos estudios recientes de Shin (2013) y de Shin y Otheguy (2013) tratan este último tema. Encuentran que las mujeres inmigrantes son las que lideran el cambio hacia el mayor uso del pronombre sujeto en el español de Nueva York y no así las mujeres nacidas en los EE.UU. Particularmente, encuentran que son las mujeres inmigrantes con nivel social alto y con proficiencia alta en inglés (las mujeres colombianas y cubanas en su estudio). Sugieren lo siguiente:

> Latino immigrants are exposed to yet another high-pronoun form of Spanish, namely that of US-born Latino bilinguals. Seen this way, the women effect suggests that changes in immigrant women's Spanish are, in part, due to contact with US-born friends and family members, including their own children. This type of contact can be characterized as intergenerational contact, as it is contact between the immigrant generation and the US-born generation.
>
> (446)

Es decir, sugieren que además de la influencia derivada de la exposición al inglés y a los dialectos caribeños (que prefieren el uso del pronombre sujeto) a los que están expuestas estas mujeres inmigrantes, sus altos porcentajes de uso del pronombre están influenciados también por el habla de sus hijos, si bien este factor no fue probado empíricamente. Es decir, si bien es una hipótesis interesante, habría que comprobarla con una comparación entre mujeres inmigrantes G2 con niños y mujeres inmigrantes G2 sin niños.

En la formación de variedades nuevas, los estudios de cambio lingüístico muestran que se necesita un mínimo de dos generaciones para que la nueva variedad se "cristalice" (Trudgill 2004; Kerswill 2010). Shin y Otheguy (2013) sugieren que el contacto verbal entre las madres y sus hijos de la G2 es un caso de contacto intergeneracional, en el cual los patrones verbales de los hijos han influido en los patrones verbales de las madres. En términos etarios, sugieren que los patrones de la generación joven han influido en la generación anterior. No obstante, además de que cada generación representa una etapa diferente en el proceso del cambio lingüístico, este estudio también llama la atención a la complejidad que hay en discernir entre dos procesos que participan en la formación de una norma de español en los EE.UU.: (1) el proceso de formación de una nueva variedad lingüística derivada del contacto de dialectos y (2) el proceso de influencia lingüística derivado del contacto lingüístico; así como en encontrar un balance entre los dos.

No hay duda que las situaciones que incluyen procesos de contacto de dialectos, contacto de lenguas y de la evolución natural de las lenguas, todas combinadas a la vez, hacen más complejo el estudio del español en los EE.UU. Otheguy y Zentella (2012) tienen razón en enfatizar que se necesitan más estudios de los patrones de uso de la G2 para entender mejor el español de los EE.UU., diferenciando sus redes sociales y familiares.

Siguiendo la propuesta de Trudgill de que se necesitan al menos dos generaciones para la formación de nuevas variedades lingüísticas (2004; Kerswill 2010), sería en el habla de la G3 donde esperaríamos encontrar rasgos estables que apoyaran la hipótesis de la formación de una norma dialectal. Sin embargo, los estudios en los EE.UU. sugieren que el español se pierde o que su uso se debilita en esta generación. Por lo tanto, algunos proponen que nunca se podrá formar una norma dialectal mientras los hablantes de la G3 no mantengan el español al lado del inglés.

Los estudios en los que se basan Trudgill y otros para hablar de la formación de dialectos nuevos incluyen poblaciones dialectalmente diversas que llegaron más o menos durante un periodo determinado (véase Kerswill 2010 para un resumen). El caso de los EE.UU. es diferente, ya que la inmigración latinoamericana ha sido bastante constante desde los datos del censo de 1980. Por otro lado, los datos censales también muestran que el 64 por ciento de los latinos en los EE.UU. nació en el país (Cuadro 10.2). De estos, el 52 por ciento de los menores de 18 años son de la segunda generación, así como el 35 por ciento de los mayores de 18 años (Cuadro 10.16).

El Cuadro 10.16 sugiere, entonces, que dentro de la segunda generación hay una diversidad etaria y que algunos de la G2 son padres de jóvenes de la G3 menores de 18 años. Es decir, se puede hacer un estudio etario, típico de la sociolingüística, con latinos de la segunda generación, además de un estudio de la segunda generación por edad, que podría ayudar a decir algo sobre la posible formación de una variedad lingüística de contacto (al estilo de los estudios de Kerswill 2010 y de Trudgill 2004).

Toda la complejidad que encontramos en la población latina en los EE.UU. parece sugerir que para el estudio del español necesitamos distinguir una serie de criterios en la población. Para empezar se trataría primero de diferenciar según las generaciones sociolingüísticas. Dentro de la Generación 1, necesitamos también diferenciar entre los llegados antes y después del 2000. Sin embargo, el análisis sugiere que también debemos hacer diferencias etarias dentro de cada generación, como proponemos en el Cuadro 10.17, donde se presentan más claramente las etapas de la posible evolución de una norma estadounidense.[10]

La importancia de considerar el perfil sociodemográfico del hablante es, entonces, imprescindible para poder decir algo sobre la posible formación de una o más normas estadounidenses. Por ejemplo, no todos los miembros de la G1 son padres de jóvenes menores de 25 años; obviamente muchos son abuelos, ya que existe una G3 numerosa, lo que también nos dice que en la G2 hay mucha variación etaria. No hay duda que la variación etaria en cada generación es diversa.

---

[10] La diferenciación etaria también se debe hacer entre los inmigrantes recientes, pero para los propósitos inmediatos no la hemos incluido en el cuadro.

**CUADRO 10.16.** Poblaciones latinas por generación y edad (porcentajes)

(Adaptado de Pew Research Center 2013a, 2013b y de Fry y Passel 2009)

|                    | G1 | G2  | G3 | Total |
|--------------------|-----|-----|----|-------|
| Menores de 18 años | 11  | **52** | 37 | 100   |
| 18 + años          | 47  | 35  | 13 | 100   |

**CUADRO 10.17.** Diferenciación de los latinos de los EE.UU. según etapas en la formación de una norma oral

| Lugar de nacimiento | Nacidos fuera de los EE.UU. | | | Nacidos dentro de los EE.UU. | | | | | |
|---|---|---|---|---|---|---|---|---|---|
| Residencia en los EE.UU. | Desde 2000 | Antes del 2000 | | | | | | | |
| Generación | G0.5 | G1 | | G2 | | | G3 | | |
| Edad | | mayor G1-a | mediana G1-b | joven G1-c | mayor G2-a | mediana G2-b | joven G2-c | mayor G3-a | mediana G3-b | joven G3-c |
| Evolución | | Etapa 1 | | | Etapa 2 | | | Etapa 3 | | |

Proponemos, entonces, que desde el punto de vista lingüístico, se puede proponer que estas generaciones (tiempo real) y las diferencias etarias dentro de ellas (tiempo aparente) representan **etapas** en la evolución de una variedad lingüística, lo que es el objeto de nuestro análisis. Este concepto de generación no es igual al factor "edad" en los estudios que siguen la metodología de Labov (1972, 2001), pero funciona de manera semejante en el sentido que ayuda a estudiar las etapas evolutivas de una variedad lingüística. Las diferencias etarias dentro de cada generación (especialmente la Generación 2) nos permiten emplear la metodología sociolingüística del tiempo aparente para "recrear" posibles diferencias de generación. Es decir, las generaciones descritas en el Cuadro 10.17 como G2-a, G2-b y G2-c (diferenciadas por edad) representarían en tiempo aparente una secuencia de las etapas de la formación de una norma. Si bien los estudios encuentran que hay menos hablantes de la G3 y G4 que mantienen el español en los EE.UU., la propuesta presentada en el Cuadro 10.17 no sugiere que no se deba estudiar las generaciones en tiempo real. Al contrario, en los EE.UU. tenemos la oportunidad de estudiar la posible formación de normas orales en español en tiempo aparente (con hablantes de la G2 diferenciados por edad) y en tiempo real (con hablantes de diferentes generaciones).

Además de resaltar las diferencias de edad dentro de la G2 para estudiar la formación de una variedad lingüística, también es importante determinar qué dialectos emplean los latinos jóvenes, los que representan el futuro de la lengua. En un artículo sobre la relación entre género y edad, Cameron (2005) nos recuerda que además de diferenciar a los menores

**CUADRO 10.18.** Población latina según edad y lugar de nacimiento

(Adaptado de Motel y Patten 2013a:Cuadro 10)

|  | Nacidos en los EE.UU. | | Nacidos fuera de los EE.UU. | | Total |
|---|---|---|---|---|---|
|  | *n* | % | *n* | % | *n* |
| 0–19 años | 17,644,700 | **91** | 1,651,198 | 9 | 19,295,898 |
| 20–24 años | 3,082,609 | **69** | 1,405,652 | 31 | 4,488,261 |
| *Total <24 años* | *20,727,309* | ***87*** | *3,056,850* | *13* | *23,784,159* |
| 25–64 años | 11,074,097 | 44 | 14,128,448 | 56 | 25,202,545 |
| 65+ años | 1,337,452 | 45 | 1,603,002 | 55 | 2,940,454 |
| **Total** | **33,138,858** | | **18,788,300** | | **51,927,158** |

de 18 años, también es importante diferenciar dentro del grupo de *jóvenes adultos*. Las experiencias vividas y la tardanza en la entrada al mercado laboral para aquellos que adquieren un título universitario llevan a la necesidad de diferenciar a aquellos que tienen entre 18 y 24 años de edad de aquellos que son mayores de 25. El Cuadro 10.18 muestra que para el caso estadounidense, esta diferencia es crucial. No solo el 91 por ciento de los latinos menores de 19 años nacieron en los EE.UU., sino que casi el 70 por ciento del grupo 20–24 años de edad también nació en el país.

Según estos datos, las grandes diferencias están en los jóvenes menores de 24 años: 91 por ciento (0–19 años) y 69 por ciento (20–24 años) nace en los EE.UU. vs. 9 y 31 por ciento que nace fuera. En los grupos etarios mayores de 25 años, las diferencias según lugar de nacimiento son menores. Es decir, la formación de las normas orales estadounidenses está en las manos de los menores de 25 años, porque la gran mayoría de ellos nacen en el país.

No hay duda que la diversidad etaria y dialectal en la segunda generación no estará presente quizá en todas las ciudades, ni se dará en los mismos porcentajes. Tampoco incluirá necesariamente otros tipos de diversidad como la que se encuentra en el estudio de los mexirriqueños (Capítulo 6). Sin embargo, una combinación de criterios tomados del contacto de dialectos, del contacto de lenguas, y de la sociolingüística urbana puede ser útil en el estudio de la formación de una norma dialectal, especialmente en la formación de normas orales estadounidenses.

## 10.2.3 El "recontacto"

El "recontacto" o "bilingüismo cíclico" (Torres 1989) es otro parámetro que necesitamos considerar en el estudio del español en los EE.UU. Se trata de hablantes de la G2 o G3 que adquirieron el español en casa pero que en la vida diaria usan mucho más el inglés. Es decir, fueron expuestos al inglés durante toda su vida y posiblemente también tuvieron alguna exposición a dos o más dialectos del español en su niñez, pero de adultos, vuelven a tener contacto más significativo con dialectos referenciales del español. Esto puede ser porque deciden desarrollar la lengua a través de clases formales, o porque empiezan a trabajar en un contexto donde hay muchos monolingües en español, o porque se casan con un latino de la G1 o G2 que emplea el español, etc. Estas situaciones ocurren con frecuencia en los EE.UU. y tienen consecuencias para la vitalidad y las características del español en el país.

Varios autores han propuesto que el contacto de los latinos nacidos en los EE.UU. con los inmigrantes hispanohablantes recién llegados fomenta el uso del español entre los hablantes de las generaciones nacidas en el país (Cisneros y Leone 1983; Lynch 2000; Otheguy y Zentella 2012; Rivera-Mills 2013). Sin embargo, los patrones de uso no fueron estudiados sistemáticamente. Linton y Jiménez (2009) muestran evidencia del censo que sugiere que la proporción de hispanos nacidos en el extranjero en un área metropolitana en el año 1990 correlacionaba con el bilingüismo de los nacidos en los EE.UU. en esa misma área en el año 2000. También presentan evidencia etnográfica de Garden City, KS, de Santa María, CA y de Chicago, IL, que los inmigrantes mexicanos proporcionan oportunidades a los nacidos en los EE.UU. para interactuar en español a través de encuentros informales, amistades, relaciones románticas y en las escuelas de inmersión dual.

Sin embargo, a diferencia de estos estudios, otros encuentran que los mexicano-americanos de la segunda generación y más tratan de distanciarse de los mexicanos recién llegados, debido a que como están bien establecidos en los Estados Unidos, no tienen incentivo para interactuar con ellos (Ochoa 2004; Jiménez 2008; Mendoza-Denton 2008). Para indagar sobre el grado de contacto que tienen los jóvenes con inmigrantes recientes, Gorman y Potowski (2009) hicieron una encuesta a 124 estudiantes latinos de varias escuelas preparatorias en Chicago. Encontraron que solo el 27 por ciento dijo interactuar con hablantes monolingües de español en sus barrios, mientras que el 40 por ciento reportó que nunca interactuaba con hablantes monolingües de español. Algunas limitaciones de los resultados son que no todos los jóvenes participaban en el mundo laboral (Zentella, comunicación personal, 2014) y que además estos resultados sean característicos solo de Chicago.

Es importante estudiar más el papel que cumplen los hablantes de la primera generación en las redes sociales de los latinos de la segunda y la tercera generación. Sin embargo, no sabemos si existen estudios que hayan mirado al habla de latinos de bilingüismo cíclico desde una perspectiva evolutiva (o longitudinal, en este caso).

## 10.2.4 Normas sociolingüísticas

A lo largo de este capítulo hemos visto cómo la presencia numérica de un dialecto en los EE.UU. no es suficiente para que ésta se imponga en la formación de una norma oral. ¿Cómo se forma una norma entonces? El estatus social de los hablantes en la comunidad es un factor importante en la propagación de sus rasgos lingüísticos, como en el caso de las variantes léxicas de los colombianos sobre los dominicanos y puertorriqueños en Nueva York (Zentella 1990a; véase el Capítulo 6 para otros casos). También vimos que ciertos grupos nuevos en la comunidad traen consigo prejuicios sobre el valor social de otros dialectos, aunque se trate del dialecto mayoritario en su nuevo lugar de residencia (por ejemplo, los nuevos inmigrantes mexicanos hacia los puertorriqueños mayoritarios en Lorain, OH: Ramos-Pellicia 2004; o los puertorriqueños hacia los mexicanos en San Antonio, TX: Bayley et al. 2012). Por lo tanto, por la complejidad del caso que nos interesa, en el estudio de la formación de nuevas variedades de los EE.UU. es importante incluir un análisis de las actitudes lingüísticas hacia **el valor social** que tienen los rasgos lingüísticos y los dialectos presentes en la comunidad. En esta sección, nos centramos en el factor prestigio, ya que las pocas investigaciones que han mirado estos efectos sugieren su importancia para el estudio del español en y de los EE.UU.

En los estudios sociolingüísticos sobre lugares urbanos y monolingües, vemos que son las variantes de los grupos de poder o con educación más alta las que forman la norma local. En el caso del español en las ciudades de los EE.UU., el valor social de las variantes con las que los hablantes están en contacto no siempre está claro. Esto se debe a que las diferencias sociales dentro del grupo hispanohablante se reestructuran en la nueva localidad a medida que van llegando nuevos inmigrantes y según el tamaño y la antigüedad de la comunidad local. Es probable que, en aquellas regiones donde hay más hablantes de dialectos referenciales, las variantes empleadas por estos individuos sean percibidas además como las "más auténticas" y por esta razón adquieran alto valor social. Es decir, además del factor **prestigio** debemos considerar también el factor de **autenticidad**; ambas serían valoraciones subjetivas de los hablantes hacia ciertos rasgos lingüísticos. No obstante, solo un estudio empírico sobre la reestructuración de los valores sociales de las variantes lingüísticas podrá darnos un perfil más claro de las dinámicas entre los dos factores. La pregunta que nos hacemos, sin embargo, es: ¿hasta qué punto se ven como "auténticas" las variantes de los inmigrantes, y hasta qué punto adquieren alto valor social en la nueva sociedad hispanohablante a la que ahora pertenecen? Para encontrar la respuesta a esta pregunta necesitamos saber a quiénes se les va a hacer. ¿Basta con que sean de la G1? Si nos interesa la formación de una nueva norma oral, parece que tendríamos que hacer la pregunta a los de la G2. Sin embargo, si son jóvenes, quizá van a estar influenciados por las variedades de sus padres. Recuerden del Capítulo 9 el estudio con mexicanos y puertorriqueños en Chicago que mostró que las ideologías lingüísticas sobre estas dos variedades variaron entre la G1, la G2 y la G3 (Potowski 2014). Por lo tanto, parece que se debe preguntar a todos, pero distinguiendo las respuestas según generación y edad.

Por los estudios sociolingüísticos, sabemos que los rasgos lingüísticos que generalmente tienen valor social de prestigio son aquellos empleados por los grupos sociales altos. Los estudios del contacto de dialectos en los EE.UU. también sugieren que los rasgos lingüísticos con alto valor social de las variedades referenciales pasarán por una **reevaluación de su valor social** en la nueva comunidad y su nuevo valor social estará conectado a la nueva posición social de sus hablantes en el nuevo lugar de asentamiento. Por lo tanto, el estudio de los dialectos debe distinguir también la estructura social de la comunidad que se estudia.

El estatus socioeconómico de los hablantes tiene un papel importante en la formación de normas orales. Como lo ha notado Lipski (2013), "muy pocos estudios del español en Estados Unidos se basan en la estratificación social dentro de la misma comunidad de habla, la cual se considera un componente esencial en trabajos realizados en países reconocidos como hispanohablantes" y que este aspecto "es de prioridad máxima para la creación de una dialectología hispano-estadounidense" (120–121), pues aclararía cuáles son las normas orales en el país. Sin embargo, también hay que tomar en cuenta que McCollough y Jenkins (2005), al comparar datos de los censos de 1980, 1990 y 2000 en Colorado, encontraron que en el 1980 el mayor uso del español correlacionaba con el menor nivel socioeconómico, pero que para el 2000 ya no se daba esa correlación. Si bien este rasgo sociolingüístico puede ser propio de Colorado, es un punto a considerar.

Dos factores asociados fuertemente con la estratificación social son el nivel de educación formal y la ocupación. No hay duda que el nivel educativo tiene una gran influencia en el tipo de trabajo que una persona puede encontrar. De esta manera, también tiene influencia en los tipos de variedades de español (y de inglés) a los que la persona puede estar expuesta. A mayor educación, mayores probabilidades de tener trabajos que exponen al individuo a variedades de español (y de inglés) más cercanas a la norma oral más formal. A menor educación, hay mayores probabilidades de tener trabajos que exponen al individuo a variedades de español (y de inglés) que están más alejadas de la norma más educada o más cercanas a variedades orales más populares o rurales y, en algunos casos, menos exposición al inglés (ej. en cocinas de restaurantes y en trabajos agrícolas).

Los datos del Pew Hispanic Center (2009) muestran que si bien todos los grupos latinos, según origen o ascendencia, incluyen a personas de todo nivel educativo, hay ciertos patrones que emergen. Los hablantes de variedades sudamericanas y caribeñas (especialmente los cubanos) tienden a tener mayor educación, mientras los hablantes de variedades centroamericanas tienden a tener menor educación. Los hablantes de variedades mexicanas presentan un cuadro más diverso socialmente. Miraremos estos detalles a continuación.

En el Cuadro 10.19 vemos que los grupos latinos con mayor educación promedio son los cubanos, los colombianos y los peruanos, mientras que aquellos con niveles de pobreza más altos son los mexicanos, los puertorriqueños, los dominicanos, los guatemaltecos y los hondureños. Si bien estos porcentajes son promedios nacionales, parecen coincidir con las tendencias y actitudes etnolingüísticas que expresaron los participantes de los estudios mencionados arriba (Zentella 1990a; Dávila 2000; Ramos-Pellicia 2004; Bayley et al. 2012). Podemos inferir, entonces, que las actitudes hacia los rasgos lingüísticos de un dialecto en un lugar no serán necesariamente los mismos que hacia el mismo dialecto en otro lugar. De allí que se necesiten hacer estudios de este tipo de análisis en las diferentes regiones sociolingüísticas del país.

## Educación formal

El nivel de educación de un individuo tiene impacto en las variedades de español (y de inglés) a las que estará expuesto el hablante. Por ejemplo, una educación escolar que se da toda en inglés no permitirá que el joven latino esté expuesto a variedades más formales del español, pero sí permitirá que el joven esté expuesto a las variedades más formales del inglés. Si el individuo latino es inmigrante en los EE.UU. y completó sus estudios

**CUADRO 10.19.** Rasgos sociodemográficos de los diez grupos étnicos hispanos más grandes en los EE.UU.

(Adaptado de Motel y Patten 2012)

| | Nacido fuera % | Llegada después de 1990 en % | Uso alto de inglés % | Edad promedio | Educación pospreparatoria % | Nivel de pobreza % |
|---|---|---|---|---|---|---|
| Mexicano | 36 | 65 | 64 | 25 | 9 | **27** |
| Puertorriqueño | * | * | 82 | 27 | 16 | **27** |
| Cubano | 60 | 52 | 58 | 40 | **24** | 18 |
| Salvadoreño | 62 | 64 | 46 | 29 | 7 | 20 |
| Dominicano | 57 | 63 | 55 | 29 | 15 | **26** |
| Guatemalteco | 67 | 73 | 41 | 27 | 8 | **26** |
| Colombiano | 65 | 64 | 59 | 34 | **32** | 13 |
| Hondureño | 67 | 80 | 42 | 28 | 10 | **27** |
| Ecuatoriano | 65 | 67 | 50 | 31 | 18 | 18 |
| Peruano | 67 | 69 | 59 | 34 | **30** | 14 |

* 3.2 millones de puertorriqueños viven en el continente.

escolares en su país de origen, entonces podemos asumir que sí estuvo expuesto a ciertas variedades formales del español, tanto orales como escritas, pero según los estudios que haya hecho en inglés, podrá o no podrá haber estado expuesto a variedades formales y coloquiales del inglés.

En el Cuadro 10.20, vemos que entre el 21 y el 30 por ciento de los diferentes grupos latinos ha completado la educación preparatoria (o secundaria) como su nivel educativo más alto. Con respecto a haber obtenido un título universitario o de escuela superior, encontramos que hay más variación (entre el 7 y el 29 por ciento de los diferentes grupos). Incluso hay mayor variación entre los diferentes grupos latinos sin un certificado de estudios escolares (41–71 por ciento). Nótese, sin embargo, que estos datos no responden a la pregunta de dónde tuvo lugar esta educación. Tampoco sabemos cuántos de los que estudiaron en los EE.UU. tuvieron clases en español.

## Ocupación

El factor "ocupación" de un individuo es especialmente importante en un estudio sociolingüístico por el acceso o restricción que da esta posición social a las diversas variedades dialectales, sociales y estilísticas del español y del inglés. Según el Pew Hispanic Center, la ocupación más común de los latinos en el país es la de apoyo administrativo en oficinas. En

**CUADRO 10.20.** Perfiles educativos de latinos mayores de 25 años por origen o ascendencia (con datos del 2009) (Adaptado de Dockterman 2011)

| | Sin educación secundaria | % | | Educación secundaria | % | | Educación superior | % |
|---|---|---|---|---|---|---|---|---|
| 1 | Guatemaltecos | 71 | 1 | Peruanos | 30 | 1 | Colombianos | 29 |
| 2 | Salvadoreños | 69 | 2 | Puertorriqueños | 29 | | Peruanos | |
| 3 | Hondureños | 66 | 3 | Colombianos | 27 | 3 | Cubanos | 24 |
| 4 | Mexicanos | 65 | | Cubanos | | 4 | Ecuatorianos | 18 |
| 5 | Dominicanos | 60 | | Ecuatorianos | | 5 | Puertorriqueños | 16 |
| 6 | Ecuatorianos | 55 | 6 | Mexicanos | 26 | 6 | Dominicanos | 15 |
| | Puertorriqueños | | 7 | Dominicanos | 25 | 7 | Hondureños | 10 |
| 8 | Cubanos | 49 | 8 | Hondureños | 24 | 8 | Mexicanos | 9 |
| 9 | Colombianos | 44 | | Salvadoreños | | 9 | Guatemaltecos | 8 |
| 10 | Peruanos | 41 | 10 | Guatemaltecos | 21 | 10 | Salvadoreños | 7 |

el Cuadro 10.21, tomando en cuenta datos del Pew Hispanic Center con datos del censo del 2010 (Patten 2012:Cuadro 28), clasificamos las ocupaciones que tienen los latinos según representen diferentes variedades sociolectales. Las ocupaciones profesionales representarán los sociolectos acrolectales (de clase más alta). Las ocupaciones no manuales y semiprofesionales representarán los sociolectos de clase media y las ocupaciones manuales representarán los sociolectos de la clase trabajadora.

Un análisis de los patrones en el Cuadro 10.21 muestra que mientras los latinos de origen mexicano se encuentran en todas las clases sociales, el grupo centroamericano tiende a estar más representado en las ocupaciones de las clases trabajadoras. Los grupos caribeño y sudamericano están más representados en las clases medias y altas.

### EJERCICIO 10.5:

Analiza el Cuadro 10.21. ¿Por qué puede ser que los individuos de origen mexicano se encuentran en todos los tipos de ocupación, pero los centroamericanos no?

Estos datos sugieren que al considerar las variedades dialectales del español que están representadas en la comunidad que se estudia, también debemos tener presente la variación sociolectal que existe en estos dialectos. Este hecho es importante porque sabemos por los estudios sociolingüísticos que en las sociedades con diferentes grupos sociolectales, las variantes de las clases bajas tienden a ser más estigmatizadas (Labov 2001). Este fenómeno sociolingüístico es relevante en el estudio de la emergencia de variedades lingüísticas,

**CUADRO 10.21.** Ocupaciones que más frecuentemente tienen los latinos: variedades sociolectales (en millones)

(Basado en Patten 2012:Cuadro 28)

| Ocupación | Nacidos en los EE.UU. | Inmigrantes | Origen |
|---|---|---|---|
| **Clase (media-)alta** | | | |
| Puestos administrativos | 13.9 | 1.9 | Mx, Caribe, SudAm |
| Educación | 9.7 | 1.1 | Mx, Caribe, SudAm |
| Salud, médicos | 7.4 | 1.3 | Caribe, SudAm |
| **DIALECTOS** | | | **Mx, Caribe, SudAm** |
| **Clase media** | | | |
| Oficina, apoyo administrativo | 22.8 | 2.6 | Mx, Caribe, SudAm |
| Ventas | 17.9 | 2.6 | Mx, Caribe, SudAm |
| **DIALECTOS** | | | **Mx, Caribe, SudAm** |
| **Clase trabajadora** | | | |
| Transporte | 9.6 | 2.5 | Mx, Caribe, CentrAm |
| Servicio de comidas | 8.9 | 2.3 | Mx, CentrAm |
| Producción | 8.6 | 2.5 | Mx, CentrAm |
| Construcción | 7.7 | 2.3 | Mx, CentrAm |
| Personal de cuidado y servicio | 5.6 | 1.2 | Mx, CentrAm |
| Mantenimiento de edificios y jardines | 5.4 | 2.4 | Mx, CentrAm |
| Trabajadores de instalación/reparación | 5.7 | 0.7 | Mx, Caribe, CentrAm |
| **DIALECTOS** | | | **Mx, CentrAm** |

especialmente en contextos de contacto entre dialectos, ya que los dialectos pueden estar representados por solo ciertos sociolectos.

Es decir, así como las lenguas varían **socialmente** (además de geográficamente), los hablantes también están expuestos a estas diferencias lingüísticas. La variedad sociolectal del hablante se define, generalmente, según el nivel de educación que ha alcanzado y la ocupación que desempeña la persona. La relación intrínseca entre estos dos factores se debe a que el nivel de educación abre o cierra las puertas a ciertas ocupaciones. Sin embargo, para los inmigrantes, estos valores también se reestructuran según su posición social dentro de la nueva comunidad latina.

Algunos estudiosos han llamado la atención a que muchos de los hispanohablantes en los EE.UU. hablan dialectos con rasgos lingüísticos de la norma rural del país de origen y no de una norma oral socialmente más alta. Esto se ve más claramente en las variedades del español que se encuentran en el suroeste. Si bien el español es una lengua que tiene una diversidad de normas orales (ej. la latinoamericana y la peninsular, la mexicana, la colombiana, etc.), hemos visto que coexisten diferentes valoraciones sociales de los rasgos lingüísticos y de las variedades que "representan." Por lo tanto, no podemos emplear los criterios de valor social que existen fuera de los EE.UU., pues los estudios muestran que si bien pueden guiar los usos y actitudes lingüísticos de ciertos hablantes (como en el de los mexicanos en Lorain, OH), son las nuevas valoraciones sociales adquiridas en las ciudades de los EE.UU. las que se imponen (como en el caso de Nueva York).

Necesitamos distinguir entonces entre diferente normas. La primera es la norma de uso de los diferentes grupos de latinos (véase el Cuadro 10.7). Las otras caen dentro de aquellas normas que existen en el "imaginario" de los hablantes. Estas hacen referencia a lo que piensan los hablantes que es la norma de su comunidad y a aquella que piensan que es la que representa un español nativo. Lamentablemente, no siempre coinciden estas en la percepción de los hablantes. Es decir, la variedad que emplean las personas—la que piensan usar o que deben de usar—y la que representa el habla de un "hablante auténtico" de su comunidad, no son siempre la mismas.[11]

## EJERCICIO 10.6:

Piensa en cinco o más personas que conoces que hablan español. En la primera columna del Cuadro 10.22, escribe la variedad de español que piensas que hablan. Pregúntales después qué variedad de español hablan, y como quién les gustaría hablar. Compara las tres respuestas. ¿Coinciden o no coinciden? Compara con tus compañeros y discutan: ¿por qué creen que coinciden o no coinciden las respuestas sobre la misma persona?

En los últimos 15 años, la variedad de español empleada en los medios de comunicación nacionales incluye cada vez más las variedades de latinos nacidos en los EE.UU.; anteriormente los puestos de periodista estaban dominados por inmigrantes latinos (Castañeda 2001). En un estudio a principios de los años 2000, Castañeda encontró que muchos periodistas latinos nacidos en los EE.UU., que trabajaban en periódicos o canales de televisión en inglés, decidieron pasarse a periódicos y canales en español para poder lograr ascenso en el trabajo que no encontraban en sus otros trabajos. Por otro lado se trataba también de la oportunidad de cubrir temas conectados a Latinoamérica y más positivos sobre los latinos en los EE.UU., especialmente para las audiencias inmigrantes. Los canales y periódicos han abierto las puertas a estos periodistas nacidos en los EE.UU. por su "profesionalismo y la perspectiva diferente que traen para presentar las noticias" (Castañeda 2001). Su familiaridad con el sistema legal, educativo y gubernamental del país

---

[11] Recuerden del Capítulo 5 el estudio de Toribio sobre los cuatro jóvenes latinos cuyos usos del cambio de código y actitudes hacia el cambio de código no coincidían.

**CUADRO 10.22.** Encuesta sobre las variedades del español

| Persona | La variedad que tú piensas que habla | La variedad que ella/él piensa que habla | Como quién le gustaría hablar |
|---------|--------------------------------------|------------------------------------------|-------------------------------|
| 1. | | | |
| 2. | | | |
| 3. | | | |
| 4. | | | |
| 5. | | | |

complementa el conocimiento de la cultura, historia y política de los países hispanohablantes que traen los periodistas inmigrantes (Castañeda 2001).

La mayor presencia de latinos en los medios de comunicación en español y el auge de los medios de comunicación en español (véase el Capítulo 7) sugieren que con el tiempo pueda surgir una conciencia en los televidentes latinos de que existe una norma estadounidense que estaría representada en el habla de los locutores. Esta norma, sin embargo, no sería necesariamente igual a la que hablan los mismos televidentes. Sería aquella formada por los locutores que reportan hechos—no leídos, sino reportados en "vivo," como los que se escuchan en los noticieros de los canales más importantes en lengua española como Univisión (*Aquí y ahora*, *Primer plano*, *Al punto*), que tiene periodistas latinos, y también Telemundo y Galavisión. Como se vio en el Capítulo 7, el 68 por ciento de los latinos ve noticias en español en la televisión y el 56 por ciento escucha las noticias en la radio (López y González-Barrera 2013). Según el mismo estudio, un alto porcentaje de los latinos considera que las noticias en español incluyen temas relevantes para los latinos en los EE.UU. Por lo tanto, será interesante estudiar no solo los rasgos que se escuchan en estos programas en los que reportan latinos, sino también qué rasgos "evitan" los locutores televisivos, si bien tienen origen o ascendencia específicos, y si hay rasgos regionales que se aceptan más que otros en estos contextos orales.

Las variedades normativas orales a las que nos referimos incluyen también la variedad que generalmente se escucha en contextos formales como reuniones públicas y formales de empresarios, de políticos, de educadores, etc., que también merecen estudio. Estas variedades normativas orales e imaginadas (porque no hay una sola norma dentro del país) sirven de modelo y se convierten poco a poco en la variedad preferida en ciertos contextos más formales y públicos.

Las normas orales que existen en los EE.UU. en contextos más formales merecen mayor estudio porque pueden darnos una mejor idea de cómo estas "normas" del imaginario colectivo van cambiando poco a poco. Teóricamente, estas normas imaginadas podrían ir cambiando hasta converger en una norma para el país. Mientras tanto, el estudio de estas normas puede darnos una mejor idea de la evolución de una norma oral educada en el país o en ciertas regiones.

La lengua española se describe en la literatura lingüística como una **lengua pluricén-trica** (cf. Clyne 1992). Es decir, es una lengua que tiene más de un centro poblacional de los cuales surgen variedades normativas. Por ejemplo, hoy en día se acepta la existencia de dos normas escritas: una peninsular y la otra latinoamericana. Los libros como la Biblia o traducciones de libros populares (como la colección de *Harry Potter*) se venden incluso en una "versión" latinoamericana y otra peninsular. Es decir, las casas editoras reconocen la existencia de esas dos normas estándares en la lengua española, si bien el ejemplo es de lengua escrita.

Con respecto a las normas orales educadas, sabemos por los estudios sociolingüísticos que las diferencias entre las normas educadas de las capitales de América Latina no son grandes, si bien es cierto que los diferentes países latinoamericanos tienen sus propias normas orales regionales. En el caso de los EE.UU., el contacto intenso de diferentes variedades dialectales y sociolectales, y dialectos de contacto del español, podría llevar a la emergencia de una nueva norma regional, que sin duda tendría rasgos de contacto con el inglés y con varios dialectos del español.

## EJERCICIO 10.7:

En grupos, elijan una pregunta para discutir y luego presenten sus respuestas al resto de la clase.

1. ¿Existe un español puro?
2. ¿Qué variedad(es) de español se enseña(n) en las clases de español de su institución? Den ejemplos.
3. ¿Qué es el *español académico*? Provean ejemplos.
4. ¿En qué consiste el *español panhispánico*? Provean ejemplos.
5. ¿Qué papel cumplen la *Real Academia Española* y el *Instituto Cervantes* en la evolución del español?

## EJERCICIO 10.8:

El español académico es una variedad formal que se emplea en ciertos contextos, como los que aparecen aquí:

- Reuniones formales
- En las clases de español
- En el español escrito (ej. anuncios oficiales, anuncios públicos)
- En la literatura
- En el diccionario

¿Qué otras variedades de español o lengua se emplean en tu comunidad en estos contextos que se describen para el español académico?

## 10.2.5 ¿El español "de" o "en" los EE.UU.?

Si se hubiera escrito el presente libro en inglés, se podría haber titulado de cualquiera de las tres siguientes maneras:

*Spanish in the United States*
*Spanish of the United States*
*U.S. Spanish*

## EJERCICIO 10.9:

¿Qué diferencias hay entre los tres títulos? ¿Qué parece sugerir cada uno sobre la "pertenencia" del español al país?

Las complejidades del español y de las diversas maneras de las que se habla en los Estados Unidos han dado lugar a algunos debates académicos en cuanto al uso de las preposiciones "de" y "en" para describirlo: ¿se debe hablar del español **de** los Estados Unidos o, más bien, del español **en** los Estados Unidos? "De" sugiere que "pertenece a," como "el español de" México, de Argentina, de Cuba o de cualquier otro lugar. "En," en cambio, puede significar una falta de pertenencia y más bien un estado pasajero.

Más allá de lo que pudiera parecer una simple cuestión preposicional, la pregunta también abarca una interrogativa sobre la existencia de un dialecto formado, hecho y derecho, del español que se podría considerar como propio del país. Conviene recordar que, en setiembre del 2012, la Real Academia de la Lengua Española admitió en su diccionario el término **estadounidismo** para referirse a aquellos vocablos que tienen origen en los EE.UU. Pero ¿realmente hay **un** español estadounidense?

En una publicación reciente (y en una reseña de la misma), varios autores han ofrecido las siguientes opiniones sobre el tema:

**Lipski** (2013): Ha llegado la hora de asignarle a Estados Unidos una casilla propia dentro de la dialectología hispánica, en vez de considerar a los casi 45 millones de hispanohablantes estadounidenses meramente como pasajeros en una enorme balsa que flota sin rumbo . . . La lengua española en Estados Unidos ha logrado una autonomía lingüística tanto en términos de una masa crítica de hablantes como en su propia naturaleza dialectal.

(121–122)

**López García-Molins** (2013): . . . parece aproximarse cada vez más a la condición de variedad lingüística específica del país que se está formando, como siempre ocurre en los procesos de nivelación lingüística, *e pluribus unum* . . . todavía se discute sobre si debería hablarse de español en los EE.UU. (es decir del español de los mejicanos [sic], cubanos, puertorriqueños, dominicanos, etc., que han emigrado allí y conviven en el gran país anglohablante cada uno con su variante originaria) o más bien de español de los EE.UU. (esto es, de una nueva variedad sincrética que empieza a resultar de dicha convivencia).

**Otheguy** (2013): . . . el afán de delimitar dialectos y variedades, el ponerles fronteras y pensar sobre la lengua con categorías como "el español de México," "el español de España" . . . es una actividad gravemente apriorística, que rara vez resulta avalada por los hechos lingüísticos . . . no existen elementos suficientes como para que cobre sentido, ni siquiera al poco grado que lo tiene en otros países, la expresión "español de los EE.UU."

(133–134)

**Lynch** (2013): Dado que según la teoría lingüística vigente "la comunidad" en el plano social se fundamenta en la uniformidad estructural y la sistematicidad de variación en el plano lingüístico (Labov 1972), no puede haber comunidad sin continuidad . . . Es precisamente el

fenómeno de la discontinuidad del español en los EE.UU. lo que complica la
conceptualización de una "comunidad hispanoparlante" en este país.

(68)

Si bien los estudiosos aceptan que hay rasgos lingüísticos (sobre todos los préstamos
léxicos) que distinguen al español de los EE.UU., no todos están de acuerdo en que
podamos hablar de la emergencia de un español propiamente estadounidense.

No hay duda, sin embargo, que los estudios citados en este y en otros libros están
encontrando rasgos y variedades lingüísticos innovadores, como los que surgen debido al
contacto con el inglés, el cambio de código, el habla de los mexirriqueños o las variedades
de contacto de la G2 en Nueva York. La pregunta que nos planteamos entonces es, ¿en qué
momento se podrá afirmar que ya se formó un español estadounidense (si bien solo se
habla en una región o ciudad en particular)?

Para un punto comparativo, pensemos en el inglés. No hay disputa de que lo que se
habla en los EE.UU., en Gran Bretaña, en Australia y en Nueva Zelandia es la misma lengua,
el inglés. El inglés llegó al ahora territorio estadounidense durante los siglos XVII–XIX con
los hablantes que inmigraron primordialmente desde Inglaterra, Irlanda y Escocia. Tampoco se debate el hecho de que, hoy en día, el inglés que se habla en los EE.UU. es un
**dialecto regional** diferente del inglés de Gran Bretaña, del de Australia y del de Nueva
Zelandia, por ejemplo. Lo que hace que estas variedades macrodialectales se consideren
como diferentes dialectos son las diferencias léxicas, fonológicas, morfosintácticas y pragmáticas entre ellos. Sin embargo, dentro de los EE.UU. también está muy claro que el
léxico, la fonología, la morfosintaxis e incluso la pragmática del inglés varían entre Boston,
Chicago, el sur de Texas y el noroeste rural. Entonces estos (y varios otros) son dialectos
regionales del inglés estadounidense. Un último punto a considerar es que, por todo el país,
los padres hablan inglés con sus hijos, transmitiéndoles (junto con los miembros de la
comunidad) su dialecto local, pero los hijos también imponen cambios en la lengua.

## EJERCICIO 10.10:

Pregúntales a entre tres y cinco hablantes nativos del inglés en los EE.UU., cuyos papás también son
hablantes nativos del inglés, lo siguiente: "¿Hay cosas que dices tú en inglés que no dicen ellos? ¿Hay cosas
que dicen ellos que no dices tú?" Anota sus respuestas.

Entonces, existe "el inglés estadounidense" (que se diferencia de "el inglés de Inglaterra" y
de "el inglés de Jamaica") y que llamamos un macrodialecto. Pero también hay muchos
dialectos del inglés estadounidense como "el inglés de Boston" y "el inglés de Texas," que
llamamos dialectos regionales y contienen, a su vez, dialectos menos extendidos regio-
nalmente, que llamamos dialectos locales.[12] Los rasgos de estos dialectos se transmiten a
través de las generaciones de padres a hijos, si bien en cada generación los hijos los
modifican.

---

[12] También hay dialectos étnicos, como el inglés afroamericano y el inglés latino (véase el Capítulo 5) pero, para
nuestros fines aquí, nos limitamos a los dialectos regionales.

Ahora bien, lo que queremos entender sobre el español es lo siguiente: ¿se puede hablar de "el español de los Estados Unidos" de la misma manera que se habla de "el inglés de los Estados Unidos?" ¿Cuáles de los puntos que acabamos de delinear sobre el inglés de los EE.UU. se aplican al español de los EE.UU.? Hemos visto los puntos siguientes a lo largo de este libro:

- Hay unos 50 millones de hispanohablantes en el país (Capítulo 1).
- El 64 por ciento de todos los hispanohablantes mayores de cinco años nace en el país y están expuestos al inglés y a una variedad del español en contacto con el inglés (Capítulo 5).
- Muchos también están expuestos a un español en contacto con otros dialectos del español (Capítulo 6).
- El 87 por ciento de los hispanos jóvenes (entre 0 y 24 años de edad), quienes representan el futuro de la lengua, nace en los EE.UU. (el presente capítulo).
- El español que hablan muchos en los EE.UU. tiene rasgos léxicos (que la Real Academia ha denominado *estadounidismos*), fonológicos, morfosintácticos y pragmáticos identificables que lo distinguen de otros dialectos del español (Capítulos 4 y 5).

Entonces nuestra respuesta es afirmativa: Existe "el español de los Estados Unidos." Pero del mismo modo que "el inglés de los Estados Unidos" es un término que abarca muchos dialectos regionales (el inglés de Boston, de Texas, etc.), *no* consideramos que haya *un* solo español de los Estados Unidos, sino que el término sirve para distinguir el dialecto *a grosso modo* de otros dialectos regionales (es decir, de los de otros países hispanohablantes).

Pasemos a otra pregunta: ¿Habrá normas orales que distingan el español de Nueva York del de Chicago, del de Los Ángeles, etc.? Los estudios sugieren que hay varios factores importantes que hacen que el caso del español sea diferente del caso del inglés en los EE.UU., poniendo en duda la formación de estas normas orales:

- La transmisión intergeneracional se ve interrumpida; es decir, rara vez va más allá de la tercera generación (véase el Capítulo 2). Esto limita la posibilidad de que se cristalicen un gran número de los rasgos dialectales en la tercera generación.
- El español no es la lengua dominante del país (véanse sobre todo los Capítulos 7 y 8), lo cual restringe su uso y es en parte responsable de la falta de transmisión intergeneracional.

El debilitamiento de la transmisión del español en la tercera generación es el factor esencial que lleva a muchos a concluir que no se formarán normas orales de español en los EE.UU. Un ejemplo muy citado de la cristalización de una nueva variedad de inglés en la G3 es la formación del inglés de Nueva Zelandia (Trudgill 2004), derivada del contacto de varios dialectos hablados por los inmigrantes que venían de todas partes de Gran Bretaña. El inglés era la lengua dominante en la región, ya que los británicos subyugaron a las poblaciones indígenas. Para el caso de las lenguas minoritarias en los EE.UU., los trabajos de Fishman con comunidades inmigrantes europeas encuentran que, en estos casos, los miembros de la G3 ya no hablaban la lengua de sus abuelos y padres, por lo que no pudo surgir ninguna norma oral en las lenguas inmigrantes.

El caso del español en los EE.UU. sugiere una trayectoria similar, especialmente si consideramos la complejidad de la situación actual del español en los EE.UU.: Hay contacto de dialectos y contacto de lenguas; hay diferentes porcentajes de nacidos en los EE.UU. y de inmigrantes en diferentes partes del país; en algunas regiones hay mayor diversidad sociolectal que en otras; los porcentajes de hablantes de diferentes dialectos (referenciales y de contacto) también varían en las diferentes ciudades y regiones del país. Sumado a esto, la discriminación que sufren muchos hispanohablantes les lleva a muchos a dejar de hablar la lengua. Todo sugiere que no se podrán formar normas orales de español en el país.

Sin embargo, hemos visto en este capítulo una serie de factores que sugieren no solo la vitalidad del español, sino también la posible formación de normas orales. Pero, ¿cómo y dónde podemos encontrar evidencia de este posible proceso en marcha? Nuestra propuesta es que además de los estudios en tiempo real (por generación), en las regiones donde sea posible, también se pueden hacer estudios de tiempo aparente en las regiones donde la población tenga tres generaciones, o más, y las G1 y G2 sean diversas desde la perspectiva tanto etaria como social. La diversidad generacional, etaria y socioeconómica podrá facilitar estudios de tiempo real (por generación) y tiempo aparente (diferenciación etaria en la G2) que podrán mostrarnos si hay evidencia de los comienzos de un proceso de formación de una norma local en el lugar de estudio.

Entonces, a pesar del debilitamiento de la transmisión intergeneracional, reiteramos que el hecho de que el español hablado en los EE.UU. sea reconocible fácilmente es un factor importante. Este reconocimiento, tanto a través de los estudios lingüísticos como también en el discurso popular (véanse libros como Barugel 2005), es una justificación adicional para hablar del español estadounidense como un dialecto macroregional. Lo que quedará por describirse son los dialectos regionales y las normas orales en estas regiones, es decir, el español de la ciudad de Nueva York, el de Chicago, el de Woodburn, OR, etc., que podrán ser muy diferentes los unos de los otros.

Para resumir, nos parece que las variedades de español descritas en este libro constituyen **variedades del español DE los Estados Unidos**. Lo que no está claro es si están en formación *normas orales* en las diferentes ciudades y regiones del país, que podrían llevar en el futuro a hablar de dialectos de español dentro del país. Los datos de Otheguy y Zentella (2012), por ejemplo, sugieren que la formación de una norma está en proceso en la ciudad de Nueva York, si bien solo el tiempo dirá si se cristalizará. Lamentablemente, no hay hasta el momento otro estudio comparable de la misma magnitud, si bien se han empezado esfuerzos en otros lugares (en Nuevo México por Torres Cacoullos y Travis en progreso, y en Chicago por Potowski y Torres en progreso). Estos estudios detallados requieren colaboraciones académicas amplias para que se puedan descubrir los procesos de las etapas iniciales en la formación de estas normas orales. Aunque muchos estudios proveen miradas parciales a estos procesos, ¿cuándo podremos decir que la norma se ha cristalizado o focalizado (siguiendo a Trudgill 2004 y Kerswill 2010)? Las respuestas están en manos de los hablantes, primero, para que entren en marcha, y de los estudiosos, segundo, para describir el proceso.

## 10.3  Mitos sobre la lengua

Terminamos enfatizando cómo los mitos lingüísticos que pueden afectar la vitalidad de las lenguas minoritarias y minorizadas son solo eso: *mitos*. Por lo tanto, los latinos e hispanohablantes podemos erradicarlos a medida que nos informamos más sobre la historia y el perfil sociolingüístico del español en los EE.UU.

Bills (1997) escribe que los mitos que existen en Nuevo México (pero también en el resto del país) devalúan el español tradicional de la región, limitándolo a ser empleado solo dentro de la familia y en espacios reducidos y delimitados. Debido a que los mitos restringen su uso, el español de Nuevo México, que en este caso representa una herencia cultural de cuatro siglos, está en proceso de desaparición.

Los mitos que Bills describe y que afectan la vitalidad del dialecto tradicional de Nuevo México también existen fuera de Nuevo México y también afectan la vitalidad de otras variedades del español como lengua social en el país. Estos mitos aparecen seguidamente:

**Mito 1**: El inglés es bueno y el español no es tan bueno.

**Mito 2**: El español estándar es bueno y nuestro español no es bueno.

**Mito 3**: El dialecto de Nuevo México es el español del siglo xvi, el español de Cervantes.

**Mito 4**: Como Nuevo México es oficialmente un estado bilingüe, el español no se perderá pues está protegido.

**Mito 5**: Como hace siglos que existe el español de Nuevo México, no se va a perder.

De los mitos presentados por Bills, el 1 y el 2 se encuentran en otros contextos en los que se compara el "valor social" de una lengua minorizada con la lengua de poder. Sin embargo, debido a la diversidad de variedades de español que se hablan en los EE.UU., diríamos que este mito está estrechamente conectado al Mito 2. El Mito 2 enfatiza que la variedad de español del hablante y los rasgos de su habla no tienen valor social. Estas percepciones internalizadas por los hablantes derivan del hecho que su variedad se emplea solo en su comunidad y/o en la radio local. Derivan también de los mensajes silenciosos que la sociedad envía al no emplear esta variedad en contextos formales y/o de amplia difusión. Derivan especialmente de los mensajes expresados por las actitudes negativas que los hispanohablantes de diferentes variedades tienen hacia otras variedades del español (incluidas las de los inmigrantes), especialmente aquellas con rasgos lingüísticos característicos de variedades rurales y populares.

El Mito 2 también está internalizado en otros hispanohablantes nacidos en los EE.UU. debido a la discriminación que perciben hacia las variedades que tienen rasgos de contacto lingüístico. Los hispanohablantes latinos (*hablantes de herencia*) que son estudiantes en las clases de español son discriminados repetidamente cuando sus variedades son "minorizadas" al ser comparadas en clase o en sus escritos con "las formas que *deberían de emplear* en su habla y escritura."

¿Cómo expurgar estos mitos? Bills propone que es necesaria una mayor concientización en las escuelas y en la sociedad. Se necesita educar sobre la gran variación dialectal que existe en el español en los EE.UU. y sobre el valor social, histórico y cultural que todos estos dialectos tienen para todos los hablantes de español dentro y fuera del país. Esta tarea está en manos, entonces, de todos los hispanohablantes y latinos dentro y fuera de los EE.UU. Las clases de español para los hablantes de herencia podrían también incorporar estos temas como parte de sus metas.

**CUADRO 10.23.** Mitos en la enseñanza del español en los EE.UU.

(Adaptado de Potowski 2014b)

| Mitos en la enseñanza | Respuestas |
|---|---|
| **Mito 1**: EE.UU. es la novena nación hispanohablante en el mundo. | **Falso**: En el 2014, los EE.UU. es el cuarto país en el mundo con más hispanohablantes. Si se agrega los 11 millones de hispanohablantes indocumentados y los 2.8 millones de no-latinos que hablan español en su casa, los EE.UU. es el *segundo* país con más hispanohablantes en el mundo, siguiendo solo a México (véase el Capítulo 1). |
| **Mito 2**: El español hablado en los EE.UU. es menos válido que el español que se habla en países donde es la lengua mayoritaria y/u oficial. | **Falso**: Este mito surge porque generalmente no se incluye a los EE.UU. entre los países hispanohablantes. Desde el 2013, el Diccionario de la Real Academia Española tiene la categoría "estadounidense" para léxico que es propio del español de los EE.UU. Sin embargo, muy pocos términos están incluidos (véase el Capítulo 7). |
| **Mito 3**: Los hablantes de español no saben la gramática del español. | **Falso**: Todos los hablantes tienen una gramática mental de su lengua porque si no la tuvieran, no podrían comprender ni producir la lengua. Además, cada variedad tiene su propia gramática; no son todas iguales a la presentada en la Nueva Gramática de la Lengua Española de la Real Academia Española y en los textos de enseñanza de español. |
| **Mito 4**: El "Spanglish" es una mezcla del español y del inglés y se debería evitar. | **Falso**: El término "Spanglish" hace referencia a todos los rasgos de contacto lingüístico que son propios del español de los EE.UU. (ej. cambio de código, préstamo léxico, extensión semántica, calcos). Zentella agrega que Spanglish refleja "el conflicto y la opresión" que existe entre el español y el inglés y sus hablantes en los EE.UU. (véase el Capítulo 5). |
| **Mito 5**: Los maestros de español deben intentar eliminar los usos de "Spanglish" en los jóvenes latinos y lo deben reemplazar con el español monolingüe. | **Falso**: Los usos del español en los EE.UU. son propios de esta variedad dialectal y, por lo tanto, se deben respetar y enseñar lado a lado de los usos prescritos por el texto de lengua. |

También existen otros mitos sobre las lenguas en general. Estas incluyen temas como, por ejemplo, las siguientes:

- se debe aprender aquellas lenguas que tienen más hablantes para poder comunicarnos con más personas en el mundo,

**CUADRO 10.24.** Mitos sobre el bilingüismo

(Tomado de Grosjean 2010)

| Mitos sobre el bilingüismo | Respuestas |
|---|---|
| **Mito 1**: El bilingüismo es un fenómeno raro. | **Falso**: Más de la mitad del mundo es bilingüe o multilingüe. |
| **Mito 2**: Los bilingües aprenden sus lenguas cuando son niños. | **Falso**: Uno puede aprender una lengua y ser bilingüe a cualquier edad. Muchos inmigrantes adultos llegados a los EE.UU. han tenido que aprender el inglés. |
| **Mito 3**: Los bilingües hablan las dos lenguas igual de bien. | **Falso**: Los bilingües tienden a saber cada lengua según la necesidad que tengan en ella. Generalmente son más dominantes en una de ellas. |
| **Mito 4**: Los verdaderos bilingües no tienen acento en ninguna de sus lenguas. | **Falso**: El acento no hace a una persona menos bilingüe. El acento depende de la edad a la que la persona aprendió la lengua. Cuanto más joven, menos acento. |
| **Mito 5**: Todos los bilingües son buenos intérpretes y traductores. | **Falso**: Los bilingües pueden traducir cosas fáciles, pero si el tema es especializado, no es fácil. Se necesitan intérpretes especializados para los otros casos. |
| **Mito 6**: La mezcla de lenguas es signo de que el bilingüe es perezoso. | **Falso**: El cambio de código o el préstamo lingüístico son comportamientos verbales que emplean muchos bilingües cuando hablan con otros bilingües. |
| **Mito 7**: El bilingüismo retrasa la adquisición de una lengua en los niños. | **Falso**: Esto se creía a mediados del siglo xx. Los estudios recientes muestran que el bilingüismo ayuda en el desarrollo cognitivo. |

- ciertas lenguas son más fáciles de aprender que otras,
- las lenguas con muchos dialectos presentan problemas de comunicación para sus hablantes.

## EJERCICIO 10.11:

Para escuchar las respuestas a estos mitos y otros más, escucha la entrevista al lingüista español Juan Carlos Moreno Cabrera sobre el español en el mundo de Internet en tradusfera.com/2014/02/los-topicos-del-supremacismo-linguistico-espanol-en-preguntas-y-respuestas/.

Potowski (2014b) también ha escrito acerca de los mitos que afectan a los maestros de español en las escuelas. Estos mitos también devalúan el español de los estudiantes latinos, así como su autoestima. Estos mitos, que se presentan en el Cuadro 10.23, deben formar parte de las conversaciones en las clases de español porque tienen implicancias en la percepción identitaria de los jóvenes de la G2 y, sobre todo, en su propia variedad de español.

Grosjean (2010), un especialista en el bilingüismo, habla de mitos que existen sobre el **bilingüismo** en el mundo. Incluimos algunos en el Cuadro 10.24.[13]

**EJERCICIO 10.12:**

Busca en Internet uno de o los dos artículos siguientes sobre los beneficios del bilingüismo:
- "How the brain benefits from being bilingual" (*Time*, 18 de julio, 2013)
- "Why bilinguals are smarter" (*New York Times*, 17 de marzo, 2012)

## 10.4  Conclusión

A lo largo de este libro hemos presentado ejemplos de estudios que nos ayudan a entender la disciplina conocida como *El español de los Estados Unidos*. Si bien no hemos podido incluir todos los estudios, hemos querido representar cómo los diferentes tipos de estudios nos ayudan a perfilar la presencia del español y las comunidades latinas e hispanohablantes en la historia, el territorio y la sociedad estadounidense. Este trabajo intenta mostrar que la complejidad del español de los EE.UU. no se puede estudiar empleando los criterios lingüísticos y sociolingüísticos que se emplean para el español en Latinoamérica o España, o para el inglés en los EE.UU. Los esfuerzos expresados en la multitud de estudios que se han hecho nos han permitido ofrecer el panorama que se presenta, con todas sus complejidades, así como áreas y perspectivas poco estudiadas. Esperamos en ese sentido haber hecho una contribución a los futuros estudios en el área. Igualmente esperamos que la información presentada ayude a disminuir la discriminación lingüística tanto externa como interna.

Conceptos claves

Busca en el texto las definiciones de estos conceptos y compara con tus compañeros.

Vitalidad etnolingüística
Mantenimiento lingüístico
Desplazamiento lingüístico
Norma
El español de/en los EE.UU.

---

[13] Para leer más sobre los mitos que discute Grosjean, busca su libro *Bilingual: Life and Reality* (2010), o en Internet el portal con "Francois Grosjean - Myths about Bilingualism."

# BIBLIOGRAFÍA

Aaron, J. E. 2004. "So respetamos un tradición del uno al otro." *So* and *entonces* in New Mexican bilingual discourse. *Spanish in Context*, *1* (2), 161–179

Aaron, J. E. y J. E. Hernández. 2007. Quantitative evidence for contact-induced accommodation: shifts in /s/ reduction patterns in Salvadoran Spanish in Houston. *Spanish in contact*, editado por K. Potowski y R. Cameron. Amsterdam: John Benjamins. Pp. 329–344

ACTFL (American Council for Teachers of Foreign Languages). 1996. *National standards for foreign language education*. Alexandria, VA: ACTFL

2008. Foreign language enrollments in K–12 public schools: Are students prepared for a global society? www.actfl.org/enrollment-survey

Alarcón, A., y J. M. Heyman. 2013. Bilingual call centers at the US-Mexico border: Location and linguistic markers of exploitability. *Language in Society*, *42* (1), 1–21

Alba, R., J. Logan, A. Lutz y B. Stults. 2002. Only English by the third generation? Loss and preservation of the mother tongue among the grandchildren of contemporary immigrants. *Demography*, *39* (3), 467–484

Albarran, A. B., y B. Hutton. 2009. "A history of Spanish language radio in the United States." Prepared for Arbitron Inc. Denton, TX: The Center for Spanish Language Media, UNT. Consultado en arbitron.com/downloads/mcl_unt_history_spanish_radio.pdf el 3 de enero, 2015

Alcoff, L. M. y E. Mendieta. 2003. *Identities: Race, class, gender, and nationality*. Malden, MA: Blackwell

Alim, S. 2004. *You know my steez: An ethnographic and sociolinguistic study of styleshifting in a Black American speech community*. Durham, NC: Duke University Press

Alvar, M. 1996. Discrepancias léxicas en tres hablantes de San Luis, Colorado (Estados Unidos). *Revista Portuguesa de Filologia*, *21* (1996–1997), 1–22

Alvord, S. 2010. Variation in Miami Cuban Spanish interrogative intonation. *Hispania 93* (2), 235–255

Amengual, M. 2012. Interlingual influence in bilingual speech: Cognate status effect in a continuum of bilingualism. *Bilingualism: Language and Cognition*, *15* (3), 517–530

Anderson, R. 1999. Loss of gender agreement in L1 attrition: Preliminary results. *Bilingual Research Journal*, *23*, 319–338

2001. Lexical morphology and verb use in child first language loss: A preliminary case study investigation. *International Journal of Bilingualism*, *5* (4), 377–401

Angermeyer, P. S. 2003. Lexical cohesion as a motivation for code-switching: Evidence from Spanish-English bilingual speech in court testimonies. *Selected Proceedings of the First Workshop on Spanish Sociolinguistics*, editado por L. Sayahi. Somerville, MA: Cascadilla Proceedings Project. Pp. 112–122

Anzaldúa, G. 1999. *Borderlands/La frontera: The new mestiza*. San Francisco: Aunt Lute Books

Aparicio, F. 1997. La enseñanza del español para hispanohablantes y pedagogía multicultural. *La enseñanza del español a hispanohablantes: Praxis y teoría*, editado por M. C. Colombi y F. Alarcón. Boston, MA: Houghton Mifflin. Pp. 222–232

Aponte Alequín, H y L. A. Ortiz López. 2010. Una perspectiva pragmática del presente progresivo con valor de futuro en el español del Caribe. *Selected Proceedings of the 12th Hispanic Linguistics Symposium*, editado por C. Borgonovo, M. Español-Echevarría y P. Prévost. Somerville, MA: Cascadilla Proceedings Project. Pp. 109–121

Arriagada, P. A. 2005. Family context and Spanish-language use: A study of Latino children in the United States. *Social Science Quarterly, 86* (3), 599–619

Attinasi, J. 1985. Hispanic attitudes in Northwestern Indiana and New York. *Spanish language use and public life in the USA*, editado por L. Elías-Olivares, E. Leone, Rene Cisneros y J. Gutierrez. Berlin: Mouton de Gruyter. Pp. 27–58

Au, T. K. F., L. M. Knightly, S. A. Ju y J. S. Oh. 2002. Overhearing a language during childhood. *Psychological Science, 13* (3), 238–243

Au, T. K. F., J. S. Oh, L. M. Knightly, S. A. Jun y L. F. Romo. 2008. Salvaging a childhood language. *Journal of Memory and Language, 58* (4), 998–1011

Baca, I. 2000. *English, Spanish or los dos?: Examining language behavior among four English/Spanish bilingual families residing on the El Paso, Texas/Juarez, Mexico border.* Tesis doctoral, New Mexico State University

Bailey, Benjamin. 2000. Language and negotiation of ethnic/racial identity among Dominican Americans. *Language in Society, 29* (4), 555–582

Bailey, G. 2004. Real and apparent time. *The handbook of language variation and change*, editado por J. K. Chambers, P. Trudgill, y N. Schilling-Estes. Oxford: Blackwell. Pp. 312–332

Baker, C. 1996. *Foundations of bilingual education and bilingualism*. Bristol: Multilingual Matters

Balukas, Colleen. 2012. Effects of code-switching on VOT production: Evidence from a conversational Spanish-English corpus. Presentation at *NWAV 41*, October 26, 2012, Bloomington, IN

Barker, G. C. 1975. Pachuco: An American Spanish argot and its social function in Tucson, Arizona. *El lenguaje de los chicanos*, editado por E. Hernández-Chávez, A. D. Cohen y A. F. Bertrano. Arlington, VA: Center for Applied Linguistics. Pp. 183–201

Barker, V. y H. Giles. 2002. Who supports the English-only movement?: Evidence for misconceptions about Latino group vitality. *Journal of Multilingual and Multicultural Development, 23* (5), 353–370

Barker, V., H. Giles, K. Noels, J. Duck, M. L. Hecht, y R. Clement. 2001. The English-only movement: a communication analysis of changing perceptions of language vitality. *Journal of Communication, 51* (1), 3–37

Barrancos, A. 2008. Linguistic accommodation by Argentinean immigrants in Spain: The case of the pronoun *vos* and other features. *BISAL: Birkbeck Studies in Applied Linguistics, 3* (1), 27–51

Barreto, M. A. 2007. *¡Sí se puede!* Latino candidates and the mobilization of Latino voters. *American Political Science Review, 101* (3), 425–441

Barrett, R. 2006. Language ideology and racial inequality: Competing functions of Spanish in an Anglo-owned Mexican restaurant. *Language in Society, 35* (2), 163–204

Barugel, A. 2005. *Speaking Spanish in the U.S.A.: Variations in vocabulary usage.* New York: Barron's

Bauer, L. 1994. *Watching English change.* London: Longman

Bayley, R y L. M. Bonnici. 2009. Recent research on Latinos in the USA and Canada, Part 1: Language maintenance and shift and English varieties. *Language and Linguistic Compass, 3* (5), Pp. 1300–1313

Bayley, R. y O. Santa Ana. 2004. Chicano English grammar. *A handbook of varieties of English: Morphology and syntax*, Vol. 2, editado por B. Kortmann, E. W. Schneider, K. Burridge, R. Mesthrie, y C. Upton. Berlin: Mouton de Gruyter. Pp. 167–183

Bayley, R., N. L. Cárdenas, B. Treviño Schouten y C. M. Vélez Salas. 2012. Spanish dialect contact in San Antonio, Texas: An exploratory study. *Selected Proceedings of the 14th Hispanic Linguistics Symposium*, editado por K. Geeslin y M. Díaz-Campos. Somerville, MA: Cascadilla Proceedings Project. Pp. 48–60

Beaudrie, S. 2012. Research on university-based Spanish heritage language programs in the United States: The current state of affairs. *Spanish as a heritage language in the US: The state of the field,* editado por S. Beaudrie y M. Fairclough. Washington, DC: Georgetown University Press. Pp. 203–221

Beaudrie, S., C. Ducar y K. Potowski. 2014. *Heritage language teaching: Research and practice.* New York: McGraw-Hill

Bergman, E. M., M. K. Watrous-Rodriguez y M. K. Chalkley. 2008. Identity and language: Contributions and consequences of speaking Spanish in the workplace. *Hispanic Journal of Behavioral Science, 40,* 40–68

Berk-Seligson, S. 1986. Linguistic constraints on intrasentential code-switching. A study of Spanish-Hebrew bilingualism. *Language in Society, 15,* 313–348

Bernal Enríquez, Y. 1997. La variedad regional primero en la enseñanza del español a chicanos: Datos de la encuesta sobre el español de Nuevo México y el sur de Colorado. *La enseñanza del español a hispanohablantes: Praxis y teoría,* editado por C. Colombi y F. X. Alarcón. Boston, MA: Houghton Mifflin. Pp. 297–307

Bernal Labrada, E. 2008. La publicidad. *Enciclopedia del español en los Estados Unidos.* Madrid: Instituto Cervantes. Pp. 1013–1020

Betti, S. 2013. La ilusión de una lengua: El Spanglish, entre realidad y utopía. *El español en los Estados Unidos: ¿E pluribus unum? Enfoques multidisciplinarios,* editado por D. Dumitrescu y G. Piña-Rosales. Nueva York: ANLE. Pp. 189–216

Betts, G. F. 2006. *Making a run for the (linguistic) border: The cultural power of language and dialect-mixing on television.* Tesis doctoral, University of New Mexico

Bills, G. 1997. New Mexican Spanish: Demise of the earliest European variety in the United States. *American Speech, 72,* 263–282

2005. Las comunidades lingüísticas y el mantenimiento del español en los Estados Unidos. *Contactos y contextos lingüísticos. El español en los Estados Unidos y en contacto con otras lenguas,* editado por L. Ortiz López y M. Lacorte. Madrid/Frankfurt: Iberoamericana/Vervuert. Pp. 55–83

Bills, G., E. Hernández-Chávez y A. Hudson. 1995. The geography of language shift: Distance from the Mexican border and Spanish language claiming in the Southwestern U.S. *International Journal of the Sociology of Language, 114,* 9–27

Bills, G., A Hudson y E. Hernandez-Chavez. 2000. Spanish home language use and English proficiency as differential measures of language maintenance and shift. *Southwest Journal of Linguistics, 19* (1), 11–27

Bills, G. D. y N. A. Vigil. 2008. *The Spanish language of New Mexico and Southern Colorado: A linguistic atlas.* Albuquerque: University of New Mexico

Bishop, M. 2006. *The role of language codeswitching in increasing advertising effectiveness among Mexican-American youth.* Tesis doctoral, University of Texas at Arlington

Blake, R. y M. C. Colombi. 2013. La enseñanza del español para hispanohablantes: un programa universitario. *El español en los Estados Unidos: ¿E pluribus unum? Enfoques multidisciplinarios,* editado por D. Dumitrescu y G. Piña-Rosales. Nueva York: ANLE. Pp. 291–305

Bley-Vroman, R. 1990. The logical problem of foreign language learning. *Linguistic Analysis, 20,* 3–49

2009. The evolving context of the fundamental difference hypothesis. *Studies in Second Language Acquisition, 31* (2), 175–198

Block, D. 2007. *Second language identities.* New York: Continuum

Boomershine, A. 2012. What we know about the sound system(s) of heritage speakers of Spanish: Results of a production study of Spanish and English bilingual and heritage speakers. Presentación en el *Hispanic Linguistic Symposium,* University of Florida, Gainesville, FL

Bonnici, L. M. y R. Bayley. 2009. Recent research on Latinos in the USA and Canada, Part 2: Spanish varieties. *Language and Linguistic Compass, 4* (2), 121–134

Bourdain, A. 2007. *Kitchen confidential: Adventures in the culinary underbelly.* New York: Bloomsbury

Bourhis, R. Y., H. Giles y D. Rosenthal. 1981. Notes on the construction of a "Subjective vitality questionnaire" for ethnolinguistic groups. *Journal of Multilingual and Multicultural Development, 2,* 144–155

Bowen, J. D. 1975. Adaptation of English borrowing. *El lenguaje de los chicanos,* editado por E. Hernández-Chávez, A. Cohen y A. F. Beltramo. Arlington, VA: Center for Applied Linguistics. Pp. 115–121

Boyd, P. 1975. The development of grammar categories in Spanish by Anglo children learning a second language. *TESOL Quarterly, 9* (2), 125–135

Brians, C. y M. Wattenberg. 1996. Campaign issue knowledge and salience: Comparing reception from TV commercials, TV news, and newspapers. *American Journal of Political Science, 40* (1), 172–193

Brick, K., A. E. Challinor y M. R. Rosenblum. 2011. *Mexican and Central American immigrants in the United States.* Washington, DC: Migration Policy Institute/European University Institute

Bromberg, J. e I. Jesionowski. 2010. Trends in court interpreter training. *Multilingual Computing & Technology, 21* (4), 35–39

Brown, A., y E. Patten. 2013. *2011 Hispanic origin profiles.* (Report, June 19, 2013.) Washington, DC: Pew Hispanic Center

Bucholtz, M. 2011. *White kids: Language, race, and styles of youth identity.* Cambridge: Cambridge University Press

Bucholtz, M. y K. Hall. 2005. Identity and interaction: A sociolinguistic approach. *Discourse Studies, 7* (4–5), 585–614

Bullock, B. y A. J. Toribio. 2009. How to hit a moving target: On the sociophonetics of code-switching. *Multidisciplinary approaches to code-switching,* editado por L. Isurin, D. Winford y K. de Bot. Amsterdam: John Benjamins. Pp. 189–206

Business Wire. 2013. *The Nielsen Company & Billboard's 2012 Music Industry Report.* Consultado en www.businesswire.com/news/home/20130104005149/en/Nielsen-Company-Billboard%E2%80%99s-2012-Music-Industry-Report#.VKiZDHvJOjI el 3 de enero, 2015

Bustos Flores, B., S. Keehn y B. Pérez. 2002. Critical need for bilingual education teachers: The potentiality of *normalistas* and paraprofessionals. *Bilingual Research Journal, 26* (3), 501–524

Callahan, L. 2004. *Spanish/English codeswitching in a written corpus.* Amsterdam: John Benjamins
    2013. Racialization and Spanish in the linguistic landscape of the American museum. Paper presented at the *24th Conference on Spanish in the United States/9th Conference on Spanish in Contact with Other Languages.* University of Texas-Pan American. March 8, 2013

Calvo Pérez, J. 2007. *Tendiendo puentes. La lengua de los emigrantes peruanos (y ecuatorianos) en la Comunidad Valenciana.* Valencia: Universidad de Valencia

Cameron, D. 2000. Styling the worker: Gender and the commodification of language in the globalized service economy. *Journal of Sociolinguistics, 4* (3), 323–47

Cameron, R. 2005. Aging and gendering. *Language in Society, 34,* 23–61

Cameron, R., y N. Flores-Ferrán. 2004. Perseveration of subject expression across regional dialects of Spanish. *Spanish in Context, 1* (1), 41–65

Campbell, R. 1984. The immersion education approach to foreign language teaching. *Studies on immersion education: A collection for United States educators.* Sacramento: California State Department of Education. Pp. 114–143

Carlock, E. y W. Wölck. 1981. A method for isolating diagnostic linguistic variables: the Buffalo ethnolects experiment. *Variation Omnibus,* editado por D. Sankoff y H. Cedergren. Edmonton, AL: Linguistic Research, Inc. Pp. 17–24

Carreira, M. 2000. Validating and promoting Spanish in the United States: Lessons from linguistic science. *Bilingual Research Journal, 24* (4), 423–42

2004. Seeking explanatory adequacy: A dual approach to understanding the term "heritage language learner." *Heritage Language Journal, 2* (1), 1–25

2007. Spanish-for-native-speaker matters: Narrowing the Latino achievement gap through Spanish language instruction. *Heritage Language Journal 5* (1), Número especial sobre *TESOL and Heritage Language Education,* pp. 147–171

2013. The vitality of Spanish in the United States. *Heritage Language Journal, 10* (3), 103–120

Carreira, M., y O. Kagan. 2011. The results of the National Heritage Language Survey: Implications for teaching, curriculum design, and professional development. *Foreign Language Annals, 44* (1), 40–64

Carter, P. 2007. Phonetic variation and speaker agency: Mexicana identity in a North Carolina Middle School. *University of Pennsylvania Working Papers in Linguistics, 13* (2), 1–14

2014. National narratives, institutional ideologies, and local talk: The discursive production of Spanish in a "new" US Latino community. *Language in Society, 43* (2), 209–240

Carvalho, A. M. (por aparecer). Sociolinguistic continuities in language contact situations. The case of Portuguese in contact with Spanish along the Uruguayan-Brazilian border. *Portuguese/ Spanish interfaces. Diachrony, synchrony, and contact,* editado por P. Amaral y A. M. Carvalho. Amsterdam/Filadelfia: John Benjamins. Pp. 263–294

Carvalho, A. M. y R. Bessett (por aparecer). Subject pronoun expression in a variety of Spanish in contact with Portuguese. *Subject pronoun expression in Spanish. A cross-dialectal perspective,* editado por A. M. Carvalho, R. Orozco y N. L. Shin. Washington, DC: Georgetown University Press

Cashman, H. R. 2001. Social network and English/Spanish bilingualism in Detroit, Michigan. *Revista Internacional de Lingüística Iberoamericana, 1* (2), 59–78

2005. Identities at play: language preference and group membership in bilingual talk in interaction. *Journal of Pragmatics, 37* (3), 301–315

2014. Queer Latin@ networks: Languages, identities and the ties that bind. *A sociolinguistics of diaspora: Latino practices, identities and ideologies,* editado por R. Márquez-Reiter y L. M. Rojo. London: Routledge

Castañeda, L. 2001. Bilingual defectors. *American Journalism Review,* June 1

Cedergren, H. 1973. On the nature of variable constraints. *New ways of analyzing variation in English,* editado por C.-J. N. Bailey y R. W. Shuy. Washington, DC: Georgetown University Press. Pp. 13–22

Center for Applied Linguistics. 2008. *World language teaching in US schools. Preliminary results from the national K-12 foreign language survey.* www.cal.org/flsurvey/prelimbrochure08.pdf

2014. *Directory of two-way bilingual immersion programs in the U.S.* Consultado en www.cal.org. el 26 de abril, 2014

Chapa, J., y B. de la Rosa. 2004. Latino population growth, socioeconomic and demographic characteristics, and implications for educational attainment. *Education and Urban Society, 36* (2), 130–149

Chapman, C. E. 1923/1991. *A history of California: The Spanish period.* New York: Macmillan

Chen, A., M. Youdelmman y J. Brooks. 2007. The legal framework for language access in healthcare settings: Title VI and beyond. *Journal of General Internal Medicine, 22* (Suppl2), 362–367

Cheshire, J., P. Kerswill, S. Fox y E. Torgersen. 2011. Contact, the feature pool and the speech community: The emergence of Multicultural London English. *Journal of Sociolinguistics, 15* (2), 151–196

Christian, D., C. Montone, K. Lindholm e I. Carranza. 1997. *Profiles in two-way immersion education.* McHenry, IL: Delta Systems and Center for Applied Linguistics

Cisneros, R. y E. A. Leone. 1983. Mexican American language communities in the Twin Cities: An example of contact and recontact. *Spanish in the U.S. setting: Beyond the southwest,* editado por L. Elias-Olivares. Rosslyn, VA: National Clearinghouse for Bilingual Education

Clachar, A. 1997. Ethnolinguistic identity and Spanish proficiency in a paradoxical situation: The case of Puerto Rican return migrants. *Journal of Multilingual and Multicultural Development, 18* (2), 107–124

Clegg, J. H. 2000. Morphological adaptation of anglicisms into the Spanish of the Southwest. *Research on Spanish in the United States: linguistic issues and challenges*, editado por A. Roca. Somerville, MA: Cascadilla Press. Pp. 154–161

Clément, R., S. C. Baker, G. Josephson y K. A. Noels. 2005. Media effects on ethnic identity among linguistic majorities and minorities. *Human Communication Research, 31* (3), 399–422

Clements, J. C., P. Amaral y A. R. Luís. 2011. Spanish in contact with Portuguese: The case of Barranquenho. *The Handbook of Hispanic Sociolinguistics*, editado por M. Díaz-Campos. Malden, MA: Blackwell. Pp. 395–417

Clyne, M. (ed.). 1992. *Pluricentric languages: Differing norms in different nations*. Berlin: Mouton de Gruyter

Cohen, A. D. 1975. Assessing language maintenance in Spanish speaking communities in the Southwest. *El lenguaje de los chicanos. Regional and social characteristics used by Mexican Americans*, editado por E. Hernández-Chávez, A. D. Cohen, y A. F. Beltramo. Washington, DC: Center for Applied Linguistics. Pp. 202–219

1976. The case for partial or total immersion education. *The bilingual child*, editado por A. Simoes Jr. New York: Academic Press. Pp. 65–89

Cohn, D. 2012. Maps and data about the Hispanic population. Pew Research Center, Pew Social & Demographic Trends. (Released March 19, 2012)

Coles, F. A. 1991. The *Isleño* dialect of Spanish: Language maintenance strategies. *Sociolinguistics of the Spanish-speaking world: Iberia, Latin America, United States*, editado por C. Klee y L. Ramos-García. Tempe, AZ: Bilingual Press/Editorial Bilingüe. Pp. 312–328

1992. *Social and linguistic correlates to language death: Research from the* Isleño *dialect of Spanish*. Tesis doctoral, University of Texas, Austin

1993. Language maintenance institutions of the *Isleño* dialect of Spanish. *Spanish in the United States: Linguistic contact and diversity*, editado por A. Roca y J. Lipski. Berlin: Mouton de Gruyter. Pp. 121–133

Colombi, M. C. 2003. Un enfoque funcional para la enseñanza del ensayo expositivo. *Mi lengua: Spanish as a heritage language in the United States*, editado por A. Roca y M. C. Colombi. Washington, DC: Georgetown University Press. Pp. 78–95

CONAPO. 2010. Índices de intensidad migratoria México-Estados Unidos. www.conapo.gob.mx/swb/CONAPO/Indices_de_intensidad_migratoria_Mexico-Estados_Unidos_2010

Connor, O. 2008. La televisión. *Enciclopedia del español en los Estados Unidos*. Madrid: Instituto Cervantes. Pp. 497–504

Costantini, C. 2013. 10 brands capitalizing on the Latino market. (Publicado el 16 de noviembre, 2012; revisado el 14 de octubre, 2013). Consultado en fusion.net el 27 de abril, 2014

Coupland, N. 2008. The delicate constitution of identity in face-to-face accommodation: A response to Trudgill. *Language in Society, 37* (2), 267–270

Crawford, J. 2006. Official English legislation: Bad for civil rights, bad for America's interests, and even bad for English. Testimony before the House Subcommittee on Education Reform, July 26, 2006. Retrieved April 21, 2014 from www.elladvocates.org/documents/englishonly/Crawford_Official_English_testimony.pdf

2007. Loose ends in a tattered fabric: The inconsistency of language rights in the United States. *Language rights in comparative perspective*, editado por J. Magnet. Markham, Ontario: Lexis Nexis Butterworths. ourworld.compuserve.com/homepages/JWCrawford/

2008. Frequently asked questions about official English. Institute for Language and Education Policy. Consultado en elladvocates.org el 27 de abril, 2014.

Cresci, K. 2013. Interview with Junot Díaz: "We exist in a constant state of translation. We just don't like it." *Buenos Aires Review*, May 4, 2013. Consultado en www.buenosairesreview.org/2013/05/diaz-constant-state-of-translation/ el 29 de abril, 2014.

Cutler, C. 2008. Brooklyn style: Hip-hop markers and racial affiliation among European immigrants in New York City. *International Journal of Bilingualism, 12*, 7–24

Davies, B. 2005. Communities of practice: Legitimacy not choice. *Journal of Sociolinguistics, 9* (4), 557–581

Dávila, A. 2000. Mapping Latinidad: Language and culture in the Spanish TV battlefront. *Television & New Media, 1* (1), 75–94

2012. *Latinos Inc.* 2da edn. Berkeley, CA: University of California Press

de Casanova, E. M. 2007. Spanish language and Latino ethnicity in children's television programs. *Latino Studies 5* (4), 455–477

de Genova, N. e Y. Ramos-Zayas. 2003. *Latino crossings: Mexicans, Puerto Ricans, and the politics of race and citizenship.* London: Routledge

de Houwer, A. 2007. Parental language input patterns and children's bilingual use. *Applied Psycholinguistics, 28* (3), 411–424

2009. *Bilingual first language acquisition.* Bristol:Multilingual Matters

de la Cuesta, L. A. 2008. La lengua española y la legislación estadounidense. *Enciclopedia del español en los Estados Unidos.* Madrid: Instituto Cervantes. Pp. 541–549

del Valle, J. 2007. La RAE y el español total: ¿Esfera pública o comunidad discursiva? *La lengua, ¿patria común?: Ideas e ideologías del español,* editado por J. del Valle. Madrid/Frankfurt: Iberoamericana/Vervuert. Pp. 81–96

del Valle, S. 2003. *Language rights and the law in the United States: Finding our voices.* Clevedon: Multilingual Matters

Delsing, L. 2007. Scandinavian comprehension today. *Receptive multilingualism: Linguistic analyses, language policies and didactic concepts,* editado por E. D. ten Thije y L. Zeevaert. Amsterdam: John Benjamins. Pp. 231–246

Díaz McConnell, E. y E. Delgado-Romero. 2004. Latino panethnicity: reality or methodological construction? *Sociological Focus, 37* (4), 297–312

Díaz-Campos, M., y K. Geeslin. 2011. Copula use in the Spanish of Venezuela: Social and linguistic sources of variation in Spanish. *Spanish in Context, 8*, 73–94

Dockterman, D. 2011. *Statistical profiles for Hispanics of Cuban, Dominican, Ecuadorian, Guatemalan, Honduran, Mexican, Peruvian, Puerto Rican, Salvadoran origin in the United States, 2009.* (May 26, 2011), Pew Hispanic Center. Consultado en pewhispanic.org/2011/05/26/pages/2/ el 8 de enero, 2015

Domínguez, C. 2008. La enseñanza del español en cifras. *Enciclopedia del español en los Estados Unidos.* Madrid: Instituto Cervantes. Pp. 429–448

Dovidio, J. F., y A. Gluszek. 2012. Accents, nonverbal behavior, and intergroup bias. *The handbook of intergroup communication,* editado por H. Giles. New York: Routledge

Dowling, J. 2004. *Mexican Americans and the question of race.* Austin, TX: University of Texas Press

Dunstan, S. B. 2010. Identities in transition: The use of AAVE grammatical features by Hispanic adolescents in two North Carolina communities. *American Speech, 85* (2), 185–204

Eckert, P. 2000. *Linguistic variation as social practice. The linguistic construction of identity in Belten High.* Malden, MA: Blackwell Publishers

Edstrom, A. 2005. "A 'gringa' is going to teach me Spanish!": A nonnative teacher reflects and responds. *ADFL Bulletin, 36* (2), 27–31

Elías-Olivares, L. 1976. Chicano language varieties and uses in East Austin. *Swallow IV: Linguistics and education,* editado por M. Reyes Mazón. San Diego: Institute for Cultural Pluralism. Pp. 195–220

Elizaincín, A. 1992. *Dialectos en contacto: español y portugués en España y América.* Montevideo: Arca

Ennis, S. R., M. Ríos-Vargas, y N. G. Albert. 2011. *The Hispanic population: 2010 Briefs [C2010BR-04].* Washington, DC: United States Census Bureau

Escobar, A. M. 2009. La gramaticalización de *estar* + gerundio y el contacto de lenguas. *Contacto lingüístico y la emergencia de variantes y variedades lingüísticas,* editado por A. M. Escobar y W. Wölck. Madrid/Frankfurt: Iberoamericana/Vervuert. Pp. 39–63

(en progreso) Haciendo visible lo "invisible": Contacto de lenguas y medidas de vitalidad lingüística. (manuscrito). Presentado en la Pontificia Universidad Católica del Perú, el 23 de octubre, 2013

Espinosa, A. 1911. *The Spanish language in New Mexico and Southern Colorado.* Santa Fe, NM: New Mexican Printing Company

1915. *Studies in New Mexican Spanish. Part III: The English elements. Revue de Dialectologie Romane 6,* 241–317

Evans, C. 1996. Ethnolinguistic vitality, prejudice, and family language transmission. *The Bilingual Research Journal, 20* (2), 177–207

Faingold, E. D. 2012. Official English in the constitutions and statutes of the fifty states in the United States. *Language Problems & Language Planning 36* (2), 136–148

Farr, M. 2006. *Rancheros in Chicagoacán: Language and identity in a transnational community.* Austin, TX: University of Texas Press

Farr, M. (ed.). 2005. *Latino language and literacy in ethnolinguistic Chicago.* Mahwah, NJ: Lawrence Erlbaum

Fears, D. 2003. Latinos or Hispanics? A debate about identity. *Washington Post,* (Monday, August 25)

Ferguson, C. A. 1959. Diglossia. *Word, 15,* 325–40

Finegan, E. y J. Rickford. 2004. *Language in the USA. Themes for the twenty-first century.* Cambridge: Cambridge University Press

Firestone, A. 2012. *Quechua and Spanish in the urban Andes: A study of language dynamics and identity construction among Peruvian youth.* Tesis doctoral, University of Illinois at Urbana-Champaign

Fishman, J. 1966. *Language loyalty in the United States.* The Hague: Mouton

1972. *The sociology of language: An interdisciplinary social science approach to language in society.* Rowley, MA: Newbury House

1991. *Reversing language shift: Theoretical and empirical foundations of assistance to threatened languages.* Clevedon: Multilingual Matters

2004. Multilingualism and non-English speaking mother tongues. *Language in the USA: Themes for the twenty-first century,* editado por E. Finegan y J. R. Rickford. New York: Cambridge University Press. Pp. 115–131

2013. Language maintenance, language shift, and reversing language shift. *The Handbook of bilingualism and multilingualism,* editado por T. K. Bhatia y W. Ritchie, Malden, MA: Blackwell. Pp. 466–494.

Fishman, J. (ed.). 2001. *Can threatened languages be saved? Reversing language shift, revisited: A 21st century perspective.* Buffalo: Multilingual Matters

Fishman, J., R. L. Cooper, R. Ma (eds.). 1971. *Bilingualism in the barrio.* Bloomington, IN: Indiana University

Fitzgerald, K. 2005. Beer, auto, retail energizing radio airwaves: Hispanics spend more time listening than those in the general market. *Advertising Age* 31 January, 2005: S6. [*Academic OneFile.* Web. 23 April, 2014]

Flores, G. 2006. Language barriers to health care in the United States. *New England Journal of Medicine 355* (3), 229–231

Flores, J., J. Attinasi y P. Pedraza, Jr. 1994. Puerto Rican language and culture in New York City. *Caribbean Life in New York City: Sociocultural Dimensions.* Staten Island, NY: Center for Migration Studies of New York. Pp. 207–219

Flores-Ferrán, N. 2007a. Los mexicanos in New Jersey: Pronominal expression and ethnolinguistic aspects. *Selected Proceedings of the Third Workshop on Spanish Sociolinguistics*, editado por J. Holmquist, A. Lorenzino y L. Sayahi. Somerville, MA: Cascadilla Proceedings Project. Pp. 85–91

    2007b. A bend in the road: Subject personal pronoun expression in Spanish after 30 years of sociolinguistic research. *Language and Linguistics Compass, 1* (6), 624–652

Fonseca, C. y L. García. 2010. Aprender español en USA: Los medios de comunicación como motivación social. *Comunicar*, No. 34, Vol. *17, Revista Científica de Educomunicación*, 145–153

Fought, C. 2003. *Chicano English in context*. New York: Palgrave Macmillan

    2006. *Language and ethnicity*. Cambridge: Cambridge University Press

Fox News Latino. 2013. "¡Yo hablo español!"—Political outreach or pandering? (27 de marzo, 2013)

Franco-Rodríguez, J. M. 2008. El español en el paisaje lingüístico del Condado de Los Ángeles y del Condado de Miami-Dade: Propuesta metodológica. *Círculo de Lingüística Aplicada a la Comunicación* 35: 3–43. Disponible en www.ucm.es/info/circulo/no35/franco.pdf

Fry, R. 2002. Latinos in higher education: Many enroll, too few graduate. Washington, DC: Pew Hispanic Center. (Report, September 2, 2002)

Fry R. y F. Gonzales. 2008. One-in-five and growing fast: A profile of Hispanic public school students. Washington, DC: Pew Hispanic Center. (Report, August 26, 2008)

Fry, R. y M. H. López. 2012. Hispanic student enrollments reach new highs in 2011. Washington, DC: Pew Hispanic Center. (Report, August 20, 2012)

Fry, R. y J. S. Passel. 2009. *Latino children: A majority are U.S.-born offspring of immigrants.* Washington, DC: Pew Hispanic Center (Report, May 28, 2009)

Fuller, J. M. 2013. *Spanish speakers in the USA*. Clevedon: Multilingual Matters

Furman, N., D. Goldberg y N. Lusin. 2010. *Enrollments in languages other than English in United States institutions of higher education, Fall 200.* Modern Language Association, publicado en la red, diciembre de 2010. Consultado en mla.org el 26 de abril, 2014.

Galindo, L. D. 1987. *Linguistic influence and variation of the English of Chicano adolescents in Austin, Texas.* Tesis doctoral, University of Texas at Austin

    1991. A sociolinguistic study of Spanish language maintenance and linguistic shift towards English among Chicanos. *Lenguas Modernas, 18*, 107–116

    1992. Dispelling the male-only myth: Chicanas and *caló*. *Bilingual Review/Revista Bilingüe, 17* (1) 3–35

    1996. Language use and language attitudes: A study of border women. *Bilingual Review/Revista Bilingüe, 21* (1), 5–17

García, C. 2009. The role of quality of life in the rural resettlement of Mexican immigrants. *Hispanic Journal of Behavioral Sciences, 31* (4), 446–467

García, M. E. 2005. Influences of Gypsy *caló* on contemporary Spanish Slang. *Hispania, 88* (4), 800–812

García, O. 2005. Positioning heritage languages in the United States. *Modern Language Journal, 89* (4), 601–605

    2008a. El uso del español en la enseñanza. La educación bilingüe. *Enciclopedia del español en los Estados Unidos*, 417–422. Madrid: Instituto Cervantes

    2008b. La enseñanza del español como lengua extranjera. *Enciclopedia del español en los Estados Unidos*, 423–428. Madrid: Instituto Cervantes

    2009. *Bilingual education in the 21st century: A global perspective*. Malden, MA: Wiley/Blackwell

    2013. El papel del translenguar en la enseñanza del español en los EE.UU. *El español en los Estados Unidos: ¿E pluribus unum? Enfoques multidisciplinarios*, editado por D. Dumitrescu y G. Piña-Rosales. Nueva York: ANLE. Pp. 353–373

García, O., I. Evangelista, M. Martínez, C. Disla y B. Paulino. 1988. Spanish language use and attitudes: A study of two New York City communities. *Language in Society, 17*, 475–511

García, O y J. Fishman, eds. 1997. *The multilingual apple: Languages in New York City*. Berlin: Mouton de Gruyter

García, O. y R. Otheguy. 1988. The language situation of Cuban Americans. *Language diversity: Problem or resource?*, editado por S. McKay y S. C. Wong. Cambridge and New York: Newbury House. pp. 166–192

Garcia, R. L., y C. F. Diaz. 1992. The status and use of Spanish and English among Hispanic youth in Dade County (Miami) Florida: A sociolinguistic study, 1989–1991. *Language and Education, 6* (1), 13–32

García Bedolla, L. 2003. The identity paradox: Latino language, politics and selective dissociation. *Latino Studies, 1*, 264–283

Geeslin, K. y P. Guijarro-Fuentes. 2008. Variation in contemporary Spanish: Linguistic predictors of *estar* in four cases of language contact. *Bilingualism: Language and Cognition, 11* (3), 365–380

Genesee, F. 1978. A longitudinal evaluation of an early immersion program. *Canadian Journal of Education, 3*, 31–50

    1991. Second language learning in schools settings: Lessons from immersion. *Bilingualism, multiculturalism, and second language learning*, editado por A. Reynolds. Hillsdale, NJ: Lawrence Erlbaum. Pp. 183–201

Ghosh Johnson, E. 2005. Mexiqueño? Issues of identity and ideology in a case study of dialect contact. *Penn Working Papers in Linguistics, 11* (2), 91–104

Gilbertson, G. A., J. P. Fitzpatrick y L. Yang. 1996. Hispanic intermarriage in New York City: New evidence from 1991. *International Migration Review*, 445–459

Giles, H. 1973. Accent mobility: A model and some data. *Anthropological Linguistics*, 87–105

Giles, H., R. Bourhis y D. Taylor. 1977. Towards a theory of language in ethnic group relations. *Language, ethnicity, and ethnogroup relations*, editado por H. Giles. London: Academic Press. Pp. 307–348

Giles, H. y M. Marlow. 2011. Theorizing language attitudes: Existing frameworks, an integrative model, and new directions. *Communication Yearbook, 35*, 161–197

Gill, H. 2010. *The Latino migration experience in North Carolina. New roots in the Old North State.* Raleigh, NC: The University of North Carolina Press

Gluszek, A. y J. F. Dovidio. 2010. The way they speak: A social psychological perspective on the stigma of nonnative accents in communication. *Personality and Social Psychology Review, 14* (2), 214–237

Goldenberg, C. 2008. Teaching English language learners: What the research does—and does not—say. *American Educator, 32* (2), 8–23, 42–44

Gómez Font, A. 2008. La prensa escrita. *Enciclopedia del español en los Estados Unidos*. Madrid: Instituto Cervantes. Pp. 473–481

González, N. e I. Wherritt. 1990. Spanish language use in West Liberty, Iowa. *Spanish in the United States: Sociolinguistic issues*, editado por J. Bergen. Washington, DC: Georgetown University Press. Pp. 67–78

González-Barrera, A. y M. H. López. 2013. Spanish is the most spoken non-English language in U.S. homes, even among non-Hispanics. Washington, DC: Pew Hispanic Center. (Report August 13, 2013)

Gorman, L. y K. Potowski. 2009. Language recontact between second/third generation Latinos and recently arrived immigrants in Chicago. *22nd Conference on Spanish in the U.S.*, Miami, FL.

Grenoble, L. y L. J. Whaley. 2006. *Saving languages: An introduction to language revitalization.* Cambridge: Cambridge University Press

Grosjean, F. 1982. *Life with two languages: An introduction to bilingualism*. Cambridge, MA: Harvard University Press

    1998. Transfer and language mode. *Bilingualism: Language and Cognition, 1* (3), 175–176

2010. The extent of bilingualism. *Bilingual: Life and Reality*. Cambridge, MA: Harvard University Press

Gumperz, J. J. 1977. Sociocultural knowledge in conversational inference. *Linguistics and anthropology*, editado por M. Saville-Troike. Washington, DC: Georgetown University Press. Pp. 191–212

1982. *Discourse strategies*. Cambridge: Cambridge University Press

Gutiérrez, M. E. y M. Amengual. 2013. Attitudes and judgments towards accented speech: The influence of ethnicity and language experience. Ponencia presentada en la *24th Conference on Spanish in Contact with Other Languages*. University of Texas-Pan American. McAllen, TX. March 6–9, 2013

Gutiérrez, M. J. 1994. La influencia de "los de abajo" en tres procesos de cambio lingüístico en el español de Morelia, Michoacán. *Language Problems & Language Planning, 18* (3), 257–269

Habell-Pallán. M. y M. Romero (eds.). 2002. *Latino/a popular culture*. New York: NYU Press

Hakimzadeh, S. y D. Cohn. 2007. *English usage among Hispanics in the United States*. Washington, DC: Pew Hispanic Center

Hakuta, K. 1986. *Mirror of language: The debate on bilingualism*. New York: Basic Books

Harley, B. y M. Swain. 1977. An analysis of verb form and function in the speech of French immersion pupils. *Working Papers on Bilingualism, 14*, 31–40

Harmegnies, B., y D. Poch-Olivé. 1992. A study of style-induced vowel variability: Laboratory versus spontaneous speech in Spanish. *Speech Communication, 11* (4), 429–437

Haugen, E. 1953. *The Norwegian language in America: The bilingual community*. Philadelphia: University of Pennsylvania Press

1956. *Bilingualism in the Americas: A Bibliography and Research Guide*. Tuscaloosa, AL: University of Alabama Press

Hazen, K. 2002. Identity and language variation in a rural community. *Language, 78* (2), 240–257

He, A. 2006. Toward an identity theory of the development of Chinese as a heritage language. *Heritage Language Journal, 4* (1), 1–28

Heath, S. B. 1977. Language and politics in the United States. *Georgetown University Round Table on Languages and Linguistics, 28*, 267–296

Heine, B. y T Kuteva. 2002. *World lexicon of grammaticalization*. Cambridge: Cambridge University Press

2005. *Language Contact and Grammatical Change*. Cambridge: Cambridge University Press

Heller, M. 2010. The commodification of language. *Annual Review of Anthropology, 39*, 101–114

Henriksen, N. C. 2011. Chicagoland heritage Mexican Spanish intonation: Three contact phenomena. Paper presented at *Second Language Research Forum*, Ames, IA

Hensey, F. 1972. *The sociolinguistics of the Brazilian-Portuguese border*. The Hague: Mouton

Hernández, J. E. 2002. Accommodation in a dialect contact situation. *Revista de Filología y Lingüística de la Universidad de Costa Rica, 28* (2), 93–110

2007. *Ella me dijo, seguí adelante, sigue estudiando*: Social and semantic differentiation in casual form of address variation. *Bulletin of Hispanic Studies, 84* (6), 703–724

2009. Measuring rates of word-final nasal velarization: The effect of dialect contact on in-group and out-group exchanges. *Journal of Sociolinguistics, 13* (5), 583–612

Hernández, L. 2013 (March 14). Exclusive: 9 Latino celebs who are learning Spanish. *Latina*. (www.latina.com/entertainment/buzz/exclusive-9-latino-celebs-who-are-learning-spanish)

Hernández-Campoy, J. M. y J. A. Villena-Ponsoda. 2009. Standardness and nonstandardness in Spain: Dialect attrition and revitalization of regional dialects of Spanish. *International Journal of the Sociology of Language, 196–197*, 181–214

Hidalgo, M. 1986. Language contact, language loyalty and language prejudice on the Mexican border. *Language in Society, 15* (2), 193–220

1987. Español mexicano y español chicano: Problemas y propuestas fundamentales. *Language Problems & Language Planning, 11* (2), 166–193

1988. Perceptions of Spanish-English code-switching in Juarez, Mexico. *Latin American Institute Research Paper Series* No. 20, March. Albuquerque, NM: The University of New Mexico

1993. The dialectics of Spanish language loyalty and maintenance on the U.S.-Mexico border: A two-generation study. *Spanish in the United States. Linguistic contact and diversity*, editado por A. Roca y J. Lipski. Berlin: Mouton de Gruyter. Pp. 47–74

1995. Language and ethnicity in the "taboo" region: The U.S.-Mexican border. *International Journal of the Sociology of Language, 114*, 29–45

2001. Spanish language shift reversal on the U.S.-Mexico border and the extended third space. *Journal of Language and Intercultural Communication, 1*, 57–75

Hill, J. 1998. Language, race, and white public space. *American Anthropologist, 100* (3), 680–689

2007. Mock Spanish: A site for the endexical reproduction of racism in American English. *Race, ethnicity and gender: Selected readings*, editado por J. Healey y E. O'Brien. Los Angeles/London: Pine Forge Press. Pp. 270–285

2008. *The everyday language of white racism*. Malden, MA/Chichester: Wiley Blackwell

Hoffmann, C. 1991. *Introduction to bilingualism*. New York: Longman

Hoffman, M. F. 2004. *Sounding Salvadorean: Phonological variables in the Spanish of Salvadorean youth in Toronto*. Tesis doctoral, University of Toronto

Holguín-Mendoza, C. 2011. *Language, gender, and identity construction: Sociolinguistic dynamics in the borderlands*. Tesis doctoral, University of Illinois at Urbana-Champaign

Hoot, B. 2012. Narrow focus on pre-nominal modifiers in Spanish: An optimality-theoretic analysis. *Selected Proceedings of the 14th Hispanic Linguistics Symposium*, editado por K. Geeslin y M. Díaz-Campos. Somerville, MA: Cascadilla Proceedings Project. Pp. 293–307

Hornberger, N. y S. C. Wang. 2008. Who are our heritage language learners? Identity and biliteracy in heritage language education in the United States. *Heritage language education: A new field emerging*, editado por D. Brinton, O. Kagan y S. Backus. Mahwah, NJ: Lawrence Erlbaum. Pp. 3–35

Howard, E., J. Sugarman y D. Christian. 2003. Trends in two-way immersion education: A review of the research. Report 63, Center for Research on the Education of Students Placed at Risk. Consultado el 28 de abril, 2014 en www.csos.jhu.edu/crespar/techReports/Report63.pdf

HuffPost Voces. 2012. El español está de moda entre la nueva generación de políticos hispanos (Publicado el 29 de setiembre, 2012)

Humes, K. R., N. A. Jones y R. R. Ramírez. 2011. Overview of race and Hispanic origin: 2010. *2010 census briefs*. Washington, DC: Department of Commerce, U.S. Census Bureau

Hurtado, A. y L. Vega. 2004. Shift happens: Spanish and English transmission between parents and their children. *Journal of Social Issues, 60* (1), 137–155

Hutchinson, R. 1988. The Hispanic community in Chicago: A study of population growth and acculturation. *Research in race and ethnic relations*, Vol. 5, editado por C. Bagley Marrett y C. Leggon. Greenwich, CT: JAI Press. Pp. 165–183

Ingold, C., W. Rivers, C. Tesser y E. Ashby. 2002. Report on the NFLC/AATSP survey of Spanish language programs for native speakers. *Hispania, 85* (2), 324–329

Jenkins, D. 2003. Bilingual verb constructions in Southwestern Spanish. *Bilingual Review/Revista Bilingüe, 27* (3), 195–204

2009a. The cost of linguistic loyalty. Socioeconomic factors in the face of shifting demographic trends among Spanish speakers in the Southwest. *Spanish maintenance and loss in the U.S. Southwest*, editado por D. J. Villa y S. Rivera-Mills, Número especial de *Spanish in Context*, 6 (1), 7–25

2009b. As the Southwest moves north: Population expansion and sociolinguistic implications in the Spanish-speaking Southwest. *Southwest Journal of Linguistics, 28* (1), 53–69

2013. El suroeste creciente: un breve análisis sociodemográfico de la población hispanohablante de los Estados Unidos. *El español en los Estados Unidos:¿E pluribus unum? Enfoques multidisciplinarios*, editado por D. Dumitrescu y G. Piña-Rosales. Nueva York: ANLE. Pp. 31–45

Jensen, J. 1989. On the mutual intelligibility of Spanish and Portuguese. *Hispania, 72* (4), 848–852

Jiménez, T. 2008. Mexican immigrant replenishment and the continuing significance of ethnicity and race. *American Journal of Sociology, 113* (6), 1527–1567

Juarros-Daussà, E. 2013. Language transmission among Catalan and Galician immigrants in New York City. *Selected Proceedings of the 6th Workshop on Spanish Sociolinguistics*, editado por A. M. Carvalho y S. Beaudrie. Somerville, MA: Cascadilla Proceedings Project. Pp. 148–157

Kamada, L. 1997. Bilingual family case studies (Vol. 2). *Monographs on Bilingualism No. 5.* Japan Association for Language Teaching, Tokyo. ED422750

Kandel, W. 2005. Rural Hispanics at a glance. *Economic Information Bulletin*, EIB-8, 6 www.ers.usda. gov/publications/EIB8/eib8.pdf

Kany, C. 1951. *American-Spanish syntax.* 2da edn. Chicago, IL: University of Chicago Press

Kasuya, H. 1998. Determinants of language choice in bilingual children: The role of input. *International Journal of Bilingualism, 2* (3), 327–346

Keller, R. 1994. *On language change: The invisible hand in language.* London/New York: Routledge

Kerevel, Y. P. 2011. The influence of Spanish-language media on Latino public opinion and group consciousness. *Social Science Quarterly, 92* (2), 509–534

Kerswill, P. 2002. Koineization and accommodation. *The handbook of language variation and change*, editado por J. K. Chambers, P. Trudgill y N. Schilling-Estes. Oxford: Blackwell. Pp. 669–702

2010. Contact and new varieties. *The handbook of language contact*, editado por R. Hickey. Malden, MA: Blackwell. Pp. 230–251

Kerswill, P. y A. Williams. 2005. New towns and koineization: linguistic and social correlates. *Linguistics, 43* (5), 1023–1048

Kim, J.-Y. 2012. *Discrepancy between the perception and production of stop consonants by Spanish heritage speakers in the United States.*Tesis de maestría, Corea. Consultado en dcollection.korea. ac.kr/jsp/common/DcLoOrgPer.jsp?sItemId=000000034097.

Kindler, A. 2002. *Survey of the states' limited English proficient students and available educational programs and services 2000–2001. Summary report.* Washington, DC: National Clearinghouse for English Language Acquisition & Language Instruction Educational Programs

Kirschner, A. R. y B. Irion. 2012. *Washington counts in the 21st century. Growth and change in Washington state's Hispanic population.* Pullman, WA: Washington State University

Klee, C. 2011. Migration, ethnic identity and heritage language maintenance of Spanish-speaking youth in English-speaking societies: A reexamination. *Bilingual youth: Spanish-speakers in English-speaking societies*, editado por K. Potowski y J. Rothman. Amsterdam: John Benjamins. Pp. 355–368

Klee, C., y R. Caravedo. 2005. Contact-induced language change in Lima, Peru: the case of clitic pronouns. *Selected Proceedings of the 7th Hispanic Linguistics Symposium*, editado por D. Eddington. Somerville, MA: Cascadilla Proceedings Project. Pp. 12–21

2006. Andean Spanish and the Spanish of Lima: linguistic variation and change in a contact situation. *Globalization and language in the Spanish-speaking world*, editado por C. Mar-Molinero y M. Stewart. Basingstoke: Palgrave Macmillan. Pp. 94–113

Knightly, L. M., S-A. Jun, J. S. Oh y T. K. Au. 2003. Production benefits of childhood overhearing. *Journal of the Acoustical Society of America, 114*, 465–474

Koike, D. y C. Graham. 2006. Who is more Hispanic?: The co-construction of identities in a U.S. Hispanic political debate. *Spanish in Context, 3* (2), 181–213

Kondo, K. 1997. Social-psychological factors affecting language maintenance: Interviews with Shin Nisei university students in Hawaii. *Linguistics and Education, 9* (4), 369–408

Kratochvil, M. 2001. Urban tactics: Translating for parents means growing up fast. *The New York Times*, 26 August, 2001

Kravin, H. 1992. Erosion of a language in bilingual development. *Journal of Multilingual and Multicultural Development, 13,* 307–325

Kyratzis, A., T. Ya-Ting y S. Bahar Koymen. 2009. Codes, code-switching, and context: Style and footing in peer group bilingual play. *Multilingua, 28* (2), 265–290

Labov, W. 1972. *Sociolinguistic patterns*. Philadelphia, PA: University of Pennsylvania

1994. *Principles of linguistic change,* Vol. 1: *Internal factors*. Oxford: Blackwell.

2001. *Principles of linguistic change,* Vol. 2: *Social factors*. Oxford: Blackwell

2004. Quantitative reasoning in linguistics. *Sociolinguistics/Soziolinguistik: An international handbook of the science of language and society*, Vol. 1, editado por U. Ammon et al. Berlin: Mouton de Gruyter. Pp. 6–22

2007. Transmission and diffusion. *Language, 83* (2), 344–387

Lambert, W. E. y D. M. Taylor. 1996. Language in the lives of ethnic minorities: Cuban American families in Miami. *Applied Linguistics, 17* (4), 477–500

Lambert, W. y G. Tucker. 1972. *The bilingual education of children: The St. Lambert experiment*. Rowley, MA: Newbury House

Lance, D. M. 1975. Spanish-English code-switching. *El lenguaje de los chicanos*, editado por E. Hernández-Chávez, A. D. Cohen y A. F. Bertrano. Arlington, VA: Center for Applied Linguistics. Pp. 138–153

Landry, R., y R. Y. Bourhis. 1997. Linguistic landscape and ethnolinguistic vitality: An empirical study. *Journal of Language and Social Psychology, 16* (1), 23–49

Lapesa, R. 1986. *Historia de la lengua española*. Madrid: Gredos

Lee, S. 2006. Love sees no color or boundaries? Interethnic dating and marriage patterns of Dominican and CEP (Colombian, Ecuadorian, Peruvian) Americans. *Journal of Latino/Latin American Studies, 2*, 84–102

Leeman, J. 2004. Racializing language. A history of linguistic ideologies in the US Census. *Journal of Language and Politics, 3* (3), 507–534

2005. Engaging critical pedagogy: Spanish for native speakers. *Foreign Language Annals, 38* (1), 35–45

2013. Categorizing Latinos in the history of the US Census: The official racialization of Spanish. *A political history of Spanish: The making of a language*, editado por J. del Valle. Cambridge: Cambridge University Press. Pp. 305–324

Lestrade, P. M. 2002. The continuing decline in *Isleño* Spanish in Louisiana. *Southwest Journal of Linguistics, 21* (1), 99–117

Leung, C., R. Harris y B. Rampton. 1997. The idealised native speaker, reified ethnicities, and classroom realities. *TESOL Quarterly, 31* (3), 543–560

Lewis, M. P. 2009. *Ethnologue: Languages of the world*. Dallas, TX: SIL International, 2009. Versión en línea: www.ethnologue.com

Lieberson, S., G. Dalto y M. E. Johnston. 1975. The course of mother tongue diversity in nations. *American Journal of Sociology, 81* (1), 34–61

Lindholm-Leary, K. 2001 *Dual language education*. Clevedon: Multilingual Matters

Linton, A. y T. Jiménez. 2009. Contexts for bilingualism among U.S.-born Latinos. *Ethnic and Racial Studies, 32* (6), 967–995

Lippi-Green, R. 2012. *English with an accent*. London: Routledge

Lipski, J. 1990. *The language of the* Isleños: *Vestigial Spanish in Louisiana*. Baton Rouge: Louisiana State University Press

1993. Creoloid phenomena in the Spanish of transitional bilinguals. *Spanish in the United States: Linguistic contact and diversity*, editado por A. Roca y J. Lipski. Berlin: Mouton de Gruyter. Pp. 155–182

1994a. Tracing Mexican Spanish /s/: A cross-section of history. *Language Problems & Language Planning, 18* (3), 223–241

1994b. *Latin American Spanish*. London: Longman

1996. *El español de América*. Madrid: Cátedra

2000. The linguistic situation of Central Americans. *New immigrants in the United States*, editado por S. L. McKay y C. W. Sau-Ling. Cambridge: Cambridge University Press. Pp. 189–215

2004. La lengua española en los Estados Unidos: avanza a la vez que retrocede. *Revista Española de Lingüística, 33*, 231–260

2005. Code-switching or borrowing? No sé *so* no puedo decir, *you know*. *Selected Proceedings of the Second Workshop on Spanish Sociolinguistics*, editado por L. Sayahi y M. Westmoreland. Somerville, MA: Cascadilla Proceedings Project. Pp. 1–15

2006. Too close for comfort? The genesis of "portuñol/portunhol." *Selected Proceedings of the 8th Hispanic Linguistics Symposium*, editado por T. L. Face y C. A. Klee. Somerville, MA: Cascadilla Press. Pp. 1–22

2007. Spanish, English or Spanglish? Truth and consequences of U.S. Latino bilingualism. *Spanish and empire*, editado por N. Echávez-Solano y K. C. Dworkin y Méndez. Nashville, TN: Vanderbilt University Press. Pp. 197–218

2008. *Varieties of Spanish in the United States*. Washington, DC: Georgetown University Press

2013. Hacia una dialectología del español estadounidense. *El español en los Estados Unidos: ¿E pluribus unum? Enfoques multidisciplinarios*, editado por D. Dumitrescu y G. Piña-Rosales. Nueva York: ANLE. Pp. 107–127

Lipski, J. y A. Roca (eds.). 1993. *Spanish in the United States: Linguistic contact and diversity*. Berlin/New York: Mouton de Gruyter

Llagas, C. y T. D. Snyder. 2003. S*tatus and trends in the education of Hispanics* (NCES 2003-008). Washington, DC: U.S. Department of Education, National Center for Education Statistics. Consultado en unc.edu/opt-ed/eval/statistics/ed_hispanics.pdf el 14 de diciembre, 2014.

Lopez, M. H. 2011. The Latino electorate in 2010: More voters, more non-voters. Pew Hispanic Center. (Report, April 26, 2011)

2013. Hispanic or Latino? Many don't care, except in Texas. Pew Hispanic Center. (Report, October 28, 2013)

Lopez, M. H. y D. Dockterman. 2011. U.S. Hispanic country-of-origin counts for nation, top 30 metropolitan areas. Washington, DC: Pew Hispanic Center. (Report, May 26, 2011)

Lopez, M. H. y A. Gonzalez-Barrera. 2012. Latino voters support Obama by 3–1 ratio but are less certain than others about voting. Washington, DC: Pew Hispanic Center. (Report, October 11, 2012)

2013. A growing share of Latinos get their news in English. Washington, DC: Pew Hispanic Center. (Report, July 23, 2013)

Lopez, M. H. y P. Taylor. 2012. Latino voters in the 2012 election. Washington, DC: Pew Hispanic Center. (Report, November 7, 2012)

López García-Molins, Á. 2013. Reseña de *El español en los Estados Unidos: ¿E pluribus unum? Enfoques multidisciplinarios*. Editado por D. Dumitrescu y G. Piña-Rosales. Consultado en www.baquiana.com/Numero_LXXXV_LXXXVI/Rese%C3%B1a_II.htm el 24 de abril, 2014.

López Morales, H. 1983. *Estratificación social del estado español de San Juan de Puerto Rico* (Vol. 18). México: UNAM, Instituto de Investigaciones Filológicas, Centro de Lingüística Hispánica

2008. Los cubanos. *Enciclopedia del español de los Estados Unidos*. Madrid: Instituto Cervantes. Pp. 112–123

López Morales, H. (ed.). 2008. *Enciclopedia del español de los Estados Unidos*. Madrid: Instituto Cervantes

Lummis, C. 1920. The Spanish pioneers and the California Missions. Chicago: A. C. McClurg & Co. Consultado en archive.org. el 27 de abril, 2014

Luna, D. y L. Peracchio. 2005. Sociolinguistic effects on code-switched ads targeting bilingual consumers. *Journal of Advertising, 34* (2), 43–56

Lutz, A. 2002. *Bilingualism in the USA: Language outcomes and opportunities for Latinos*. Tesis doctoral, State University of New York, Albany

2006. Spanish maintenance among English-speaking Latino Youth: The role of individual and social characteristics. *Social Forces, 84* (3), 1417–1433

Lynch, A. 1999. *The subjunctive in Miami Cuban Spanish: Bilingualism, contact and language variability*. Tesis doctoral, University of Minnesota

2000. Spanish-speaking Miami in sociolinguistic perspective: Bilingualism, recontact, and language maintenance among the Cuban-origin population. *Research on Spanish in the U.S.*, editado por A. Roca. Somerville, MA: Cascadilla. Pp. 271–283

2008. The linguistic similarities of Spanish heritage and second language learners. *Foreign Language Annals, 41* (2), 252–281

2013. Observaciones sobre comunidad y (dis)continuidad en el estudio sociolingüístico del español en Estados Unidos. *El español en los Estados Unidos: ¿E pluribus unum? Enfoques multidisciplinarios*, editado por D. Dumitrescu y G. Piña-Rosales. Nueva York: ANLE. Pp. 67–83

Lynch, A. y K. Potowski. 2014. La valoración del habla bilingüe en los Estados Unidos: Fundamentos sociolingüísticos y pedagógicos en *Hablando bien se entiende la gente*. *Hispania, 97* (1), 32–46

MacGregor-Mendoza, P. 2005. El desplazamiento intergeneracional del español en los Estados Unidos: Una aproximación. *El español en los Estados Unidos y en contacto con otras lenguas*, editado por L. A. Ortiz López y M. Lacorte. Madrid: Iberoamericana. Pp. 287–300

2009. Legally bilingual: How linguistics has, hasn't, and can shape the legal interpretation of bilingualism. [manuscrito, 18 pp.] New Mexico State University at Las Cruces

2012. Spanish as a heritage language assessment: Successes, failures, lessons learned. *Heritage Language Journal, 9* (1), 1–26

MacSwan, J. (2000). The architecture of the bilingual language faculty: Evidence from intrasentential code switching. *Bilingualism: Language and Cognition, 3* (1), 37–54

Macías, R. F. 2000. The flowering of America: Linguistic diversity in the United States. *New immigrants in the United States*, editado por S. McKay y C. W. Sau-Ling. Cambridge: Cambridge University Press. Pp. 11–57

Mahootian, S. (2005). Linguistic change and social meaning: Codeswitching in the media. *International Journal of Bilingualism, 9*, 361–375

Maloof, V. M., D. L. Rubin y A. N. Miller. 2006. Cultural competence and identity in cross-cultural adaptation: The role of a Vietnamese heritage language school. *International Journal of Bilingual Education and Bilingualism, 9* (2), 255–273

Mampel, B., A. D. Friederici, A. Christophe y K. Wermke. 2009. Newborns' cry melody is shaped by their native language. *Current Biology, 19* (23), 1994–1997

Marcos Marín, F. A. 2008a. Los servicios religiosos. *Enciclopedia del español de los Estados Unidos*. Madrid: Instituto Cervantes. Pp. 975–977

2008b. Atención al ciudadano. *Enciclopedia del español de los Estados Unidos*. Madrid: Instituto Cervantes. Pp. 987–1001

Marcos Marín, F. A. y D. Gómez. 2008. Servicios médicos. *Enciclopedia del español de los Estados Unidos*. Madrid: Instituto Cervantes. Pp. 978–986

Marrow, H. 2009. New immigrant destinations and the American color line. *Ethnic and Racial Studies, 32* (6), 1037–1057

Martin, L. 1996. Frijoles? Habichuelas? For Goya, it has made all the difference. *Miami Herald,* 24 de octubre, 1996. Consultado en articles.orlandosentinel.com/1996-10-24/lifestyle/ 9610210640_1_goya-puerto-rico-ricans el 28 de abril, 2014.

Martín Butragueño, P. 2004. El contacto de dialectos como motor del cambio lingüístico. *Cambio lingüístico. Métodos y problemas,* editado por P. Martín Butragueño. México: El Colegio de México. Pp. 81–144

Martínez, G. 2003. Classroom based dialect awareness in heritage language instruction: A critical applied linguistic approach. *Heritage Language Journal, 1* (1), 1–14

  2003. Perceptions of dialect in a changing society: Folk linguistics along the Texas-Mexico border. *Journal of Sociolinguistics, 7* (1), 38–49

  2009. Language in healthcare policy and planning along the U.S.-Mexico border. *Spanish in the US and other contexts: Social, political, and pedagogical issues,* editado por M. Lacorte y J. Leeman. Madrid: Iberoamericana. Pp. 255–273

  2010. Language and power in healthcare: Towards a theory of language barriers among linguistic minorities in the United States. *Readings in Language Studies,* Vol. 2: *Language and power,* editado por J. Watzke, P. Chamness Miller y M. Mantero. Saint Louis, MO: International Society for Language Studies. Pp. 59–74

  2013. Política e ideología del lenguaje en la atención sanitaria para hispanohablantes en los Estados Unidos. *El español en los Estados Unidos: ¿E pluribus unum? Enfoques multidisciplinarios,* editado por D. Dumitrescu y G. Piña-Rosales. Nueva York: ANLE. Pp. 233–250

Martínez Mira, M. I. 2006. *Mood simplification: Adverbial clauses in heritage Spanish.* Tesis doctoral, University of Illinois at Urbana-Champaign

Mastro, D. y E. Behm-Morawitz, E. 2005. Latino representation on primetime television. *Journalism & Mass Communication Quarterly, 82,* 110–130

Matovina, T. y G.E. Poyo (eds.). 2000. *¡Presente! U.S. Latino Catholics from colonial origins to the present.* Maryknoll, NY: Orbis Books

Matras, Y. 2010. Contact, convergence, and typology. *The handbook of language contact,* editado por R. Hickey. Malden, MA: Blackwell. Pp. 66–85

Matus-Mendoza, M. L. 2002. *Linguistic variation in Mexican Spanish as spoken in two communities– Moroleón, Mexico and Kennett Square, Pennsylvania.* Lewiston, NY: Edwin Mellen Press

  2004. Assibilation of /-r/ and migration among Mexicans. *Language Variation and Change, 16,* 17–30

McCarty, T. 2010. Native American languages in the USA. *Language diversity in the USA,* editado por K. Potowski. Cambridge: Cambridge University Press. Pp. 47–65

McCollough, R. y D. Jenkins. 2005. Out with the old, in with the new?: Recent trends in Spanish language use in Colorado. *Southwest Journal of Linguistics, 24,* 91–110

McKay, S. L. y C. W. Sau-Ling. 2000. *New Immigrants in the United States.* Cambridge: Cambridge University Press

McLemore, C. 1991. *The pragmatic interpretation of English intonation: Sorority speech.* Tesis doctoral, University of Texas at Austin

Medina-Rivera, A. 1999. Phonological variation and stylistics in the Spanish of Puerto Rico. *Hispania, 82* (3), 529–541

  2012. Officialization and linguistic acculturation of Spanish within the United States. *Language Problems & Language Planning, 36* (2), 149–165

Mejías, H. 1980. *Préstamos de lenguas indígenas en el español americano del siglo XVII.* México: UNAM

Mejías, H. y P. Anderson. 1988. Attitude toward use of Spanish on the south Texas border. *Hispania, 71* (2), 401–407

Mejías, H., P. L. Anderson-Mejías y Ralph Carlson. 2003. Attitude update: Spanish on the south Texas border. *Hispania*, *86* (1), 138–150

Melguizo Moreno, E. 2008. La variación social de *s* y *z* como consecuencia de la inmigración rural en Granada. *Sintagma*, *21*, 71–89

Mendieta, E. 1998. Reacciones hacia diferentes variedades del español: El caso de Indiana, EE.UU. *Hispanic Journal*, *19* (1), 75–89

1999. *El préstamo en el español de los Estados Unidos.* New York: Peter Lang

Mendieta, E. e I. Molina. 2000. Caracterización léxica del español hablado en el noroeste de Indiana. *Southwest Journal of Linguistics*, *19* (2), 63–72

Mendoza-Denton, N. 2008. *Homegirls: Language and cultural practice among Latina youth gangs.* Malden, MA: Blackwell

Merino, B. J. 1983. Language loss in bilingual Chicano children. *Journal of Applied Developmental Psychology*, *4* (3), 277–294

Mesthrie, R. 2010. New Englishes and the native speaker debate. *Language Sciences*, *32* (6), 594–601

Met, M. y E. Lorenz. 1997. Lessons from U.S. immersion programs: Two decades of experience. *Immersion education: International perspectives*, editado por R. K. Johnson y M. Swain. Cambridge: Cambridge University Press. Pp. 243–264

Milroy, J. 2001. Language ideologies and the consequences of standardization. *Journal of Sociolinguistics*, *5* (4), 530–555

Miranda, M. y E. Medina 2008. La radio hispana en los EE.UU. *Enciclopedia del español de los Estados Unidos.* Madrid: Instituto Cervantes. Pp. 482–496

Modern Language Association. 2010. Consultado en www.mla.org el 26 de abril, 2014

Montes-Alcalá, C. 2007. Blogging in two languages: Code-switching in bilingual blogs. *Selected Proceedings of the Third Workshop on Spanish Sociolinguistics*, editado por J. Holmquist, A. Lorenzino y L. Sayahi. Somerville, MA: Cascadilla Proceedings Project. Pp. 162–170

Montes Giraldo, J. 1985. Calcos recientes del inglés en español. *Thesaurus*, *40*, 17–50

2000. Algo más sobre posibles calcos semánticos procedentes del inglés. *Boletín de la Academia Colombiana*, *51*, 97–99

Montrul, S. 2002. Competence and performance differences between monolinguals and 2nd generation bilinguals in the tense/aspect domain. *Structure, meaning and acquisition in Spanish*, editado por C. Clements, K. Geeslin y J. Lee. Somerville, MA: Cascadilla Press. Pp. 93–114

2004. *The acquisition of Spanish. Morphosyntactic development in monolingual and bilingual L1 acquisition and in adult L2 acquisition.* Amsterdam: John Benjamins

2007. Interpreting mood distinctions in Spanish as a heritage language. *Spanish in contact. Policy, social and linguistic inquiries*, editado por K. Potowski y R. Cameron. Amsterdam: John Benjamins. Pp. 23–40

2008. *Incomplete acquisition in bilingualism. Re-examining the age factor.* Amsterdam: John Benjamins

Montrul, S. y M. Bowles. 2010. Is grammar instruction beneficial for heritage language learners? Dative case marking in Spanish. *The Heritage Language Journal*, *7* (1), 47–73

Montrul, S., R. Foote y S. Perpiñán. 2008. Knowledge of *wh*-movement in Spanish L2 learners and heritage speakers. *Selected Papers from the 8th Hispanic Linguistics Symposium*, editado por M. Almazán, J. Bruhn de Garavito y E. Valenzuela. Somerville, MA: Cascadilla Press. Pp. 93–106

Montrul, S. y K. Potowski. 2007. Command of gender agreement in school-age Spanish bilingual children. *International Journal of Bilingualism*, *11* (3), 301–328

Montrul, S. y N. Sánchez-Walker. (2013): Differential object marking in child and adult Spanish heritage speakers. *Language Acquisition*, *20* (2), 109–132

Mora, M. T., D. Villa y A. Dávila. 2006. Language shift and maintenance among the children of immigrants in the U.S. Evidence in the Census for Spanish speakers and other language minorities. *Spanish in Context*, *3* (2), 239–254

Morales, A. 2000. ¿Simplificación o interferencia?: El español de Puerto Rico. *International Journal of the Sociology of Language, 142*, 35–62

2008. Puertorriqueños. *Enciclopedia del español de los Estados Unidos.* Madrid: Instituto Cervantes. Pp. 284–310

Morales, E. 2003. *Living in Spanglish: The search for Latino identity in America.* New York: St. Martin's Griffin

Moran, K. C. 2006. Is changing the language enough? The Spanish-language "alternative" in the USA. *Journalism, 7* (3), 389–405

Moreno Fernández, F. y J. Otero Roth. 2007. *Atlas de la lengua española en el mundo.* Barcelona/Madrid: Ariel/Fundación Telefónica

Moriello, B. 2003. *"I'm feeksin' to move": Hispanic English in Siler City, North Carolina.* Tesis de maestría, University of North Carolina

Motel, S. y E. Patten. 2012. The 10 largest Hispanic origin groups: Characteristics, rankings, top counties. Washington, DC: Pew Hispanic Center. (Report, June 27, 2012)

2013a. Statistical portrait of Hispanics in the United States, 2011. Washington, DC: Pew Hispanic Center. (Report, February 15, 2013)

2013b. Statistical portrait of the foreign-born population in the United States, 2011. Washington, DC: Pew Hispanic Center. (Report, January 29, 2013)

Moyna, M. I. y W. Decker. 2005. A historical perspective on Spanish in the California borderlands. *Southwest Journal of Linguistics, 24* (1–2), 145–167

Moyna, M. I., W. Decker y M. E. Martín. 2005. Spanish/English contact in historical perspective: 19th century documents of the Californias. *Selected Proceedings of the 7th Hispanic Linguistics Symposium,* editado por D. Eddington. Somerville, MA: Cascadilla Proceedings Project. Pp. 284–310

Mueller Gathercole, V. 2002. Grammatical gender in bilingual and monolingual children: A Spanish morphosyntactic distinction. *Language and literacy in bilingual children,* editado por D. K. Oller y R. Eilers. Clevedon: Multilingual Matters. Pp. 207–219

Mufwene, S. 2001. *The ecology of language evolution.* Cambridge: Cambridge University Press

2008. *Language evolution: Contact, competition, and change.* London/New York: Continuum Press

Muysken, P. 1996. Media Lengua. *Contact languages. A wider perspective,* editado por S. Thomason. Amsterdam: Benjamins. Pp. 365–426

2010. Scenarios for language contact. *The handbook of language contact,* editado por R. Hickey. Malden, MA: Blackwell. Pp. 265–281

Myers-Scotton, C. 1993. *Duelling languages: Grammatical structure in codeswitching.* Oxford: Clarendon Press

1995. *Social motivations for codeswitching: Evidence from Africa.* Oxford: Clarendon Press

National Center for Educational Statistics. 2008. Characteristics of the 100 largest public elementary and secondary school districts in the United States: 2005–06 Statistical analysis report. Washington, DC: U.S. Department of Education

Nelde, P. H. 2001. Language conflict. *The handbook of sociolinguistics,* editado por F. Coulmas. Oxford: Blackwell. Pp. 285–300

New York Times. 2013. Why bilinguals are smarter. (Publicado el 17 de marzo, 2012)

2013. How the brain benefits from being bilingual. (Publicado el 18 de julio, 2013)

2013. Speaking Spanish to win votes in New York. (Publicado el 2 de agosto, 2013)

Nielsen. 2012. *State of the Hispanic consumer: The Hispanic market imperative.* Report 2, 04-17-2012. Consultado en www.nielsen.com/us/en/insights/reports/2012/state-of-the-hispanic-consumer-the-hispanic-market-imperative.html el 2 de enero, 2015

2013. *The Nielsen Company & Billboard's 2012 Music Industry Report.* 4 de enero, 2013. Consultado en www.businesswire.com/news/home/20130104005149/en/Nielsen-Company-Billboard%E2%80%99s-2012-Music-Industry-Report#.VKeCsHvJOjI el 2 de enero, 2015

Nieto-Phillips, J. 2000. Spanish American ethnic identity and New Mexico's statehood struggle. *The contested homeland: A Chicano history of New Mexico*, editado por E. Gonzales-Berry y D. Maciel. Albuquerque, NM: University of New Mexico Press. Pp. 97–142.

Ochoa, G. 2004. *Becoming neighbors in a Mexican American community: Power, conflict, and solidarity*. Austin, TX: University of Texas Press

Okita, T. 2001. *Invisible work: bilingualism, language choice and childrearing in intermarried families*. Amsterdam: John Benjamins

Olson, D. 2009. Most young Latinos U.S.-born, feel labeled as immigrants, study finds. (December 6, 2009). Consultado en www.numberusa.com el 27 de abril, 2014

2012. The phonetics of insertional code-switching. *Linguistic Approaches to Bilingualism, 2* (4) 439–457

Orellana, M. P. 2003. *In other words: Learning from bilingual kids' translating and interpreting experiences*. Evanston, IL: Northwestern University

Ornstein-Galicia, J. 1975. The archaic and the modern in the Spanish of New Mexico. *El lenguaje de los chicanos*, editado por E. Hernández-Chávez, A. Cohen y A. Beltramo. Arlington, VA: Center for Applied Linguistics. Pp. 6–12

1987. Chicano *Caló*: Description and review of a border variety. *Hispanic Journal of Behavioral Sciences, 9* (4), 359–373

1995. *Totacho a todo dar*: Communicative functions of Chicano *caló* along the US: Mexico border. *La Linguistique, 1* (31), 117–129

Ornstein, C. 2007 (June 15). How a hospital death became a cause célèbre. *Los Angeles Times*. Consultado en articles.latimes.com el 27 de abril, 2014.

O'Rourke, E. y K. Potowski (en progreso). Phonetic realizations in a situation of Spanish dialect contact

Ortiz López, L. y M. Lacorte (eds.). 2005. *Contactos y contextos lingüísticos. El español en los Estados Unidos y en contacto con otras lenguas*. Madrid/Frankfurt: Iberoamericana/Vervuert

Otheguy, R. 1993. A reconsideration of the notion of loan translation in the analysis of U.S. Spanish. *Spanish in the United States: Linguistic contact and diversity*, editado por A. Roca y J. Lipski. New York: Mouton de Gruyter. Pp. 21–45

2011. Functional adaptation and conceptual convergence in the analysis of language contact in the Spanish of bilingual communities in New York. *The Handbook of Hispanic sociolinguistics*, editado por M. Díaz-Campos. Malden, MA: Blackwell. Pp. 504–529

2013. Convergencia conceptual y la sobreestimación de la presencia de elementos estructurales ingleses en el español estadounidense. *El español en los Estados Unidos: ¿E pluribus unum? Enfoques multidisciplinarios*, editado por D. Dumitrescu y G. Piña-Rosales. Nueva York: ANLE. Pp. 129–149

Otheguy, R. y O. García. 1993. Convergent conceptualizations as predictors of degree of contact in U.S. Spanish. *Spanish in the United States: Linguistic contact and diversity*, editado por A. Roca y J. Lipski. New York: Mouton de Gruyter. Pp. 135–154

Otheguy, R., O. García y M. Fernández. 1989. Transferring, switching, and modeling in West New York Spanish: An intergenerational study. *International Journal of the Sociology of Language, 79*, 41–52

Otheguy, R., O. García y A. Roca. 2000. Speaking in Cuban: The language of Cuban Americans. *New immigrants in the United States*, editado por S. L. McKay y C. W. Sau-Ling. Cambridge: Cambridge University Press. Pp. 165–188

Otheguy, R. y N. Stern. 2010. On so-called Spanglish. *International Journal of Bilingualism, 15* (1), 85–100

Otheguy, R. y A. C. Zentella. 2007. Apuntes preliminares sobre el contacto lingüístico y dialectal en el uso pronominal del español en Nueva York. *Spanish in contact: policy, social, and linguistic inquiries*, editado por K. Potowski y R. Cameron. Amsterdam: John Benjamins. Pp. 275–295

2012. *Spanish in New York. Language contact, dialectal leveling, and structural continuity*. Oxford: Oxford University Press

Otheguy, R., A. C. Zentella y D. Livert. 2007. Language and dialect contact in Spanish in New York: Toward the formation of a speech community. *Language, 83* (4), 770–802

Padilla, A. M., K. J. Lindholm, A. Chen, R. Duran, K. Hakuta, W. Lambert y R. G. Tucker. 1991. The English-only movement: Myths, reality, and implications for psychology. *American Psychologist, 46*, 120–130

Páez, M., P. O. Tabors y L. M. López. 2007. Dual language and literacy development of Spanish-speaking preschool children. *Journal of Applied Developmental Psychology, 28* (2), 85–102

Passel, J. y D. Cohn. 2009. A portrait of unauthorized immigrants in the United States. Washington, DC: Pew Hispanic Center. (Report, April 14, 2009)

2011. How many Hispanics? Comparing new census counts with the latest census estimates. Washington, DC: Pew Hispanic Center. (Report, March 15, 2011)

Passel, J., D. Cohn y M. H. Lopez. 2011. Census 2010: 50 million Latinos. Hispanics account for more than half of nation's growth in past decade. Washington, DC: Pew Hispanic Center. (Report, March 24, 2011)

Passel, J. y P. Taylor. 2009. Who's Hispanic? Pew Research: Hispanic Trends Project. Washington, DC: Pew Research Center. (Report, May 28, 2009)

Patiño, C. 2011 (November 9). Bicultural identity: My husband's story of life on "la frontera". Blog post retrieved April 22, 2014 at www.biculturalfamilia.com/bicultural-living-my-husbands-story-of-life-on-la-frontera-2/

Patten, E. 2012. Statistical portrait of the foreign-born population in the United States, 2010. Washington, DC: Pew Hispanic Center. (Report, February 21, 2012)

Pavlenko, A. 2002. Poststructuralist approaches to the study of social factors in second language learning and use. *Portraits of the L2 user*, editado por V. Cook. Clevedon: Multilingual Matters. Pp. 277–302

Pavlenko, A. y A. Blackledge (eds.). 2004. *Negotiation of identities in multilingual contexts*. Clevedon: Multilingual Matters

Pearson, B. Z. y A. McGee. 1993. Language choice in Hispanic-background junior high school students in Miami: A 1999 update. *Spanish in the United States: Linguistic contact and diversity*, editado por A. Roca y J. Lipski. Berlin: Mouton de Gruyter. Pp. 91–102

Pease-Alvarez, L. 2002. Moving beyond linear trajectories of language shift and bilingual language socialization. *Hispanic Journal of Behavioral Sciences, 24* (2), 114–137

Pedraza, P. 1985. Language maintenance among New York Puerto Ricans. In *Spanish language and public life in the United States*, editado por L. Elías-Olivares, E. Leone, R. Cisneros y J. Gutierrez. New York: Mouton. Pp. 59–71

Pedrero González, A. 2006. Diferencias léxicas entre campo y ciudad en el sudoeste de Estados Unidos (según las encuestas del *Atlas lingüístico de Hispanoamérica*). *Revista Internacional de Lingüística Iberoamericana: RILI, 4*, 181–202

Peñalosa, F. 1980. *Chicano sociolinguistics*. Rowley, MA: Newbury House

Perea, J. (1998). Death by English. *The Latino/a condition: A critical reader*, editado por R. Delgado y J. Stefancic. New York: New York University Press. Pp. 583–595

Pérez, G. 2004. *The Near Northwest Side Story: Migration, displacement, and Puerto Rican families*. Berkeley, CA: University of California Press

Pérez Báez, G. 2009. *Endangerment of a transnational language: The case of San Lucas Quiavini Zapotec*. Tesis doctoral, State University of New York at Buffalo

Pérez Castillejo, S. 2013. Convergencia en una situación de contacto de dialectos peninsulares en EE.UU. *Spanish in Context, 10* (1), 1–29

Pesqueira, D. 2008. Sound change in dialect contact situation: Argentinean immigrants in Mexico City. Proyecto Cambio y Variación Lingüística en México. El Colegio de México (manuscrito). Consultado en lef.comex.mx el 27 de abril, 2014

Pew Hispanic Center. pewhispanic.org.

2009. Between two worlds: How young Latinos come of age in America. Washington, DC (Report, December 11, 2009, updated edn, July 1, 2013)

2013a. 2011 Hispanic origin profiles. Hispanic Trends Project. Washington, DC: Pew Hispanic Center. (Report, June 19, 2013)

2013b. A nation of immigrants: A portrait of the 40 million, including 11 million unauthorized. Washington, DC: Pew Hispanic Center. (Report, January 29, 2013)

Pew Research Center. 2011. Hispanic media: Faring better than the mainstream media. *Project for Excellence in Journalism. The State of the News Media. An Annual Report on American Journalism*, 2011. Consultado en stateofthemedia.org el 26 de abril, 2014

2013a. *Second-generation Americans: A portrait of the adult children of immigrants*. Washington, DC: Pew Research Center. (Report, February 7, 2013)

2013b. *Hispanic Population Trends*. Washington, DC: Pew Research Center. (Report, February 13, 2013)

Pfaff, C. 1979. Constraints on language mixing: Intrasentential code-switching and borrowing in Spanish/English. *Language, 55*, 291–318

1982. Constraints on language mixing: Intrasentential code-switching and borrowing in Spanish/English. *Spanish in the United States: Sociolinguistic aspects*, editado por J. Amastae y L. Elías-Olivares. New York: Cambridge University Press. Pp. 264–298

Phillips, G. 2013. *The social dynamics of joking in a community of practice*. Proyecto de Maestría, University of Illinois at Urbana-Champaign

Phinney, J., I. Romero, M. Nava y D. Huang. 2001. The role of language, parents, and peers in ethnic identity among adolescents in immigrant families. *Journal of Youth and Adolescence, 30* (2), 135–153

Piña-Rosales, G. 2014. En respuesta a un artículo publicado en *Hispania. Hispania, 97* (3), 355–356

Piña-Rosales, G., J. I. Covarrubias, J. Segura y D. Fernández (eds.). 2010. *Hablando bien se entiende la gente*. New York: Academia Norteamericana de la Lengua Española

Piña-Rosales, G., J. I. Covarrubias, y D. Dumitrescu (eds.). 2013. *Hablando bien se entiende la gente 2* (2da edn). New York: ANLE

Pinto, D., y R. Raschio. 2007. A comparative study of requests in heritage speaker Spanish, L1 Spanish, and L1 English. *International Journal of Bilingualism, 11* (2), 135–155

Pletsch de García, K. 2008. Presidential address: ¡Ala! Linguistic innovation and the blending of cultures on the south Texas border. *Southwest Journal of Linguistics, 1* (1), 1–15

Poch Olivé, D., B. Harmegnies y P. Martín Butragueño. 2008. Influencia del estilo de habla sobre las características de las realizaciones vocálicas en el español de la ciudad de México. *Actas del XV Congreso Internacional ALFAL*, Montevideo, Uruguay. CD

Poplack, S. 1980/2000. Sometimes I'll start a sentence in English y termino en español. *Linguistics 18*, 581–618./*The bilingualism reader*, editado por L. Wei. London: Routledge. Pp. 221–256

1988. Contrasting patterns of code-switching in two communities. *Codeswitching: Anthropological and sociolinguistic perspectives*, editado por M. Heller. Berlin: Mouton de Gruyter. Pp. 42–70

Poplack, S. y M. Meechan. 1995. Patterns of language mixture: Nominal structure in Wolof-French and Fongbe-French bilingual discourse. *One speaker, two languages: Cross-disciplinary perspectives on codeswitching*, editado por L. Milroy y P. Muysken. Cambridge: Cambridge University Press. Pp. 199–232

Porcel, J. 2006. The paradox of Spanish among Miami Cubans. *Journal of Sociolinguistics, 10* (1), 93–110

2011. Language maintenance and language shift amoung U.S. Latinos. *The Handbook of Hispanic sociolinguistics*, editado por M. Díaz-Campos. Malden, MA: Wiley Blackwell. Pp. 623–645

Porras, J. E. 1997. Uso local y uso estándar: Un enfoque bidialectal a la enseñanza del español para nativos. *La enseñanza del español a hispanohablantes: Praxis y teoría*. Boston, MA: Houghton Mifflin. Pp. 190–197

Portes, A. y R. Rumbaut. 2006. *Immigrant America: A portrait*. Berkeley, CA: University of California Press

Portes, A. y R. Schauffler. 1996. Language and the second generation: Bilingualism yesterday and today. *The new second generation*, editado por A. Portes. New York: Russell Sage. Pp. 8–29

Potowski, K. 2002. Experiences of Spanish heritage speakers in university foreign language courses and implications for teacher training. *ADFL Bulletin, 33* (3), 35–42

2004. Spanish language shift in Chicago. *Southwest Journal of Linguistics. 23*, 87–117

2005. *Fundamentos de la enseñanza del español a hispanohablantes en los EE.UU.* Madrid: Arco Libros

2007a. Characteristics of the Spanish proficiency of dual immersion graduates. *Spanish in Context, 4* (2), 187–216

2007b. *Language and identity in a dual immersion school*. Clevedon: Multilingual Matters

2008a. "I was raised talking like my mom": The influence of mothers in the development of MexiRicans' phonological and lexical features. *Linguistic identity and bilingualism in different Hispanic contexts*, editado por J. Rothman y M. Niño-Murcia. New York: John Benjamins. Pp. 201–220

2008b. Los hispanos de etnicidad mixta. *Enciclopedia del español de los Estados Unidos*. Madrid: Instituto Cervantes. Pp. 410–413

Potowski, K. 2010. Language diversity in the USA: Dispelling common myths and appreciating advantages. *Language diversity in the USA*, editado por K. Potowski. Cambridge: Cambridge University Press. Pp. 1–24

2011. "Spanglish" greeting cards as linguistic and cultural performance. *International Journal of Multilingualism, 8* (4), 1–21

2014a. Ethnolinguistic identities and ideologies among Mexicans, Puerto Ricans, and "MexiRicans" in Chicago. *A sociolinguistics of diaspora: Latino practices, identities and ideologies*, editado por R. Márquez-Reiter y L. M. Rojo. London: Routledge

2014b. U.S. Spanish: Myths and facts. Plenary address, 1st annual conference on teaching Spanish to heritage speakers. Texas Tech University, February 2014

Potowski, K., J. Berne, A. Clark y A. Hammerand. 2008. Spanish for K-8 heritage speakers: A standards-based curriculum project. *Hispania, 91* (1), 25–41

Potowski, K. y M. Bolyanatz. (2012). Reactions to (in)felicitous codeswitching: Heritage speakers vs. L2 learners. *Selected Proceedings of the 14th Hispanic Linguistics Symposium*, editado por K. Geeslin y M. Díaz-Campos. Somerville, MA: Cascadilla Proceedings Project. Pp. 116–129

Potowski, K. y M. Carreira. 2004. Towards teacher development and national standards for Spanish as a heritage language. *Foreign Language Annals, 37* (3), 421–431

Potowski, K. y L. Gorman. 2011. *Quinceañeras*: Hybridized tradition, language use, and identity in the U.S. *Bilingual youth: Spanish in English-speaking societies*, editado por K. Potowski y J. Rothman. Amsterdam: John Benjamins. Pp. 57–87

Potowski, K. y J. Matts. 2008. Interethnic language and identity: MexiRicans in Chicago. *Journal of Language, Identity and Education, 7* (2): 137–160

Potowski, K. y A. Prieto-Mendoza (en progreso). The gerund in U.S. Spanish

Potowski, K. y L. Torres. (en progreso). *Spanish in Chicago: Dialect contact and language socialization among Mexicans and Puerto Ricans*. Oxford: Oxford University Press

Purnell, T., W. Idsardi y J. Baugh. 1999. Perceptual and phonetic experiments on American English dialect identification. *Journal of Language and Social Psychology, 18* (1), 10–30

Ramírez, A. G. 1992. *El español de los Estados Unidos: El lenguaje de los hispanos*. Madrid: Mapfre

2000. Linguistic notions of Spanish among youths from different Hispanic groups. *Research on Spanish in the United States: Linguistic issues and challenges*, editado por A. Roca. Somerville, MA: Cascadilla. Pp. 284–295

2001. Lexical characteristics of Southwest Spanish and the *Atlas lingüístico de Hispanoamérica*. *Southwest Journal of Linguistics, 20* (2), 193–209

Ramirez, J. D., S. Yuen, D. Ramey y D. Pasta. 1991. *Longitudinal study of structured English immersion strategy, early-exit and late-exit bilingual education programs for language-minority children* (final report, Vols. 1 y 2). San Mateo, CA: Aguirre International

Ramos-Pellicia, M. 2004. *Language contact and dialect contact: Cross-generational phonological variation in a Puerto Rican community in the Midwest of the United States*. Tesis doctoral, The Ohio University at Columbus

    2007. Lorain Puerto Rican Spanish and "r" in three generations. *Selected Proceedings of the Third Workshop on Spanish Sociolinguistics*, editado por J. Holmquist y L. Sayahi. Somerville, MA: Cascadilla Proceedings Project. Pp. 53–60

Rao, R. 2012. Manifestations of /b, d, g/ in two groups of heritage speakers of Spanish. Paper presented at the UIC Bilingualism Forum

Raymond, C. W. 2012. Reallocation of pronouns through contact: In-the-moment identity construction amongst Southern California Salvadorans. *Journal of Sociolinguistics, 16* (5), 669–690

Real Academia Española. 2012. rae.es

Recording Industry Association of America. s.f. Definición de "Latin Music." Consultado en www.riaa.com/keystatistics.php?content_selector=research-about el 2 de enero, 2015

Rell, A. An exploration of Mexican-American Spanglish as a source of identity. *Mester, 3,* 143–157

Resnick, M. C. 1988. Beyond the ethnic community: Spanish language roles and maintenance in Miami. *International Journal of the Sociology of Language, 69,* 89–104

Reyes, R. 1982. Language mixing in Chicano Spanish. *Spanish in the United States: Sociolinguistic aspects*, editado por J. Amastae y L. Elías-Olivares. New York: Cambridge University Press. Pp. 154–65

Reynolds, J. F. y M. F. Orellana. 2009. New immigrant youth interpreting in white public space. *American Anthropologist, 111* (2), 211–223

Rhodes, N. C. e I. Pufahl. 2010. *Foreign language teaching in U.S. schools. Results of a national survey*. Washington, DC: Center for Applied Linguistics

Rickford, J. y P. Eckert. 2001. Introduction. *Style and sociolinguistic variation*, editado por P. Eckert y J. Rickford. Cambridge: Cambridge University Press. Pp. 1–20

Rickford, J. y F. McNair-Knox. 1994. *Addressee- and toic-influenced syle shift: A quantitative sociolinguistic study*. Malden, MA: Blackwell

Rivera-Mills, S. V. 2001. Acculturation and communicative need: Language shift in an ethnically diverse Hispanic community. *Southwest Journal of Linguistics, 20* (2), 211–223

    2009. Latinos or Hispanics? Changing demographics, implications, and continued diversity. *Southwest Journal of Linguistics, 28* (2), 1–20

    2013. La cuarta generación: ¿Punto de retorno al español o desplazamiento continuo? *El español en los Estados Unidos: ¿E pluribus unum? Enfoques multidisciplinarios*, editado por D. Dumitrescu y G. Piña-Rosales. Nueva York: ANLE. Pp. 85–103

Roberts, J. 1997. Hitting a moving target: Acquisition of sound change in progress by Philadelphia children. *Language Variation and Change, 9* (2), 249–266

Roca, A. 1991. Language maintenance and language shift in the Cuban American community of Miami: The 1990s and beyond. *Focus on language planning*, editado por D. Marshall. Amsterdam: John Benjamins

    2000. El español en los Estados Unidos a principios del siglo xxi: Apuntes relativos a la investigación sobre la variedad de la lengua y la coexistencia con el inglés en las comunidades bilingües. *Teoría y práctica del contacto: El español de América en el candelero*. Frankfurt/Madrid: Vervuert/Iberoamericana. Pp. 193–211

Roca, A. (ed.). 2000. *Research on Spanish in the United States*. Somerville, MA: Cascadilla Press

Roca, A. y J. A. Gonzalo. 2013. Español en Miami: Expansión y desarrollo. *El español en los Estados Unidos: ¿E pluribus unum? Enfoques multidisciplinarios*, editado por D. Dumitrescu y G. Piña-Rosales. Nueva York: ANLE. Pp. 251–267

Roca, A. y J. Jensen (eds.). 1996. *Spanish in contact: Issues in bilingualism*. Somerville, MA: Cascadilla Press

Roca, A. y J. M. Lipski (eds.). 1993. *Spanish in the United States. Linguistic contact and diversity.* Berlin: Mouton de Gruyter

Rodriguez, R. 2004. *Hunger of memory: The education of Richard Rodriguez.* New York: Dial Press

Rodríguez Cadena, Y. 2006. Variación y cambio en la comunidad de inmigrantes cubanos en la ciudad de México: Las líquidas en coda silábica. *Líderes lingüísticos.* México: El Colegio de México

Rodríguez Pino, C. 1997. La reconceptualización del programa de español para hispanohablantes: Estrategias que reflejan la realidad sociolingüística de la clase. *La enseñanza del español a hispanohablantes: Praxis y teoría,* editado por M. C. Colombi y F. Alarcón. Boston, MA: Houghton Mifflin. Pp. 65–82

Roeder, R. 2006. *Ethnicity and sound change: Mexican American accommodation to the northern cities shift in Lansing, Michigan.* Tesis doctoral, University of Michigan

Romaine, S. 1989. *Bilingualism.* Oxford: Blackwell

    2007. Preserving endangered languages. *Language and Linguistics Compass, 1 (1–2),* 115–132

    2011. Identity and multilingualism. *Bilingual youth: Spanish in English-speaking societies,* editado por K. Potowski y J. Rothman. Amsterdam: John Benjamins. Pp. 7–30

Rona, J. P. 1969. *El dialecto "fronterizo" del norte del Uruguay.* Montevideo: Adolfo Linardi

Ronquest, R. 2012. *An acoustic analysis of heritage Spanish vowels.* Tesis doctoral, Indiana University

Rosado, L. 2003. *Dialectos en contacto. El caso de los inmigrantes yucatecos en la ciudad de México.* Tesis de licenciatura. México: UNAM

Rúa, M. 2001. Colao subjectivities: PortoMex and MexiRican perspectives on language and identity. *Centro Journal, 13* (2), 117–133

Rubin, D. L. 1992. Nonlanguage factors affecting undergraduates' judgments of nonnative English-speaking teaching assistants. *Research in Higher Education, 33,* 511–531

Rumbaut, R. G., D. S. Massey y F. D. Bean. 2006. Linguistic life expectancies: Immigrant language retention in Southern California. *Population and Development Review, 32* (3), 447–460

Rumbaut, R. G., y A. Portes. 2006. *Immigrant America: A portrait.* University of California Press

Ryan, C. 2013. Language use in the United States: 2011. American Community Survey Reports [ACS-22, August, 2013]. Washington, DC: U.S. Department of Commerce, U.S. Census Bureau

Ryman, A. y O. Madrid. 2004 (January 17). Hispanics upset by teacher's discipline. *The Arizona Republic.* Consultado en www.azbilingualed.org el 27 de abril, 2014.

Sadowsky, S. 2010. El alófono labiodental sonoro [v] del fonema /b/ en el castellano de Concepción (Chile): Una investigación exploratoria. *Estudios de Fonética Experimental, xix,* 231–261

Said-Mohand, A. 2006. *Estudio sociolingüístico de los marcadores* como, entonces, tú sabes *en el habla de bilingües estadounidenses.* Tesis doctoral, University of Miami

Salazar, M. 2002. *Mambo kingdom: Latin music in New York.* New York: Schirmer Trade Books

Sánchez, R. 1983. *Chicano discourse. A socio-historic perspective.* Rowley, MA: Newbury House. [Reimpreso por Houston, TX: Arte Público Press, 1994.]

Sánchez-Muñoz, A. 2013. Identidad y confianza lingüística en jóvenes latinos en el sur de California. *El español en los Estados Unidos: ¿E pluribus unum? Enfoques multidisciplinarios,* editado por D. Dumitrescu y G. Piña-Rosales. Nueva York: ANLE. Pp. 217–232

Sankoff, D. y S. Poplack. 1981. A formal grammar for code-switching. *Papers in Linguistics, 14* (1–4), 3–45

Santa Ana, O. 1993. Chicano English and the nature of the Chicano language setting. *Hispanic Journal of Behavioral Sciences 15,* 3–35

Santa Ana, O. y R. Bayley. 2004. Chicano English phonology. *A handbook of varieties of English: Phonology,* Vol. 1, editado por E. W. Schneider, B. Kortmann, K. Burridge, R. Mesthrie y C. Upton. Berlin: Mouton de Gruyter. Pp. 407–424

Santa Ana, O. y C. Parodi. 1998. Modeling the speech community: Configurations and variable types in the Mexican Spanish setting. *Language in Society*, *27* (1), 23–51

Santiago, B. 2008. *Pardon my Spanglish—¡Porque because!* Philadelphia, PA: Quirk Books

Schecter, S. R. y R. Bayley. 2002. *Language as cultural practice: Mexicanos en el norte*. Mahwah, NJ: Erlbaum

Schenk, P. S. 2007. *I'm Mexican, remember?* Constructing ethnic identities via authenticating discourse. *Journal of Sociolinguistics*, *11* (2), 194–220

Schiffman, H. 2005. Language policy and linguistic culture. *An introduction to language policy: Theory and method*, editado por T. Ricento. Malden, MA: Blackwell. Pp. 111–124

Schildkraut, D. 2005. The rise and fall of political engagement among Latinos: The role of identity and perceptions of discrimination. *Political Behavior*, *27* (3), 285–312

Schilling-Estes, N. 2004. Constructing identity in interaction. *Journal of Sociolinguistics*, *8* (2), 163–185

Schneider, E. 2003. The dynamics of New Englishes: From identity construction to dialect birth. *Language*, *79* (2), 233–281

Schneider, P. 2012. Diversity in corporate America. *Poder Magazine*, 76–77

Schreffler, S. 1994. Second person singular pronoun options in the speech of Salvadorans in Houston, Texas. *Southwest Journal of Linguistics*, *13*, 101–119.

  2004. Nuyoricans: Puerto Ricans or Americans? Oral discourse markers as indicators of identity. *Language and identity*, editado por L. R. N. Ashley y W. H. Finke. East Rockaway, NY: Cummings & Hathaway. Pp. 383–390

Schuchardt, H. 1922. *Hugo Schuchardt-Brevier: Ein Vademekum der allgemeinen Sprachwissenschaft*, compilado por L. Spitzer. Halle: Max Niemeyer

Schwartz, A. 2008. Their language, our Spanish: Introducing public discourses of "Gringoism" as racializing linguistic and cultural appropriation. *Spanish in Context*, *5* (2), 224–245

  2011. Mockery and appropriation of Spanish in White spaces: Perceptions of Latinos in the US. *The handbook of Hispanic sociolinguistics*, editado por M. Díaz-Campos. Malden, MA/Oxford: Blackwell. Pp. 646–63

Schwegler, A., J. Kempff y A. Ameal-Guerra. 2010. *Fonética y fonología españolas. [Spanish phonetics and phonology]*. 4ta edn. New York: Wiley

Segura, J. 2008. Traducción y traductores. *Enciclopedia del español de los Estados Unidos*. Madrid: Instituto Cervantes. Pp. 961–972

Serrano, J. 2000a. Contacto dialectal (¿y cambio lingüístico?) en español: El caso de la /tʃ/ sonorense. *Estructuras en contexto. Estudios de variación y cambio*, editado por P. Martín Butragueño. México: El Colegio de México. Consultado en lef.colmex.mx el 27 de abril, 2014

  2000b. Contacto dialectal (¿Y cambio lingüístico?) en español: El caso de la /tʃ/ sonorense. Monografía del proyecto "Variación y cambio lingüístico en la ciudad de México," dirigido por Y. Lastra y P. M. Butragueño

Shin, S. 2010. What about me? I'm not like Chinese but I'm not like American: Heritage-language learning and identity of mixed-heritage adults. *Journal of Language, Identity and Education*, *9* (3), 203–219

Shin, N. L. 2013. Women as leaders of language change: Qualification from the bilingual perspective. *Selected Proceedings of the 6th Workshop on Spanish Sociolinguistics*, editado por A. M. Carvalho y S. Beaudrie. Somerville, MA: Cascadilla Proceedings Project. Pp. 135–147

Shin, N. L. y R. Otheguy. 2013. Social class and gender impacting change in bilingual settings: Spanish subject pronoun use in New York. *Language in Society*, *42*, 429–452

Showstack, R. 2012. Symbolic power in the heritage language classroom: How Spanish heritage speakers sustain and resist hegemonic discourses on language and cultural diversity. *Spanish in Context*, *9* (1), 1–26

Siegel, J. 2010. *Second dialect acquisition*. Cambridge: Cambridge University Press

Silva-Corvalán, C. 1983. Code shifting patterns in Chicano Spanish. *Spanish in the United States: Sociolinguistic aspects*, editado por J. Amastae y L. Elías-Olivares. New York: Cambridge University Press. Pp. 69–87

1986. Bilingualism and language change: The extension of *estar* in Los Angeles Spanish. *Language, 62* (3), 587–608

1990. Current issues in studies of language contact. *Hispania, 73*, 162–176

1994. *Language contact and change*. Oxford: Clarendon Press

1995. Lexico-syntactic modeling across the bilingual continuum. *Trends in linguistics, Studies and monographs 81: Linguistic change under contact conditions*, editado por J. Fisiak. Berlin: Mouton de Gruyter. Pp. 253–270

1996. Estrategias sintácticas del español hablado. *El español hablado y la cultura oral en España e Hispanoamérica*. Frankfurt/Madrid: Vervuert/Iberoamericana. Pp. 261–278

2000. La situación del español en Estados Unidos. *Centro Virtual Cervantes. Anuario 2000*. cvc. cervantes.es/obref/anuario/anuario_00/silva/

2001. *Sociolingüística y pragmática del español*. Washington, DC: Georgetown University Press

2003. El español en Los Ángeles: Aspectos morfosintácticos. *Insula: Revista de Ciencias y Letras, 58*, 19–25

2004. Spanish in the Southwest. *Language in the USA. Themes for the twenty-first century*, editado por E. Finegan y J. Rickford. Cambridge: Cambridge University Press. Pp. 205–229

2008. Los mexicanos. *Enciclopedia del español de los Estados Unidos*. Madrid: Instituto Cervantes. Pp. 104–111

2014. *Bilingual language acquisition: Spanish and English in the first six years*. Cambridge: Cambridge University Press

Silva-Corvalán, C. y A. Lynch. 2008. Los mexicanos. *Enciclopedia del español de los Estados Unidos*. Madrid: Instituto Cervantes. Pp. 104–111

Silva-Corvalán, C., A. Lynch, P. MacGregor y K. Potowski. 2008. Latinos e hispanoblantes: Grados de dominio del español. *Enciclopedia del español de los Estados Unidos*. Madrid: Instituto Cervantes. Pp. 247–283

Silva-Corvalán, C. y N. Sánchez-Walker. 2007. Subjects in early dual language development: A case study of a Spanish-English bilingual child. *Spanish in contact: Policy, social, and linguistic inquiries*, editado por K. Potowski y R. Cameron. Amsterdam/Filadelfia: John Benjamins. Pp. 3–22

Silvestrini, B. G., y M. D. Luque de Sánchez. 1988. *Historia de Puerto Rico: Trayectoria de un pueblo*. San Juan: Cultural Puertorriqueña

Skutnabb-Kangas, T. 1981. *Bilingualism or not? The education of minorities* (L. Malmberg y D. Crane, trans.). Clevedon: Multilingual Matters

Slomanson, P. A. y M. Newman. 2004. Peer group identification and variation in New York Latino English laterals. *English World-Wide, 25* (2), 199–216

Smead, R. N. 1998. English loanwords in Chicano Spanish: Characterization and rationale. *The Bilingual Review/La Revista Bilingüe, 23* (2), 113–123

Smead, R. N. y H. Clegg. 1996. English calques in Chicano Spanish. *Spanish in contact: Issues in bilingualism*, editado por A. Roca y J. Jensen. Somerville, MA: Cascadilla. Pp. 123–130

Smith, D. J. 2006. Thresholds leading to shift: Spanish/English codeswitching and convergence in Georgia, U.S.A. *International Journal of Bilingualism, 10* (2), 207–240

Smith, R. C. 2006. *Mexican New York: Transnational lives of new immigrants*. Berkeley, CA: University of California Press

Snow, C. E., M. S. Burns y P. Griffin. 1998. *Preventing reading difficulties in young children*. Washington, DC: National Academy Press

Spolsky, B. 2004. *Language policy*. Cambridge: Cambridge University Press

Staczek, J. J. 1983. Code-switching in Miami Spanish: The domain of health care services. *Bilingual Review/La Revista Bilingüe*, 41–46

Stanford, J. 2008. A sociotonetic analysis of Sui dialect contact. *Language Variation and Change*, *20* (3), 409–450

Stavans, I. 2003. *Spanglish: The making of a New American language*. New York: Harper Collins

Sterns, C. y S. Watanabe. 2002. Hispanic serving institutions: Statistical trends from 1990 to 1999. Washington, DC: National Center for Education Statistics, NCES Report No. 2002-051

Stephen, L. 2007. *Transborder lives: Indigenous Oaxacans in Mexico, California, and Oregon*. Durham, NC: Duke University Press

Sublette, N. 2007. *Cuba and its music: From the first drums to the mambo*. Chicago: Chicago Review Press

Swann, J., A. Deumert, T. Lillis y R. Mesthrie. 2004. *A dictionary of sociolinguistics*. Tuscaloosa, AL: The University of Alabama Press y Edinburgh University Press

Tajfel, H. y J. Turner. 1986. The social identity theory of intergroup behavior. *Psychology of intergroup relations*, editado por S. Worchel y W. Austin. Chicago: Nelson-Hall

Taylor, P., M. H. Lopez, J. H. Martínez y G. Velasco. 2012. When labels don't fit: Hispanics and their views of identity. Washington, DC: Pew Hispanic Center (Report, April 4, 2012)

The Texas Tribune. 2013. Spanish-speaking candidates have political advantage. (December 19, 2013)

Thomas, E. R. y H. A. Erison. 2007. Intonational distinctiveness of Mexican American English. *University of Pennsylvania Working Papers in Linguistics*, *13* (2), 192–205

Thomas, W. P. y V. P. Collier. 1997. *School effectiveness for language minority students*. Washington, DC: National Clearinghouse for Bilingual Education. www.ncbe.gwu.edu.
2002. *A national study of school effectiveness for language minority students' long-term academic achievement*. Santa Cruz, CA: University of California at Santa Cruz, Center for Research on Education, Diversity, and Excellence

Thomason, S. 2001. *Language contact: An introduction*. Washington, DC: Georgetown University Press

Thomason, S. G. y T. Kaufman 1988. *Language contact, creolization, and genetic linguistics*. Berkeley, LA/London: University of California Press

Toribio, A. J. 2000. Nosotros somos dominicanos: Language and self-definition among Dominicans. *Research on Spanish in the United States: Linguistic issues and challenges*, editado por A. Roca. Somerville, MA: Cascadilla. Pp. 252–270
2002. Spanish-English Code-switching among US Latinos. *International Journal of the Sociology of Language*, *158*, 89–119,
2003. The social significance of language loyalty among Black and White Dominicans in New York. *The Bilingual Review/La Revista Bilingüe*, *27* (1), 3–11
2005. Theorizing U.S. Dominicans' speech acts. *Contactos y contextos lingüísticos: El español en los Estados Unidos y en contacto con otras lenguas*.Frankfurt/Madrid: Vervuert/Iberoamericana. Pp. 107–118
2011. Code-switching among U.S. Latinos. *The handbook of Hispanic sociolinguistics*, editado por M. Díaz-Campos. Malden, MA: Wiley Blackwell. Pp. 530–552

Torreblanca, M. 1997. El español hablado en el Suroeste de los Estados Unidos y las normas lingüísticas españolas. *La enseñanza del español a hispanohablantes: Praxis y teoría*. Boston, MA: Houghton Mifflin. Pp. 133–139

Torres, L. 1989. Code-mixing and borrowing in a New York Puerto Rican Community: A cross-generational study. *World Englishes*, *8*, 419–432
1997. *Puerto Rican discourse: A sociolinguistic study of a New York suburb*. Mahwah, NJ: Lawrence Erlbaum
2003. Bilingual discourse markers in Puerto Rican Spanish. *Language in Society*, *31*, 65–83

Torres, L. y K. Potowski. 2008. A comparative study of bilingual discourse markers in Chicago Mexican, Puerto Rican, and MexiRican Spanish. *International Journal of Bilingualism, 12* (4), 263–279

Torres Cacoullos, R. 2002. *Le*: From pronoun to verbal intensifier. *Linguistics, 40* (2) 285–318

Torres Cacoullos, R. y F. Ferreira. 2000. Lexical frequency and voiced labiodental-bilabial variation in New Mexican Spanish. *Southwest Journal of Linguistics 19* (2), 1–17

Torres Cacoullos, R. y C. E. Travis. 2011. Testing convergence via code-switching: Priming and the structure of variable subject expression. *International Journal of Bilingualism, 15* (3), 241–267

  2014. Two languages, one effect: Structural priming in spontaneous code-switching. *Bilingualism: Language and Cognition*

  (en progreso). New Mexico Spanish-English Bilingual (NMSEB) corpus, National Science Foundation 1019112/1019122. nmcode-switching.la.psu.edu/

Travis, C. E. y R. Torres Cacoullos. 2014 (eds.). *Gauging convergence on the ground: Code-switching in the community*. Número especial de *International Journal of Bilingualism*

Trinch, S. 2007. Bilingualism and representation: Locating Spanish-English contact in legal institutional memory. *Language in Society, 35*, 559–593

Trudgill, P. 1986. *Dialects in contact*. Oxford: Basil Blackwell

  2004. *New-dialect formation: The inevitability of colonial Englishes*. Oxford: Oxford University Press

Tse, L. 2001. *Why don't they learn English? Separating fact from fallacy in the U.S. language debates*. New York: Teachers College Press

Tse, S.-M. and D. Ingram. 1987. The influence of dialectal variation on phonological acquisition: A case study on the acquisition of Cantonese. *Journal of Child Language, 14*, 281–294

Urciuoli, B. 1996. *Exposing prejudice: Puerto Rican experiences of language, race, class*. Boulder, CO: Westview Press

  2008. Whose Spanish? The tension between linguistic correctness and cultural identity. *Bilingualism and identity: Spanish at the crossroads with other languages*, editado por M. Niño-Murcia y J. Rothman. Amsterdam: John Benjamins. Pp. 257–278

United States Department of Agriculture. 2005. Rural Hispanics at a glance. *Economic Information Bulletin Number 8*. Washington, DC: USDA-Economic Research Service.

U.S. Census Bureau. www.census.gov

  2002. *Demographic trends in the 20th century*. Census 2000 Special Reports (CENSR-4, 222 pp.). www.census.gov/population/www/cen2000/briefs/index.html

  2012. American Community Survey 2011. Disponible en www.census.gov/acs/www/

U.S. Conference of Catholic Bishops. 2013. Laity and parishes. Consultado en www.usccb.org el 27 de abril, 2017

Val, A. y P. Vinogradova. 2010. *What is the identity of a heritage language speaker? Heritage briefs*. Washington, DC: Center for Applied Linguistics

Valdés, G. 1981. Pedagogical implications of teaching Spanish to the Spanish-speaking in the United States. *Teaching Spanish to the Hispanic bilingual: Issues, aims, and methods*, editado por G. Valdés, A. G. Lozano y R. Garcia-Moya. New York: Teachers College Press

  1990. Consideraciones teórico-metodológicas para el estudio del bilingüismo inglés-español en el lado mexicano de la frontera. *Mexican Studies/Estudios Mexicanos, 6* (1), 43–66

  1997. Bilinguals and bilingualism: Language policy in an anti-immigrant age. *International Journal of the Sociology of Language, 127*, 25–52

  2000. Bilingualism and language use among Mexican Americans. *New immigrants in the U.S.*, editado por S. L. McKay y C. W. Sau-Ling. Cambridge: Cambridge University Press. Pp. 99–136

  2011. Ethnolinguistic identity: The challenge of maintaining Spanish-English bilingualism in American schools. *Bilingualism and identity: Spanish at the crossroads with other languages*, editado por M. Niño-Murcia y J. Rothman. Amsterdam: John Benjamins. Pp. 113–146

Valenti, C. 2003. When the boss says "English only." ABC News. Consultado en www.
azbilingualed.org/AABE%20Site/AABE%20NEWS%202003/
when_the_boss_says_english_only.htm el 21 de abril, 2014.

Valle, A. 2009. The vitality of Spanish in Barrio Logan, San Diego. *Multilingual Diego. Portraits of language loss and revitalization*, editado por A. C. Zentella. San Diego, CA: University Readers. Pp. 37–53

van Deusen-Scholl, N. 2003. Toward a definition of heritage language: Sociopolitical and pedagogical considerations. *Journal of Language, Identity, and Education, 2* (3), 211–230

Varela, B. 1992. *El español cubano-americano*. New York: Senda Nueva de Ediciones

    2000. El español cubanoamericano. *Research on Spanish in the United States: Linguistic issues and challenges*, editado por A. Roca. Somerville, MA: Cascadilla. Pp. 173–176

Velázquez, I. 2008. *Intergenerational Spanish language transmission: Attitudes, motivations and linguistic practices in two Mexican American communities*. Tesis doctoral, University of Illinois at Urbana-Champaign

    2009. Intergenerational Spanish transmission in El Paso, Texas: Parental perceptions of cost/benefit. *Spanish in Context, 6* (1), 69–84

    2013. Getting it: Sociolinguistic research and the teaching on US Spanish. *Critical Inquiry in Language Studies, 10* (3), 191–214

Vélez-Rendón, G. 2006. La construcción de identidades: El caso de universitarias hispanas inmigrantes en el contexto estadounidense. *Revista Iberoamericana de Lingüística, 1*, 51–70

Verhovek, S. H. 1995. Mother scolded by judge for speaking in Spanish. *New York Times*. August 30

Veltman, C. J. 1983. *Language shift in the United States*. Berlin: Mouton de Gruyter

    2000. The American linguistic mosaic: Understanding language shift in the United States. *New immigrants in the United States*, editado por S. L. McKay y S. C. Wong. Cambridge: Cambridge University Press. Pp. 58–93

Villa, D. J. 1996. Choosing a "standard" variety of Spanish for the instruction of native Spanish speakers in the U.S. *Foreign Language Annals, 29* (2), 191–200

    2000. Languages have armies and economies too: The presence of US Spanish in the Spanish-speaking world. *Southwest Journal of Linguistics, 19*, 143–154

    2005. Back to *patrás*: A process of grammaticization in a contact variety of Spanish. *Proceedings of the 4th International Symposium on Bilingualism*, editado por J. Cohen, K. T. McAlister, K. Rolstad y J. MacSwan. Somerville, MA: Cascadilla Press. Pp. 2310–2316

Villa, D. J. (ed.). 2000. *Southwest Journal of Linguistics, 19*, 2: Studies in Language Contact: Spanish in the U.S

The Washington Post. 2005. En Kansas City, un estudiante de la escuela preparatoria, Zack Rubio, recibió una suspensión hablar español en el pasillo y decir "No problemo" (9 de diciembre)

Waxer, C. 2004. In any language, English-only policies are touchy. *Workforce Management, 83* (1), 57–59

Webb, J. y B. Miller (eds.). 2000. *Teaching heritage learners: Voices from the classroom*. New York: ACTFL

Weinreich, U. 1953. *Languages in contact*. The Hague: Mouton

Weisskirch, R. y S. A. Alva. 2002. Language brokering and the acculturation of Latino children. *Hispanic Journal of Behavioral Sciences, 24*, 369–378

Wilson, D. y J. Dumont. 2014. The emergent grammar of bilinguals: The Spanish verb *hacer* "do" with a bare English infinitive. *International Journal of Bilingualism, 14*, (por aparecer). Número especial de *Gauging convergence on the ground: Code-switching in the community*, editado por R. Torres Cacoullos and C. E. Travis (eds.)

Winford, D. 2003. *Introduction to contact linguistics*. Oxford: Blackwell

Winterburn, R. V. 1903. *The Spanish in the Southwest*. New York: American Book Company. Consultado en archive.org el 27 de abril, 2014

Wolford, T. y P. M. Carter. 2010. The "Spanish as threat" ideology and cultural aspects of Spanish attrition. *Spanish in the U.S. Southwest: A language in transition*, editado por S. Rivera-Mills y D. J. Villa. Madrid/Frankfurt: Iberoamericana/Vervuert. Pp. 111–31

Wolfram, W. 1974. *Sociolinguistic aspects of assimilation: Puerto Rican English in New York City*. Washington, DC: Center for Applied Linguistics

2010. Fieldwork methods in language variation. *The SAGE handbook of sociolinguistics*, editado por R. Wodak et al. London: Sage Publications. Pp. 296–311

Wolfram, W., P. Carter y B. Moriello. 2004. Emerging Hispanic English: New dialect formation in the American South. *Journal of Sociolinguistics, 8* (3), 339–358

Wolfram, W., K. Hazen y N. Schilling-Estes. 1999. *Dialect change and maintenance on the Outer Banks*. Tuscaloosa, AL: University of Alabama Press/American Dialect Society

Wolfram, W., M. E. Kohn y E. Callahan-Price. 2011. Southern-bred Hispanic English: An emerging socioethnic variety. *Selected Proceedings of the 5th Workshop on Spanish Sociolinguistics*, editado por J. Michnowicz y R. Dodsworth. Somerville, MA: Cascadilla Proceedings Project. Pp. 1–13

Wolfram, W. y N. Schilling-Estes. 2005. *American English*. Oxford: Blackwell

Wolfram, W. y B. Ward. 2005. *American voices: How dialects differ from coast to coast*. Malden, MA/Oxford: Blackwell

Woods, M. y S. Rivera-Mills. 2012. El *tú* como un "mask": *Voseo* and Salvadoran and Honduran identity in the United States. *Studies in Hispanic and Lusophone Linguistics, 5* (1), 1–26

Wright, W. 2007. Heritage language programs in the era of English-only and No Child Left Behind. *Heritage Language Journal, 5* (1), Número especial sobre *TESOL and Heritage Language Education*, 1–26

Yamamoto, M. 2001. *Language use in interlingual families: A Japanese–English sociolinguistic study*. Clevedon: Multilingual Matters

Zentella, A. C. 1982. Code-switching and interactions among Puerto Rican children. *Spanish in the United States. Sociolinguistic aspects*, editado por J. Amastae y L. Elías-Olivares. Cambridge: Cambridge University Press. Pp. 354–385

1990a. Lexical leveling in four New York City Spanish dialects: Linguistic and social factors. *Hispania, 73* (4), 1094–1105

1990b. Returned migration, language, and identity: Puerto Rican bilinguals in dos worlds/two mundos. *Spanish in the U.S.A: New quandaries and prospects*, editado por F. Coulmas. *International Journal of the Sociology of Language, 10*, 81–100

1994. Ethnolinguistic pluralism as scapegoat: The lessons of the Canadian experience for U.S. Latinos. *International Journal of the Sociology of Language, 10*, 155–167

1997a. *Growing up bilingual: Puerto Rican children in NYC*. Malden, MA: Blackwell

1997b. The Hispanophobia of the Official English movement in the United States. *International Journal of the Sociology of Language, 127*, 71–86

1998. ¿Quieren que sus hijos hablen el inglés y el español?: Un manual bilingüe. Consultado en potowski.org/resources/zentella1998 el 29 de abril, 2014.

2000. Confronting the linguistic repercussions of colonialism. *New immigrants in the U.S.*, editado por S. L. McKay y C.W. Sau-Ling. Cambridge: Cambridge University Press. Pp. 137–164

2004. Spanish in the Northeast. *Language in the USA. Themes for the twenty-first century*, editado por E. Finegan y J. Rickford. Cambridge: Cambridge University Press. Pp. 182–204

2007. Dime con quíén hablas y te diré quién eres: Linguistic (in)security and Latino unity. *The Blackwell companion to Latino Studies*, editado por J. Flores y R. Rosaldo. Malden, MA: Blackwell. Pp. 25–39

2008. Prefacio. *Bilingualism and linguistic identity*, editado por M. Niño-Murcia y J. Rothman. Amsterdam: John Benjamins. Pp. 3–9

2009. Introduction: San Diego's multilingual heritage. *Multilingual Diego. Portraits of language loss and revitalization*, editado por A. C. Zentella. San Diego, CA: University Readers. Pp. 9–26

Zubizarreta, M. L. 1998. *Prosody, focus, and word order*. Cambridge, MA: MIT Press

Zúñiga, V., E. T. Hamann y J. Sánchez García. 2009. *Alumnos transnacionales: Escuelas mexicanas frente a la globalización*. México, DF: Secretaría de Educación Pública

# GLOSARIO

**\*:** Ante una palabra o expresión, indica una forma que no produciría la mayoría de los hablantes monolingües de **lectos referenciales**.

**Ø:** No existe, ej. la "s" final en algunas variedades: *casas > casa_*.

**1P1L:** un padre, una lengua (v. el Cuadro 4.3)

**1P2L:** un padre, dos lenguas (v. el Cuadro 4.3)

**2L1:** Adquisición **bilingüe** como primera lengua.

**AAE:** *African American English*

**AATSP:** Asociación Americana de Profesores de Español y de Portugués (*American Association of Teachers of Spanish and Portuguese*)

**acento léxico:** El acento inherente que tienen las palabras de contenido (ej. sustantivos, adjetivos, verbos) de la lengua.

**acento prosódico:** Parecido al **acento léxico**, es la mayor fuerza de intensidad al pronunciar una sílaba.

**acento tónico:** La mayor prominencia que se da a una sílaba sobre las otras en la palabra, ej. *sílaba, señora, señor*.

**acomodación lingüística:** El proceso por el cual los hablantes de diferentes **dialectos** tienden a convergir en ciertos rasgos.

**ACTFL:** *American Council for Teachers of Foreign Languages*

**acusativo (caso):** Se usa para el **objeto directo**, ej. *Le dieron los postres a Mario*.

**adj.:** adjetivo

**adv.:** adverbio

**aféresis:** Supresión de algún sonido al principio de un vocablo, ej. *entonces > tonces*.

**aguda (palabra):** Palabra que tiene el acento tónico (o el "golpe") en la última sílaba, ej. *señor* (cf. **llana**).

**All:** Aprendices del idioma inglés (v. también **ELL**).

***Alliance for the Advancement of Heritage Languages:*** Alianza por el Progreso de los Idiomas de Herencia

**ANLE:** Academia Norteamericana de la Lengua Española

**Arg.:** Argentina

**aspecto:** Los aspectos perfectivo e imperfectivo expresan diferentes maneras de ver un evento. El **pretérito** (aspecto perfectivo) ve el evento en su totalidad, como finito o completo; el imperfecto ve el evento en su proceso, sin hacer referencia al comienzo o al final. Ej. *De joven fui dos veces a México, pero iba todos los años a Puerto Rico*.

**átona (sílaba):** Que no recibe el "golpe" de la palabra, ej. la primera sílaba de *señora*.

**aux.:** auxiliar

**bilingüe:** Proficiente en dos lenguas.

**bilingüismo cíclico:** v. **recontacto**

**c.p.:** comunicación personal

**calco:** Traducción literal, ej. *llamar para atrás* ("to call back").

**cambio de códigos:** Secuencias del español y del inglés en el mismo discurso.

**CentrAm:** Centroamérica; centroamericano

**cf.:** confrontar; cotejar

**chicano:** El español mexicano-americano.

**ciudades hermanas:** Urbes que se encuentran frente a frente a cada lado de una frontera internacional.

**clítico:** Elemento gramatical que se escribe como una palabra o partícula **átona** independiente, pero que en realidad se pronuncia como parte de la palabra anterior o siguiente, ej. *Le dieron los postres*.

**coda:** Final de sílaba.

**cognado:** Caso de coincidencia **fonológica** entre dos lenguas, ej. *hospital*.

**comunidad de práctica:** Un grupo que comparte experiencias alrededor de alguna actividad que ejecutan comúnmente.

**contacto:** Interacción entre hablantes de diferentes **dialectos**; v. también **lectos de contacto**.

***crossover artists*:** Artistas que producen obras en más de un género, ej. música pop y música latina, y/o en lenguas diferentes.

**Cu.:** Cuba

**dativo (caso):** Se usa para el objeto indirecto, ej. *Le dieron los postres a Mario*.

**DELE:** Diploma de Español como Lengua Extranjera (impartido por el Instituto Cervantes)

**depositario:** De los hablantes: que traen consigo el español que se habla en Latinoamérica o España. De los dialectos: referenciales, es decir, las variedades de los países hispanohablantes (Latinoamérica y España).

**desplazamiento lingüístico:** Falta de transmisión intergeneracional de la lengua de los padres a los hijos.

**dialecto, dialectal:** Variedad de una lengua que tiene rasgos lingüísticos propios de una región geográfica, ej. del Caribe.

**dialectos referenciales:** Las variedades de los países hispanohablantes (Latinoamérica y España) habladas por los inmigrantes recién llegados.

**dialectos tradicionales:** Las variedades que hablan los descendientes de los habitantes del suroeste de antes del siglo xx.

**diptongo:** Conjunto de dos vocales diferentes que se pronuncian en una sola sílaba, ej. *aire, puerta, fui*.

**discriminación lingüística interna:** Actitudes negativas hacia las diferencias dialectales y hacia las diferencias de proficiencia lingüística.

**dominante:** Una lengua mucho más fuerte que la otra.

***DRAE*:** *Diccionario Real de la Academia Española*

**EEH:** español para estudiantes de **herencia**

**EHH:** español para hablantes de **herencia**

**EHN/EHB:** español para hablantes **nativos** / español para hablantes **bilingües**

**ELL:** *English Language Learners* (v. también **AII**)

**epentético:** Que se agrega, ej. *papel > papele*.

**escuela preparatoria/secundaria:** "*High school*" estadounidense (grados 9–12, edades de 14 a 18 años).

**ESL:** inglés como segunda lengua (*English as a Second Language*)

**esp. ant.:** español antiguo

**español general:** Usos del español que todos los países consideran normativos o aceptables en la mayoría de contextos comunicativos.

**estudiante de herencia (*"heritage learner"*):** Definición estrecha: alguien que se crió en un contexto donde recibió ***input*** en una lengua que no es el inglés y que, por ende, desarrolló algo de proficiencia en esa lengua. Definición amplia: alguien que tienen una conexión cultural fuerte con la cultura minoritaria—es decir, que tiene una "motivación de herencia"—pero que no comprende ni habla la lengua de herencia.

**etnolecto: Dialecto** que pertenece a cierto grupo étnico.

**extensión semántica:** Un **cognado** que ha adquirido un nuevo significado, ej. *colegio*, que tiene el significado del inglés "*college*" dentro de los EE.UU. y el significado de "escuela primaria" en el español general.

**FLES:** programa de lengua extranjera en la escuela primaria (*Foreign Language in Elementary School*)

**FLEX:** programa de lengua extranjera "exploratorio" (*Foreign Language EXploration*)

**fonética:** El estudio de los sonidos físicos del discurso humano.

**fónico:** Que está relacionado con la voz o el sonido.

**fonología (fonológico):** Rama de la lingüística que estudia los elementos **fónicos**, atendiendo a su valor distintivo y funcional.

**G0.5:** Aquellos que llevan entre menos de uno año y cinco años en el país.

**G1 (primera generación):** Inmigrantes que llegaron a los EE.UU. durante o después del periodo de la pubertad—es decir, a los 12 años de edad o después.

**G1.5:** Los jóvenes que inmigran entre los seis y los 12 años.

**G2 (segunda generación):** Los hijos de los miembros de la **G1**. La definición más común de los G2 es que llegaron a los EE.UU. antes de los seis años de edad o nacieron en los EE.UU.

**G3 (tercera generación):** Alguien que nació en los EE.UU. y tiene por lo menos un padre que también nació en los EE.UU.

**G3:1:** un padre **G1** y un padre **G2**

**G3:2:** dos padres **G2**

**generación sociolingüística:** Manera de medir la profundidad temporal posinmigratoria.

**gerundio: Participio** del verbo, cuya terminación es *-ndo*. Suele denotar acción o estado durativos, ej. *Estoy leyendo. Seguiré trabajando.*

**hablante nativo:** Un individuo que pasó los años formativos en un país (mayoritariamente) hispanohablante

**hablante de herencia:** Hablante de español criado en los EE.UU.

**herencia:** v. **estudiante de herencia; hablante de herencia**

**hiato:** Secuencia de dos vocales fuertes, ej. *sandía*.

**híbrida (variedad):** Que tiene rasgos de dos o más de los **dialectos** que están en **contacto**.

**hipercorrección:** Expresión deformada por un afán equivocado de corrección; ej. *atocar* en vez de *tocar*, por influencia de la pérdida de la 'a' átona en *arreglar*.

**hispano:** Persona de origen o ascendencia de un país hispanohablante.

**hispanohablante:** Que habla español.

***homeland*:** El país o el lugar del que provienen los inmigrantes y/o sus familias.

**imp. subj.:** Imperfecto del **subjuntivo**, ej. *No quería que se comiera todo.*

**indicativo:** v. **modo**

**infinitivo:** Forma no personal del verbo, que en español lleva las terminaciones *-ar, -er, -ir*, ej. *comer*.

**ing.:** inglés

**inglés latino:** Variedad **etnolectal** del inglés hablada por muchos latinos.

**inmersión estructurada:** Instrucción **ESL** en clases especiales (*Sheltered English Immersion*).

**input:** Lo que escucha o lee una persona.

**intervocálica (posición):** Entre dos vocales, ej. *d* en *trabajado*.

**intransitivo (verbo):** Verbo que no lleva **objeto directo**, ej. *Yo regresé de Miami*.

**irrealis:** v. **modo**

**L1:** primera lengua

**L2:** segunda lengua

**L2-tardía:** Adquisición tardía de una segunda lengua.

**L2-temprana:** Adquisición temprana de una segunda lengua.

**language brokering:** Situación en la cual los hijos (u otros parientes) de inmigrantes se convierten en intérpretes informales.

**lat.:** latino

**latino:** Todas las personas de origen y ascendencia hispana, hablen o no el español.

**latinos mixtos:** Individuos con padres de diferentes grupos **dialectales** del español.

**lecto:** Variedad o variante lingüística.

**lectos de contacto:** Son hablados por los inmigrantes con más larga residencia y sus descendientes (es decir, las variedades que surgen como producto del contacto con otros **dialectos** del español y con el contacto con el inglés).

**lectos referenciales:** Las variedades de los inmigrantes **hispanohablantes** llegados más recientemente.

**leísmo:** Empleo de la forma *le/les* de *él* en el **acusativo** masculino cuando el **pronombre** representa a personas, ej. *Le vio en el cine*.

**lengua pluricéntrica:** Una lengua que tiene más de un centro poblacional de los cuales surgen variedades **normativas**.

**léxico:** El conjunto de palabras que conforman un determinado **lecto**.

**LOQI:** lenguas otras que el inglés

**llana (palabra):** Una palabra que tiene el acento tónico (o el "golpe") en la penúltima sílaba—es decir, la que viene antes de la última, ej. *señor* (cf. **aguda**).

**marcador de caso:** Una expresión que se usa delante de la frase nominal para marcar el caso, ej. "*a*" en *Le dieron los postres a Mario* (donde "*a*" marca el caso **dativo**) o *Llamaron a Mario* (donde "*a*" marca el caso **acusativo**).

**marcador de discurso (discursivo):** Conector que no ejerce función sintáctica; se usa para guiar la comunicación, ej. *entonces, tú sabes, pues*.

**masc.:** masculino

**MLA:** *Modern Language Association*

**Mock Spanish:** Variedad de frases de inspiración española que emplean algunos angloamericanos monolingües para burlarse de los **hispanohablantes**.

**modo:** En español, hay dos modos verbales: el **indicativo** y el **subjuntivo**. El indicativo se usa para afirmar alguna información que se considera real. El subjuntivo, en cambio, se usa cuando *no se afirma* una información porque es un deseo, una duda, no ha ocurrido, es una conjetura o una opinión. Es decir, no existe en el mundo real, pero en uno creado (o irrealis).

**morfología, morfológico:** Parte de la gramática que se ocupa de la estructura de las palabras.

**morfosintaxis, morfosintáctico:** Parte de la gramática que integra la **morfología** y la **sintaxis**.

**Mx:** México; mexicano

**N:** nombre/sustantivo; expresión **nominal**

**NHLRC:** Centro Nacional de Recursos para Lenguas de Herencia (*National Heritage Language Resource Center*)

**Nic.:** Nicaragua

**niños escuchadores:** Los que fueron expuestos al español en su niñez, pero de adultos casi no hablaban la lengua (*overhearers*).

**nivelamiento:** Variedad que no incluye rasgos distintivos de *ninguno* de los **dialectos** que están en **contacto**, sino solo los rasgos que tienen en común.

**nominal:** De una expresión o frase, que está formada de uno o más sustantivos, ej. *Le dieron los postres*.

**norma académica:** La variedad "estándar" o prestigiosa.

**norma lingüística:** Las prácticas lingüísticas que son típicas o representativas de un grupo.

**normativo:** Que se considera estándar o propio de una región.

**NYC:** ciudad de Nueva York

**OD: objeto directo**

**objeto directo:** La parte de la oración que recibe de manera directa y en primer lugar la acción del verbo, ej. *Le dieron los postres a Mario*.

**objeto indirecto:** El que recibe la acción indirecta del verbo, ej. *Le dieron los postres a Mario*.

*outgroup*: exogrupo

*output*: Lo que dice o escribe una persona.

**OVS:** objeto–verbo–sujeto

**paisaje lingüístico:** La visibilidad y prominencia de los idiomas en los letreros públicos y comerciales en un territorio multilingüe.

**panhispánico:** Que no se identifica como expresión de una región en particular.

**participio verbal:** Forma no personal del verbo, ej. *trabajado, trabajando*.

**performatividad:** Una identidad que se puede representar constantemente.

**perifrástico:** De formas gramaticales, que son compuestas, ej. *voy a comer*; cf. la forma sintética *comeré*.

**pl.:** plural

**PR:** Puerto Rico

**pragmática:** Disciplina que estudia el lenguaje en su relación con los usuarios y las circunstancias de la comunicación.

**prep.:** preposición

**pres.:** presente

**préstamo cultural:** Palabra tomada prestada porque un concepto no existe en la lengua que recibe el préstamo, ej. *tiburón, brauni*.

**préstamo mezclado:** Préstamo con palabras provenientes de dos o más lenguas, ej. *tacomaker* (español–inglés).

**pret., pretérito:** Tiempo pasado del verb, ej. *Lo hice ayer*.

**proficiencia:** habilidades

**pron.: pronombre**

**pronombre:** Palabra que reemplaza a un sustantivo o frase nominal.

**prosodia:** Parte de la **fonología** dedicada al estudio de los rasgos **fónicos**.

**prótasis:** Una oración subordinada que forma parte de una oración condicional, ej. *Si hace buen tiempo mañana, iremos al parque*.

*pull*-out: Situación en la cual el alumno recibe instrucción **ESL** fuera de su sala regular durante una parte del día escolar.

**racismo interno:** Actitudes negativas hacia las diferencias **dialectales** y hacia las diferencias de **proficiencia** lingüística.

**receptivo (conocimiento):** El poder entender mucho más que lo que se puede decir.

**recién llegados:** Aquellos que llevan entre menos de uno año y cinco años en el país.

**recontacto:** Ocurre cuando hablantes de la **G2** o **G3** que fueron expuestos a dos o más **dialectos** del español en su niñez y al inglés durante toda su vida, vuelven a tener contacto más significativo con **dialectos referenciales** del español.

**Rep. Dom.:** República Dominicana

**Sal.:** El Salvador

*schwa* [ə]**:** Una vocal central neutra del inglés que se pronuncia como la sílaba "*er*" de "*father.*"

**sg.:** singular

**sintaxis, sintáctico:** Parte de la gramática que enseña a coordinar y unir las palabras para formar las oraciones y expresar conceptos.

**sintético:** v. **perifrástico**

**SNS:** español para hablantes **nativos** / español para hablantes **bilingües** (*Spanish for Native Speakers*)

**sociolecto: Dialecto** que pertenece a cierto grupo social.

**sociolingüística:** El estudio de las relaciones entre la sociedad y la lengua.

**sociología de la lengua:** El estudio de los efectos sociales de los usos lingüísticos individuales y grupales.

**sonora (consonante):** Vocalizada, ej. [d] (cf. [t], que es sorda).

**sorda (consonante):** No vocalizada, ej. [t] (cf. [d], que es sonora).

**subj., subjuntivo:** v. **modo**

**SudAm:** Sudamérica; sudamericano

**suj.:** sujeto

**suprasegmental:** Se dice del elemento que afecta a más de un fonema y que no puede segmentarse en unidades menores, como el acento, la entonación o el ritmo.

**SVO:** sujeto–verbo–objeto

**tónica (sílaba):** Que recibe el "golpe" de la palabra, ej. la segunda sílaba de *señora*.

**transitivo (verbo):** Verbo que lleva **objeto directo**, ej. *Yo le devolví el libro.*

**UNAM:** Universidad Nacional Autónoma de México

**V:** vocal; verbo

**v.:** véase

**VOT:** tiempo del inicio de la sonoridad (del inglés *voice onset time*)

**VS:** verbo–sujeto

**vs.:** *versus*

# ÍNDICE

CPSIA information can be obtained
at www.ICGtesting.com
Printed in the USA
LVHW020148141220
674083LV00005B/62